东方知识产权文库

企业知识产权工作指南

蒋 坡 主编

QIYE
ZHISHI CHANQUAN
GONGZUO ZHINAN

知识产权出版社
全国百佳图书出版单位

图书在版编目（CIP）数据

企业知识产权工作指南 / 蒋坡主编. —北京：知识产权出版社，2017.4
ISBN 978-7-5130-4524-7

Ⅰ.①企… Ⅱ.①蒋… Ⅲ.①企业—知识产权—中国—指南
Ⅳ.①D923.4-62

中国版本图书馆 CIP 数据核字（2016）第 247405 号

责任编辑：邓　莹　　　　　　　　　　责任校对：潘凤越
封面设计：SUN工作室　　　　　　　　责任出版：刘译文

企业知识产权工作指南
QIYE ZHISHI CHANQUAN GONGZUO ZHINAN

蒋　坡　主编

出版发行：	知识产权出版社有限责任公司	网　　址：	http://www.ipph.cn
社　　址：	北京市海淀区西外太平庄55号	邮　　箱：	100081
责编电话：	010-82000860 转 8346	责编邮箱：	dengying@cnipr.com
发行电话：	010-82000860 转 8101/8102	发行传真：	010-82000893/82005070/82000270
印　　刷：	北京中献拓方科技发展有限公司	经　　销：	各大网上书店、新华书店及相关专业书店
开　　本：	787mm×1092mm　1/16	印　　张：	20.5
版　　次：	2017年4月第1版	印　　次：	2017年4月第1次印刷
字　　数：	524 千字	定　　价：	50.00元
ISBN 978-7-5130-4524-7			

出版权专有　侵权必究

如有印装质量问题，本社负责调换。

《东方知识产权文库》编委会

主　任：马新生

委　员：（以姓氏笔画为序）

　　　　冯晓源　李　克　刘晓明　刘栖銧

　　　　刘熙华　张忠玉　罗昌平　胡家辉

　　　　徐新林　蒋　坡

主　编：蒋　坡

副主编：徐新林

撰稿人：（以姓氏笔画为序）

　　　　丁妍妍　万官典　于世璇　王　娟　狄聚圳

　　　　杜坤旦　李　晶　金碎平　林　燕　周宝金

　　　　郑　悦　俞思颖　柳一鹏　钱　惠　袁亚军

　　　　徐　燕　蒋　坡　傅凯丽

前言

为了顺应知识经济时代的必然发展规律，应对国际竞争与发展同步深入、同步激化的大趋势，进一步深入改革开放，早日实现中国梦，中央明确提出"创新立国"和"创新强国"的基本国策，并且及时提出"建设创新型国家"的战略目标，在中央的统一指挥下，全国范围内各个领域都同步唱响了创新和知识产权强国的主旋律。与此同时，中央又提出"大众创业、万众创新"的号召，充分调动起全国的广大民众，积极投身创新型国家建设的浪潮之中，由此开创了前所未有的创业、创新和知识产权保护的新局面、新形势，有力地推动了整个国家的创新型建设。

众所周知，技术创新活动是人们通过智力劳动合理配置和有效运用诸创新要素的过程，而技术创新成果则是人们在其智力劳动的过程中所获得的各种形式的结晶。当一个国家的知识产权制度被用作调整因人们的智力劳动活动及其成果所发生的各种社会关系的专门工具时，技术创新的发展再也离不开知识产权制度的保驾护航。知识产权的创造、管理、保护、运用以及服务等各项制度将为技术创新提供激励和保障，发挥不可或缺的积极作用。

为了进一步深入实施创新驱动发展战略，深化知识产权领域的改革，加快知识产权强国建设，2015年12月中央适时提出"知识产权强国"的战略部署。国务院在《关于新形势下加快知识产权强国建设的若干意见》（国发〔2015〕71号）中明确指出，自国家知识产权战略实施以来，我国的知识产权创造运用水平大幅提高，保护状况明显改善，全社会的知识产权意识普遍增强，知识产权工作取得长足进步，对经济社会发展发挥了重要作用。但是，仍面临知识产权大而不强、多而不优、保护不够严格、侵权易发多发、影响创新创业热情等问题，亟待研究解决。当前，全球新一轮科技革命和产业变革蓄势待发，我国经济发展方式加快转变，创新引领发展的趋势更加明显，知识产权制度激励创新的基本保障作用更加突出。为此要全面贯彻党的十八大和十八届二中、三中、四中、五中全会精神，按照"四个全面"战略布局和党中央、国务院决策部署，深入实施国家知识产权战略，深化知识产权重点领域改革，有效促进知识产权创造运用，实行更加严格的知识产权保护，优化知识产权公共服务，促进新技术、新产业、新业态蓬勃发展，提升产业国际化发展水平，保障和激励大众创业、万众创新，为实施创新驱动发展战略提供有力支撑，为推动经济保持中高速增长、迈向中高端水平，实现"两个一百年"奋斗目标和中华民族伟大复兴的中国梦奠定更加坚实的基础。

在新形势下，知识产权保护，尤其是企业知识产权保护已不再仅仅局限于打击侵权、解决纠纷等，而应拓展到包括知识产权创造、管理、运营、保护和服务等多方面内容在内的全方位的保护，其中知识产权管理和运营成为企业知识产权保护的最重要内容。

知识产权出版社出版的《知识产权管理》一书，拉开了我国知识产权管理领域专著出版的大幕之后，近十年来，一大批以知识产权管理为主题的著作和教科书应运而生，不断充实和更新我国知识产权领域的书架，令人欣喜。伴随着我国知识产权发展战略的贯彻落实，广大企业的知识产权意识持续被唤醒，知识产权实务运作的需求不断被激活，特别是在国务院明确提出"知识产权强国"的战略目标以后，企业的知识产权创造、管理、运营和保护都得到前所未有的重视，不断提出更高、更新的要求，与此同时，也为整个社会的知识产权公共服务开辟了更大的市场。因此，出版一本贴近企业知识产权工作实务，能够为企业的知识产权工作提供必要指引，又可作为各类企业知识产权培训的工具教科书，是非常必要的。为此，我们组织了一批长期从事企业知识产权工作的专家学者，其中既有多年来一直在企业专门从事知识产权实务工作，因而具有丰富实践经验的管理人员，也有多年来始终从事专利、商标代理和知识产权维权、诉讼等法律实务的专利代理人、律师，还有长期从事知识产权教学、研究和实务工作的教授、学者，更有一些长期从事技术研发、创意设计的科技人员和文化创意产业的从业人员，共同编写了这本《企业知识产权工作指南》。

该书注重贴近企业知识产权工作的实际操作，注重方便企业知识产权实务工作的开展，注重符合企业知识产权工作培训的需求。本书共分为五篇二十一章。第一篇，知识产权，包括知识产权概述、知识产权管理机构及工作人员、知识产权管理规范体系、企业知识产权战略、知识产权托管五章。第二篇，企业专利工作，包括专利信息检索与分析、技术创新与专利布局、专利申请与取得、专利权利的归属、专利纠纷与应对保护、专利运营六章。第三篇，企业商标工作，包括商标注册、商标应用、商标纠纷与应对、商标运用策略四章。第四篇，企业著作权工作，包括著作权的归属、著作权的管理、著作权的应用、著作权纠纷与应对四章。第五篇，企业其他知识产权工作，包括商业秘密、企业知识产权争议与纠纷的解决两章。本书的附录为企业知识产权工作的开展提供了方便实用的提示和指引。既为广大企业的知识产权工作提供有效的工作指南，也为各类知识产权实务培训提供一本实用的教科书。

目 录

第一篇 知识产权

第一章 知识产权概述 ... 2
- 第一节 知识产权概述 ... 3
- 第二节 知识产权的内容 ... 6

第二章 知识产权管理机构及工作人员 ... 12
- 第一节 管理机构的职责 ... 13
- 第二节 知识产权工作人员 ... 14

第三章 知识产权管理规范体系 ... 23
- 第一节 权利获取管理 ... 24
- 第二节 研发成果维护 ... 26
- 第三节 风险防范管理 ... 30

第四章 企业知识产权战略 ... 36
- 第一节 企业知识产权战略的概念、特征和作用 ... 37
- 第二节 企业知识产权战略的模式与类型 ... 40
- 第三节 企业知识产权战略的体系结构、环境分析与实施 ... 43

第五章 知识产权托管 ... 47
- 第一节 知识产权托管定义及特点 ... 48
- 第二节 知识产权托管的产生 ... 49
- 第三节 知识产权托管类型 ... 50
- 第四节 企业知识产权托管的工作要点 ... 51

第二篇 专 利

第六章 专利信息检索与分析 ... 54
- 第一节 专利信息检索 ... 55
- 第二节 专利信息分析 ... 70

第七章 技术创新与专利布局 ... 74
- 第一节 企业技术创新 ... 75
- 第二节 技术与市场分析 ... 76

第三节　专利布局 84

第八章　专利申请与取得 89
　　　第一节　技术交底书的撰写 90
　　　第二节　专利代理机构的选择与委托 95
　　　第三节　国内专利申请 100
　　　第四节　国外专利申请 103
　　　第五节　专利权证书的取得 104

第九章　专利权利的归属 106
　　　第一节　专利权的归属 107
　　　第二节　发明人和设计人 113

第十章　专利纠纷与应对保护 115
　　　第一节　专利权属纠纷 116
　　　第二节　专利侵权纠纷 117
　　　第三节　其他有关专利的纠纷 125
　　　第四节　专利纠纷的应对策略 129

第十一章　专利运营 135
　　　第一节　专利转让 136
　　　第二节　专利使用许可 138
　　　第三节　专利联盟与专利池 143
　　　第四节　专利权质押融资 150

第三篇　商　标

第十二章　商标注册 158
　　　第一节　商标的概述 159
　　　第二节　商标注册策略 163
　　　第三节　商标注册文件 166
　　　第四节　商标注册程序 170
　　　第五节　商标权利 176
　　　第六节　商标变更注册 180

第十三章　商标应用 183
　　　第一节　商标使用许可 184
　　　第二节　商标转让 187
　　　第三节　商标权质押 189

第十四章　商标纠纷与应对 195
　　　第一节　商标异议 196
　　　第二节　商标争议 199
　　　第三节　商标维护 201
　　　第四节　商标侵权 207

第十五章　商标运用策略......211
第一节　商标运用策略......212
第二节　跨国企业商标运用策略实例......213
第三节　国内企业商标运用策略实例......222

第四篇　著作权

第十六章　著作权的归属......228
第一节　著作权的概述......229
第二节　著作权归属的一般原则......230
第三节　著作权的归属......234

第十七章　著作权的管理......243
第一节　著作权行政管理制度......244
第二节　著作权的集体管理......246
第三节　企业的著作权管理......250

第十八章　著作权的应用......253
第一节　著作权的许可使用......254
第二节　著作权的转让......260
第三节　著作权合同备案登记......262
第四节　著作权质押......264

第十九章　著作权纠纷与应对......267
第一节　著作权权属纠纷......268
第二节　著作权合同纠纷......270
第三节　著作权侵权纠纷......272
第四节　企业对著作权纠纷的应对......273

第五篇　其他

第二十章　商业秘密......278
第一节　商业秘密概述......279
第二节　商业秘密的权利归属问题......281
第三节　企业商业秘密的流失及主要防范措施......283

第二十一章　企业知识产权争议与纠纷的解决......286
第一节　企业知识产权争议与纠纷解决的主要途径......287
第二节　企业知识产权争议与纠纷解决的基本程序......290

附　录......299
附录一　企业知识产权管理制度参考文本......300
附录二　常用标准文书（标准文书的申请表格下载）......300
附录三　常用法律、法规、政策......300
附录四　企业合同文本......306

附录五 相关网址汇编 307
附录六 海关的知识产权保护政策创新 308

参考文献 314
后　记 317

第一篇

知识产权

第一章　知识产权概述

【本章导图】

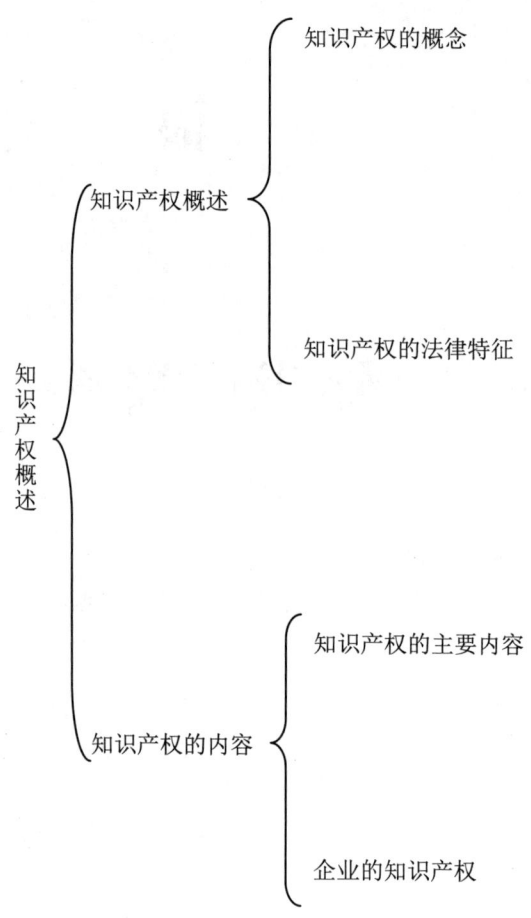

第一节 知识产权概述

一、知识产权的概念

知识产权，是一个具有多重属性的复杂概念，从不同的视角去探究，可以有不同的理解。就一个企业而言，归纳起来，知识产权主要具有权利、资产和资源等基本属性。

（一）知识产权的权利属性

所谓知识产权，从法学的视角出发，是指权利人对其智力劳动成果所享有的专有权利。权利是知识产权所具有的最本源性的自然属性。

自然人在诸如发明创造、构思设想、创意设计、创作作品等智力活动的过程中，因其智力劳动的付出而获得了各种智力劳动成果。当智力劳动成果的所有者依据国家知识产权法律中的专利法或是商标法，就其所拥有的发明创造、商业标识等，向国家有关行政部门以申请或者注册的方式明确表达其希望能够得到法律保护的真实意愿，并且在通过国家有关行政部门的审查以后，得以被授权或核准，从而获得并享有专利权或商标权；当智力劳动成果的所有者依据国家的知识产权法律中的著作权法，就其创作完成的作品当然获得并享有著作权；当智力劳动成果的所有者依据国家其他的知识产权法律，就其所拥有的其他形式的智力劳动成果，也可以某种形式被确认或认可，获得并享有其他类型的知识产权。此时，原先由自然人所完成的智力劳动成果不再仅仅只是一项智力劳动成果了，而同时又被转化成为某种形式的知识产权，成为一项基于智力劳动成果的权利。知识产权是一种专有的权利，具有完全的、绝对的垄断性，受国家的知识产权法律保护。

（二）知识产权的资产属性

所谓知识产权，从经济学的视角出发，是指所有人所拥有的一种基于智力劳动成果的资产，属于财产权的范畴。

人们的智力劳动成果具有明显的无形的特性，特别是在其尚未经过转化成为某种产品之前，往往并不具备某种有形的物理形态，因而似乎并不直接表现为某种资产。然而，当无形的智力劳动成果被转化为有形的产品以后，也就具备了作为物理意义上资产的基本条件。同时一旦某一智力劳动成果在取得了国家或社会的认可，成为一项知识产权以后，其内在的价值首先由国家的法律经授权、核准或认可等方式被确认，继而被整个社会所接受，随后在市场经济的环境中，进一步进入市场运作，又在由所有人自己使用或者许可他人使用的过程中，被贴上了价格的标签。此时，知识产权原本就存在的但却又隐含着的财产特性，也就逐步被显现出来。知识产权的所有人可以根据自己的意愿，通过对知识产权以某种形式的实施实现其经济价值，使其不再仅仅只是法律意义上的一种权利，而同时成为所有人实际掌握的具有经济意义的财产。至此，知识产权原本固有的资产属性也就开始被人们所认识。

（三）知识产权的资源属性

所谓知识产权，从管理学的视角出发，是指拥有人为实现其追求经济和社会效益最大化的目的，可供其经营管理的一种基于智力劳动成果的资源。

在市场经济环境下，企业的经营是建筑在对各种可供利用资源有效利用的基础上的，其中不但包括各种人力资源、资本资源和物资资源等基础资源，也包括市场资源、法律资源、政策资源等环境资源，还包括知识产权等核心资源。企业的生存和发展离不开对各种资源的有效配置、有效匹配、有效利用和有效经营。在传统的市场经济条件下，拥有人通过对基础资源和环境资源的有效利用开展企业的经营活动，然而在当前的市场经济条件下，整个国际市场都在创新驱动的生态环境中运作，创新已成为市场经济运作的主要内容，因而也就成为国家强盛的基本战略，同时也必然成为企业发展的基本之策。此时虽然不可否认的是，基础资源和环境资源的利用依然在企业的经营活动中发挥着不可或缺的作用，但是毋庸置疑，各种核心资源的利用正在发挥着越来越重要的支配作用。尤其是对知识产权这一核心资源的拥有和经营，已成为企业得以生存和发展并不断壮大的核心要素。企业正是在知识产权这一可供管理和经营的核心资源的运营主导下，优化基础资源和环境资源的利用，最终实现追求经济效益和社会效益最大化的目的。

二、知识产权的法律特征

（一）专有性

专有性，又称独占性、排他性，亦称垄断性。是指权利人对于其所有的知识产权享有垄断性的专有权利。意即只有权利人，或者经权利人许可的其他人才可以实施或行使其知识产权，如果没有法律、法规的规定，即不是因为法律、法规所规定的"强制许可""法定许可""合理使用"等情形，或者未经权利人的许可，权利人以外的其他任何人都不得使用权利人的知识产权。例如，如果未经专利权人的同意或者国家法律法规的规定，其他任何人不得制造、使用、销售、许诺销售和进口其专利产品，也不得使用其专利方法。

（二）时间性

时间性，是指权利人仅仅只在国家的知识产权法律所规定的有效期内，才能对其知识产权享有专有权，一旦超过了法律所规定的有效期限，知识产权的专有权随之自行消灭，知识产权项下的相关内容成为"上帝赐予我们人类的共同财富"，原有专利权项下的技术方案和设计方案进入公有领域，成为公知技术；原有商标权项下的商业标识不再由原来的权利人所专有，其他人甚至可以在符合法律规定的前提下，就该标识在同类商品上另行注册，成为新的商标权人；对原有著作权项下作品的使用同样不再具有排他性。对其使用既无需事先征得权利人的同意，也无需向权利人因使用而支付任何报酬。

不同的知识产权，有效期限是不同的。国家法律对各类知识产权都有"有效期限"或"保护期限"的明确规定。虽然这一规定确定了知识产权存续的最长期限，也明确了国家法律保护知识产权的最长期限，但是并不标示，也不决定具体的某项知识产权的价值存续的确切时间。

各国的法律对于同类知识产权的有效期限有不同的规定。我国法律关于专利权、商标权、著作权的有限期限作了如下规定，如表1-1所示。

表1-1 我国知识产权有效期限一览

知识产权类别		保护期限
发明专利		20年，自申请日起计算
实用新型专利		10年，自申请日起计算
外观设计专利		10年，自申请日起计算
商标权		有效期为10年，自核准注册之日起计算。期满之前可以申请续展注册，每次续展注册的有限期限为10年，可以无限次续展
著作权	一般作品	自然人：作者有生之年加死亡后50年。截止于作者死亡后第50年的12月31日 非自然人：50年，截止于作品首次发表后第50年的12月31日，但作品自创作完成后50年内未发表的，不再保护
	摄影作品、实用艺术作品	完成之日起至少25年
	表演者权	保护期为50年，截止于该表演发生后第50年的12月31日
	录音制品制作者权	保护期为50年，截止于该制品首次制作完成后第50年的12月31日
	广播组织权	保护期为50年，截止于该广播、电视首次播放后第50年的12月31日
	版式设计权	保护期为10年，截止于使用该版式设计的图书、期刊首次出版后第10年的12月31日
计算机软件		自然人：自然人终生及其死亡后50年。软件是合作开发的，截止于最后死亡的自然人死亡后50年 法人或者其他组织：保护期为50年，但软件自开发完成之日起50年内未发表的，不再予以保护
植物新品种		藤本植物、林木、果树和观赏树木为20年，其他植物为15年。自授权之日起计算
集成电路布图设计		保护期为10年。自设计登记申请之日或在世界任何地方首次投入商业利用之日起计算，以较前日期为准，但是，无论是否登记或者投入商业利用，布图设计自创作完成之日起15年后，不再受保护

（三）地域性

地域性，是指一项知识产权仅仅只在授权的国家领土范围内有效。在当今世界范围内，各个国家根据国家主权，制定了符合各自利益需求的知识产权法律，在本国的地域范围内对提出申请并经其授权的知识产权予以保护，其中包括来自本国要求保护的申请，也包括来自外国希望得到保护的申请。只有在一个国家提出申请并得到该国家的授权，一项发明创造才能够成为那个国家的知识产权，从而在那个国家得到相应的保护。在一个国家所获得的知识产权以及其在该国所获得的保护并不能够自动延及其他国家。因此，如果我们就某项发明创造希望在某个国家得到保护，那就应该向那个国家提出申请，并通过其审查，得到那个国家的授权。

第二节 知识产权的内容

一、知识产权的主要内容

传统的知识产权可分为"工业产权"和"著作权"（版权）两类。随着科学技术的发展，知识产权的内容也在不断地拓展之中，主要包括工业产权、著作权（版权）和其他新型知识产权三个部分（见图1-1）。

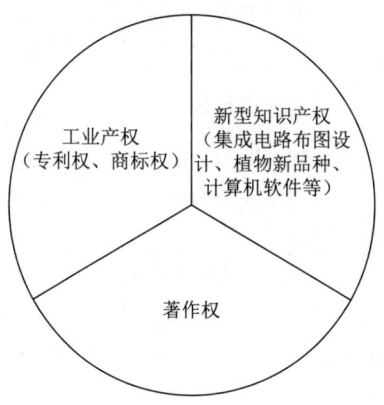

图1-1　知识产权的结构

知识产权的内容一般可以分为四类，分别是技术类知识产权、标识类知识产权、传播类知识产权、其他类知识产权（见图1-2）。

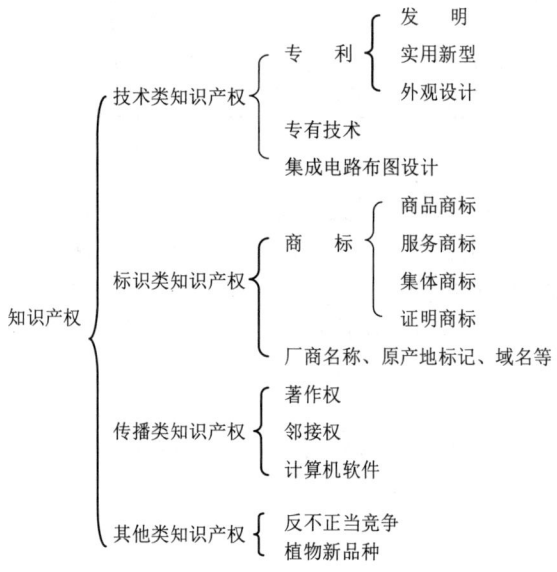

图1-2　知识产权的内容分类

（一）技术类知识产权

1. 专利

专利是专利权的简称。它是由国家依法授予专利申请人或其权利继受人在一定时期内对其发明创造享有的专有权。专利权不是在完成发明创造时自动产生的，需要申请人向国务院专利行政部门提出申请，并经审查批准后方可获得。在我国，国务院专利行政部门是中华人民共和国国家知识产权局。

我国专利法规定，专利法所保护的发明创造包括：（1）发明，是指对产品、方法或者其改进所提出的新的技术方案。（2）实用新型，是指对产品的形状、构造或者其结合所提出的适于实用的新的技术方案。（3）外观设计，是指对产品的形状、图案或者其结合以及色彩与形状、图案的结合所作出的富有美感并适于工业应用的新设计。

2. 专有技术

专有技术也称"非专利技术""技术秘密""技术诀窍"等，一般是指从事生产、管理和经营等活动中获得的符合法律规定条件的秘密知识、经验和技能，其中包括工艺流程、公式、配方、技术规范、管理和销售的技巧与经验等。专有技术包括：（1）符合专利法关于发明创造的规定，可以寻求专利法律保护但没有提出专利申请的技术方案。在实际工作中，企业根据其经营策略的需要，或者出于其他缘由的考虑，主动放弃申请专利的权利，因而未能获得专利权。（2）不符合专利法授权条件的技术方案。专利法规定了授予专利权的相关条件，一项发明创造只有符合专利法所规定的条件，并且通过审查，才能获得专利授权。有些发明创造或许不符合专利法的授权条件，但是不排斥其作为专有技术予以保护。

在实际工作中，对专有技术的保护一般主要采取保密措施、签订合同等方式，一旦发生纠纷和争议时，通常可援引民法、合同法、反不正当竞争法和刑法等法律寻求保护。

3. 集成电路布图设计

集成电路布图设计，是指集成电路中各种电子元件的互联线路的三维配置，或者为制造集成电路而制备的三维配置。布图设计是以掩模图形的方式存在于掩模板上的，或者以编码的形式存在于磁盘等载体上能够被人所感知。

根据我国《集成电路布图设计保护条例》的规定，布图设计专有权的取得采取登记制。当事人应当在该布图设计于世界任何地方首次商业利用之日起2年内，向国家知识产权局提出登记申请，提交规定的文件，经初步审查，未发现驳回理由的，由国家知识产权局予以登记，发给登记证明文件，并予以公告。布图设计专有权经国家知识产权局登记产生，未经登记的布图设计不受该条例保护。

（二）标识类知识产权

1. 商标

商标是指生产经营者在其经营的商品或服务上使用的由文字、图形、字母、数字、声音、三维标志以及上述要素的组合等构成的，具有显著特征的专用标记，用以区别由其他生产经营者生产或经营的同一或类似的商品和服务。

商标一般可分为商品商标、服务商标、集体商标和证明商标。根据用于区别不同的生产经营者所生产或经营同一或类似的是商品或是服务，可以将该专用标记分为商品商标或服务商标。

集体商标，是指以团体、协会或者其他组织名义注册，供该组织成员在商事活动中使用，以表明使用者在该组织中成员资格的标志。

证明商标，是指由对某种商品或者服务具有监督能力的组织所控制和颁发，而由该组织以外的单位或者个人使用于其商品或者服务，用以证明该商品或者服务的原产地、原料、制造方法、质量或者其他特定品质的标志。

2. 厂商名称、原产地标记、域名

厂商名称，又称企业名称、商号，是指企业在工商业经营活动和其他社会活动中，为了确定其身份或者代表其身份并区别于他人的标志。一般可由企业所在地域、企业的自然名称、经营组织形式、所有制性质等组成。厂商名称是企业的营业标志，代表着企业的商业信誉和服务质量。

原产地标记，是指表示商品于特定的国家、地区所生产、制造或加工而使用的区别标志，通常以名称、用语、符号所构成。原产地标记不仅明确标识该商品的产地，而且还表示该商品因源自该地域而具有某种特殊的品质。

域名，是企业在互联网上的名字，是互联网上各网站间相互联系的地址，是由一串用点分隔的字符所组成的、指向互联网上某一台计算机或计算机组的名称，用于在数据传输时标识计算机的电子方位或地理位置。域名因注册而取得，每一个域名的注册都是独一无二、不可重复的。

（三）传播类知识产权

1. 著作权

著作权，又称版权，是指作者基于对文学、艺术、科学作品的创作而依法享有的权利。公民、法人或者其他组织的作品，一经完成，不论是否发表，都可以依法享有著作权。著作权包括人身权利和财产权利。可以享有著作权的作品的表现形式多种多样，范围十分广泛，包括文字作品、口头作品、音乐作品、戏曲作品、曲艺作品、舞蹈作品、美术作品、民间文学艺术作品等。

2. 邻接权

邻接权，又称传播者权，是指作品的传播者因在他人作品基础上的创作劳动所依法享有的专有权利。虽然不属于著作权的范围，但源之于著作权，与著作权相关联。

根据我国著作权法的有关规定，邻接权包括：

（1）出版者权。出版者基于出版他人作品而依法享有的权利。其中包括：①版式、装帧设计专有权，即出版者因对其出版的图书、期刊的版面和外观装饰所作的设计而享有的专有权；②出版专有权，即出版者按照出版合同的约定，对作者交付出版的作品所享有出版专有权。作者不得将出版者享有专有出版权的作品一稿多投，其他出版者未经许可不得出版同一作品。

（2）表演者权。表演者，包括演员、演出单位或者其他表演人因其表演活动，即通过演员的声音、表情、动作公开再现作品或演奏作品所享有的专有权利。

（3）录音录像制作者权。录音录像制作者对其所制作的录音录像制品所享有的专有权利。录音制品是指任何声音的原始录制品；录像制品是指电影作品和以类似摄制电影的方法创作的作品以外的任何有伴音或无伴音的连续相关形象的原始录制品，包括表演的原始录制品和非表演的原始录制品。

（4）广播组织权。广播组织，包括广播电台和电视台。广播组织权是指广播电台、电视台因通过载有声音、图像的信号播放的集成品、制品或其他合成品而享有的专有权利。

3. 计算机软件

计算机软件，是指计算机的程序及其相关的文档。由开发者独立自主开发，具有独创性，并且必须固定在有形的物体上。计算机软件著作权人可以向国务院著作权行政管理部门认定的软件登记机构办理登记，寻求国家对登记的计算机软件的法律保护。软件登记机构发放的登记证明文件是登记事项的初步证明。计算机软件登记包括软件著作权登记、软件著作权专有许可合同登记和软件著作权转让合同登记。

（四）其他类知识产权

1. 反不正当竞争

不正当竞争，是指经营者违反反不正当竞争法的规定，损害其他经营者的合法权益，扰乱社会经济秩序的行为。我国的《反不正当竞争法》列举了11种不正当竞争行为，其中与知识产权有关的行为包括以下4种。

（1）商品假冒行为，是指以假冒的手段导致他人对商品以及商品的品质、产地等误解或混淆的行为，主要包括商品主体混同行为和商品虚假标示行为：①假冒他人的注册商标；②擅自使用知名商品特有的名称、包装、装潢，造成和他人的知名商品相混淆，使购买者误认为是该知名商品；③擅自使用他人的企业名称或者姓名，引起误认为是他人的商品；④在商品上伪造或者冒用认证标志、名优标志等质量标志；⑤对商品原产地、商品来源或出处进行虚假表示；⑥对商品质量作引人误解的虚假表示。

（2）虚假宣传行为，是指经营者利用广告或其他方法对商品的质量、制作成分、性能、用途、生产者、有效期限、产地等作与实际情况不符或引人误解的虚假宣传，导致用户和消费者误认的行为。也包括广告的经营者在明知或者应知的情况下，代理、设计、制作、发布虚假广告。

（3）侵犯商业秘密行为，所谓商业秘密是指不为公众所知悉，能为权利人带来经济利益，并经权利人采取过保密措施的技术信息和经营信息。侵犯商业秘密的行为包括：①以盗窃、利诱、胁迫或者其他不正当手段获取权利人的商业秘密；②披露、使用或者允许他人使用以前项手段获取的权利人的商业秘密；③与权利人有业务关系的单位和个人违反合同约定或者违反权利人保守商业秘密的要求，披露、使用或者允许他人使用其所掌握的权利人的商业秘密；④权利人的职工违反合同约定或者违反权利人保守商业秘密的要求，披露、使用或者允许他人使用其所掌握的权利人的商业秘密。

（4）商业诽谤行为，是指经营者采取捏造、散布虚伪事实等不正当竞争手段，对竞争对手的商业信誉、商品声誉进行诋毁、贬低，以削弱其竞争实力的行为。主要包括：①刊登对比性广告或声明性公告等，贬低竞争对手声誉；②唆使或收买某些人，以客户或消费者名义进行投诉，败坏竞争对手声誉；③通过商业会议或发布商业信息的方式，对竞争对手的质量进行诋毁等。

2. 植物新品种

植物新品种，是指经过人工培育的或者对发现的野生植物加以开发，具有新颖性、特异性、一致性和稳定性并且有适当命名的植物新品种。授予植物新品种的，应当符合以下条件：（1）该植物新品种应当属于国家植物品种保护名录中列举的植物种类。（2）该植物新品种应当具有商业新颖性。（3）该植物新品种应当具备特异性，要求申请品种与现有品种在特征方面存在差异。（4）该植物新品种应当具备一致性。（5）该植物新品种应当具备稳定性。

二、企业的知识产权

对于企业而言，涉及的知识产权的内容林林总总，纷繁复杂，而且不同的企业所涉及的知识产权也不完全相同，往往难以厘清。如果从企业生产的产品视角、从销售活动的基本过程逐一考察其每个环节，或就可以看清楚一个企业在其经营活动中可能会涉及的各种知识产权。如图1-3所示。

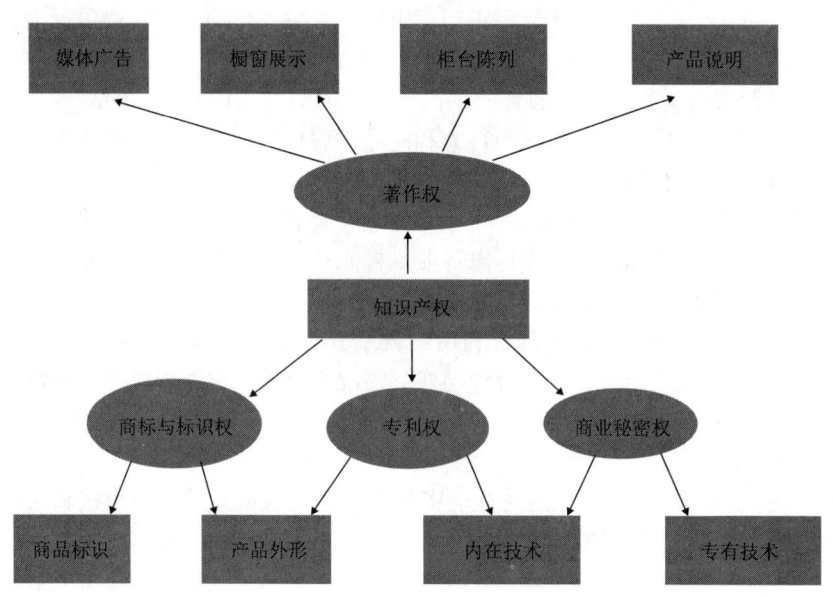

图1-3　商品销售中的企业知识产权

在销售过程中，购买者对于在市场上销售的商品的认知或许最先来自媒体广告，企业也主要通过广告为自己销售的商品建立初步的市场消费认知，然而企业的广告，包括自己设计制作的广告或是委托他人设计制作的广告，都因该广告的创作完成而取得相应的著作权。

与此同时，为了配合广告宣传和商品销售，在实体店内，企业会通过橱窗展示和柜台陈列的形式出样，在网络上的虚拟商店里也同样会以类似橱窗展示和柜台陈列的形式出样，此时，展示和陈列的内容就同样会涉及相应的著作权。

伴随着在实体店里商品出样的还会有企业印制的商品宣传册、产品说明书等，在网店里也同样会有类似的电子版的宣传资料，这些材料的设计、编撰、制作和完成无疑都会涉及相应的著作权。

当购买者实际购买之前，都会事先对同类商品和不同商家的同一商品，在品牌、样式、色彩、口碑等方面进行反复比较，并对商品的来源作出初步的识别和选择。企业的商品标识就会涉及商标权，而商品的样式、色彩等也就会涉及专利权中的外观设计。

此时购买者或许还会对商品的内在质量，包括商品所使用的技术、构成商品的配方、制造商品的工艺以及各种相关的工具、装备等进行考察和比较，这便会涉及发明专利或者实用新型专利，也或许会涉及专有技术类的商业秘密。

如果购买者打算进一步了解意欲购买的商品，或许还会要知晓商品的一些技术细节，然而这无疑就会涉及商品中的专有技术了。

第二章　知识产权管理机构及工作人员

【本章导图】

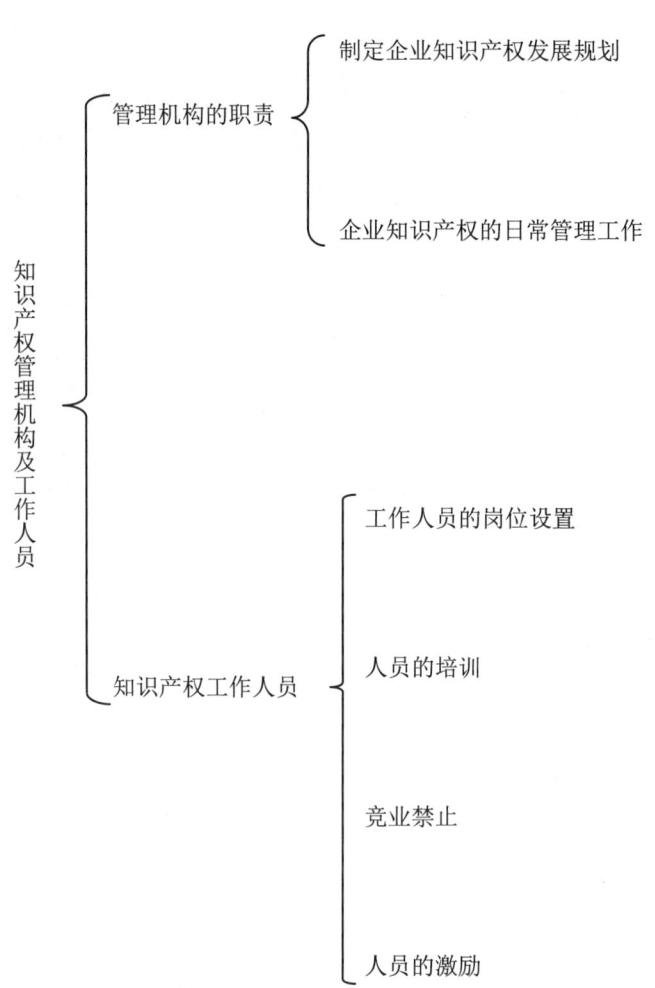

第一节 管理机构的职责

一、制定企业知识产权发展规划

企业知识产权规划是企业经营发展总体规划的组成部分。实施知识产权战略是贯彻落实科学发展观，建设创新型企业，提升企业核心竞争力，推动企业稳定和持续发展的根本动力。企业知识产权的发展规划需要服务于企业的总体发展，需要贯穿于企业知识产权创造、管理和应用的全过程。在制定规划的过程中，需要明确企业的总体目标以及在知识产权的创造、管理、保护、应用等不同环节的分目标。

关于企业知识产权发展规划的详细内容和模式可详见第四章企业知识产权战略。

二、企业知识产权的日常管理工作

（一）研发及成果管理

知识产权研发管理主要用于规范企业的技术研发工作，主要包括：研发文档管理、成果归属管理、奖酬计算和发放等。

研发文档管理制度主要用于研发过程中的相关研发信息、数据、资料的收集、整理、利用和保密等的管理。通过对于企业研发信息的管理，能够帮助企业更有效地利用研发信息资源。

成果归属管理制度主要使得发明人和所在单位在平等互利的基础上，通过协商使职务技术成果的权利分享趋于合理、平衡，有利于技术的再创造，并为多渠道实现职务技术成果产业化、单位和本单位发明人之间的经济利益分配提供保障。由于我国的知识产权法律已对相关的专利权、商标权、著作权的归属有了明确规定，因此企业的成果归属认定制度重点主要在于两个方面：第一，对于我国法律已有明确规定的部分知识产权，应当明确规定成果归属的认定，以便使得知识产权的归属落在实处；第二，对于目前我国法律尚未明确规定成果归属的部分知识产权，应当明确规定成果的归属及其认定，企业也可以通过与员工签订合同，约定员工所完成的智力成果的知识产权的归属和双方的权利和义务，以便维护双方的合法权益，避免可能发生的矛盾和纠纷。

奖酬计算和发放制度主要是指企业按照国家的法律规定或者双方的合同约定，通过给予发明人或者设计人奖励和报酬的方式，用于充分调动和不断激励企业和研发人员双方技术创新的积极性。奖励和报酬可以是现金，也可以是其他非现金形式的货币，还可以是企业的股权等。合理健全的奖酬计算和发放制度是激励企业和研发人员双方持续投入发明创造的基本保障。

（二）权利获取管理

知识产权的权利获取制度主要用于规范企业知识产权获取的相关工作，包括内部审核制度和保密制度等。

内部审核制度是企业审核研发技术是否申请专利的第一步，通过合理、严密的审核流程，能够帮助企业完善研发技术，及时获取相关的知识产权，有效地保护企业的核心技术，同时有利于实施企业的知识产权战略。

保密制度是保护企业核心竞争力的重要手段。创新成果，包括各项知识产权都是企业的核心竞争力，但是由于知识产权的无形性，很容易被泄露，因此企业应当实施严格而且合理的保密制度，加强保护，抵御来自企业内部和外部的各种侵犯知识产权的危害。

知识产权的保密制度可以分为对物和对人的保密制度。对物的保密制度又包括对厂区或生产区域等的保密管理、对生产设备和过程等的保密管理、对原材料和模具等的保密管理、对文件资料和数据等的保密管理、对计算机设备和计算机软件及其文档等的保密管理以及对废弃物等特定物的保密管理，等等。对人的保密制度则包括对外来人员的保密管理、对内部人员的保密管理、对离职职工清退资料的保密管理等。对于上述内容的保密管理均应当制定相应的保密规章制度。

用人单位依据劳动法的规定，制定的保密规章制度产生劳动法上的效力，但是在制定时应当充分遵循民主集中制，通过民主、合理、优化的程序，事先通过企业工会或者广泛征求员工的意见。同时，规章制度制定后，应当公示，使大家知悉。公示的方法包括召开职工大会公布，或者在企业的宣传栏中张贴公示等。

（三）风险防范管理

知识产权风险管理制度包括对在企业经营过程中有意或无意对他人知识产权构成侵害的风险，以及内部职工、交易对方、竞争对手和其他人因各种原因侵犯本企业知识产权的风险等进行防控的制度。

风险信息收集制度是通过知识产权工作部门收集日常的企业运作信息和市场信息，通过一系列的筛选、提炼、分类和检索，识别企业知识产权管理风险，帮助企业作出正确决策，避免风险。

风险控制制度要求通过各部门的协作管理，对涉及知识产权的工作进行合理化的设计和管理，降低企业自身管理知识产权的职能缺陷，对于企业内部运作过程中的知识产权风险进行控制和防范。

（四）经费预算管理

企业知识产权工作经费预算的规定，有利于提升企业创新能力和竞争力。企业设立知识产权工作机构，配备知识产权工作人员，建立、健全知识产权组织管理体系，开展一系列知识产权工作，都需要经费的保障。有了这一保障，企业知识产权健全体系、建立制度、协同运用、有效防卫等工作才有基础保障和实施条件。

第二节　知识产权工作人员

企业知识产权工作人员是在企业中从事与知识产权的获取、实施等相关工作，并对企业无形资产（专利、商标、技术秘密等）进行管理和运营的专门人员。企业知识产权工作人员应具有知识产权相关法律和技术的知识背景，并具有丰富的实践经验；在个性特质方面，他们应该具有独立自主的工作能力，并追求事业的成功，以致其需求较一般员工更为复杂。企业中的知识产权工作人员或者是专职的知识产权工作人员，也可以是兼管知识产权工作的其他专业人员，他们或者集中在相关的专业部门，也可能分布在企业的技术部门、法务部门、行政部门等各个相关部门。

一、工作人员的岗位设置

知识产权工作人员的岗位设置是在企业的岗位体系当中描述不同的职位等级的隶属关系，同时也包括员工职业发展设计的上升路径。上海目前在企业中对于专利相关的工作人员有：专利工作者、专利管理工程师与专利高级管理工程师的评定之分。相信随着知识产权的发展，这种任职资格的评定会扩大到整个知识产权领域，所以本文也借鉴了这种分类。企业的知识产权工作者的岗位一般分为：知识产权工作者、知识产权管理工程师和高级知识产权管理工程师（见图2-1）。

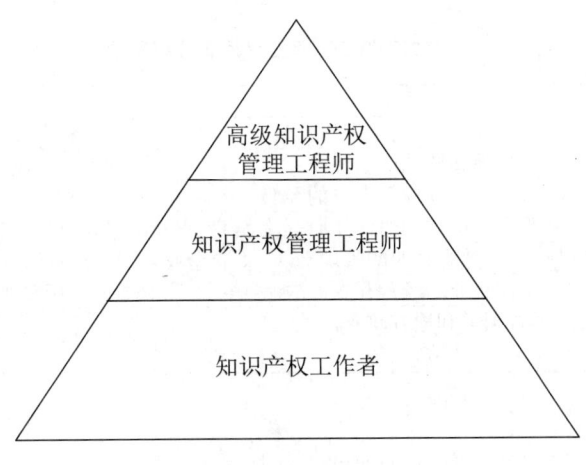

图2-1　管理岗位结构

（一）知识产权工作者

知识产权工作者是指在企事业单位中从事知识产权日常事务和相关服务的人员，其位于企业知识产权管理体系的基层，也是职权划分最基础的工作层。接受知识产权知识的培训，通过有关机构组织的考试，获得"企业知识产权工作者"证书，成为企业的知识产权工作者。知识产权工作者职位配置要求如表2-1所示。

表2-1 知识产权工作者职位配置要求

职位	要求	职责
知识产权工作者	具有相关的技术知识背景	技术交底书的撰写与审查
	知晓知识产权法律的基础知识	专利申请的发掘与初步审核
	熟悉专利申请和商标注册等流程	专利申请和商标注册的流程实施或跟踪
	了解企业的管理制度	企业知识产权规章制度的施行
	具备企业日常管理工作的技能	其他知识产权日常管理工作

（二）知识产权管理工程师

知识产权管理工程师是指具有中级专业技术人员职称资格、在企业中负责知识产权管理的工作人员。该类知识产权工作人员是企业知识产权管理的中坚力量，是负责企业知识产权工作的工作人员，一般负责组织、指导本企业或者本部门的知识产权工作者完成相关的工作任务，并负责与其他部门的知识产权管理工程师进行部门与部门之间的协调与合作。知识产权工程师在通过有关部门的考核，并获得"高级知识产权管理工程师"的任职资格之后，由所在单位聘任为高级知识产权管理工程师。知识产权管理工程师职位配置要求如表2-2所示。

表2-2 知识产权管理工程师职位配置要求

职位	要求	职责
知识产权管理工程师	具有相关的技术知识背景	专利申请的内部审核
	熟悉知识产权法律	知识产权风险控制、维权
	有专利、商标等申请的经验	专利、商标等的布局
	熟悉专利申请和商标注册等流程	专利申请和商标注册的流程管理与控制
	熟悉企业的管理	企业知识产权管理规章制度的制定与实施
	掌握企业的经营和发展战略	企业知识产权发展战略的制定与实施
	了解国家和地方政府相关的政策、规定	为企业决策提供知识产权方面的建议

（三）高级知识产权管理工程师

高级知识产权管理工程师是指具有高级专业技术人员职称资格、在企业中全面负责知识产权体系化管理的工作人员，一般受企业领导层的直接领导。高级知识产权管理工程师领导对企业的知识产权工作统一规划、制定战略；系统组织、整合协调；监督指导、帮助决策，使得企业的知识产权管理体系能够有序顺畅的运行。

二、人员的培训

（一）企业的全员培训

对于一个企业而言，做好知识产权的全员培训，将会有利于企业的创新发展，是必不可少的培训内容之一。企业的知识产权全员培训，不需要非常专业化的培训，但是需要确保员工有一定的知识产权常识，可以对全体员工做一个知识产权基础知识培训。通过培训能够提升员工的整体素质。知识产权基础知识培训内容如表2-3所示。

表2-3　知识产权基础知识培训内容

专利基础知识	专利的内涵和概念
	专利的类型和形式
	专利的申请流程
	专利的授权标准
	专利的侵权判断标准
商标基础知识	商标的内涵和概念
	商标的注册条件
	驰名商标的认定
版权基础知识	版权的内涵和概念
	版权包含的权利
	版权的登记流程

（二）研发人员的培训

首先，对于研发人员的培训最重要的莫过于研发技能的培训。只有研发人员真正掌握了必备的研发技能，才能从根本上解决企业专利创造的难题。企业能否顺利开展专利工作，达成专利目标，在很大程度上取决于研发人员。

其次，对于研发人员来说，他们并不缺乏相应的专业知识，而往往欠缺的是把发明创造的技术内容按照要求清楚地、完整地予以表达的能力。因此，技术交底书的撰写培训也就成为企业对研发人员培训的重要内容。通过技术交底书撰写方法的培训，能够帮助研发人员更好地表达自己的发明创造。

与此同时，企业也应重视对研发人员在专利挖掘、专利规避、专利检索分析和专利文献的解读等方面的技能培训。研发人员的培训内容如表2-4所示。

表2-4　研发人员的培训内容

技术交底书的培训	专利的基础知识
	技术交底书的内容
	技术交底书的写作要求
	技术交底书与专利申请书的区别
专利挖掘培训	产品的专利剖析
	专利挖掘的技巧
专利规避培训	专利规避的方法
	绕开障碍专利的技巧
专利检索分析培训	检索的方法
	国内外检索系统介绍
	检索结果的利用
专利文献的解读培训	专利文献的结构解读
	专利的生命周期解读
	专利文献的利用

(三)企业高级管理人员的培训

企业高级管理人员是指对企业负有全面责任,负责制定企业发展战略、方针,参与重大决策或全盘负责某个部门的人员。对于高级管理人员的培训是企业知识产权培训的关键,因为企业高级关于知识产权战略的制定和相关的决策,直接决定了企业的创新发展。对于企业高级管理人员的知识产权培训主要是关于知识产权宏观战略方面的培训,一般包括:国家创新基本国策及发展战略,国家及地方政府实施创新战略的方针政策、法律法规的制定与实施,国际创新与知识产权发展动态与趋势,国际国内市场竞争的发展动态,行业或产业技术创新的发展态势,企业创新与知识产权发展策略,企业知识产权的环境和风险、机遇和挑战等,企业高管的培训内容如表2-5所示。

表2-5 企业高管的培训内容

知识产权发展战略培训	发展战略的制定
	发展战略的实施
知识产权运营培训	知识产权贯标
	知识产权融资
	运营风险评估
	知识产权商品化流程

(四)其他工作人员的培训

企业工作人员的培训是针对其具体的工作内容制定的,比较偏向于实务操作。一般可以分为:知识产权相关法律培训、企业知识产权管理规范培训和岗位业务培训等。知识产权的法律培训是针对管理人员在实务过程中遇到的法律问题进行专项的培训,不仅是知晓法律的规定,更重要的是要知晓具体法律规定的实务应用。企业知识产权管理规范培训是旨在掌握国家关于企业知识产权管理的政策规范和企业内部关于知识产权管理的规章制度,加强管理人员的知识产权管理意识,提高知识产权的创造、运用和保护的水平。岗位业务培训主要是针对管理人员工作的特点和需求,组织有针对性的专项培训。知识产权工作人员的培训内容如表2-6所示。

表2-6 知识产权工作人员的培训内容

知识产权法律培训	知识产权法综述	
	专利法	
	商标法	
	著作权法	
知识产权管理规范培训	国家知识产权的政策方针	
	企业知识产权管理规章制度体系	
	企业知识产权运营管理	
岗位业务培训	知识产权岗位培训	知识产权管理实务
		知识产权战略实施策略
		企业知识产权运营实务

三、竞业禁止

竞业禁止是指对特定的人的特定竞争行为的禁止，分为法定的竞业禁止和约定的竞业禁止。法定的竞业禁止是指由法律规定的特定的人不得从事竞争性业务的行为。它是一种强制性竞业禁止，当事人不得协商免除。约定的竞业禁止是指由当事人约定的特定的人不得从事竞争性业务的行为。企业的竞业禁止制度是指企业通过合同与其员工约定，在其离职后的一定期限内，不得从事与原任职企业相竞争的业务。法定的竞业禁止和约定的竞业禁止的区别如表2-7所示。

表2-7 法定的竞业禁止和约定的竞业禁止的区别

	法定竞业禁止	约定竞业禁止
依　据	法律规定	双方约定
限制对象	中外合资经营企业的总经理、副总经理	掌握企业商业秘密的人员
	有限责任公司及股份有限责任公司的董事、经理	
	合伙企业的所有合伙人	
	国有独资企业的董事长、副董事长、董事、经理	
强制性	必须履行，不得协商免除	应当履行，但双方可以协商
目　的	确保高管对企业的忠诚	保护企业的商业秘密
限制时间	任职期间	离职后一定时间

（一）法定的竞业禁止

1. 法定竞业禁止的内容

（1）在职期间不得直接经营或者向与任职企业有竞争关系的其他企业投资，包括自己经营或参股企业的经营。

（2）在职期间不得在与任职企业有竞争关系的企业兼职、任职或者担任顾问。

2. 法律责任

（1）民事责任，主要依据当事人和企业之间的合同中关于竞业禁止违约金的约定承担赔偿责任。

（2）刑事责任，我国《刑法》第165条规定，国有公司、企业的董事、经理利用职务便利，对于违反竞业禁止义务而获取非法利益，数额巨大的，处3年以下有期徒刑或者拘役，并处或单处罚金；数额特别巨大的，处3年以上7年以下有期徒刑，并处罚金。

（二）约定的竞业禁止

1. 竞业禁止合同的效力

（1）竞业禁止合同是劳动合同的从合同。如果劳动合同无效，竞业禁止合同亦无效，但是如果竞业禁止合同无效，一般不影响劳动合同的效力。

（2）订立竞业禁止合同必须存在保护商业秘密的需要，否则应认定为无效。订立竞业禁止合同是企业保护自己商业秘密的一种手段，企业在决定与哪些员工签订竞业禁止合同时要考虑：一是否存在商业秘密；二对竞业禁止合同的义务方来说，是否有保护商业秘密的需要，即该员工是否知悉商业秘密。如果发生纠纷，是否有必要订立竞业禁止合同应由企业证明。

2. 竞业禁止的限制时间

对负有保守用人单位商业秘密义务的劳动者，劳动合同当事人可以在劳动合同或者保密协议中约定竞业限制条款，并约定在终止或者解除劳动合同后，给予劳动者经济补偿。竞业限制的范围仅限于劳动者在离开用人单位一定期限内不得自营或者为他人经营与原用人单位有竞争的业务。竞业限制的期限由劳动合同当事人约定，最长不得超过3年，但法律、行政法规另有规定的除外。

3. 合理补偿

当员工离职后，对于由于竞业禁止约定的履行而造成损失的，企业应当参照所在城市的最低工资标准等因素，并结合企业的实际情况予以弥补。

4. 违约责任

对于违反竞业禁止合同约定，违约方应当承担相应的法律责任，包括支付违约金、赔偿实际损失等。如果企业高层管理人员违反竞业禁止义务的，还可按照法律规定，追究其相应的法律责任。

四、人员的激励

这里所说的激励，一般是针对发明创造的实际完成人而言的。专利授权之后，对于职务发明创造而言，发明人、设计人有权因其对发明创造的完成所付出的劳动和贡献而获得相应的对价，包括奖励和报酬两部分。

（一）约定优先

依据《专利法实施细则》第76条的规定："被授予专利权的单位可以与发明人、设计人约定或者在其依法制定的规章制度中规定《专利法》第16条规定的奖励、报酬的方式和数额。"只要是不违反法律的内容，应该优先执行双方的约定或者规章制度中的规定。

（二）奖励标准

依据《专利法实施细则》第77条第1款的规定："被授予专利权的单位未与发明人、设计人约定，也未在其依法制定的规章制度中规定专利法第16条规定的奖励的方式和数额的，应当自专利权公告之日起3个月内发给发明人或者设计人奖金。一项发明专利的奖金最低不少于3 000元；一项实用新型专利或者外观设计专利的奖金最低不少于1 000元。"这里明确了给付发明人或设计人的奖金的时间，是自专利权授权公告之日起3个月内。

依据《专利法实施细则》第77条第2款的规定："由于发明人或者设计人的建议被其所属单位采纳而完成的发明创造，被授予专利权的单位应当从优发给奖金。"值得注意的是，第一，从优发给奖金的对象是发明人或者设计人，而不是其他人。第二，提出的建议要被本单位采纳，并且对于发明专利的完成起到积极的作用。第三，所谓从优是指比《专利法实施细则》第77条第1款规定的最低标准要高，但是具体高多少属于从优，则依据各单位的具体状况自行决定。

（三）报酬的计算与发放

依据《专利法实施细则》第78条的规定："被授予专利权的单位未与发明人、设计人约定也未在其依法制定的规章制度中规定《专利法》第16条规定的报酬的方式和数额的，在专利权有效期限内，实施发明创造专利后，每年应当从实施该项发明或者实用新型专利的营业利润中提取不低于2%或者从实施该项外观设计专利的营业利润中提取不低于0.2%，作为报酬给予发明人或者设计人，或者参照上述比例，给予发明人或者设计人一次性报酬。"

1. 单位自己实施专利的报酬计算方法

对于发明或者实用新型专利，支付给发明人的报酬应该不低于营业利润的2%；对于外观设计专利，支付给设计人的报酬应该不低于营业利润的0.2%。所谓2%和0.2%的营业利润，应该是专利技术实施后的产品税后利润，即专利技术给产品带来贡献的那一部分利润的2%和0.2%。

（1）当一个产品中只含有一件专利技术时，报酬计算如表2-8所示。

表2-8　专利报酬计算方法

产品税后利润（元）	产品制造所利用的专利技术的比例	专利带来的税后利润（元）	对发明人支付的报酬（发明或实用新型）（元）	对设计人支付的报酬（外观设计）（元）
100	100%	100	100×2%=2	100×0.2%=0.2
100	50%	50	50×2%=1	50×0.2%=0.1

如表格第二行所示，当一个产品中既包含专利技术又包含已有技术的时候，假设专利技术带来的利润占产品利润总额的50%，也就是50元的时候，应该按照50元的2%和0.2%来计算报酬支付给发明人或设计人。

（2）当一个产品中含有多件专利技术的，则分以下两种情况。

① 如果一个产品包含了2件同类专利，实施产品后的税后利润是100元，假设专利技术带来的利润占产品利润总额的50%，也就是50元的时候，每件专利带来的税后利润平均各为25元，那么对于报酬的支付，应该在每件专利的25元的税后利润中分别计算。如果这2件专利都是发明或是实用新型，单位给每件专利的发明人应该支付的报酬是25元的2%，也就是0.5元，单位支付给发明人的报酬总额为1元；如果这2件专利都是外观设计，单位给每件专利的设计人应该支付的报酬是25元的0.2%，即0.05元，单位支付给设计人的报酬总额为0.1元。单位给予这些发明人和设计人的报酬的总和不应超过产品总利润的2%和0.2%。❶

② 如果一个产品包含了多件不同类专利的，当这一产品实施之后，单位应该依据每一件专利在该产品中所占的税后利润的比例计算向发明人或设计人支付的报酬。假设一个产品中含有1件发明专利和1件外观设计专利，分别在该产品中占50%和10%，该产品的税后利润是100元，其中发明专利占总利润的50%，也就是50元，外观设计专利占总利润的10%，也就是10元，单位应该分别按比例计算所支付的报酬，支付给发明人的报酬是50元的2%，即1

---

❶ 程永顺主编：《专利纠纷与处理（第2版）》，知识产权出版社2011年版，第178～181页。

元，支付给设计人的报酬是10元的0.2%，即0.02元。从上述两种情况我们可以得出单位对于发明人或者设计人的报酬的支付是按照每一项专利计算的，而不是按照发明人或者设计人的人数来计算的，无论发明人或者设计人的数量多少，都是按专利所占产品的比例共同去分享税后利润的2%或0.2%。

2. 单位许可他人实施专利的报酬计算方法

依据《专利法实施细则》第78条的规定："被授予专利权的单位许可其他单位或者个人实施其专利的，应当从收取的使用费中提取不低于10%，作为报酬给予发明人或者设计人。"具体的计算方法和上述单位自己实施专利的报酬计算方法一样。

第三章　知识产权管理规范体系

【本章导图】

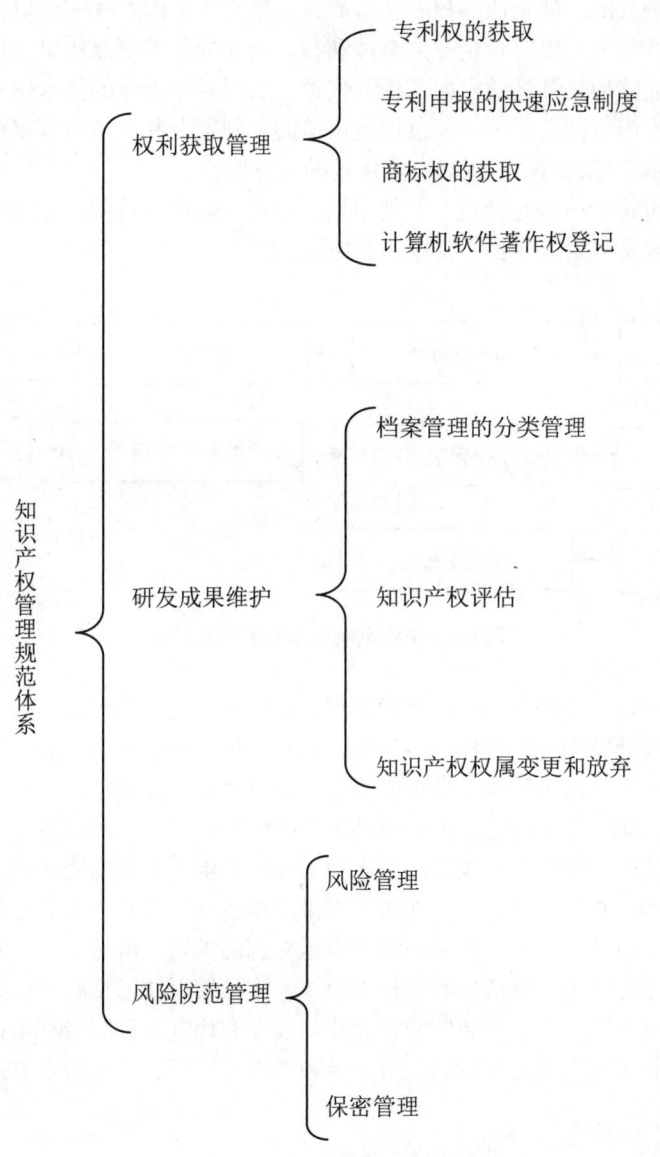

第一节 权利获取管理

权利获取管理是指企业通过创新发展，经过一定法定程序，获得知识产权的行为。企业知识产权的权利获取可以分成专利权的获取、商标权的获取和著作权的获取。

一、专利权的获取

企业的技术研发成果是否申请专利，如何申请专利，对于企业的知识产权战略来说是很重要的一环，不是所有的技术研发成果都要通过申请专利去保护的，即使申请了专利，也不是都能够获得专利权的。就企业的核心技术而言，把它作为商业秘密予以保护或许更有利于保护企业的核心竞争力，更符合企业的整体利益。企业的技术研发成果一旦申请了专利，就必须以清楚地、完整地公开其技术内容作为代价，所以对于企业的技术研发成果是否要申请专利并公开其技术内容则需要事先经过慎重审核的。制定专利申请内部审核制度就是为了确保专利申请符合企业专利战略，提高专利申请的实际效益。

专利权的获取途径一般是通过专利的申请，专利权包括：发明创造、实用新型和外观设计专利。企业获取发明创造专利的流程一般如图3-1所示。

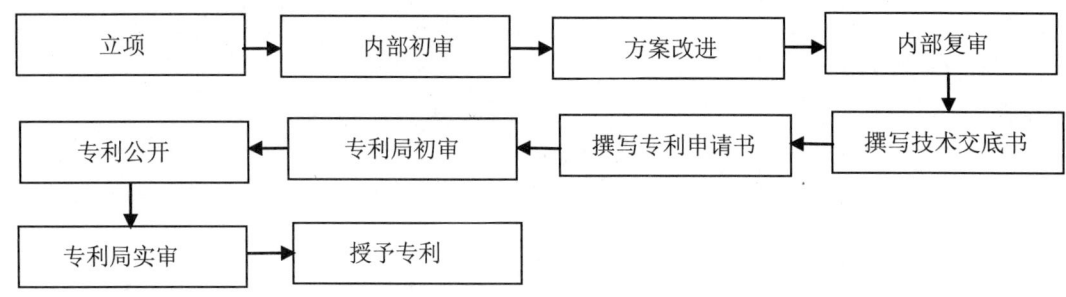

图3-1 企业发明创造专利获取流程

企业的专利获取一般经过企业内部的立项，确立研发的项目内容。内部初审，主要是审查立项后的技术设计结构的合理性、工艺性，以及特种材料解决的可能性等技术问题。除上述的审查内容之外，在这个环节，最重要的是，需要对此项技术作一个检索分析，防止重复发明，浪费企业资源。方案改进，依据内部审查提出修改意见，改进技术方案。内部复审，根据企业的经营策略和整体发展规划，对该项研发成果申请专利的经济效益以及对企业发展的影响进行评估和审查。同时，对该项研发成果是申请专利或是作为商业秘密予以保护进行评估，如果确定要申请专利的，则进一步对申请专利的类别、申请策略、专利权属等进行深度评估。撰写技术交底书，申请专利的技术由技术人员撰写技术交底书。撰写专利申请书，将技术交底书提交外部的专利事务所的专业律师或专利代理人撰写专利申请书。之后递交专利局进行初审，初审通过后公开专利，再由专利局进行实审，在实质审查通过后，企业被授予专利。

企业获取实用新型和外观专利的流程一般如图3-2所示。

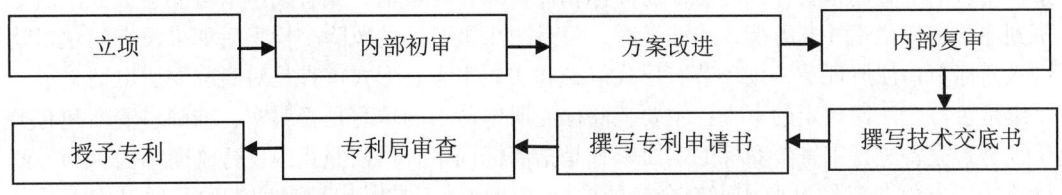

图3-2　企业实用新型和外观专利获取流程

企业的实用新型和外观专利的申请与发明创造专利申请的流程几乎一样，区别仅仅在于实用新型和外观专利不需要经过专利局的实审，也就是实质审查，就可以直接取得专利权。

二、专利申报的快速应急制度

企业应当建立专利申请的快速应急制度，及时启动专利申请程序。

（一）适用应急程序的情形

（1）参加计划外展会、技术交流会、项目对外评审等，且须对技术方案公开、而按正常手续不能在上述公开前提出专利申请并获得国家专利局受理的，应在参加前规定日期内启动应急程序。

（2）在展会、技术交流会等场合获知竞争对手的新技术，该新技术尚未申请专利或准备申请专利，且和企业正在开展的项目相同或会阻碍该项目进展的，应在知晓后立即启动应急程序。

（3）部分发明人突然离职，造成技术方案可能泄露的，确认离职当天启动应急程序。

（4）其他任何具有导致技术方案在获得国家专利受理前可能丧失新颖性的情形或商业秘密被泄露的情形，在情况获知后立即启动应急程序。

（二）快速应急程序

发明人或设计人可直接向所属部门的主管领导提出请求，经书面批示，再由专利管理部门启动快速应急程序申请专利，专利管理部门须在收到书面批示和技术交底资料后的规定日期内完成专利申请。

三、商标权的获取

企业商标权的获取途径一般如图3-3所示。

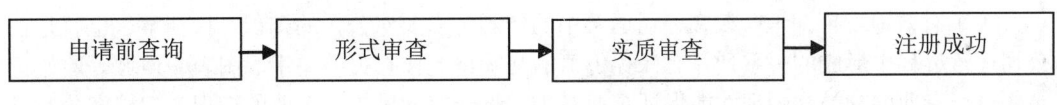

图3-3　企业商标权获取流程

企业的商标权的获取途径相对来说比较简单：申请前查询，一般由企业先进行申请前检索，通过电脑查询是否存在与拟注册商标相冲突的在先申请，如有则申请可能会被驳回而得不到注册。但检索并非万能，也非必需，只是减少被驳回的风险。检索后如果没有问题，就进入商标申请注册环节，该环节有形式审查和实质审查。形式审查是对商标注册申请文书、手续是否符合法律规定的审查，主要就商标注册申请书的填写是否属实、准确、清晰和有关手续是否完备进行审查。商标的实质审查是指商标局审查员依照我国现行《商标法》和《商标法实施条例》对经过形式审查合格的商标注册申请，按其申请日期先后，通过检索、分析、对比和必要的调查研究，审核其商标注册的合法性，以确定是否给予初步审定或者驳回的行政行为。商标初步审定公告后异议期内无人提异议后，顺利领取商标证。

四、计算机软件著作权登记

按照我国著作权法规定，著作权依据作品的完成自然取得。软件著作权登记并不是软件取得著作权的前提条件，软件只要完成（包含部分完成）即自动享有著作权，受法律的保护，软件著作权是否经过登记与是否可以取得著作权没有任何的关系。但是国家著作权行政管理部门鼓励软件登记，并对登记的软件予以重点保护。其流程一般如图3-4所示。

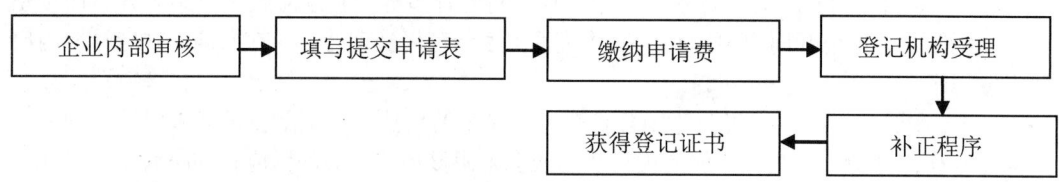

图3-4 企业软件著作权登记流程

通常情况下，企业在内部审核通过以后，由企业知识产权工作人员或者委托代理人按照法定要求提交登记申请文件。申请文件符合登记条件的，计算机软件登记机构予以登记，企业完成计算机软件著作权的登记。

第二节 研发成果维护

一、档案管理的分类管理

为了有效地发挥知识产权在公司运营中的作用，需要对公司的知识产权档案，也就是在公司运营过程中形成的一系列具有保存价值的与知识产权相关的文字、图表、声像等原始记录，进行专业的分类和管理才能保证企业对于知识产权的维护。企业的知识产权档案分类可以参考下文，也可以依据实际情况做相应的调整。

（一）专利档案

1. 申请

发明和实用新型专利申请提交的请求书、说明书、权利要求书、说明书附图及有关的原始资料；外观专利申请提交的请求书、照片或图片等；专利申请审查中的往来文件，如专利受理通知书、专利局的审查意见书、针对专利局审查意见书的意见陈述书、申请文件的修改稿等；专利批准材料，如专利授权通知书、专利证书（包括发明、实用新型、外观设计专利证书，专利获奖证书等）、登记、公告等；专利权的撤回、终止和无效的有关文件材料等。

2. 维护

主要包括专利台账、专利权有效期内的缴费单据，放弃、恢复、变更专利的评估报告，放弃、恢复、变更专利的审批记录等。

3. 运营

专利技术转让合同、许可合同，专利实施的强制许可的决定、通知、登记、公告等文件，专利质押融资合同，专利股权化实施方案、合同等。

4. 保护

专利的纠纷、侵权记录、相关证据，以及在处置过程中形成的判决书、裁定书、律师函等文件。

（二）商标档案

1. 申请

申请、审查、补正、撤销、核准（商标申请受理书和商标注册证）等文件材料。

2. 维护

注册商标变更、续展、注销等文件材料。

3. 运营

商标的转让、使用许可、授权评估、审批、合同等文件材料；注册商标使用和管理中形成的文件材料等。

4. 保护

商标的权属纠纷、侵权记录、相关证据，以及在处置过程中形成的判决书、裁定书、律师函等文件、材料。

（三）著作权档案

1. 登记

软件、书籍、设计图等各种载体形式作品及模型等著作权登记的文件材料等。

2. 运营

著作权的许可、转让、评估、审批、合同等文件材料。

3. 保护

著作权的权属纠纷、侵权记录、相关证据，以及在处置过程中形成的判决书、裁定书、律师函等文件材料。

（四）商业秘密档案

1. 管理秘密

未公布的战略规划、管理方法、商业模式、改制上市、并购重组、产权交易、重要的人事任免等文件、资料。

2. 经营秘密

未公布的财务信息、投融资决策、产购销策略、资源储备、客户信息、招投标事项等经营信息。

3. 技术文件

企业内部使用的设计、程序、产品配方、制作工艺、制作方法、原辅材料技术条件、企业标准等文件。

4. 研发文档

研发计划、项目调研报告、可行性分析、检索报告、立项报告以及研发过程中的记录、实验数据、验收总结、验收报告等。

二、知识产权评估

评估企业资产是我国企业向现代企业制度迈进的必然要求。然而，尽管知识产权是企业资产的重要组成部分，但知识产权评估问题并未受到应有的重视，造成知识产权价值评估相关领域的缺乏与我国关于知识产权评估的理论与方法缺乏深入研究，知识产权评估制度不健全以及评估力量不足有很大的关系，同时人们对知识产权价值缺乏充分的认识，忽视知识产权作为企业一种极重要经济资源的作用也是极其重要的原因。相当一部分企业在评估企业资产时没有包括专利权、商标权等知识产权，有些企业即使对知识产权进行评估，往往也是低评，远远低于知识产权的实际价值，不仅不能完全反映企业的资产存量，而且造成企业资产的流失。

知识产权制度是知识经济时代的重要制度，而正确的评估是落实知识产权制度的关键之一。同是财产，知识产权与物权的价值有什么区别，其价值构成中质和量的规定性又是什么，这是回答知识产权之所以为财产权的前提和基础。

（一）基本概念

知识产权评估是对知识产权的市场价值进行评估的一种特殊的无形资产评估，它类似于任何有形或无形资产评估，着眼于知识产权的未来经济效益，通过价值评估促进知识产品的开发和有效利用。企业知识产权评估属于企业资产评估的范畴，一般主要对商标权、专利权、著作权等常见的知识产权进行评估。

（二）基本方法

我国的知识产权评估业务起步于20世纪90年代中期，现行的知识产权评估方法基本上是对固定资产评估方法的借用和移植，常用的方法有：成本法、市场法和收益法。

1. 成本法

成本法（Cost Approach）是指首先估测被评估资产的重置成本，然后估测被评估资产业已存在的各种贬值因素，并将其从重置成本中予以扣除而得到被评估资产价值的评估基本方法的统称。成本法的基本思路是重建或重置被评估资产。

成本法的适用对象一般包括处于持续使用的状态或被假定处于持续使用的状态、应当具备可利用的历史资料、形成资产价值的损耗是必需的、必须是可再生的、可复制的被评估资产。不能再生、复制的评估对象不能采用重置成本法。

2. 市场法

市场法（Market Approach）也称市场价格比较法，是根据替代原则，采用比较和类比的思路及方法，判断被评估资产与最近售出类似资产的异同，并将类似的市场价格进行调整，从而确定被评估资产价值的一种资产评估方法。用市场法评估得出的评估结果因为直接来源于市场又应用于市场，所以很容易被接受使用。然而由于条件的可能影响，其也不同程度地影响了评估的可靠性。具体流程如图3-5所示。

图3-5　市场法评估资产的步骤

市场法的适用需要满足三个前提条件：一是要有一个公开活跃的市场；二是公开市场上要有可供比较的资产；三是在该公开市场上要有相关的交易活动。其中参照物的可比性是采用市场法的关键，包括参照物与评估对象功能的相似、市场条件环境的相似、参照物的成交时间与评估基准日期的相近等。另外，在根据交易日期、资产特征等要素对评估值进行修正时，由于受到评估人员知识和经验影响程度较大，也会影响评估结果的准确性。

3. 收益法

收益法（Income Approach）也称收益资本化法、收益还原法，是运用预期收益和效用价值原理，服从资产评估中将求本的思路，利用投资回报和收益折现等技术手段，把评估对象的预期产出能力和获利能力作为评估标来估测评估对象的价值。其不考虑建造或取得一项新资产的成本，而是注重于考虑资产产生收获的能力，通过资产在使用年限内所获得的净收益的现值来计量其价值。

收益法根据评估对象的预期收益现值估算其价值，评估结论具有较好的可靠性和说服力。应用收益法评估应当满足三个前提条件：一是被评估资产的未来预期收益可以预测，并可以用货币计量；二是资产拥有者获得预期收益所承担的风险可以预测，并可以用货币计量；三是被评估资产预期获利的年限可以预测。虽然收益法基本思想简单明了、易于理解，但是在实践中收益法的应用并不简单。首先，被评估资产需满足收益法应用的三个前提条件；其次，收益法涉及被评估资产的预期收益额、折现率或资本化率和收益年限等基本要素，估测难度较大，且受评估人员主观因素影响较大，评估风险也较高。作为评估的方法，可以是单一的，也可以是多样的、同步的，我们在对知识产权价值进行评估时既可以采用其中的一种，也可以采用多种进行比较参考，以求取得最为合理、最令人信服的评估结果。

三、知识产权权属变更和放弃

通过对知识产权权属的变更和放弃进行管理，能够保证企业对知识产权作出科学有效的管理和决策。通过知识产权的评估，能够对知识产权给出一个准确的市场、技术估值，据此可对企业现有的知识产权作出变更或者放弃的决定。具体的变更和放弃流程可依据图3-6所示。

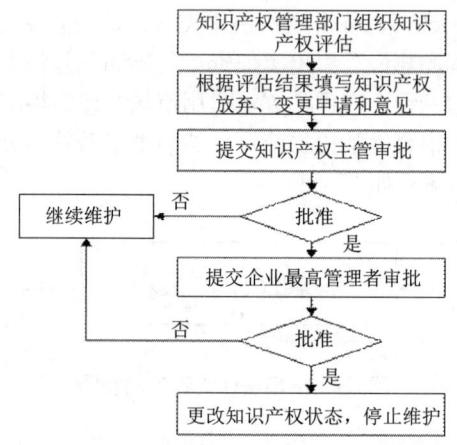

图3-6　知识产权权属变更和放弃流程

依据图3-6所示，知识产权管理部门会根据业务部门提出的知识产权变更和放弃申请，组织对知识产权进行评估，评估该知识产权的市场价值和技术价值，申请表可参考脚注的网址。❶之后知识产权管理部门根据评估结果，出具知识产权变更、放弃意见。知识产权主管再根据知识产权管理部门出具的意见，对知识产权的变更和放弃进行审批。企业的最高管理者对知识产权变更和放弃进行最后的确认审批。知识产权管理部门根据审批的情况，改变知识产权管理台账的状态，并停止对该知识产权的维护。

第三节　风险防范管理

一、风险管理

企业的知识产权活动已被视为利益冲突的焦点，成为企业纠纷的导火线。有效识别和控制知识产权风险是企业市场竞争制胜的保证。企业在开展与知识产权相关的活动中，由于管

---

❶　知识产权变更和放弃申请：http://wenku.baidu.com/link?url=2Z7_2aR80BdpoIOi8IYzhAKqqC4I6GWutqOfYEUsCI7msMkotNakN3HkU4DWxiho3xCGkfkEuUk3cBNXUJH8gXL8Tfb-hJuVCSMeSKHDgOC。

理的疏忽或不当，可能会遭受相应的损失，为此企业要加强知识产权风险控制，通过对于知识产权的风险识别、评估和处理，维护其自身权利。

（一）风险信息的收集

企业知识产权管理部门应该广泛、持续不断地收集与本单位相关的知识产权风险信息，包括历史数据和预测信息。

知识产权管理部门在日常的工作中需要搜集与企业知识产权发展息息相关的各类内、外部初始信息，进行汇总、分类、筛选、整理和分析等，进而识别出本单位知识产权的风险点，并建立知识产权风险档案。

与知识产权相关的风险信息的内容如表3-1所示。

表3-1 知识产权风险信息

大　类	细　目
战略信息	国内外宏观经济政策以及经济运行情况、本行业状况、国家产业政策
	科技进步、技术创新的有关内容及情况
	市场对本企业产品或服务的需求情况
	本企业主要客户、供应商及竞争对手的有关知识产权情况
财务信息	技术研发费用
	产品制造成本和管理费用、财务费用、营业费用
	技术市场估值
	盈利能力
运营信息	新产品、技术研发情况
	知识产权相关专业人员的知识结构、专业经验
	产品或服务定价与销售渠道与营销环境状况
法律信息	知识产权法律法规和政策
	本企业发生重大知识产权法律纠纷案件的情况

（二）风险信息检索

企业进行技术研发活动前，应当进行知识产权的检索，以确定研发是否符合企业可持续发展战略、是否侵犯他人的知识产权，进行必要的风险预控。凡是涉及以下活动，均应该进行知识产权信息的检索：

（1）本企业的新技术、新工艺、新产品等研究开发和技术改造，确定研究方向和技术路线；

（2）重大科研课题在立项、结题时；

（3）申请专利、确定纳入商业秘密保护的技术诀窍、信息等；

（4）申请商标注册、使用新商号前；

（5）开发新产品使用新型号、品牌前；

（6）企业对涉及知识产权的新技术、新产品的进出口。

（三）风险识别

企业的知识产权活动已被视为利益冲突的焦点，成为企业权益纠纷的导火线。有效识别和控制知识产权风险是企业市场竞争制胜的保证。企业知识产权风险往往表现在企业从事的与知识产权相关的活动中,因为管理的疏忽或管理的不当而可能带来的对企业的负面效应或者损失。企业知识产权管理机构要通过对知识产权风险的及时评估和采取有效措施,维护其自身权利。

企业知识产权管理机构可通过制作知识产权风险表,列明企业在知识产权运行过程中可能遇到的风险,予以分级,并且根据分级设置不同的应对措施,以便更好地去规避风险,如表3-2所示。

表3-2 企业知识产权风险清单

一级风险	二级风险
知识产权战略风险	知识产权管理制度设置的风险
	知识产权机构设置和工作人员的风险
	知识产权发展战略的风险
与标准有关的知识产权风险	与国家标准有关的知识产权风险
	与行业标准有关的知识产权风险
研发中的知识产权风险	研发环节的人员管理风险
	技术合作、开发合同签订环节的风险
	技术合作、开发合同履行环节的风险
权利申请中的知识产权风险	知识产权申请内部准备的风险
	知识产权申请流程中的风险
权利实施中的知识产权风险	对外合作与交流中的知识产权风险
	采购与市场营销过程中的知识产权风险
	知识产权融资的风险
其他有关的知识产权风险	知识产权维护和奖励的风险
	怠于行使知识产权的风险
	知识产权无效的风险
	知识产权纠纷环节的风险

(四)风险预警

对于企业面临的各种知识产权风险,需要通过一系列快速、准确反应的预警机制,做好事先的防范。通过对企业的知识产权信息进行搜集、整理与分析,及时发现知识产权风险,并进一步评估知识产权风险的大小,以便及时采取有效措施降低知识产权风险,进而避免知识产权风险对企业造成的危害。具体的预警机制如图3-7所示。

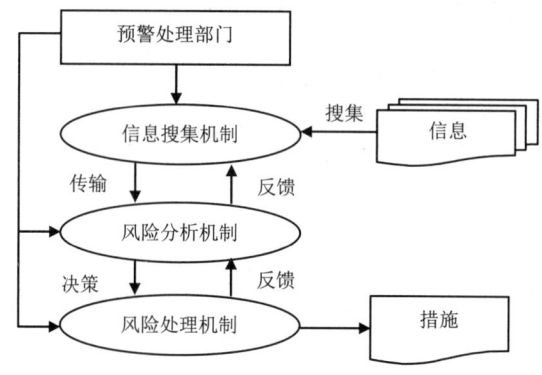

图3-7 企业知识产权风险预警机制

预警处理部门是知识产权预警的主体，同时也是预警机制的核心，根据搜集到的信息作出相应的反应，采取相应的有效措施。知识产权风险信息搜集机制负责搜集各种可能导致知识产权风险的信息。其所搜集的信息资料应该包括企业与知识产权相关的内部活动的信息以及与知识产权相关的外部活动的信息。这些相关的数据应该形成一个信息系统，要不断更新，确保信息及时有效。之后，这些搜集到的信息会进入风险分析机制，风险分析机制对知识产权风险进行评估和分析，并对企业知识产权的异常进行评估，对风险水平进行计算，对风险给予等级划分，并且把结果反馈到信息搜集机制中去。最后，依据信息知识产权风险分析机制对风险等级进行划分，风险处理机制采取手段，通过避免、转移、降低风险等应对策略，尽可能将风险控制在一定的范围内，同时制定、改进预警方案，避免风险的再次发生。

二、保密管理

知识产权的档案管理工作可以说是一个企业核心竞争力的保险箱，对企业而言极为重要。知识产权档案是在知识产权研发、申请、注册、授权、运用、管理和维护等过程中形成的具有保存利用价值的，并且以纸质、电子、声像等形式或载体所记录的，并按一定规律保存起来的历史文献。根据知识产权的分类，知识产权档案一般分为五类：专利档案、商标档案、著作权档案、商业秘密档案以及其他研发档案。其中专利档案是指在各项专利管理活动中形成的各类文件，包括记载了发明创造的研究原始记录，专利申请、审批以及权利实施和维护过程中整理归档的文件资料。商标档案是企业在商标注册、使用和管理活动中形成的各种有关的文件资料。著作权档案是指企业在管理使用著作权的过程中形成的各种有关的文件资料。商业秘密档案记录着商业秘密原始持有人通过投入时间、资金、劳动等所创造的劳动成果。

（一）保密密级的划分与保密措施

知识产权档案的等级划分应与企业的其他档案管理基本保持一致，一般分为：绝密、机密和秘密三个等级。企业通过这三个等级的划分确定档案的密级以及保管手段和期限。

1. 绝密

绝密等级的档案一般是指在企业经营发展中，直接影响企业安全、发展、权益的重要决策、文件、资料、数据等，是企业最核心的秘密，一旦泄露会对企业造成特别严重的损害。企业的知识产权绝密档案和对应的保密措施处于最高保密等级，执行最严格的保管、借阅、使用、审批制度，仅限对特定人员开放。

2. 机密

机密等级的档案是指企业重要的秘密，一旦泄露会对企业的权益造成严重的损害，主要包括企业知识产权工作所涉及的重要设计方案、图纸、源程序、通信协议等技术文件，也包括与知识产权有关的管理文件和财务文件，例如有关的财务计划、财务账本、各类统计报表、资产信息等。对于企业的知识产权机密档案，应该执行严格的保密制度，一般仅对指定人员开放。

3. 秘密

秘密等级的档案是指企业一般的秘密，一旦泄露会对企业的权益造成一定的损害，主要包括项目合同、项目计划、技术条件、试验数据、生产工艺、机械及电气图纸、软件程序框图、性能测试数据；人事资料、劳动合同、人力规划、绩效考核等内容。企业的知识产权秘密档案，也应该实行较为严格的保密制度，限指定人员知晓。

（二）知识产权档案的保管制度

由于知识产权档案的种类繁多，对于这些档案的保管要求各不相同。知识产权档案的保管制度，非常重要的内容便是对知识产权文档进行整理和编撰，以便更好地去利用这些企业的隐形财富。

1. 档案的分类

对于知识产权的档案而言，最基础的工作是对收集的档案作科学的分类，以便查找、调用。首先应该依据企业知识产权的类型分成专利档案、商标档案、著作权档案、商业秘密档案等。然后根据企业的实际经营情况进行细分，可以分为申请、维护、运营和保护档案等，再依据秘密等级分成绝密、机密、秘密。具体的分类如表3-3所示。

表3-3 知识产权档案的分类

类别		事项	密级	保密期限	知悉范围	备注
专利	重要	申请	绝密	公开日	直接接触人员	
		维护	绝密	公开日	同上	
		运营	绝密	公开日	同上	
		保护	绝密	公开日	同上	
	一般	申请	机密	公开日	同上	
		维护	机密	公开日	同上	
		运营	机密	公开日	同上	
		保护	机密	公开日	同上	
商标		申请	机密	有效期	同上	
		维护	秘密	有效期	同上	
		运营	机密	有效期	同上	
		保护	秘密	有效期	同上	
著作权		申请	机密	有效期	同上	与企业经营关系重大的软件应为绝密，保存期至公开日
		运营	机密	有效期	同上	
		保护	秘密	有效期	同上	
商业秘密		管理秘密	机密	5年		重大战略决策相关文件、资料应为绝密，保存期至公开日后5年
		经营秘密	机密	5年		招投标、投融资、企业重组等重大经营活动文件、资料及敏感采购及销售信息应为绝密，保存期至公开日后5年
		技术文件	机密	长期		重要产品的生产工艺、制作方法、配方应为绝密
		技术档案	机密	长期		列入重要专利的研发档案及在研项目档案应为绝密

2. 档案的使用

企业的知识产权档案查阅前应办理查阅登记手续，查阅本部门材料需经档案管理部门负责人批准，查阅跨部门材料需同时经档案管理部门负责人、查阅及被查阅部门负责人、单位主管领导批准。借用知识产权档案，应办理借用登记手续，须同时经档案管理部门负责人、借用及被借用部门负责人、单位主管领导批准。外单位查阅或借用本单位的知识产权档案，必须出具外单位的证明文件，经档案管理部门负责人、单位主管领导批准后，办理相关的借阅手续，可以有限制性地查阅相关知识产权档案。查阅的时候要注意不能带离查阅现场，不能复制、复印和拍照。查阅、借用人不应该在档案文件上勾划、圈点、涂改，及对档案随意拆散及抽页等。文档管理人员在收回档案时应详细检查，当面点清，如有损毁、丢失、破坏档案的行为，应认真查处，甚至追究法律责任。

第四章　企业知识产权战略

【本章导图】

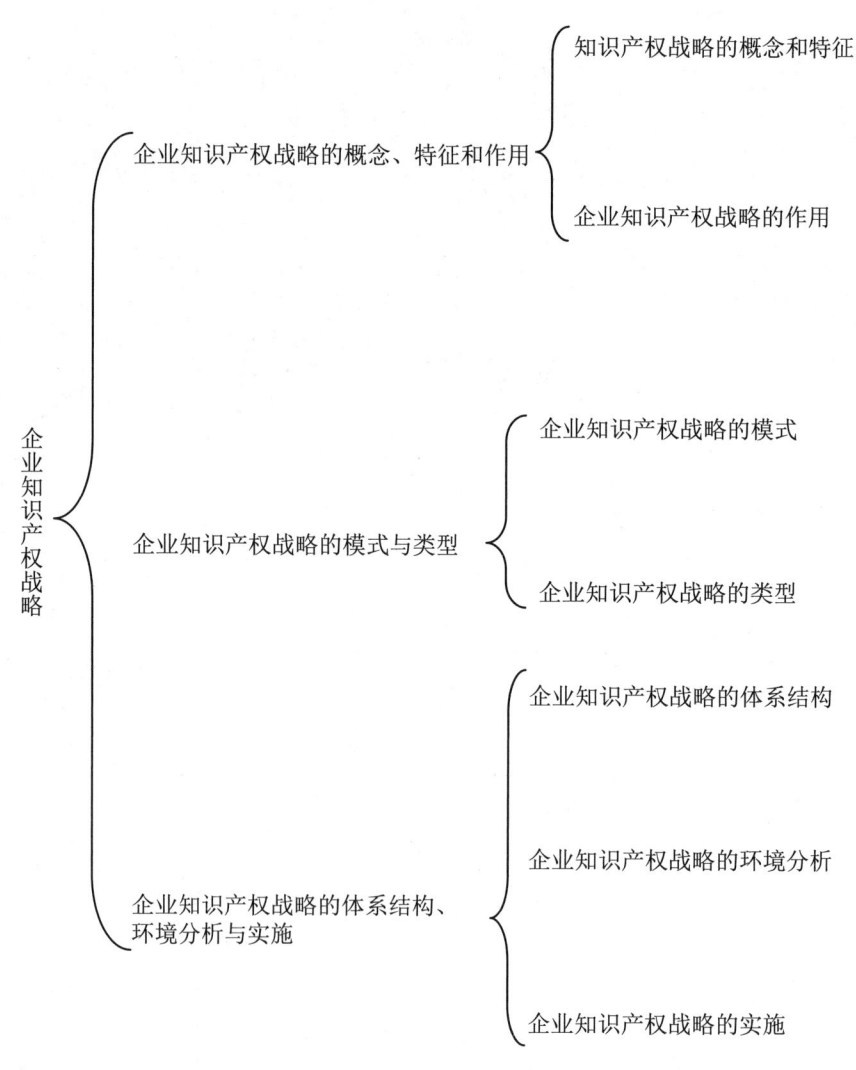

第一节　企业知识产权战略的概念、特征和作用

一、企业知识产权战略的概念和特征

（一）企业知识产权战略的概念

知识产权战略是企业战略的重要组成部分之一。企业战略是企业经营发展战略，或称企业整体发展战略，是指企业为了形成和维持竞争优势，求得生存和长期稳定的发展，根据内外环境及可取得资源的情况，对企业发展目标的途径和手段等所进行的全局性、根本性和长远性的谋划。❶

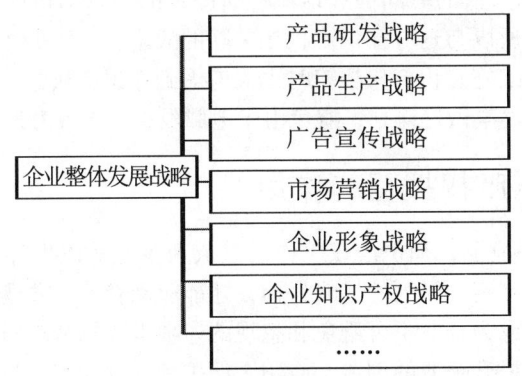

图4-1　企业战略体系

企业知识产权战略是企业在根据其内部条件的优势和劣势以及外部环境的机会和威胁，确定知识产权战略目标和指导方针，制定有效的知识产权战略步骤，并且予以实施，以最终实现其知识产权战略目标而采取的一系列相应的管理决策、程序和行动。企业通过对其无形资产——知识产权进行全局性或总体上的策划，以达到盈利目的。

（二）企业知识产权战略的特征

1. 整体性与长远性

企业知识产权战略是一种关乎企业全局和整体发展，实现企业长远目标的策划，而不限于局部、短期的计划。企业的知识产权战略的构建，需要确立知识产权工作的框架、目标、方向和规划，明确知识产权相关资源的配置策略。与企业的其他发展战略一样，知识产权战略不能脱离企业的整体经营战略独立存在，而必须以企业的愿景、使命和商业模式等作为基础，合理配置与知识产权相关联的关键要素，然后映射到战略定位、战略目标、工作策略和重心等知识产权战略的各个部分，最后指导知识产权业务和组织体系的建立和运作。

---

❶ 刘海宽："CRM 与企业战略"，载《首都经济贸易大学学报》2004 年第 1 期，第 76～78 页。

2. 法律性

企业知识产权战略是依托于知识产权法律制度而存在的，企业知识产权战略的启动和实施都应当建立在有效的法律保护基础之上。企业知识产权战略和知识产权的法律保护之间具有相互影响的关系，企业知识产权战略以法律保护为基础，实现知识产权战略需要法律的保障；反之知识产权法律法规的健全和有效实施也会促进企业知识产权战略的实施。

3. 保密性

企业知识产权战略的整体性和长远性决定了其作为企业发展战略的重要组成部分，对于企业的发展会起到决定性的作用。企业知识产权战略的实施必然会涉及许多企业的内部决策，其中包括企业的技术情报、市场预测、经营策略、产品研发等一系列商业机密。这些内容如果一旦被泄露，将对企业造成极为不利的影响。因此，企业知识产权战略中的相关涉及商业机密的内容应该加以保密。

4. 时间性和地域性

这一特点是由知识产权的时间性和地域性所决定的。以知识产权的时间性而言，知识产权的保护期限有限，所以与这一知识产权相关联的战略也要依据相应的权利期限作及时调整。同时企业在制定、实施知识产权战略时也应考虑到知识产权的地域性，在策划知识产权的海外战略布局时，要尽早做好谋划，避免由于地域限制，导致海外权利的流失。

二、企业知识产权战略的作用

在当今世界经济环境下，知识产权工作已然成为企业赖以生存和壮大的常态工作。对于一家企业而言，需要制定一系列的战略目标，才能驱动企业向着既定的目标向前发展。其中，知识产权战略已经成为企业不可避免和忽视的一项重要的战略目标。制定一系列完整、有计划的战略目标能够提升企业的创造、应用、保护和管理知识产权的能力，从而提升企业的综合实力。

（一）统领全局

企业知识产权的创造、应用、保护和管理不是一朝一夕就能形成一个完整的系统，需要企业内部经过严密的计划、组织、指挥以及控制工作，通过协调内部的所有资源，从而实现知识产权工作的协调运转。知识产权战略通过周密的整体规划，去把握企业的知识产权工作走向，具有统领全局的重要作用。

企业的知识产权战略的统领作用不仅体现在整合企业的部门工作，而且体现在企业内知识产权战略与其他发展战略的有机整合。企业的知识产权战略，不仅仅是针对知识产权的某一环节或者某一部门的工作进行规划，而且是涉及企业的经营战略等一系列的工作规划。一个企业的成功，依靠的不仅仅是企业内部一个部门的努力和付出，企业知识产权的良性发展也不仅涉及一个企业的努力，需要整个企业整体的付出和努力。企业知识产权战略属于企业经营发展战略的一部分，其目标的实施往往会与企业的其他经营战略有所重合。比如，企业的商标战略与企业市场营销战略、广告宣传战略、市场竞争战略、企业形象战略紧密相关，所以企业在制定其商标战略的时候，需要整合其他一系列相关的战略，避免企业的总体发展战略在实施过程中产生的矛盾和冲突。

（二）服务大局

知识产权战略的制定和实施要服务于企业经营的大局，通过知识产权战略的实施，促进和支持企业的经营战略大局，同时充分体现更多的知识产权经济效益和使用价值。

比如零售业巨头——沃尔玛的知识产权战略是其经营战略的重要组成部分，其经营战略目标之一是"天天低价"。为此，沃尔玛公司也就围绕着这一经营战略目标制定了一系列知识产权战略，把战略重点放在降低商品的成本上，从而实现企业的经营目标。其中包括通过收购好又多，利用蓝带旗下的蓝宝酒业有限公司为其贴牌生产"惠宜"啤酒等行为，实施全新的品牌战略，重塑和打造自己品牌的"平价"形象。通过其知识产权的战略布置，不但为沃尔玛赢得了市场占有率和品牌宣传度，而且也在赢得经济效益和使用价值的同时提升了知识产权工作的重要性。

（三）谋略在先

我国许多企业对于知识产权的认知程度不深，认为自己的企业和知识产权没有多大的关联性，其实企业在运营过程的方方面面，都渗透着知识产权的作用，企业只有运营好知识产权，才能够跟上创新发展的大趋势。全球经济化时代的企业面临的竞争压力是巨大的，跨国企业、外资企业等早早就用知识产权武装自己，而我国企业，尤其是中小企业和越来越多的创新企业面对日趋激烈的市场竞争，也应该学会"师夷长技以制夷"，发展自身的知识产权实力以立于不败之地。

深圳市华为技术有限公司在20世纪90年代就开始制定相当具体且切实可行的知识产权战略，是国内最早实施知识产权战略的企业之一。例如公司以自主研发为基础，同时和其他知识产权人之间开展广泛的技术合作；持续在技术开发研究上投入巨额资金，几乎"不计血本"，形成高投入的研发积累，打造厚实的"专利"基础；设立专门的知识产权工作机构负责有关的知识产权事务，并且不断在国内外引进知识产权专业人才，储备了较为雄厚的高端专业人才；在知识产权战略的实施过程中，根据公司总体经营战略和情势变化，及时修正具体的策略；等等。正是由于其知识产权战略的实施，使得华为公司的知识产权创造、运用、保护、管理能力得到了很大的提升，充分保证了华为公司以技术求生存、以创新促发展、以知识产权保证公司市场竞争实力之总体战略的实现。

（四）攻防兼备

根据市场竞争的基本生存法则，企业的知识产权战略基本上主要包括"进攻"和"防御"两个方面。企业可以充分利用知识产权战略这一锐利的重要武器，做到进可攻，退可守。

美国的动画史上有许多经典的卡通形象，深受广大观众的喜爱，这些卡通形象有着大量的知识产权，经过这些形象及其衍生品的不断开发，很快广泛深入人心，也为相应的权利人带来了巨大的经济效益。与此同时，伴随着相应的知识产权战略的实施，有效地保护了权利人的经济效益。例如"功夫熊猫"及其动画形象在中国几乎家喻户晓，梦工厂动画公司凭借这一动画形象有效实施其知识产权的进攻策略，快速进入和占领中国市场。同时其又有效实施了知识产权防御策略，对于所有的动画形象和名称都实行严格的跟踪保护制度，能够及时发现侵权现象并快速找到侵权人，主动利用司法手段，消除侵权风险。胡某就因在计算机外围设备和活动玩偶玩具类别上申请"KUNG FU PANDA"，而被梦工厂告上法庭，最终胡某败诉,梦工厂及时维护了自己拥有的关于功夫熊猫形象知识产权的"商品化权利"。由此可见,对于企业来说,应当注重知识产权的进攻和防御策略,两者不可偏废。

第二节 企业知识产权战略的模式与类型

一、企业知识产权战略的模式

企业知识产权战略具有丰富的内容,研究视角不同,企业知识产权模式类型也不尽相同,企业知识产权战略的经典分类如表4-1所示。

表4-1 企业知识产权战略的经典分类

分类依据	分类
权利类型模式	可以分为专利战略、商标战略、商业秘密战略、著作权战略等
运作过程模式	包括知识产权的创造、应用、保护以及管理四个方面
组成架构模式	包括企业知识产权战略思想、战略目标、战略定位、战略重点、战略实施环境与支撑条件、战略原则、战略实施策略等内容

(一)权利类型模式

根据知识产权的不同分类,企业的知识产权战略可以分为专利战略、商标战略、商业秘密战略、著作权战略等。权利分类是一种静态研究模式,该模式的优点在于企业可以对自身拥有的知识产权进行定位分析,有利于企业对自身知识产权实力予以准确评估。

1. 专利战略

企业的专利战略主要包括:

(1)专利布局战略。通过对专利信息的深度加工、分析,绘制专利地图,为技术创新提供指导。

(2)专利创造战略。通过对专利信息的运用,正确选择技术创新的方向和路径,有效创造专利。

(3)专利申请战略。通过技术创新成果的筛选,根据专利法的规定,合理申请专利。

(4)专利维持战略。对于企业已获得的专利权,予以维持,并且适时放弃进入衰退期的专利。

(5)专利预警战略。结合市场营销和售后服务等,关注市场动向,及时发出侵权和被侵权的预警。

(6)专利维权战略。对于侵权行为,实施调解、诉讼等策略,争取最好的维权效益。

(7)专利运营战略。通过专利的转让、许可等,扩大专利技术应用,争取更大的经济效益。

(8)专利资本化运作战略。通过质押融资等方式,在资本市场中进一步盘活存量专利,等等。

有些企业认为专利战略是拥有专利的企业才实施的，无专利的企业不需要专利战略。实际上，大量没有申请专利的企业不应被排除在专利战略的实施主体之外。没有专利且技术、设备、资金都不充足的企业，对专利制度特性和功能的应用比专利本身的运用更加重要，其完全可以制定专利运用战略，充分、合理地利用失效专利、在中国不具有专利权的外国专利甚至他人的有效专利，与本企业的开发、生产、销售有机结合，提高自身的竞争能力。

2. 商标战略

企业的商标战略主要包括：

（1）商标设计战略。商标文字和图形必须符合国家的法律规定，商标的构成不含有《商标法》所禁止使用的文字和图形。

（2）商标注册战略。及时申请，以防他人申请在先，自己陷入被动；及时续展，防止商标被他人抢注。

（3）商标使用战略。包括个别商标战略、统一商标战略、同类产品使用同一商标战略、主副商标战略等。

（4）商标宣传战略。在商标宣传中应注意，广告投资、广告力度的增加会导致市场占有率的提高；广告创意，体现"新""准""精""境"等特点的独特的广告创意；广告定位，要体现"准""明""特""变"等特点。

（5）商标保护战略。通过联合商标、防御商标、驰名商标和未注册商标等方式，构建企业商标的立体化保护体系。

3. 商业秘密战略

企业的商业秘密战略主要包括商业秘密的构建战略、商业秘密的筛选战略、商业秘密的更新换代战略、商业秘密的保护战略、竞业限制的运用战略、商业秘密的运营战略等内容。

4. 著作权战略

企业的著作权战略主要包括著作权的创造战略、著作权的保护战略、著作权的衍生战略、著作权的运营战略、著作权的资本化运作战略、著作权的国际化经营战略，等等。由于我国将计算机软件的保护纳入了著作权保护的范畴，并实行登记制度，因此企业的著作权战略还应当包括计算机软件的创造战略、计算机软件的登记战略、计算机软件的保护战略、计算机软件的运用战略等。

（二）运作过程模式

根据知识产权的运作过程，企业的知识产权战略包括知识产权的管理、创造、应用以及保护四个方面。运作过程是一种动态研究模式，即将知识产权动态地放在市场运作过程中进行研究，有利于助推企业的技术创新，充分地实现知识产权的经济价值，催发具有市场前景的高质量知识产权。该模式下的企业知识产权战略的主要内容将在以后章节中详述，恕不在此赘言。

（三）组成架构模式

根据战略的组成架构，企业的知识产权战略主要包括战略思想、战略目标、战略原则、战略定位、战略重点、实施环境与支撑条件、实施策略等内容。这种模式符合战略制定的一般原则或规律，系统性与科学性比较强，针对知识产权战略这个复杂的系统，可以从动与静两个角度有利于正确制定知识产权战略,并且有效规制和推动知识产权战略的实施。但这一体系比较复杂,需要投入相当大的人力与物力,因而适用范围较窄,仅适用于那些经济实力比较好的企业。

上述三种模式在实践中最为常用,因其各有利弊,且相互补充,因而,企业在制定知识产权战略时一般都根据自身的实际情况,将三种模式有机地结合起来,实践证明那些成功的企业知识产权战略大都是上述三种模式结合的产物。

二、企业知识产权战略类型

企业知识产权战略类型是指企业在经营活动中,根据自身知识产权实力及其综合实力所采用的知识产权战略运作的类型。

(一)进攻型战略

进攻型战略指的是企业充分有效地利用所拥有的知识产权,主动地参与市场竞争,并迅速成为该产品市场的领先者,或是根据市场情况,采用某些策略,主动打乱竞争对手的战略部署,从而掌握市场的主动权。这一战略主要包括企业知识产权的基本战略、布局战略、竞争战略、许可战略、诉讼战略等,开拓性强,风险性大,潜在价值高。

不同企业的进攻型战略各不相同,但它们都有着共同的特点:第一,必须建立在不断创新的科研开发活动和市场开拓的基础上,知识产权源之于技术创新,没有持续有效的技术研发,知识产权成为无本之木,知识产权的进攻型战略也就无从谈起。第二,必须建立在对知识产权的有效运作的基础上,企业拥有知识产权的真正意义就在于知识产权的运作,使得获得权利的智力成果,也就是知识产权能够转化为支撑企业生存和发展的有效资源。第三,必须建立在对知识产权的主动运作的基础上,正是通过对知识产权的主动有效运作,充分发挥知识产权的作用,创造市场,引领消费,企业才能掌握市场竞争的主动权,确保技术研发的领先地位和市场运作的优势地位。企业在采用进攻型战略时不仅需要强大的知识产权实力,同时还需要雄厚的经济实力作为基础。

(二)防御型战略

防御型战略指的是企业在市场竞争中受到其他企业的知识产权战略进攻或者竞争对手对企业活动构成妨碍时,运用知识产权手段打破市场垄断格局、改善竞争被动地位而采取的战略对策。企业的防御型战略主要包括申请防御型知识产权、请求宣告对方知识产权无效、合理规避他人知识产权、利用公知技术抗辩、提早公开技术、强制和交叉许可、利用失效知识产权以及其他应对措施。

企业的知识产权防御战略并不意味着企业仅仅只是为了针对他人的市场进攻行为而不得不采取的应对措施,单纯的防御是无法使企业摆脱被动境况的,在采取了某些措施以后,或许可能缓解于一时,也或许可能应付于一时,但是并不可能得到真正的解救。防御型战略并不只是消极防守,虽然不与竞争对手正面冲突,但是可以充分利用各种规则,以退为进,采用变通的方法躲开竞争对手的知识产权攻势或绕开竞争对手设置的知识产权障碍。众所周知,最好的防守是进攻,企业最好的知识产权防御战略是知识产权的进攻战略。因此,企业的知识产权防御战略的核心内容就是大力开展研发,加强技术创新,拥有知识产权,积极市场运作，唯有如此，才能真正突出重围，反败为胜，取得企业的发展。

（三）混合型战略

亦称为攻防兼备的战略，实践中多指以攻为主，以守为辅的知识产权战略，即企业在充分发挥自己知识产权优势主动出击的同时，根据竞争对手和市场信息的变化，灵活地选择防御性策略或手段，弥补知识产权攻势中的不足，有效抵御竞争对手的进攻策略。混合型战略一般适用于拥有一定知识产权资源、具备知识产权制度运用能力，处于知识产权竞争均势地位的企业。

当然，上述三种类型只是一个概括的分类，企业应当从实际情况出发，依据自身的知识产权实力和经济实力，在企业整体发展战略的指导下，顺应外部环境，审时度势，适时采用不同的战略，因而实践中，很少有企业固守一种战略类型的，而往往是根据实际情况变化，灵活地转变战略类型。

第三节　企业知识产权战略的体系结构、环境分析与实施

一、企业知识产权战略的体系结构

企业知识产权战略体系具体包括了知识产权战略思想、战略目标、战略定位、战略重点、战略环境和战略实施策略等，如图4-2所示。

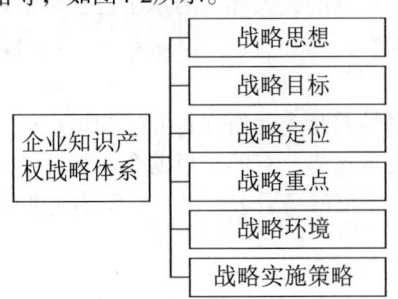

图4-2　企业知识产权战略体系

企业知识产权的战略思想是指实施企业知识产权战略的指导方针和理念，包含了竞争理念、技术创新理念、知识产权理念、市场经营理念、系统工程理念等。

企业知识产权的战略目标是指企业关于知识产权所要达成的预设期望描述，其中主要涵盖了包括总体目标、阶段目标、专项目标等。在企业发展的不同阶段和实施战略的不同环节中，战略目标会有不同的表现形式。

企业知识产权的战略定位是指企业选取的知识产权战略模式，例如创新型战略——创新驱动企业发展的战略、模仿追随型战略——研发能力不足而对先进产品进行模仿的战略等。

企业知识产权战略重点是指在制定和实施知识产权战略的过程中需要重点解决的问题、重点突破的方面、重要达成的目标等。抓住主要矛盾，在资源分配上实施倾斜，重点予以突破，解决企业的主要问题，并且纲举目张，带动企业知识产权工作的全面发展。

企业知识产权的战略环境是指企业实施知识产权战略的内部条件和外部环境，其中内部条件主要包括人力资源、财务支持、硬件设备、组织架构、规章制度、企业文化等各种资源要素的合理配置与有效施用等，而外部环境主要包括国家知识产权战略的制定与实施、知识产权及相关法律法规的健全与完善、执法环境、市场竞争秩序、政府的政策体系等。

企业知识产权的战略实施策略是指为了实现特定的战略，企业采取的一系列相关的方法、工具和技巧等。知识产权战略目标和原则是指导企业知识产权工作的方针，而知识产权实施策略则是具体用以实现企业知识产权战略采取的手段。

二、企业知识产权战略的环境分析

企业知识产权战略的环境包括内部环境和外部环境，企业需要认真分析实施知识产权战略所处的环境，才能制定出合理的知识产权战略，并且最终实现知识产权战略目标。

（一）外部环境

企业知识产权战略的外部环境可以分为大环境和微环境，两者的视角有所不同，大环境是从宏观的层面看待知识产权的外部环境，而微环境更注重着眼于企业所处的行业环境。

1. 大环境

企业知识产权战略的大环境是指对于企业有重大影响的各种外部环境因素的总合，包括政治环境因素、法律环境因素、经济环境因素、技术环境因素、文化环境因素等。知识产权的发展与大环境的变化是密不可分的，大环境的作用也会对企业的知识产权战略制定和实施产生不可忽视的影响。

2. 微环境

企业知识产权战略的微环境是指企业所在行业的知识产权状况和竞争态势等。了解企业所在行业的知识产权状况和竞争态势，有助于帮助企业掌握同行业领域中相关技术的优势和劣势，把握行业的最新动态，了解市场需求，进一步明确企业的发展方向和基本路径。

（二）内部环境

企业知识产权战略的内部环境是指企业内部的各种资源、组织结构、企业管理状况、技术能力、企业文化等要素的配置和效用。通过整理企业的各种资源状况，可以评估出企业的综合实力，对于企业知识产权战略的制定和实施有着重要的关键作用。

（三）环境分析方法

SWOT（strengths，weakness，opportunities，threats）分析法是一种用以确定企业自身的竞争优势、劣势、机会和挑战的一种科学的分析方法。这种科学的分析方法非常适用于分析知识产权战略的内外部环境。优势，是影响企业知识产权的内部因素，具体包括：充足的财政来源、良好的企业形象、强大的技术力量、规模经济、产品质量、市场份额、成本优势等。劣势，同样是影响企业的知识产权的内部因素，具体包括：管理混乱、缺乏关键技术、研究开发落后、资金短缺、经营不善等。机会，是影响企业知识产权的外部因素，具体包括：新的市场、外国市场壁垒解除、新的政策扶持等。挑战，也是影响企业知识产权的外部因素，具体包括：市场紧缩、行业政策变化、经济衰退，等等。

SWOT分为两个部分：第一部分为SW，主要用来分析内部条件；第二部分为OT，主要用来分析外部条件。根据SWOT分析，可以将企业中涉及知识产权的内外部因素按轻重缓急分类，将这些要点依照矩阵形式排列，从中找出对企业有利的、值得发扬的因素以及对企业不利的、需要规避的因素，然后加以综合分析，得出相应的结论，并依此作出正确的决策和规划。

1. 优势与劣势分析（SW）

企业的优劣分析要将企业内部的有利条件和不利因素明确地罗列出来。企业是一个非常庞大的整体，在作优劣势分析时必须对整个工作链上的每个环节入手，一一罗列优劣，将之与设定的竞争对手作详细的对标比较。对于知识产权的战略环境分析而言，企业可以对其专利是否属于核心技术或是从属技术等技术地位、具有怎样的市场应用前景等价值水平、现有的和潜在的市场需求情况、预期的市场占有率情况、对后续技术开发的引领作用等因素进行数据采集和评估。通过分析这些数据判断企业知识产权战略制定和实施的优劣。

2. 机会与挑战分析（OT）

企业的机会与风险分析是指关于企业对外环境中优势和劣势的分析。比如国务院于2008年发布了《国家知识产权战略纲要》，明确提出到2020年把我国建设成为知识产权创造、运用、保护和管理水平较高的国家，5年内自主知识产权水平大幅度提高，运用知识产权的效果明显增强，知识产权保护状况明显改善，全社会知识产权意识普遍提高。2015年12月22日国务院又进一步发布了《国务院关于新形势下加快知识产权强国建设的若干意见》，国家的这一系列政策对于企业而言就是一个极有利的机会。同时，市场总体发展速度持续放缓、我国知识产权执法环境还有待于进一步优化、知识产权交易市场尚未形成等，对企业而言也就构成一种挑战。

3. 构造SWOT矩阵

企业可根据对其知识产权发展的影响程度，将各相关因素排列出来，并将之分类、排序、归并，构造SWOT矩阵。并在此基础上，依据发挥优势、克服弱点、利用机会、应对挑战的思路，对于矩阵中四个部分的因素和数据，进行系统、综合分析，并将之相互匹配起来加以组合，得出全面、有效的策略，从而制定对于企业最有利的知识产权战略，如图4-3所示。

优势	机会
劣势	挑战

图4-3　SWOT分析模型

三、企业知识产权战略的实施

企业知识产权战略的实施是指为了落实企业知识产权战略,制定和执行一系列策略和手段活动。实施企业知识产权战略首先需要考虑的是实施的主体、内容、职责。实施的主体,一般而言主要包括涉及知识产权的相关部门以及人员,其中不仅是企业的领导者,还包括了研发部门、市场部门、法律部门、人力部门等与知识产权相关联的部门和人员。企业的战略内容从知识产权的角度涵盖了专利、商标、版权和商业秘密等相关的内容,包括专利技术的研发、新产品的研发销售、品牌管理和运行、市场管理等一系列的实际操作。企业的知识产权战略职责是指每一个相关部门和人员为实施知识产权战略所应当承担的任务要求,包括制度的建立与优化、人员的培养与训练、条件的设置与完善、工作的监督与改进等。企业知识产权战略的实施需要企业内部各个方面的协同配合和共同努力。

(一)领导重视

企业知识产权战略作为企业的核心发展战略,其实施首先需要领导的高度重视,甚至需要有远见和有专业知识的企业领导的直接负责和掌控领导的,唯有如此,才能够使得相关的人员配置、机构设置、资源配置得以落实,相应的组织活动得以有效开展,最终保障知识产权战略得以有效地执行。

(二)建章立制

企业知识产权战略的实施首先需要建立和健全知识产权管理制度。企业知识产权管理制度的建设,能够规范企业的知识产权决策有序合规,每个岗位职责明确,各个部门间有序配合,各项决策运行流畅,使得企业知识产权战略的实施稳定可靠。

(三)资源配置

知识产权的资源配置是企业知识产权战略实施的基础保障。企业需要合理地配置人力、物力和财力才能够达到知识产权战略的预计效果。如果资源的配置不合理,会导致资源的浪费或短缺,不利于企业知识产权战略的实施。企业在资源配置的时候,要注意灵活和弹性,只有资源的合理、有效配置,才能达到对企业最为有利的效果。

(四)机构设置

企业知识产权战略的实施需要专门的机构负责执行,其必须要结合企业的战略,制订详细的计划和流程,并分配落实到企业的各个相关部门,只有合理的部门设置和任务分配才能保障知识产权战略的落实。为了保证该机构的正常、有效运作,真正发挥作用,应该配备符合企业需求的专业人员,例如应当配备一定数量的专利工作者、具有相应资格的专利管理工程师等。

企业知识产权战略的制定与实施是一项系统工程,合适的战略可以有力地推动行业和企业的知识产权工作,为行业和企业的长远发展提供保障。

第五章 知识产权托管

【本章导图】

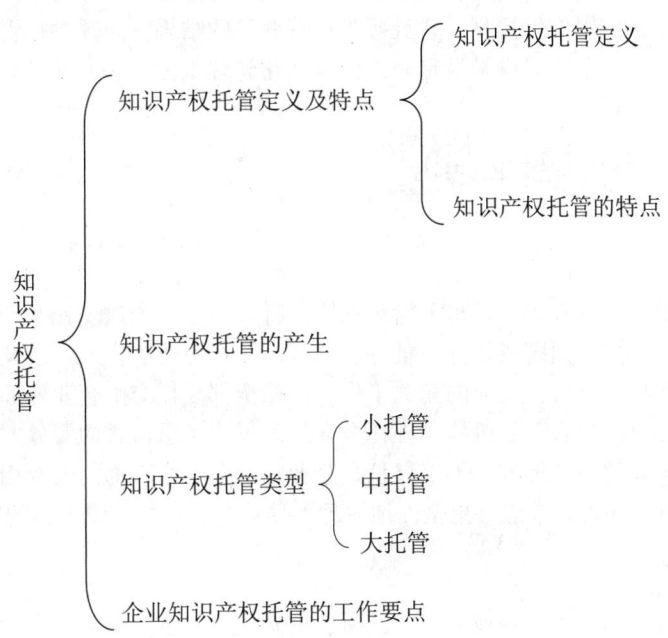

第一节 知识产权托管定义及特点

一、知识产权托管定义

知识产权托管是基于知识产权所具有的法律界定、长期持有、资产无形、经济效益不稳定等特性而提出的一种现代化的服务模式,是指企业将知识产权的相关事务委托给一个专门的服务机构进行管理,通俗地讲,就是企业给自己找一个专业的管家,并委托其代为完成自己全部的知识产权事务。

在知识产权托管活动中,企业根据其知识产权工作的需求,与提供托管服务的知识产权专业服务机构签订《知识产权托管服务协议》,在双方约定的授权范围内,委托提供托管服务的知识产权服务机构代为开展和管理知识产权相关业务,按照双方约定的标准向提供托管服务的知识产权服务机构支付报酬,并且接受托管服务的结果。而提供托管服务的知识产权服务机构为委托代管的企业提供量身定制式的专业化管理服务工作,并且严格保守委托企业的商业秘密。

二、知识产权托管的特点

(一)外包式

知识产权托管是企业知识产权事务管理的服务外包活动,通过委托服务,企业将原本不得不设立一个职能部门、招聘或培养一批专职的知识产权专业工作人员以及原本可能会交由企业外部的知识产权服务机构完成的相关工作,转而全部委托交由企业外部的专业知识产权服务机构完成,提供托管服务的机构与委托企业之间形成了承包式的服务方式。知识产权托管是现代服务外包业的一种形式,不仅仅只是企业将其知识产权部门或者相关的知识产权事务外包,而且是可以使得企业能够更全面地管理、使用好自己的知识产权的有效途径。

(二)整体性

在知识产权托管活动中,企业一般将其所有的知识产权事务全部交由提供知识产权托管服务的机构完成,包括企业知识产权发展战略的策划、知识产权管理制度设计与建构、信息检索与分析、申请文件撰写、申请和注册流程服务、知识产权的获取、知识产权的维护、知识产权的经营、知识产权的质押融资、知识产权的增值服务、品牌宣传和建设、人才培训等内容,构成企业知识产权事务整体性的托管。

(三)专业化

签订知识产权托管服务协议之前,委托企业一般都会对社会上的知识产权服务机构进行比较、遴选,只有当选定以后,才会将其知识产权事务交由所信任的、能够提供知识产权托管服务的服务机构完成。经过企业选定的知识产权托管服务机构一般都是专业的知识产权服务机构,它们都拥有相应的资质,拥有专业的工作团队,拥有丰富的工作经验,都能够提供良好的知识产权托管服务。而知识产权托管服务机构在接受企业托管服务的委托以后，将指定该机构中的某个特定的专业团队为企业提供全方位的知识产权服务，使得知识产权的托管服务更具专业化。

（四）效益性

企业的知识产权事务具有专业性强、比较复杂的特性，往往需要一批不但要具有理工科和法学复合教育背景，而且要有较长期实际工作经验的专业人士，否则难以胜任。当一个企业尚未达到相当大的规模，尚未具备较强的创新力时，将知识产权事务全部由自己承担显然是不科学的，效益较低，并不利于企业的生存和发展。而知识产权托管服务则将使得企业能够以较低的成本处理好知识产权相关事务，开展并完成企业的各项知识产权工作，由此，企业可以更全面地、更有效地管理和使用自己所拥有的各类知识产权，实现企业知识产权的效益最大化。

由于企业的规模和性质、知识产权事务的工作量、知识产权工作的整体水平等存在差异，服务机构的规模和水平也各不相同，托管分为完全式托管和部分式托管。完全式托管就是一揽子协议，将企业全部无形资产的管理授权给托管的专业服务商来管理，完全式托管主要面向未设置知识产权机构、人员的小型企业。部分托管就是企业根据自己阶段性任务的需求，将个案交由托管的知识产权服务商来管理。部分式托管主要面向具备知识产权机构、人员的大中型企业。

托管服务机构会根据委托方的要求以及实际情况，制定符合该企业的知识产权战略，建立企业的知识产权管理制度，制定知识产权保护的执行方案，提供和搜集无形资产变化的情报，增强了与企业的互动，更充分、更完美地发挥企业无形资产的价值。因此，知识产权托管服务比传统的个案委托管理更能为委托管理的企业提供全面的专业化服务。

第二节　知识产权托管的产生

在西方发达国家，知识产权制度建立和实施的历史比较悠久，相对比较健全和完善，公众的知识产权保护意识相当普及与深入，整个社会的知识产权保护氛围和环境都比较好，故而在那些国家，人们都比较自觉地保护他人的知识产权，而且如果知识产权侵权一旦确认，侵权人将付出的代价是很大的。企业尤其是企业中的技术人员对知识产权都有比较深刻的认识，在诸如技术研发、商品营销等与知识产权有关的活动中都非常注重知识产权的保护，为此，一般来说，无论企业大小，通常都会设置有专门的知识产权管理机构和专、兼职的知识产权工作人员。

然而反观我国，虽然知识产权制度的建立仅仅起步于20世纪80年代中期，但是经过三十多年来的不懈努力，我们已经取得了令世人瞩目的骄人成就。知识产权法律制度基本建成，并且持续完善；一大批知识产权专业人才应运而生，活跃在各类企业、高等院校、科研单位等各条战线，正在发挥着极大的作用；广大研发人员不断创新的积极性得到持续地激发，大量的智力成果不断被创造出来并及时获取相应的权利，知识产权的数量和质量都在大幅度增长；知识产权保护的社会意识正在不断普及和深化，知识产权保护的法律氛围和社会秩序得到前所未有的优化；知识产权对经济发展的支持和作用持续提高；等等。然而我们也应当承认，毕竟起步很晚，知识产权工作依然存在着不少问题，仅就企业而言，作为技术创新的主体，不但知识产权专业人才极为匮乏，导致知识产权管理能力和水平普遍都比较落后，而且企业生存和发展的社会环境中深度缺乏知识产权的养分，因为整个社会知识产权保护的意识还比较薄弱，知识产权侵权的行为非常普遍，而知识产权保护的生态环境还有待大大优化。这些原因都不可避免地导致了企业知识产权管理处于比较落后的状态。与此同时，发达国家在众多领域广泛拥有比较先进的技术，且在得到先进的知识产权制度的保护和整个社会环境的支撑下，已将由此形成遍布全球的知识产权大格局，中国企业的生产制造行为，往往难以摆脱侵权的困境。为了迅速扭转这一局面，面对短期内不可能有根本改变的现实，企业不得不转向社会，呼唤社会化的知识产权服务机构，寻求专业化的知识产权管理服务。为此，通过提供知识产权管理专业服务的专门机构和需要进行知识产权管理的企业之间，出现了一种被称作"知识产权托管"的服务新模式。从有利的方面说，知识产权托管能够实现知识产权人才的合理配置，在为企业提供专业的知识产权管理服务的同时，减轻企业的人员负担。从不利的方面说，由于企业知识产权管理问题往往涉及企业的商业秘密和其他核心机密，在一些情况下，甚至能决定企业生死。因此，委托给外方管理，存在一定的风险。在现实情况下，企业一般都会将知识产权交付给有信誉和实力的知识产权服务机构托管。

第三节　知识产权托管类型

以知识产权托管工作发展的不同阶段、服务对象和服务提供者的不同构成，可以将知识产权托管分为小、中、大三种类型。

一、小托管

小托管是存在个别企业与具有一定知识产权综合服务能力的中介服务机构之间的，关于知识产权综合委托管理服务的一种托管服务方式，业务主要局限于个别企业知识产权的获取、管理、保护、运用等方面。

其业务包括：对知识产权战略与发展进行研究，提供专业方案；协助实施知识产权战略，逐步实现知识产权资本运营；协助企业开发自主知识产权，培训企业人员；对知识产权注册的各项事宜提供建议及注册，协助完成日常法律事务；完善、监督、落实知识产权的各项管理制度；监测及侵权预警，调整创新方向和内容，对侵权及时进行调查、取证，有效保护企业知识产权；帮助企业实施品牌战略，培育，协助企业实现名牌的经济价值等。

这种知识产权的托管服务的优势在于，可以直接针对服务对象的实际需求，提供贴身服务；容易使企业在普通事务性层面获得满足。其局限在于，受企业意识水平和服务机构服务能力的限制，对企业的提升和引导有限，服务水平参差不齐，除知识产权以外的其他资源的整合运用能力不足。

二、中托管

中托管是存在于优势知识产权服务机构或服务机构群与有一定知识产权工作基础的重点企业或产业群中的一种综合知识产权委托服务关系。

主要适用于稳步提升服务对象的知识产权管理能力，提升知识产权在企业发展中的重要地位，帮助企业往知识产权高端运用层面扎实过渡。

三、大托管

大托管是存在于知识产权托管服务联盟与产业集群、区域重点产业之间的高端知识产权委托服务关系。

具体来讲是由政府牵头，综合集群政府资源、园区孵化器资源、社会服务资源组成知识产权托管联盟，面向国家层面或地区重点产业集群提供综合高端知识产权服务，用于加速提升产业群体的创造能力，应对全球知识产权风险。

第四节　企业知识产权托管的工作要点

企业和知识产权托管机构双方在充分了解信任的基础上，根据企业管理需求，双方签订严格保守商业秘密的授权托管协议，在授权范围内，托管服务机构代为管理企业知识产权相关的业务。知识产权托管工作主要有以下四个阶段。

初始阶段：加强知识产权相关的培训，提高企业领导及员工的知识产权意识，开展基本的制度建设，并开始有意识地形成知识产权。

初级阶段：加大知识产权创造及保护力度，形成大量的知识产权。

中级阶段：强调知识产权的立体化保护及运用，为企业创造更多的利润，其标志应当是通过知识产权为企业盈利，知识产权管理部门也从企业的花钱部门变为挣钱部门。

高级阶段：在前一阶段工作的基础上，进一步完善相关的管理机制和制度建设，大力加强企业的知识产权文化建设，形成健康的知识产权文化氛围。

第二篇

专 利

第六章 专利信息检索与分析

【本章导图】

专利信息检索与分析
- 专利信息检索
  - 检索前的准备
  - 专利检索工作
  - 国内外专利检索系统比较
  - 专利技术信息检索
  - 同族专利检索
  - 可专利性检索
  - 法律状态检索
  - 失效专利检索
- 专利信息分析
  - 专利分析的方法
  - 专利分析流程图
  - 专利侵权分析

第一节 专利信息检索

一、检索前的准备

（一）决定是否委托专利检索机构

企业除自己进行专利检索外，如果经济条件允许，也可以委托专利检索机构进行专利检索，由专业人员在数据库中进行检索，并出具检索分析报告，这是调查现有技术最快捷、最有效的方法。

（二）委托专利检索机构的考虑因素

企业委托专利检索机构代理检索时，需要从检索机构和检索员两个方面均衡考虑。

1. 检索机构

（1）检索机构的成功率。企业可以通过考察一个检索机构之前的检索结果，以此对该检索机构是否足够专业、是否符合企业的期望作出基本的评判。

（2）检索机构的特长。不同的检索机构擅长的技术领域是不一样的，有的擅长机械，有的擅长生物；有的擅长国外专利检索，有的擅长国内专利检索。所以企业应该根据自己技术领域的实际情况，选择最适合自己企业的检索机构。

（3）检索机构的收费。委托检索机构进行检索的费用，目前尚无统一的标准，各地以及各个机构的报价都会有差异，服务质量和服务水平也相差很大，企业挑选检索机构时应该事先对多个机构进行询价，通过比较，作出最符合企业实际预期的选择。

（4）检索机构的位置。在通信如此便捷的现代，企业挑选检索机构的时候不必局限于本省市或是本地区，可以在全国范围内进行选择。

2. 检索员

企业在委托检索机构时，可以从检索员的技术背景、实务经验等方面进行考虑，专业对口的检索员能够保证与企业之间有更好的沟通，对企业的技术和实际需求有更深刻的理解，不但可以节省时间，而且可以提高检索的准确度，事半功倍，提高效率。有经验的高水平的检索员可以帮助企业有效地避免不必要的损失。

检索员应当具备与专利检索项目相关的专业知识和较宽的知识覆盖面，具有较好的外语阅读能力、计算机水平和文献分析与综合提炼能力，具有良好的沟通、理解和文字表述能力，掌握各种检索技能，能够准确理解用户的需求，并且通过专利检索为企业提供可供决策的有效建议。

二、专利检索工作

（一）专利检索流程图

专利检索流程如图6-1所示。

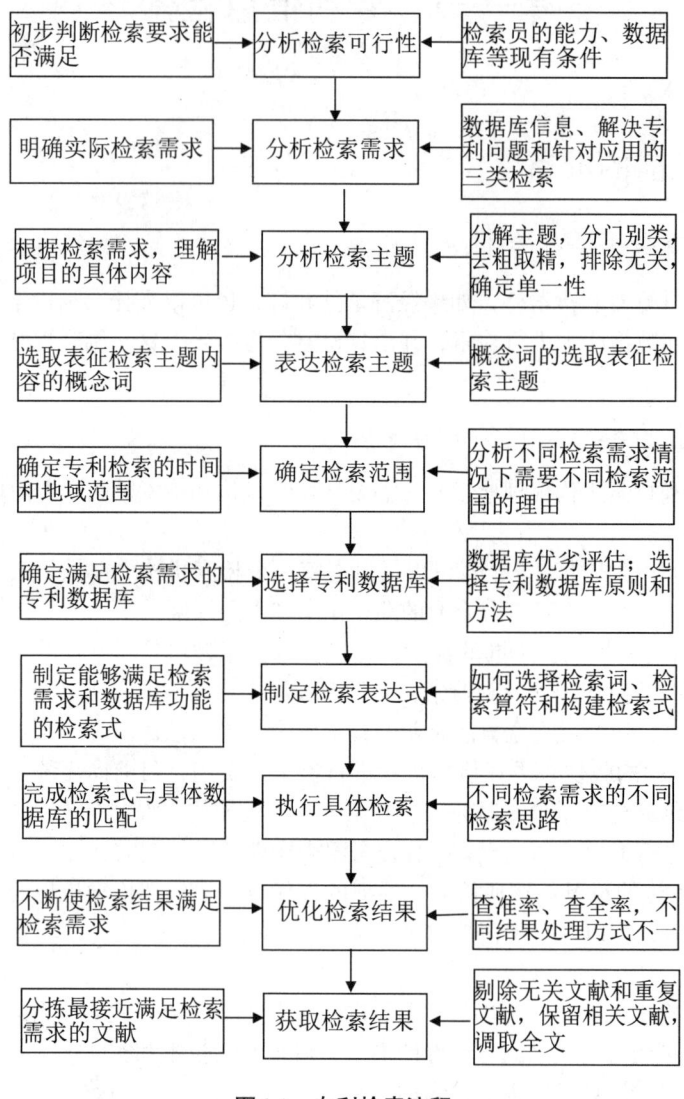

图6-1 专利检索流程

（二）专利检索流程步骤分析

1. 判断检索的可行性

企业在委托专利检索前，通常会与检索机构初步接洽。检索机构指派的检索员会根据企业的初步提问，对此次委托任务完成的可行性进行客观判断。如果企业提出的要求与现有条件相距甚远，完成的任务概率很低，则检索员会拒绝企业的委托。此时，即使检索员接受了企业的委托，最终也很难为企业提供有效的检索报告。因此，企业应尽量根据现有条件提出要求。现有条件主要包括检索员的检索能力、计算机数据库系统和所使用的检索软件工具等。

检索员通过什么来判断该委托完成的概率高低呢？检索员只有准确地、全面地了解专利说明书和专利数据库的信息内容、著录格式、可检索字段、检索词、检索算符等，才有可能判定企业的要求能否实现。就好比如果要在图书馆找一本书，首先你得知道该图书馆里有这方面的书，才有可能找到这本书，否则徒劳无功。按照一定的规则组织起来的专利文献的电子数据集合构成专利数据库。通过专利检索直接得到与专利相关的信息，包括技术信息、法律信息、人员信息、专利族信息、引文信息、时间信息、空间信息、号码信息等。

企业在检索专利时，最终得到的是专利文献，因此专利检索往往又称为专利文献检索。专利文献的作用一方面是公开技术信息，另一方面是限定和说明了专利权的范围与内容。目前各国或国际组织出版的专利文献在格式上和内容上趋于统一，基本上包括：扉页、摘要、权利要求书、说明书、附图，有些还附有检索报告。

2. 分析检索需求

企业根据自己研发的发明创造的技术内容，对专利检索有着不一样的检索要求。检索员根据企业提出的检索要求，如果判断在专利数据库中找到相关信息或解决相关问题的可能性极大，则会进一步提出细化的检索要求，包括了解企业通过专利检索意欲解决哪些问题等预期，最终准确理解和确定企业的检索需求。

企业在不断与检索员进行交流沟通的过程中，一方面会随着检索工作的进行和双方理解的深化，使得自己的检索需求不断改进、不断深化和不断完善。另一方面也可以从自己的资源优势、技术优势和市场前景等方面共同聚焦检索需求，使得检索工作能够与企业的创新研发、市场经营等不断密切关联，如表6-1所示。

表6-1　不同检索需求的要求

分　类	要　求
查找数据库信息的表示	当企业对专利数据库或专利文献有一定了解，知道自己要什么的时候，往往会向检索机构明确提出检索需求
解决专利问题的表示	企业只是希望专利检索得到的信息能够解决专利问题，但事先并不知道哪方面的文献可以帮助解决
针对经营应用的表示	企业在实施检索行为之前，只是希望自己的经济活动能够获得成功，但事先并不知道自己的经济活动究竟涉及哪些专利，希望检索机构能够给予指导，给出解决应用问题的一揽子方案❶

3. 分析检索主题

所谓检索主题就是指检索项目的主要内容，检索机构检索时是按照检索主题进行的。企业委托检索机构进行检索时，应当尽量提交检索需求的书面材料，通过规范科学的、为大家共同理解的文字语言把检索的需求清楚地、准确地表达出来，有利于进一步理清检索思路，同时也将作为委托检索合同的条款固化下来。

检索主题分析就是要根据检索需求，把检索项目的具体内容分解成主次分明的次级主题，分门别类，去粗取精，排除与检索需求无关的信息，确定检索对象的单一性。与企业检索需求不相关的检索主题应当剔除，与检索需求部分相关的检索主题，应当在去掉不相关部

---

❶ 肖沪卫、翟丽曼、路炜主编：《专利战术情报方法与应用》，上海科学技术文献出版社2015年版，第114～115页。

分的基础上进一步确定检索主题。

检索主题主要分为单主题和多主题，如图6-2所示。

检索主题 { 单主题：例如，一种太阳能电池

多主题：例如，一种太阳能电池、制造方法及应用

图6-2　检索主题的分类

对多主题项目进行检索时，首先需要判断各主题之间是否明显不具有单一性。如果这几项主题没有包含相同或相应的技术特征，或所包含的相同或相应的技术特征均属于本领域惯用的技术手段，则明显不具有单一性，例如除草剂和割草机，由于两者之间没有相同或相应的技术特征，因此明显不具有单一性。如果把不同主题的技术放在一起检索就会出错。

4. 表达检索主题

不同企业针对相同的检索主题，特别是技术主题，会采用不同的词汇、语句进行表达。由于大多数专利检索仍然采用传统检索技术，把句子、段落直接输入计算机系统检索，漏检的概率将会在90%以上，因为计算机只是从字面上按照输入的句子或段落找到匹配的文献，而不能理解其中的含义。因此实际检索时，应当从句子中抽取表征主题内容的概念词，把概念词转化为检索词，组配后去计算机系统检索，再对检索结果人工筛选，会大大提升查全率。

5. 确定检索范围

根据企业的检索需求和技术专业发展情况，确定专利检索的时间范围和地域范围。根据PCT最低文献量的规定，新颖性的检索范围应是：1920年以来的8个国家和两大组织，即美国、日本、英国、德国、法国、瑞士、前苏联（俄罗斯）、韩国、欧洲专利局、世界知识产权组织的专利文献；1920年以来的讲英语、法语、德语、西班牙语的国家不要求优先权的专利文献；近五年的100多种科技期刊；中国专利文献及中国的科技期刊。同时针对不同的检索有不同的要求，例如主动侵权查新应从委托之日前推20年以上；专利无效查新应当查询申请日之前的文献。对于合同中时间范围另有约定的，则按照约定执行。

同时根据我国专利法对新颖性判别的绝对标准，要求所涉及的发明主题应在世界范围内出版物上未公开发表过，检索范围就自然包括国内和国外，构成了比较大的检索范围。例如主动侵权查新应当检索产品上市、出口目的地国家或地区，并且要补充PCT国际专利申请的检索，因为如果现在PCT有相关专利申请的话，有可能在PCT国家阶段即专利申请人自优先权30个月（有些国家20个月）内进入指定或者选定国提交国际专利申请的阶段，到上述国家或地区寻求专利保护（关于PCT申请详见本书第八章）。

6. 选择专利数据库

选择合适的数据库是检索成败的关键。选择专利数据库原则上主要从以下四个方面满足检索需求：第一，数据库收录的专业范围能够满足检索需求；第二，数据库收录的信息量、文献类型、时间范围、覆盖的地理范围、更新周期符合检索需求；第三，数据库的基本索引及辅导索引提供的检索途径及检索功能符合检索需求；第四，数据库描述信息的质量，包括对原文献的描述程度、标引程度、专指度符合检索需求。

在满足上述要求之后，优先选择免费专利数据库，选择大型、知名的数据库；选择检索途径丰富的数据库，选择全文数据库，选择适合自己语言和熟悉的数据库。❶

7. 制定检索表达式

相较于浏览寻找相关文献的检索方式，制定检索表达式进行检索是更为广泛采用的一种方式。检索表达式由检索词和检索算符组成，检索词是概念词的具体表达形式，计算机检索的基本原理是将检索词与数据库文献记录中的标引词进行对比，当检索词与标引词匹配一致时，即为命中。因此，能否准确地检索所需的信息，关键在于能否准确地选择检索词。检索词确定后，根据检索主题和数据库要求，组配检索词，需要用到检索算符，确定各个检索词之间的合理逻辑关系，构成正确的检索表达式。

8. 实施检索

检索式确认之后就可以进入数据库实施检索。检索员与数据库通过检索界面相互沟通，一般专利数据库有哪些可检索字段，界面上就设置有相应的检索入口。通常设置的专利检索入口有：申请号、公开号、专利号、申请人、发明人、分类号、名称、摘要等。专业化的数据库还会设置更多的检索入口，如关键词、专利权人代码、化学代码等。申请日、公开日等日期虽然也有检索入口，但多数情况下不单独使用，主要与其他检索入口组配检索，如表6-2所示。❷

表6-2　不同检索需求对应的通常检索思路

检索需求	通常检索思路
调取已知文献	申请号、公开号、专利号等检索
技术信息检索	关键词与分类号结合检索
专利法律状态检索	申请号、公开号、专利号等检索
专利人员检索	申请人名称或代码、发明人名称
专利族检索	申请号、公开号、专利号等检索
专利引文检索	申请号、公开号、专利号等检索

9. 优化检索结果

检索员应对检索结果的有效性进行初步评价。当检索结果太多且相关度不高时，需要缩小检索范围；检索结果太少，需扩大检索范围；当检索结果为零时，应该重新确定检索策略和检索词，调整检索词和检索式，尝试改变检索途径，延长检索年限和追溯期，或检索扩大到上位领域或相关领域。

10. 获取检索结果

对获得的检索结果进行筛选，剔除无关文献和重复文献，保留相关文献。保存所有相关文献的题录或摘要信息，数据输出格式要全面、规范。

---

❶ 肖沪卫、翟丽曼、路炜主编：《专利战术情报方法与应用》，上海科学技术文献出版社2015年版，第117页。

❷ 同上书，第121页。

（三）专利检索的种类

1. 专利检索分类

专利检索分类如表6-3所示。

表6-3 专利检索分类表

分类	类型	说明
查找数据库信息的表示	号码检索	企业掌握某专利文献的专利号、专利申请号、专利公开号或优先权号等
	技术信息检索	专利技术信息检索是指通过一个技术主题对专利文献进行检索，从而找出一系列参考文献的过程，分为追溯检索和定题检索
		追溯检索是指利用检索工具，由近到远地查找专利技术信息的过程。企业为了获取现有技术，了解某一技术的发展脉络和现状，寻找技术难题最佳解决方案，通常会委托追溯检索
		定题检索是指定期从专利数据库中检索新加入的专利文献的过程，属于预警检索的一个内容。企业为了随时监视国内外相关的新技术动态，通常会委托定题检索
	专利法律状态检索	专利法律状态检索是指对一项专利申请当前所处的状态进行的检索。企业拿着专利申请号或文献号委托这一类专利检索，希望得到特定专利或专利申请的法律状态信息。一般在以下四种情形下需要进行法律状态检索：①专利权转移或许可；②规避侵权风险；③发生侵权诉讼；④判定发明可专利性
	专利人员检索	企业以发明人、专利申请人、专利权人、专利代理人等专利相关人作为专利检索线索，希望找出相关的专利文献或信息。企业想研究竞争对手或寻找合作伙伴时可能会委托专利人员检索
	专利族检索	企业用某一专利或专利申请的申请号（包括优先申请号）或文献号为线索，委托查找与其同属于一个专利族的所有成员。根据优先权原则，一项专利在规定的期限内要求相同的优先权，可以在不同国家多次申请专利或公开，从而形成一组由不同国家出版、内容相同或基本相同的专利文献，由至少一个共同优先权相互联系的一组专利文献，称之为专利族
	专利引文检索	企业委托查找特定专利所引用或被引用的信息。通常下述情形可能需要专利引文检索：了解某项具体技术的发展脉络，分析判断技术发展过程所处的位置，掌握专利技术被引用的发展态势，有效获取前沿技术的变化信息；确定某技术领域的研究热点和核心技术；参考对比相关技术，避免发生技术侵权行为；定量评价科研机构的学术水平、科研绩效
解决专利问题的表示	专利查新检索（专利性检索、新颖性检索）	找出与发明创造技术主题相关的现有技术中的对比文献，或者找出抵触申请文献和防止重复授权的文献，并与发明创造技术主题进行对比，判定发明创造是否具备新颖性和创造性

（续表）

分类	类型	说明
解决专利问题的表示	专利侵权检索	分为主动侵权检索和被动侵权检索。一般在以下四种情形下需要进行专利侵权检索：①产品制造；②产品上市；③专利诉讼；④防范他人侵权
		主动侵权检索是指为避免发生专利纠纷而主动针对某一产品或方法进行专利检索，找出其可能侵权的专利或专利申请并且评估侵权风险
	专利侵权检索	被动侵权检索是指被别人指控侵权时进行的检索，判断专利侵权指控是否成立，找出受到侵权指控的专利提无效诉讼的依据
	专利二次开发检索	以引进专利和利用专利文献为基础，通过消化、吸收、创新、发展来突破技术壁垒，从而形成具有自主知识产权的新技术和新产品。企业可能需要委托查找基础专利，并与自己的开发项目进行比对，进一步通过检索判定开发项目的可专利性，分析开发项目实施后的侵权问题，了解开发项目的先进性和市场前景
	自主知识产权认定检索	自主知识产权是指企业经过研究开发、设计创作或技术贸易等活动形成的、依法拥有的能够独立自主实现某种技术知识资产的所有权。拥有自主知识产权的企业可以更容易地享受到政府的优惠政策。自主知识产权明晰的技术容易被交易，且风险小；反之自主知识产权不明晰的技术侵权风险大，交易时需谨慎

2. 不同应用类型的检索内容

不同应用类型的检索内容如表6-4所示。

表6-4　不同应用类型的检索内容

应用类型	检索内容
技术研发	①专利技术信息检索以借鉴参考提高研发起点；②专利侵权检索以规避设计；③专利查新检索以保护发明创造
技术引进	①专利法律状态检索以确认引进专利真实有效，是否已发生过转让或许可；②专利族法律状态检索，通过了解同族专利的法律状态进一步确定引进专利的权利稳固性；③专利技术信息检索以分析判断该引进技术市场前景与技术水平；④专利引文检索以评估引进专利的核心价值；⑤专利侵权检索以防止引进专利实施后侵犯他人专利权的问题
产品出口或上市	①专利侵权检索，确认上市地或出口地是否存在该产品可能侵权的相关专利或专利申请，若存在，则把这些专利一一找出；②专利法律状态检索，确认这些找出的专利的权利有效性，避免产品上市后被诉讼侵权；③专利查新检索，分析是否能把上述法律状态权利有效的专利申请专利无效
竞争对手分析	①专利人员检索，检索出竞争对手申请的所有专利及收购的所有专利；②同族专利检索，了解上述专利的地域性区别；③专利法律状态检索，确定上述专利的有效性；④专利引文检索，以判定竞争对手的定位，是属于技术引领型、自主开发型还是跟随型等

（续表）

应用类型	检索内容
专利诉讼	当企业被诉专利侵权，为保护自身的利益反诉专利无效时，应选择被动侵权检索，其目的是查找出被诉专利无效的依据：①专利法律状态检索，判断涉案专利的有效性；②专利查新检索，判断涉案专利的新颖性和创造性。若企业作为发明专利的原告，也最好在提起诉讼前进行专利查新，以确认专利权稳固性很强，避免诉讼过程中专利被申请无效，承担高额的诉讼费用和可能的赔款
专利战略与专利地图	专利战略是指面对激烈变化、严峻挑战的环境，主动利用专利制度提供的法律保护及种种方便条件有效地保护自己，并充分利用专利情报信息，研究分析竞争对手状况，推进专利技术开发、控制独占市场；为取得专利竞争优势，为求得长期生存和不断发展而进行总体性规划
	专利情报的定性、定量和定性定量分析结果的可视化表达就形成了专利地图：①专利技术信息检索，以某一项技术主题形成文献群，通过专利地图等分析手段，研究技术趋势、技术空白、竞争格局等情况；②申请人或专利权人检索，以某一或若干申请人为主题形成文献群，通过专利地图等分析手段，研究竞争态势等情况；③发明人检索，以某一或若干发明人为主题形成文献群，通过专利地图等分析手段，研究研发创新等情况

三、国内外专利检索系统比较

国内外专利检索系统比较如表6-5所示。

表6-5　国内外专利检索系统比较

	SIPO	CNIPR	IPEXL	SooPAT	PriorSmart	DII
语言	中文	中文	中英文	中文	多国语言	英文
免费资源	专利著录项及全文阅读、下载、分析	专利著录项阅读、分析	专利著录项及全文阅读、下载、分析	专利著录项及全文阅读、下载、分析	专利著录项及全文阅读、下载	专利著录项及全文阅读、下载、分析
收费资源	无	定制服务	定制服务	著录项目批量下载	无	无
数据来源	中国大陆地区数据库	中国专利、世界上主要国家专利	常用数据库、加拿大、英国、韩国、澳大利亚、中国香港、中国台湾、印度尼西亚、菲律宾、新加坡、马来西亚、泰国和越南	常用数据库、德国、法国、英国、瑞典、韩国、荷兰、意大利、澳大利亚、印度、南非、加拿大、俄罗斯、其他国家地区	美国专利、WIPO、世界上主要国家专利检索链接	世界上主要国家专利
检索方式	常规检索	常规检索、高级检索	字段检索、命令检索	常规检索、表格检索、IPC分类搜索	字段检索	字段检索、被引专利检索、化合物检索、高级检索

（续表）

	SIPO	CNIPR	IPEXL	SooPAT	PriorSmart	DII
检索字段	常规著录项检索、逻辑运算	常规著录项检索、逻辑运算	常规著录项检索、所在城市、所在州、美国分类、欧洲分类、参考、引用、专利来源	常规著录项检索	标题、摘要、主项权、代理、发明者、描述、IPC分类号	常规著录项检索、德温特分类代码、德温特手工代码、德温特主入藏号、德温特化合物号、德温特注册号、DCR编号
特色功能	官方数据	①可查询IPC，申请（专利权）人分类；②同族专利检索、双语词典、国省代码；③中国药物专利检索；④有定期预警、活跃指数预警、预警分析功能；⑤自动翻译功能	①可提供新加坡专利数据；②可以提供美国申请人、发明人和代理人所在州、所在城市的检索入口；③提供检索引用和参考数据功能；④提供商标检索分析功能，包括美国、欧盟、马德里和日本的数据；⑤提供上市公司专利组合功能	①包含不常见数据来源国，尤其例如澳大利亚、印度、南非、俄罗斯；②发明授权检索；③专利分析功能，如申请人、发明人分类统计	①多国语言支持；②可以链接到世界上主要国家专利检索平台	①提供德温特分类代码、公司代码信息，这是DII公司自己编码的；②提供专利统计分析功能；③所有的专利都经过德温特公司的英文改写

四、专利技术信息检索

（一）概述

专利技术信息检索是指通过一个技术主题对专利文献进行检索，从而找出一系列参考文献的过程。专利技术信息检索以其广泛的应用范围在专利信息检索中占据十分重要的位置，例如在科研立项、制度专利战略、评价一项引进技术等具体工作中，为了熟悉特定相关技术领域而必须进行技术信息的检索。由于专利技术信息检索结果发挥着导向作用，因此其检索结果的优劣将直接影响相关工作的成效。

（二）专利技术信息检索流程图

专利技术信息检索流程如图6-3所示。

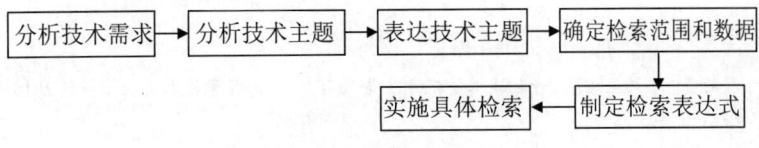

图6-3 专利技术信息检索流程图

五、同族专利检索

（一）概述

同族专利检索是指找出与一项专利同属一个专利族的其他专利的过程。所谓专利族，根据优先权原则，一项专利在规定的期限内要求相同的优先权，可以在不同国家多次申请专利或公开，从而形成一组由不同国家出版、内容相同或基本相同的专利文献，专利族一般是指由至少一个共同优先权相互联系的一组专利文献。[1] 同一专利族中的每个专利文献被称作专利族成员，同一专利族中各件专利互为同族专利。

同族专利是一项重要的竞争情报，对于企业来说，重要的不仅仅是其中的技术信息，更重要的是其中的市场信息。同族专利检索可应用于技术研发、产品出口、专利技术引进或转让、专利技术的市场价值分析、竞争对手的专利战略分析等，不同应用场合对同族专利信息的需求侧重点有所区别。[2]

（二）专利族的类型[3]

专利族的类型如表6-6所示。

表6-6 专利族的类型

类型	含义
简单专利族	专利族成员以共同的一个或几个专利申请为优先权的专利族
复杂专利族	专利族成员至少以一个共同的专利申请为优先权的专利族
扩展专利族	每个专利族成员与该组的至少一个其他专利族成员至少拥有一个共同优先权，构成扩展专利族
本国专利族	由同一原始申请的增补专利、继续申请、部分继续申请、分案申请等原因产生的，由同一国家公布的一组专利文献构成的专利族
内部专利族	同一专利机构公布的同一专利申请的不同公布级的专利文献，构成内部专利族
人工专利族	又称仿专利族、智能专利族、非常规专利族，即内容基本相同，但并非以共同的一个或几个专利申请为优先权，而是根据专利文献的技术内容人为地进行归类并组成的一组由不同国家出版的专利文献所构成的专利族

（三）同族专利的检索系统比较图[4]

同族专利的检索系统比较如表6-7所示。

表6-7 同族专利的检索系统比较

数据库	费用	国家/地区数量	可能包含的专利族
EPO-Espacenet patent search	免费	101	"Also published as"：简单专利族 "INPADOC patent family"：各类专利族

---

[1] 肖沪卫、翟丽曼、路炜主编：《专利战术情报方法与应用》，上海科学技术文献出版社2015年版，第423页。

[2] 同上书，第429页。

[3] 同上书，第427页。

[4] 同上书，第438页。

（续表）

数据库	费用	国家/地区数量	可能包含的专利族
EPO-European patent register	免费	欧洲各国	各类专利族
印度国家信息中心 Equivelent Search	免费	<101	各类专利族
DWPI（德温特世界专利索引数据库）	收费	45	简单专利族、复杂专利族、本国专利族、内部专利族、人工专利族
ORBIT	收费	95	"FAMPAT Family"：简单专利族、人工专利族
			"Extended Family Table"：各类专利族
CAplus	收费	62（化学化工）	简单专利族、复杂专利族、本国专利族、内部专利族
DIALOG-INPADOC	收费	101	各类专利族
STN-INPADODB	收费	95	各类专利族

六、可专利性检索

（一）概述

可专利性检索又称专利新颖性、创造性检索，可专利性是指专利授权时必备的三个条件，即新颖性、创造性和实用性。通过检索和对比分析，对某一发明或实用新型的可专利性作出文献评析。由于实用性不必通过检索判定，因此实际上是判定发明或实用新型是否具有新颖性和创造性。判定时应当检索所有的国内外文献，包括专利文献和非专利文献。专利新颖性、创造性检索在技术研发、引进转让、专利申请、侵权诉讼、出口贸易等方面应用十分广泛。

（二）新颖性判定原则

1. 单独对比原则

单独对比原则是指在判断申请专利的发明或实用新型是否具有新颖性时，应当将查新项目的各项权利要求分别与一项现有技术或抵触申请的相关技术内容单独地进行比较，而不得将几份对比文献组合起来或一份对比文献的多项技术方案的组合作为判断该申请是否具有新颖性的标准。

这里所说的抵触申请是指在申请日以前，任何单位或个人就同样的技术已向专利行政部门提出过申请，并且记载在申请日以后公布的专利申请文件中，那么这一申请便是被审查之申请的抵触申请。

通常当一项独立权利要求被判定具有新颖性时，其从属于该独立权利要求的从属权利要求自然具有新颖性。

2. 相同否定原则

申请日之前同样的发明或实用新型以及内容相同的对比文献，将使查新项目丧失新颖性。同样的发明或实用新型是指科学技术领域和目的相同，技术解决手段实质上相同，预期效果相同的项目。内容相同的对比文献是指其他的发明或实用新型在其权利要求书中公开了与查新项目相同的技术内容,或是非专利文献公开了与查新项目相同的技术内容。那么,该查新项目缺乏新颖性;反之,则新颖性成立。

3. 具体否定一般原则

使用下位概念的对比文献的公开,使得使用了上位概念的查新项目失去新颖性。如对比文献中使用了"手表",则使得使用了"计时机械"的查新项目丧失新颖性。

（三）创造性判定原则

1. 对权利要求限定的技术方案整体判定

将发明作为一个整体看待,不仅考虑到发明的技术方案本身,还要考虑到发明所属技术领域、所解决的技术问题和所产生的技术效果。

2. 站在所属技术领域的技术人员立场上判定

对发明的创造性评价是由发明所属技术领域的一般工程技术人员依据申请日以前的现有技术与发明进行比较而作出的,以减少和避免主观因素的影响。

3. 与申请日以前的现有技术相比

发明的创造性,是与现有技术相比,而抵触申请不属于现有技术,因此判定创造性不必考虑抵触申请。

4. 突出的实质性特点和显著的进步

发明所属技术领域在现有技术的基础上仅仅通过合乎逻辑的分析、推理或者有限的试验可以得到的,则该发明是显而易见的,也就不具备突出的实质性特点。在判定发明创造是否具有显著的进步时,主要会考虑发明是否具有有益的技术效果。以下几种情况,通常会被认为发明具有有益的技术效果,具有显著的进步:❶

（1）发明与现有技术相比具有更好的技术效果,例如,质量改善、产量提高、节约能源、防治环境污染等;

（2）发明提供了一种技术构思不同的技术方案,其技术效果能够基本上达到现有技术的水平;

（3）发明代表某种新技术发展趋势;

（4）尽管发明在某些方面或许存在负面效果,但在其他方面具有明显积极的技术效果。

七、法律状态检索

（一）概述

专利法律状态检索是指对一项专利申请当前所处的状态进行的检索。其目的是了解专利申请是否授权、授权专利是否有效、专利权人是否变更以及与专利法律状态相关的信息,专利法律状态包括专利权有效、专利权有效期届满、专利申请尚未授权、专利申请撤回、专利申请被驳回、专利权终止、专利权无效、专利权转移、专利权的视为放弃等情况。

---

❶ http://www.cypatent.com/cn/bow-50.htm。

（二）我国常见的专利法律状态及释义[1]

我国常见的专利法律状态及释义如表6-8所示。

表6-8 我国常见的专利法律状态及释义

法律状态	释义
专利申请尚未公开	专利申请尚未通过初步审查，或已通过初步审查但未及进入公布流程，未公开专利申请公布说明书
专利申请公开	专利申请已通过初步审查并进行公布，但尚未授予专利权。可以检索到专利申请公开说明书，但不能检索到专利授权说明书
专利申请撤回	有两种情况：一种为申请人的主动撤回，即授予专利权之前，申请人随时可以主动要求撤回其专利申请；另一种为被专利局视为撤回，主要指在专利申请、审判过程中，因申请人未能在规定期限内完成规定手续或履行相应程序性义务而被撤回。例如不缴费、不答复审查意见
专利申请被驳回	专利局认为专利申请不符合专利法授予专利的条件，或者在申请人答复专利局意见后认为仍然存在专利法规定的实质性缺陷，因而作出拒绝授予专利权的决定
实质审查的生效	专利申请已进入实质审查程序
专利授权	发明专利申请经实质审查，实用新型和外观设计专利申请经初步审查，没有发现驳回理由，专利局作出授予专利权的决定，颁发专利证书，并同时在专利登记簿和专利公报上予以登记和公告
视为放弃专利权	专利局发出授予专利权的通知书和办理登记手续通知书后，申请人在规定期限内未按照规定办理登记手续的，应当发出视为放弃取得专利权通知书。该通知书应当在办理登记手续期满一个月内作出，并指明恢复权利的法律程序。自收到该通知书之日起两个月期满，未办理恢复手续的，或者专利局作出不予恢复权利决定的，将专利申请进行失效处理。对于发明专利申请，视为放弃取得专利权，还应当在专利公报上予以公告
专利权有效	专利申请已获授权，并且一直缴纳费用维持该权利
专利权终止	有几种情形：一种是因专利保护期限届满而终止；另一种是由于没有按照规定缴纳年费或专利权人以书面声明放弃专利权，专利权在有效期尚未届满时提前终止。专利权终止意味着专利技术转变为公有技术，任何人均可无偿使用该项技术
专利权有效期届满	专利权有效期已超过专利法规定的期限
专利权无效或部分无效	专利权无效或部分无效宣告理由成立，被专利局判定为无效或部分无效。宣告无效的专利权视为自始不存在
专利申请权或专利权转移	申请人或专利权人因权利的转让、赠与，或者因权属纠纷发生权利转移并提出变更请求，且向专利局提交转让、赠与合同，或者全体当事人签字或盖章的权利转移协议书
专利权质押	债务人或第三人将其专利权向债权人进行担保的方式。专利权质押后，专利权仍归属原专利权人，但该专利已成为有负担的权利，权利的行使受到限制
专利权保全	指在民事诉讼中，人民法院对于可能因当事人一方的行为或其他原因使判决不能执行或难以执行的案件，根据对方当事人的申请或者自行裁定对专利权采取保全措施，由国家知识产权局协助执行的法律制度。专利权保全之后，权利人不能行使放弃、转让、许可等权利

---

[1] 肖沪卫、翟丽曼、路炜主编：《专利战术情报方法与应用》，上海科学技术文献出版社2015年版，第367页。

(三) 主要专利法律状态数据库比较表[1]

主要专利法律状态数据库比较如表6-9所示。

表6-9 主要专利法律状态数据库比较表

数据库	数据范围	数据库构成	检索字段	检索结果特点
中国国家知识产权局法律状态检索	中国专利	单库	①"法律状态"字段：事务类型、事务数据公告日、事务数据信息；②其他字段：申请号	①提供主要流程法律状态，部分已公告专利的审查中间文件；②当检索结果为多项专利列表时，可按申请日或事务数据公告日升序或降序排列；③每件专利的法律状态检索结果按事务数据公告日降序排列
日本工业产权数字图书馆法律状态检索系统	日本专利	单库为主，多库辅助	①"法律状态"字段：指定的法律状态字段；②其他字段：专利号码	①主要流程法律状态集中显示；②审查、复审流程过程文件详细；③复审决定公开早于公报发行
美国专利商标局法律状态检索系统	美国专利	多库结合	①"法律状态"字段：专利出让人、专利受让人；②其他字段：专利号码	①专利有效性结合多个数据库判定；②具有独特的保护期延长法规及数据库；③具单独的专利权转移数据库；④具单独的费用缴纳数据库；⑤审查事务历史清晰、文件案卷详细
欧洲专利局Espacenet系统	60多个国家	单库	常规字段：关键字（标题、摘要）、号码、日期、人名或机构、欧洲分类、国际分类等	①国家范围广；②对法律状态原因做出具体释义；③按时间升序排列，未作分类合并
欧洲专利登记簿Register系统	欧洲专利、制定欧洲的PCT申请	单库	常规字段：号码、日期、人名或机构、IPC分类号和标题等	信息全面 分类清新 单库检索 界面集中
世界专利组织PATENTSCOPE系统	PCT申请、PCT进入国家阶段和部分国家申请	单库	常规字段：扉页内容、全文、号码、国际专利分类号、公开日期、人名或机构、关键字（摘要、标题）等	包含PCT申请进入指定国的国家阶段信息、专利局给出的通告、国际申请的状态、国际检索报告、国际初步审查报告和补充的国家检索报告等

---

[1] 肖沪卫、翟丽曼、路炜主编：《专利战术情报方法与应用》，上海科学技术文献出版社2015年版，第367页。

（续表）

数据库	数据范围	数据库构成	检索字段	检索结果特点
ORBIT系统	超过60个国家	单库	①"法律状态"字段：法律状态、法律事件、过期日 ②常规字段：关键字、分类、人名或机构、日期、国家、其他检索项等	①国家范围广； ②检索功能强； ③包括主要阶段法律状态，不提供审查流程中间文件
DIALOG、STN系统——INPADOC	60多个国家	单库	包括60多个检索字段 ①"法律状态"字段：法律状态、法律状态代码、法律状态日期、新专利权人、再转让日期、再转让信息等 ②常规字段：关键字、号码、日期、分类号、人名或机构等	①国家范围广； ②可采用指令搜索，检索功能强大； ③提供主要法律状态信息，不提供审查流程中间文件

八、失效专利检索

（一）概述

失效专利是指已经失去独占性的公开技术信息。失效专利是一种极其重要的信息资源。从法律角度上看，失效专利已经失去国家内部法律的保护，但是从技术的有效性看，失效专利未必已经丧失其技术含量和市场价值。

（二）失效专利的价值分析

1. 失效专利的成因分析

（1）申请阶段：专利申请文件被公开但不符合授权要求而不被授权。发明专利申请必须满足法律规定的形式和实质要件，实用新型和外观设计专利申请必须满足法律规定的形式要件。如果申请人的申请不符合专利法的要求，该申请将被驳回。当发明专利申请在通过形式审查，进入"公开"程序之后，仍会因为未能通过实质审查而被驳回。此时，该专利申请中的信息，包括技术信息和著录信息因被公开而进入公知领域，大多可以参考利用，具有一定的应用价值。

（2）授权阶段：已经获得专利权的专利在专利保护期限届满前失效。国家知识产权局经实质审查后认为发明专利申请符合专利法规定，授予专利申请人专利权。专利权之所以会"失效"，主要因为专利权人或者没有按时缴纳专利年费，或者以书面文件申明放弃专利权，或者专利权被宣告无效。

（3）时效性失效：专利保护期限届满。专利权是有保护期限的，每个国家根据各自的国情，规定的保护期限并不一致。我国专利法规定的保护期限：发明专利20年，实用新型和外观设计10年。一项专利权在超过国家法律规定的保护期限之后，就失去了专利法的保护，称之为"自然失效"。尽管这种专利失效,但是该专利中所含有的技术信息和法律信息或仍具有市场价值。

(4)地域性失效:超越专利保护地域范围。专利保护是有地域范围的。发明人由于曾在一个国家或地区申请过专利并获得授权而被公开,进入公知领域。但是由于其未就同一相同主题的发明创造在其他国家或地区提出专利申请并获得授权,其被公开的专利技术信息因此无法在其他国家或地区得到法律保护。此时该专利技术信息因为处于公知状态,又具有很高的市场价值而会被竞争对手所吸收。

2. 检索和利用失效专利的注意事项

(1)法律状态更新。各国专利数据库对失效专利的更新存在法律信息滞后的问题,在利用法律状态来判断专利是否失效时,不要过于信任网上数据,应该是在了解专利情况后与相关知识产权部门取得联系,进而确认专利的最终法律状态。

(2)注意在先专利侵权。根据前述的失效专利的成因之一是由于专利权被宣告无效而导致专利失效的,一些在后申请的实用新型专利往往会与在先申请的专利内容相同而被撤销或宣告无效,因此在利用这种失效专利时,应当进一步检索在先申请专利的法律状态。

(3)特殊专利——药品专利延长制度。由于药品专利本身风险高、审查时间长等特点,为了保障制药商可以回收高额的研发投入,许多国家和地区都对药品专利制定有延期保护政策,例如美国、日本、欧盟、韩国、中国台湾地区等。因此,企业在检索这部分失效专利时,还应注意该专利所在国家和地区是否建立了药品专利延长制度,以及具体的延长期限。

第二节 专利信息分析

专利文献蕴含丰富的信息,如何充分准确地分析、获取相关信息是企业制定和实施专利战略的前提。专利情报分析,即对专利文献中包含的技术信息、经济信息、法律信息,通过科学的加工、整理与分析,并利用统计学方法和其他技术手段,进行深度挖掘与缜密剖析,形成具有较高技术与商业价值的专利情报,使之转化为可供利用的、具有总揽全局及预测功能信息的一种分析方法。专利分析可以为企业制定技术研发策略、跟踪竞争对手等提供有用的技术和法律信息,从而使企业在激烈的市场竞争中占据有利地位。

一、专利分析的方法

目前专利分析方法主要有定量分析法、定性分析法、定性定量分析法。

(一)专利的定量分析

定量分析又称统计分析,主要是通过专利文献的外表特征来进行统计分析,也就是通过专利文献上所固有的项目如申请日期、申请人、分类类别、申请国家等来识别有关文献,然后将这些专利文献按有关指标如专利数量、同族专利数量、专利引文数量等来进行统计分析，并从技术和经济的角度对有关统计数据的变化进行解释，以取得动态发展趋势等方面的情报信息。

（二）专利的定性分析

定性分析也称技术分析，是以专利说明书、权利要求、图纸等技术内容或专利的"质"来识别专利，并按技术特征来归并有关专利并使其有序化，一般用来获得技术动向、企业动向、特定权利状况等方面的情报信息。

（三）专利的定性定量分析

通常情况下，在进行专利分析时，需要将定量分析与定性分析结合起来，也就是将外表特征及内容特征结合起来进行分析，才能达到较好的分析效果。

二、专利分析流程图[1]

专利分析流程如图6-4所示。

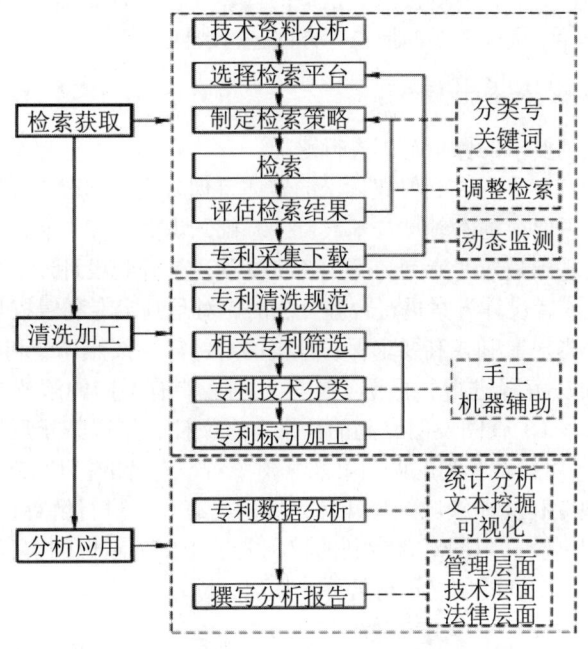

图6-4 专利分析流程

---

[1] 刘立琴、彭茂祥："国内外专利分析工具比较研究"，载《比较研究》2012年第9期。

三、专利侵权分析

（一）概述

近年来，随着发明专利授权数量的不断增长，国家知识产权局不断加大专利授权质量等措施的实施，专利侵权诉讼已经告别单兵作战、散兵游勇的代理时代，逐渐进入依靠专利代理人、律师、财务等不同领域人员介入的团队合作时代。特别是在专利侵权判定过程中，依靠专利法律基础知识，结合不同技术领域的背景知识，进行专利权利要求保护范围的解释工作，进而依据专利侵权判定原则进行专利侵权与否的判定成为至关重要的环节。因此在专利权人提起侵权诉讼的前期，进行严格地专利侵权分析并出具专利侵权分析报告是保障专利侵权诉讼胜诉的重要条件之一。

专利侵权诉讼与其他民事诉讼不同，其自身至少具有以下特点：一是涉及法律知识，判断专利侵权证据是否合法、依据专利侵权判定原则进行侵权与否的判定；二是涉及不同技术领域的专业基础知识，需要有技术背景的专利代理人介入，按照专利法的相关规定进行权利要求保护范围的解释；三是在专利侵权赔偿额的计算方式上需要具备会计、审计等财务基础知识，在侵权获利或者因侵权造成的损失等方面进行严谨的计算。

（二）专利侵权分析报告

1. 需要对专利权利要求的保护范围进行解释

人民法院知识产权庭进行专利侵权诉讼的实体审理阶段，一般需要对专利侵权与否进行判定，而前提条件是需要根据本领域技术人员的基础知识对涉案专利的保护范围进行解释。无论专利权人的权利基础是发明专利、实用新型专利还是外观设计专利，将被控侵权产品与涉案专利的技术方案或者设计方案进行合理合法的比对是判定专利侵权与否的关键。

专利侵权分析报告对专利权利要求保护范围的解释需要按照《专利法》及其实施细则、审查指南以及相关司法解释进行，根据不同的专利需要有不同的解释方法和原则，但至少需要包括如下内容：（1）查阅发明专利的往来审查文档，用以禁止反悔原则适用的判断；（2）根据发明或者实用新型专利的说明书及其附图对该专利的权利要求进行解释；（3）根据发明或者实用新型专利所涉领域的公知常识性的已有技术进行解释；（4）根据发明或者实用新型专利的说明书及其附图对该专利的权利要求予以捐献性的解释；（5）根据外观设计专利的简要说明对该专利的用途进行解释，用以判断该外观设计专利与被控侵权产品的种类是否相同或者相近。

2. 需要将涉案专利与被控侵权产品（或方法）进行比对

本领域普通技术人员在依据专利法律基础知识的前提下对涉案专利权利要求的保护范围进行解释和确定后，需要进一步判断被控侵权产品（或方法）是否落入涉案专利的保护范围。其基本方法就是将被控侵权产品与涉案专利权利要求的所有技术特征进行一一比对，如果相同或者等同则构成专利侵权的可能性较大；反之亦然。

专利侵权分析报告的前提条件之一还需要专利律师团队通过专利侵权证据调查获得被控侵权产品，如公证购买、邮寄样品、展会样品公证等多种途径。

基于"全面覆盖判定原则"：被控侵权物（产品或方法）将专利权利要求中记载的技术

方案的必要技术特征全部再现，被控侵权物（产品或方法）与专利独立权利要求中记载的全部必要技术特征一一对应并且相同时才认定为侵权成立。

3. 需要对被控侵权产品提出规避设计建议

如果在上一个步骤中，将被控侵权产品与涉案专利权利要求进行比对后发现，涉案专利已经完全覆盖了被控侵权产品的技术特征，构成专利侵权的可能性较大时，代理被告的专利律师团队需要尽可能的按照捐献原则、禁止反悔原则或者涉案专利权利要求保护范围的边界进行规避设计，以避免被控侵权人承担较高的赔偿额。

捐献原则，指对于仅在说明书或者附图中描述而在权利要求中未记载的技术方案，权利人在侵犯专利权纠纷案件中将其纳入专利权保护范围的，人民法院不予支持。《最高人民法院知识产权庭负责人就〈关于审理侵犯专利权纠纷案件应用法律若干问题的解释〉答记者》中对该原则作出阐述，对于说明书记载而权利要求未记载的技术方案，视为专利权人将其捐献给社会公众，不得在专利侵权诉讼中主张上述已捐献的内容属于等同特征所确定的范围。捐献原则实质上是对等同原则适用的一种限制。此规定考虑了以下情形：专利申请人有时为了容易获得授权，权利要求采用比较下位的概念，而说明书及附图又对其扩张解释。专利权人在侵权诉讼中主张说明书所扩张的部分属于等同特征，从而不适当地扩大专利权的保护范围。实际上，这是一种"两头得利"的行为。专利制度的价值不仅要体现对专利权人利益的保护，同时也要维护权利要求的公示作用。因此，捐献原则的确立，有利于维护权利要求书的公示性，平衡专利权人与社会公众的利益关系。

4. 需要给出被控侵权产品构成专利侵权的可能性程度

建议在专利侵权分析报告的结论部分给出专利侵权的可能性大小，在代理原告的过程中，当事人可以通过专利侵权结论选择放弃起诉、提起诉讼或者中途和解的诉讼策略；对比被告可以依据专利侵权分析报告的结论选择积极应诉、寻求和解、交叉许可或者规避设计等方案。

第七章　技术创新与专利布局

【本章导图】

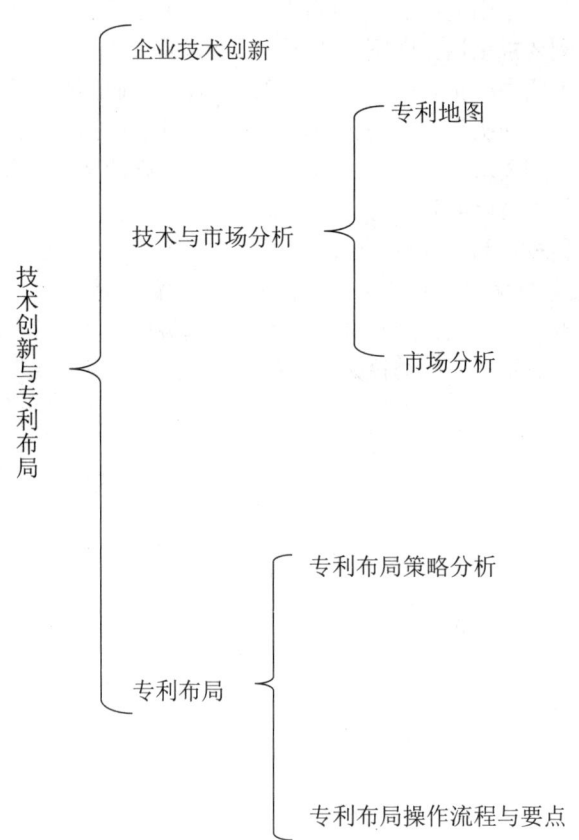

第一节　企业技术创新

　　企业技术创新，主要是指企业生产产品和生产技术的创新，包括新产品的开发、新工艺的开发，也包括其他相关新技术的开发，还包括将已有的技术在新的技术领域内的应用创新。科学是技术之源，技术是产业之源，技术创新建立在科学的发现和理论的完善基础之上，而产业创新必然是建立在技术创新的基础之上。

　　技术创新是一个从产生新产品或新工艺的设想到市场应用的完整过程，它包括新的构思、设想的产生、研究、开发、商业化生产到市场化扩散等一系列活动。对于企业而言，技术创新不仅局限于关注技术研发活动本身，而且更多地要关注技术创新中的市场导向，始终将技术研发置于商品竞争和市场经营的大环境中，把技术研发融入企业经营的发展战略之中，将两者有机地结合起来。企业的技术创新本质上具有科技、经济一体化和技术进步与应用创新并举的"双螺旋结构"，是技术进步与应用创新共同作用催生的产物。企业技术创新的最终目的是技术研发成果的商业化应用和创新产品的市场化成功。企业的技术创新主要包括技术开发和技术应用两大环节。

　　技术创新的主要特征在于技术与经济的结合，它不同于科学上的发明与发现，特别突出强调新技术的首次商业性应用。在国外，几乎所有的名牌企业都十分重视不断开发新技术和新产品。它们认为只有抢占新技术和新产品的制高点，才能取得竞争优势。实际上，企业要想赢得市场份额，其根本途径就在于不断地技术创新。在知识经济时代，技术创新尤为重要。

　　技术创新既可以由高等院校、科研院所等技术密集型和技术产出型机构单独完成，也可以由企业独自完成，还可以由企业与高等院校、科研院所等通过各种形式的战略合作，紧密协作，协同完成。由于技术创新过程的完成，是以技术研发成果的市场成功为基本标志的，因此，在技术创新的过程中，企业的参与是不可或缺的主要要素。具体从某个企业看，企业采取何种方式进行技术创新，在很大程度上取决于企业自身的实力、技术创新的外部环境等有关因素。对于大企业而言，技术创新的要求往往具体表现为，企业需要建立和完善自己的技术研发机构和相应的技术研发平台，需要提高和发展自身的技术研发的能力和层次，需要营造和优化技术研发成果有效利用的机制；对于众多中小企业而言，技术创新的要求往往在于确立技术创新发展的定位、目标以及发展策略，努力提高自身技术研发的基础和能力，善于与其他专业技术产出单位之间合作与协同，建立承接技术开发成果并有效利用的机制。

　　企业进行技术创新包括自主创新、模仿创新及合作创新等三种主要的基本模式。从国际上看，美国企业大多实行的是自主创新战略，而"二战"后的日本企业实行的是模仿创新，它们大量吸收西方发达国家先进技术，将主要技术力量和资金投入到工艺改进、产品性能完善、大批量生产、质量控制、市场营销等环节中，逐步建立自身竞争优势，收到丰厚的收益。目前，我国的大部分企业自主创新能力普遍比较薄弱，创新资源相对有限，难以适应和应对自主创新所具有的高投资、高风险等特点，这就决定了我国企业目前还不可能普遍实施自主创新战略。因此，我国企业技术创新模式的选择，既要汲取美、日等外国企业技术创新的经验教训，又要从我国国情的实际出发，应当采用自主创新和模仿创新并举的技术创新战略。所谓模仿创新战略是对在先进入市场的产品和技术进行再创新，企业通过学习模仿在先创新者的创新思路和行为,汲取成功经验和失败教训,引进购买或破译在先创新成果的核心技术和技术秘密,在他人的基础上进行改进与完善,并在工艺设计、质量控制、大批量生产管理、市场营销等创新链的中后期阶段投入主要力量生产出在性能、质量方面富有竞争力的产品与在先创新的企业竞争的行为。

第二节 技术与市场分析

一、专利地图

(一)专利地图的概念

专利信息作为技术信息最有效的载体,囊括了全球90%以上的最新技术情报,相比一般技术刊物所提供的信息早5~6年,而且内容翔实准确。专利信息已经成为技术发展最重要的信息源,同时也为技术预测提供技术条件。作为收集、整理、利用专利技术信息的专利地图分析,在行业技术分析中扮演着举足轻重的角色。

专利地图可分为外部专利地图和内部专利地图。本文所叙述的专利地图仅为外部专利地图,可为企业指明技术发展方向,总结并分析技术分布态势,特别可以用于对竞争对手专利技术分布情况进行监视,很多企业制作行业的专利地图作为指引自己研发和竞争方向的依据和研究对手的工具,将使企业做到知己知彼。内部专利地图则是企业针对内部历年来所进行的专利投资、研发等方面而进行的分析,可以清晰指明企业注重的方向,不仅可用于企业知识产权管理,而且还可应用于营销管理与技术创新管理。

专利地图(Patent Map),是指由各种与专利相关的资料信息,以统计分析的方法,加以缜密及精细剖析,整理制成各种可供分析解读的图表讯息,使其具有类似地图的指向功能。专利地图总结并分析相关技术的分布态势,为企业指明技术发展方向,特别可以用于对竞争对手的专利技术分布情况进行监视,将使企业做到知己知彼。

(二)专利地图的作用

通过专利检索、专利地图的制作和分析,可以帮助企业:(1)启发技术创新的思路,激发技术创新的预期,树立技术研发和创新的目标,为技术研发和创新突破口的选择,尤其是对现有技术进行改进的突破口的选择提供依据;(2)确定技术研发和创新的方向,制定技术研发和创新的发展战略,为技术研发和创新项目的立项提供可行性验证和决策依据;(3)选择技术研发和创新的技术路径,审视所采取的技术研发和创新的技术策略,为技术研发和创新投资决策提供依据;(4)在技术相对密集的领域、在他人在先专利技术的布局中及时发现空白点和薄弱处,为寻找技术突围和技术发展的机会点提供依据。

(三)专利地图的种类

根据专利地图制作的不同目的,专利情报分析时需选取相应的侧重点,最终制作出的专利地图大致可分为三类：专利管理地图、专利技术地图和专利权利地图。事实上，各类型专利地图并不可能严格区分。实际操作中除一些具有明显技术信息特征的专利地图以外，很难界定某一地图仅仅是为了管理需要而绘制，或者仅仅为技术或权利范围服务，因为企业的发展中管理和技术本就紧密相连。

表7-1　三类专利地图的比较

侧重点	专利管理地图 主要服务于经营管理	专利技术地图 主要服务于技术研发	专利权利地图 主要服务于权利范围的界定
目的	①获悉技术发展趋势进行竞争企业实力剖析及动向分析，反映业界或某一领域整体经营的趋势状况； ②预测以及进行主要竞争对手的各项实力分析	①得出特定技术的动向； ②进一步预测技术的未来趋势； ③创造企业自我的竞争优势； ④为研发中的战略提供重要信息依据和参考	①帮助企业严格规划自身的研发计划和权利要求，规避已有专利申请； ②评估企业自身技术的可专利性和产业利益
实例	历年专利件数动向图、申请人分布图、企业专利数量消长图、所属国专利数量比例图、企业发明阵容比较图	专利引证关系技术族谱图、专利技术/功效矩阵图、专利技术发展图	专利范围构成要件图、权利范围矩阵分析图
功能	①把握标杆企业动向； ②把握新加入者情况； ③促进技术转让； ④提高专利调查精度	①了解技术开发脉络； ②了解新产品开发动向； ③选定研发课题； ④确定用途开发； ⑤进行技术挖洞； ⑥了解技术波及领域	①确认技术保护范围； ②专利申请战略的应用（考察获得专利的可能性）； ③专利网构筑； ④确定专利权期限； ⑤异议无效文献调研

1. 专利管理地图

专利管理地图主要服务于经营管理。这是将大量的资料依据专利数量、专利所有人、发明人等不同的方面进行归纳分析，以反映业界或某一领域整体经营的趋势状况。专利管理地图通常包括历年专利动向图、技术生命周期图、各国专利占有比例图、公司专利平均年龄图、专利排行榜表、专利引用族谱表、IPC（国际专利分类）分析图等。

2. 专利技术地图

专利技术地图主要服务于技术研发。这是将相关专利资料作进一步的详细研读，归纳出重要专利文献的技术类别及功效类别等分类指针。从这些图表可以看出特定技术的动向，并进一步预测技术的未来趋势。它与技术研发方向的决策息息相关，并为研发中的回避设计、技术地雷、技术挖洞等战略提供重要信息依据和参考，因而对技术创新有重要作用。主要包括：专利引证关系技术族谱图、专利技术/功效矩阵图、专利技术发展图等。❶

专利技术地图又有以下几种种类。

---

❶ 北京路浩知识产权代理有限公司，北京御路知识产权发展中心编：《企业专利工作实务》，知识产权出版社2009年版，第301页。

（1）专利技术生命周期图。

专利技术生命周期是指在技术发展的不同阶段中，专利件数与专利申请人数的一般性的周期性的规律，主要用以判断技术的发展趋势。

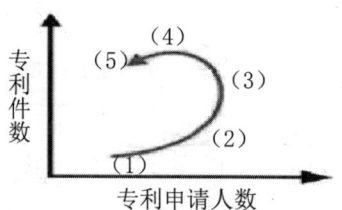

图7-1　专利技术生命周期

通常，专利技术生命周期分为如下几个不同的阶段，如图7-1所示：第一阶段，如图中的（1）所示，技术萌芽阶段。在该阶段，厂商进行技术投入的热情不高，专利申请量和专利申请人的数量都不多；第二阶段，如图中的（2）所示，技术成长阶段。在该阶段中，或是受到企业某项技术有了突破性进展的影响，或是受到企业在市场估值判断的刺激下花大力气组织进行研发的影响，也或是其他因素的作用，专利申请量和专利申请人的数量会急剧上升；第三阶段，如图中的（3）所示，技术成熟阶段。由于已有技术的相对成熟，市场相对饱和，除少数厂商外，大多数生产厂家已经不再投入新的研发力量，也没有新的厂家愿意进入该市场，此时的专利申请量以及专利申请人的数量增长的趋势逐渐趋缓；第四、第五阶段，如图中的（4）、（5）所示，技术瓶颈期。该阶段，技术研发或是因为遇到技术瓶颈难以突破，或是因为产业发展已经过于成熟而趋于停滞，专利申请量以及专利申请人的数量在逐步减少。

专利技术生命周期图常使用折线图表示，其中纵轴表示专利件数／一段时间，横轴表示专利权人数（或发明人数）／一段时间。通过该图可以看到专利技术生命周期状况，可作为研发投入的重要参考。专利技术生命周期一般可分为技术萌芽期、发展期、成熟期、衰退期、再发展期等不同阶段。通常，当专利技术处于发展期时，企业可加大研发投入；而当专利技术处在衰退期时，则相应地减少研发投入。

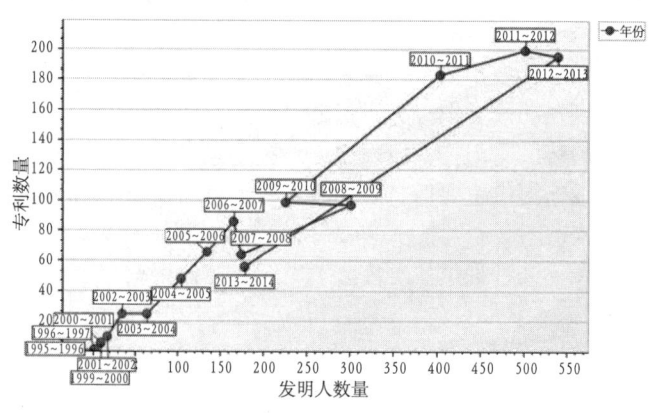

图7-2　医学图像领域专利技术生命周期

以医学图像领域的专利技术生命周期为例,图7-2给出的是该领域的专利技术生命周期,由该图可知,医学图像领域的专利技术正处于技术的成长期,技术发展前景可期。

(2)技术分布鸟瞰图。

专利技术分布鸟瞰图通常可用专利件数VS技术类别图表示。在专利件数VS技术类别图中,横轴表示某一技术领域的所有技术类别,与之相对应的纵轴则表示与该技术类别相对应的专利件数。该表的作用是可以看出该项技术领域的专利主要集中在哪些技术类别上,目前的科研投入主要集中在哪些技术方面,相关技术的发展趋势如何等。

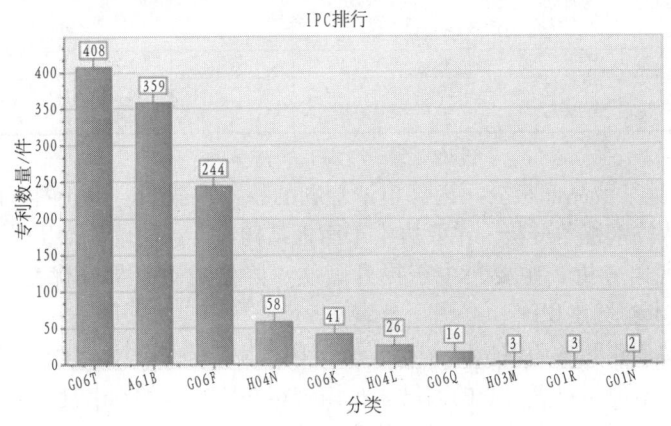

图7-3　医学图像处理技术的IPC类别分布

图7-3所示为医学图像处理技术的IPC类别分布,从图上可以看出专利主要集中在了G06T、A61B、G06F等几个分类中。

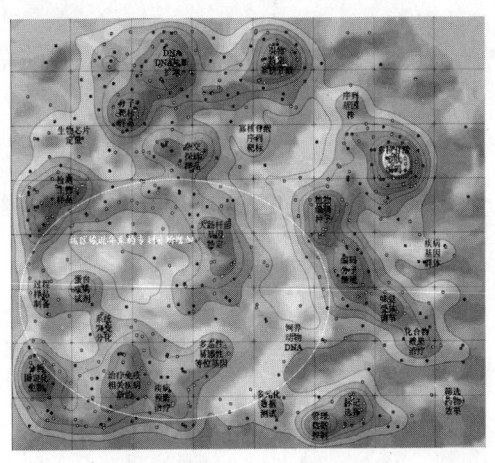

图7-4　技术分布的地图形式

技术分布图也可以用图7-4的地图形式来表示,该图一般需要使用专业的分析软件才能制作,从图上可以看出专利技术之疏密分布状态,可监控该类专利技术的现状,技术地雷区和技术空白地带一目了然,进而帮助企业进行专利技术回避设计及创新发展设计。

(3)专利技术功效图。

专利技术功效图可用专利件数VS专利技术功效类别表示,横栏表示某一技术领域的专利所能达到的功效类别,与横栏相对应的纵栏则表示可实现某功效的专利件数。该图主要作用是可用以大致看出目前国内外的研发投入主要用来解决哪些技术问题,以及其发展趋势等。

表7-3 专利技术功效

技术\数量\功效	提升画质	简化工艺	降低成本	提高寿命	提高优良率	降低功耗	提高产品可靠性	薄型化
面板制造工艺	1	6	2					
面板结构设计	38	4	2		20			
面板驱动设计	28		1	1	7	3	1	
背光源部材	3	2	10					
背光源结构设计	8	3	2	1	1	5	10	5

表7-2所示的是某液晶面板公司内部申请专利的技术功效图。由此图可以看出,该公司所拥有的专利,从技术视角分析,主要集中于面板结构设计、驱动设计以及背光源结构设计等方面;从功效视角分析,主要集中于提升画质、降低成本、提高优良率等方面。

(4)专利技术领域累积图。

专利技术领域累积图常用雷达图表示,每个雷达图表示一个技术类别,雷达图的一角表示一个竞争公司,角顶相对于中心的高度表示该公司在该技术类别上拥有专利数量的多少。该图可较直观地看出每个技术类别上各竞争公司的专利数量,从而可知各竞争公司在该技术类别上的实力强弱。

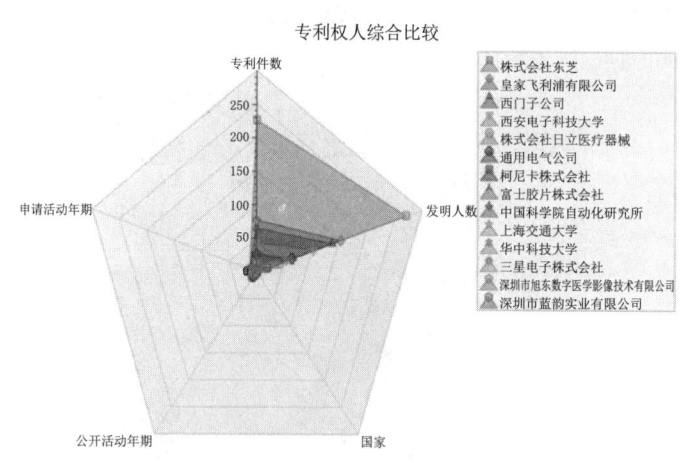

图7-5 医学影像技术领域专利技术累积

图7-5所示的是医学影像技术领域的专利技术累积图。从该图中可以看到,日本的东芝公司在医学影像技术领域内的专利申请量、发明人数量等方面都处于明显领先的地位。

3.专利权利地图

专利权利地图主要服务于权利范围的界定。这是将专利权利要求作为主要分析指标,制作已有技术专利的权利范围地图，揭示权利要求范围、侵权可能性、权利状态等信息。其目的一方面在于严格规划自身的研发计划和权利要求，规避已有专利申请；另一方面可评估自身技术的可专利性和产业利益。对于研究热门领域和重点领域，权利地图无疑具有非常重要的指导作用，特别是可以作为"专利战术"以配合技术部门的"技术战术"。主要包括专利范围构成要件图、权利范围矩阵分析图等。

二、市场分析

在专利文献中存在着一些与国家、行业或企业经济活动密切相关的信息，这些信息反映出专利申请人或专利权人的经济利益趋向和市场占有欲。例如，从有关专利的申请国别范围和国际专利组织专利申请的指定国范围的信息，可以了解专利申请人或专利权人关于国际市场经营的战略意图；从专利许可、专利权转让等与技术贸易有关的信息，可以看出企业对某类专利技术的占有趋势；从与专利权质押、评估等经营活动有关的信息，可以掌握企业对其拥有的专利技术的经营及其技术影响力扩散的动向；等等。企业可以通过对专利信息的监控，尤其是对各类竞争对手的专利信息的监控，获悉竞争对手的研发能力、研发意图等，掌握竞争对手的经营发展策略，以及对相关市场的潜在预期等。

（一）专利分布地区分析

由于专利权具有地域性，一般来说，企业会以其拥有的技术，在对其经营至关重要的国家或地区申请专利。因此，通过对某企业就其技术在世界各个国家或地区的专利分布情况的监控，就可以知晓该企业在这些国家或地区的市场关注度以及潜在的占有力。通过分析特定竞争对手在各个国家的专利申请情况，也就由此可以判断竞争对手市场占有期望。而且还可以通过分析某技术成果在世界不同国家或地区的申请情况，掌握在该国家或地区某一技术的驻在态势和相应的关注热度，等等，从而可以指导企业避开市场热点和强劲的竞争对手，开发潜在市场，并在相关国家或地区进行专利布局。

表7-3给出的是主要国家/地区的专利申请人就液晶显示（LCD）技术领域在不同国家/地区申请专利的分布情况。

表7-3 主要国家/地区专利申请人就LCD技术在各国申请专利的分布情况 （项）

申请人\申请国家或地区	日本	韩国	美国	中国台湾	中国大陆	欧洲
日本	114 971	15 001	32 686	11 622	15 035	7 790
韩国	5 757	33 507	13 634	2 848	6 493	1 781
美国	7 005	4 698	17 274	4 363	4 722	4 329
中国台湾	993	376	5 015	7 815	5 327	102
中国大陆	235	137	1 078	20	7 866	62
欧洲	1 422	913	1 543	708	958	1 721

从表7-3所示的LCD全球专利主要技术申请人/申请国家或地区可以看出，全球各技术创

新主体最重视在本国/地区申请专利。日本、韩国、中国和欧洲的技术创新主体都将美国作为除本国/地区以外最重要的专利申请国。中国台湾地区的技术创新主体由于在中国大陆大量投资建厂，积极开展技术转移，经济利益巨大，所以除了在中国台湾地区以外，最重视中国大陆的专利申请。日本、韩国的技术创新主体也非常重视中国大陆市场，将中国大陆作为仅次于美国的外国/地区专利申请的第二选择。

对于某一个具体竞争对手在特定技术领域的全球专利分布情况，下面以韩国三星电子公司在LCD技术领域的专利申请分布情况为例说明。

韩国三星电子公司在全球范围内关于LCD技术的总计15 771项专利申请中，有14 761项专利申请（占总申请量的93.6%）在韩国公开；有8 279项专利申请（占总申请量的52.5%）进入美国公开；有3 995项专利申请（占总申请量的25.3%）进入日本公开；有3 726项专利申请（占总申请量的23.6%）进入中国大陆公开；有1 756项专利申请（占总申请量的11.1%）进入中国台湾公开；有1 356项专利申请（占总申请量的8.6%）进入欧洲公开。如图7-7所示。

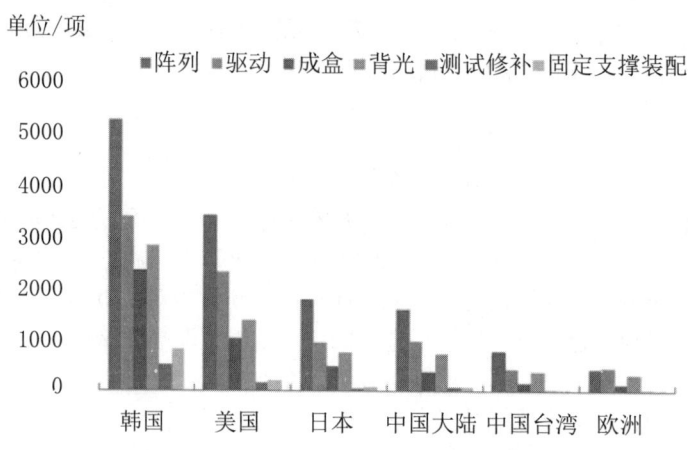

图7-6　三星公司全球专利主要目标国家/地区各技术分支分布

从图7-6中所列数据可知，第一，韩国三星电子公司最注重国内市场，几乎所有的技术成果都在本国申请专利。第二，韩国三星电子公司非常注重海外市场，其中首当其冲的就是美国市场，其有超过50%的技术成果在美国申请了专利。这是因为美国市场巨大，而且在美国国内没有大型LCD面板企业作为竞争对手，所以三星电子公司，包括其他LCD企业通常都会重点在美国进行专利布局。第三，韩国三星电子公司也非常注重日本市场，大约有1/4的技术成果在日本申请了专利。尽管日本市场也很巨大，但是相对美国还是较小，而且在日本LCD竞争对手众多，因此三星有重点的选择在日本进行专利布局。第四，中国大陆市场的市场前景非常广阔，而且中国大陆企业的LCD技术的发展水平较低，相对来说市场竞争不如美欧市场激烈，因此近年来韩国三星电子公司加大了在中国的专利布局，有将近1/4的技术成果在中国大陆提出了申请。第五，中国台湾本身市场有限，而且中国台湾的LCD面板企业是韩国三星电子公司的重要竞争对手，因此，韩国三星电子公司仅在中国台湾实施了有所侧重的专利布局。

从图7-6可以看出，在韩国、美国、日本和中国（包括中国大陆和中国台湾）等主要市场上，各个技术分支所占的比例基本上相同，与三星电子公司整体各技术分支的比例也基本上相同。这表明韩国三星电子公司在这4个主要市场上实施的是各技术分支的整体布局，并没有特别侧重某一技术分支。而在欧洲市场上，相对于其他的技术分支，韩国三星电子公司则更侧重于驱动技术的专利布局。

（二）同族专利的分析

同族专利的数量是衡量专利经济价值的重要指标，它可以反映出某项发明潜在的技术市场和经济势力范围。并且专利申请人只有在对某国市场有预期的情况下，才会向该国提交专利申请。因此，通过分析申请人就某项技术成果在哪些国家提出专利申请，有助于了解申请人欲获取专利权的地域范围，并且进一步有助于分析其市场开发的方向、潜在的市场战略和经营策略等。

以关于氨肟化法生产环己酮肟技术的一件专利的同族专利情况为例，对专利号为IT1252047的专利进行同族专利检索，并对同一申请号的专利在不同阶段的公开进行合并去重，保留该专利最后的授权专利信息后，共得到14件公开专利，涉及的国家范围包括：US（美国）、JP（日本）、IT（意大利）、ES（西班牙）、NL（荷兰）、DE（德国）、FR（法国）、GB（英国）、DK（丹麦）、BE（比利时）、CZ（捷克共和国）、CA（加拿大）、AT（奥地利）、AU（澳大利亚）、SU（俄罗斯）、PL（波兰）、SK（斯洛伐克）。如表7-4所示。

表7-4 IT1252047的同族专利

序号	申请号	发明名称	专利权人	申请日	国家
1	US07/907679	Direct catalytic process for the production of hydroxylamine	Enichem Anic S.r.l., Italy	1992-7-2	美国
2	JP04-201880	Direct production of hydroxylamine	Enichem Anic Spa	1992-7-7	日本
3	ITMI911915	Processo catalitico diretto per la produzione di idrossilammina	Enichem Anic	1991-7-10	意大利
4	EP92201955	Direct catalytic process for the production of hydroxylamine	Enichem S.p.a.	1992-7-1	西班牙/荷兰/德国/法国/英国/丹麦/比利时
5	DE69231652	Verfahren zur direkten katalytischen produktion von hydroxylamin	Enichem S.p.a., S. Donato Milanese	1992-7-1	德国
6	CS217192	Direct catalytic process for preparing hydroxylamine	Enichem Anic S.r.l.	1992-7-10	捷克共和国
7	CA2073231	Direct catalytic process for the production of hydroxylamine	Enichem Anic S.r.l.	1992-7-6	加拿大
8	AT92201955	Verfahren zur direkten katalytischen produktion von hydroxylamin	Enichem S.p.a.	1992-7-1	奥地利

（续表）

序号	申请号	发明名称	专利权人	申请日	国家
9	AU1944592	Direct catalytic process for the production of hydroxylamine	Enichem Anic S.r.l.	1992-7-3	澳大利亚
10	ES92201955	Procedimiento catalitico directo para la produccion de hidroxilamina.	Enichem S.p.a.	1992-7-1	西班牙
11	DK92201955	Direkte katalytisk fremgangsm脲楼 de til fremstilling af hydroxylamin	Enichem S.p.a.	1992-7-1	丹麦
12	SU5052308	Method for direct catalytic production of hydroxylamine	Enikem S.p.a.	1992-7-9	俄罗斯
13	PL29523192	Method of obtaining hydroxylamine	"enichem" Spa	1992-7-9	波兰
14	SK217192	Process of direct catalytic production of hydroxylamine by oxidation of ammonia	Enichem Anic S.r.l.	1992-7-10	斯洛伐克

第三节 专利布局

一、专利布局策略分析

企业的专利布局是指根据企业的专利战略而进行的有目的、有计划的专利组合的过程，具体来说就是指企业综合产业、市场和法律等因素，对专利进行有机组合，涵盖了与企业利害相关的时间、地域、技术和产品等维度，构建严密高效的专利保护网，最终形成有效的专利组合。从企业自身来说，在市场竞争中应当有意识地布局自身的专利。技术实力较强的企业，可以通过及时地申请基础专利，抢占技术制高点。在此基础上，可以继续多方面申请与基础专利相关的外围专利技术，尽量扩张保护范围，以获得最大的利益，并有效地阻止其他竞争者的进入。而技术实力相对较弱的企业，则可以采用技术跟随战略，在他人基础专利上，积极申请外围专利，以此赢得市场上的话语权。

（一）专利布局策略分析的基础工作

在部署其专利布局时，企业要特别注重以下两个方面的基础工作。

第一，全球专利的检索与分析。这是企业首先要做的基础工作。企业要对其所拥有的技术和产品逐一进行全球范围内的相关专利技术的检索和分析，以此了解该技术发展状况和竞争对手的专利情报，确定自己的技术和产品在该领域所处的客观位置，以及与现有技术的相近度和差异性。由于当大量雷同或类似的产品出现在同一市场上时，企业的竞争优势往往就体现在其技术和产品上的一项或几项的差异化特点，因此企业需要紧扣自身的技术特点，挖掘出自身已拥有的技术与国际上的现有技术相比较而具有创新性的技术方案或技术创新点，不失时机地围绕着这些创新的技术方案进行专利布局。

第二，制定专利布局策略。这是企业必须要做的基础工作。企业在制定其专利布局策略时，需要综合以下两个方面的因素：（1）围绕企业的发展规划确定专利布局的总体方向和目标；（2）了解企业的技术和产品在本地及其他区域市场中的详细状况、市场的竞争环境和发展方向、竞争对手的市场状况等信息，用以确定各技术、产品在不同区域专利布局的策略和防御对象。

（二）专利布局的形式

企业通常采用以下三种形式，用以实现有效的专利布局。

（1）保护性专利布局。为企业自身的技术和产品架构完整的专利保护网，其中不但包括围绕技术和产品的结构、原料、零部件、制造工艺、功能、应用等诸多方面所进行的核心专利的布局规划，而且还包括从技术改进方向、主要应用扩展以及配套支撑技术、产业链的上下游技术以及各相关技术之间的衔接与兼容等方面建立外围专利的布局规划。

（2）进攻性专利布局。为了消除竞争对手在技术和产品上对本企业的既有和潜在的威胁而进行的有效的专利布局策略，例如，在竞争对手专利布局的薄弱环节上，或在其产品的改进方向上，进行有目的、有计划的专利布局，给竞争对手的技术在有效商业利用的过程中设置专利障碍，围困竞争对手，并以此换取与竞争对手的专利交叉许可，以赢得最大的经济效益。我国华为公司在其第二个阶段的专利布局时就采用了这种形式。

（3）储备性专利布局。企业为了在未来的产品更新换代、技术升级、产业变革中继续保持和提升市场竞争力，以谋求在相关技术领域内取得专利控制地位，甚至为了参与下一代行业标准的制定，以此为导向而提前进行的专利的跑马圈地而采取的储备性的专利布局。我国华为公司在其第三个阶段的专利布局时就采用了这种形式。

综上所述，专利布局的根本目的是为企业的发展战略服务的，为了创造、维护、巩固和提高企业的竞争力，有目的、有计划、有组织地实施的专利战略部署。

二、专利布局操作流程与要点

（一）专利布局操作流程

首先，企业要组建一个合适的团队，该团队人员应当充分了解公司的技术和产品，了解行业内相关技术和产品的现状，对于技术和产品的发展走向具有一定的前瞻性和预见性，熟悉专利布局的各种方法，充分掌握和熟练应用专利挖掘方法和技巧。

其次，企业应当对本行业内的专利技术进行充分研究，尤其要研究竞争对手专利技术的发展程度，善于归纳和总结对于本公司的技术研发的借鉴与启示。

再次，企业应当结合自有技术，对行业的前瞻技术进行充分地挖掘和构思，尽可能地提炼所有的技术方案。

最后，对提炼出来的技术方案进行评审，研判这些技术方案对本企业技术和产品的覆盖度，对竞争对手的技术和产品的覆盖度，从法律、技术和市场的角度对这些技术方案进行评级,厘清这些技术方案的优先级顺序,然后选择合适的申请策略❶。

(二)专利布局要点

1. 面向技术发展的专利布局

从技术学的角度来看,一项技术的发展主要有三个方向。

(1)技术的纵向发展。一项技术的水平总是相对于某一时间而言的,技术的发展总是向其极限技术方向发展,比如液晶显示器屏幕清晰度的不断提升,使用寿命的不断延长等。当一项技术达到某一极限时又有新的替代技术产生,比如现在液晶电视屏幕逐渐取代了传统的电视屏幕。

(2)技术的应用方向。一项技术总是由已知领域向未知的应用领域渗透,不断地开发出技术的新用途。比如,有的药物本是用于治疗艾滋病的,结果后来发现有助于治疗其他疾病。

(3)相关技术与材料的发展。一项技术不是孤立地发展,而是处于一个相关技术群中,技术与技术之间有着广泛的横向联系。一项技术的发展需要相应的工艺、制造技术和材料技术的支持,相关技术的发展会推动主导技术的发展。例如,在微电子行业中,开发一项新产品要涉及四十多种材料的电子、化工、机械等许多行业的技术。

因此,企业在取得研究开发成果后,需要考虑:第一,技术上有无改进的可能,改进的方向在哪里;第二,发明可能涉及的应用领域,可能开发的新产品、新用途;第三,支持该项发明实施的相关技术和材料的发展,有无改进的可能,改进的方向和途径为何,有无替代材料。

总之,不能以为只要该技术申请专利后就万事大吉了,而要从这三个方向全面考虑,制订好专利布局的计划,布置下严密的专利网,尽量不给竞争对手可乘之机,从而充分发挥专利布局保护技术、抵御专利侵权的威胁。

2. 面向技术防御的专利布局

面向技术防御的专利布局,是通过专利布局防止别人的专利申请对自己形成威胁,因此,这种专利布局是通过防御竞争对手,保护自己的研发成果,实现利益的最大化。

(1)堡垒式专利布局。如果企业拥有独创性非常高,且别人难以绕开的基本专利,这些基本专利将可以为企业提供高度的垄断和超额的利润,因为基本专利能堵住竞争对手的通道,使其难以绕过去,别的企业要生产这类产品,一般要取得自己的许可,并且支付专利使用费。

基本专利中的基本发明尽管具有很强的应用前景,但它在产业化时,往往需要一系列技术配套措施。如果基本专利权人不注意及时开发外围专利,那么在基本专利技术内容公开后一旦被他人抢先开发,在他人获得外围专利后,基本专利的权利人反而会受他人控制。

因此,产业技术的开创者通常会通过"专利布局"的构筑规划,将重要的核心技术进行层层的专利保护,企图建构起不易攻破的"专利堡垒"。在基本专利的周围开发许多外围专利或改进专利,使基本专利获得更强大的保护范围,防止别人抢占基本专利外围的技术发明,蚕食自己的市场。这就是所谓的堡垒式专利布局。

为避免企业基本专利战略的孤立运用,企业采取以下策略是十分必要的:①基本专利发

---

❶ 北京岳成律师事务所:《如何申请专利》,北京大学出版社2010年版,第216页。

明人应尽快开发外围专利，以在基本专利周围筑起牢固的专利保护网。②应采取多种手段和途径，防止在基本专利周围残留未开发的领域被他人获得专利，比如通过文献公开，破坏别人取得专利的新颖性。③由于基本专利有一定的保护期，为长期占据垄断优势，应当对产生基本专利的技术作一定的技术储备，以便在基本专利期限届满时，通过取得改进专利仍能起到保护作用。

（2）堵截式专利布局。所谓堵截式专利布局，是在解决一个特定技术问题存在几种技术方案或路径时，除了把自己在产业上应用的技术方案申请专利外，还要对其他暂时不打算使用的可能存在的技术方案进行研发，并申请专利保护，以堵截竞争对手生产替代性的产品或使用替代性的技术，与自己同业竞争。

为全球男士提供高档剃须刀的吉列公司（现已被宝洁公司收购）在这方面很有经验，近百年来，吉列都将其市场成功和品牌优势建立在不断创新的产品上，而且他们还为这些新产品选择了最强的专利保护方案。

以传感器剃须刀为例，开发这种产品所面对的第一个挑战是列举剃须刀的关键属性。最后公司决定这种产品的属性包括：两个刀片独立运动的能力，剃须刀更贴近脸面、更加舒适等。当时，工程师设计出了7种不同的刀片方案，它们都能达到传感器剃须刀的功能需求，但公司并不是将这7种技术都用来生产产品，不过，吉利公司却为这些技术都申请了专利权，以避免被其他公司申请专利而发生技术竞争。

3. 面向技术攻击的专利布局

面向技术攻击的专利布局，与前述的专利布局在策略方向上恰恰相反，主要是通过进攻性的专利布局，来围堵、包围竞争对手的已有专利，从而取得遏制竞争对手或换取交叉许可等利益。前述的专利布局，如果从反面思考，即为面向技术攻击的专利布局。

（1）围墙式专利布局。围墙式专利布局是利用一系列的专利来形成对竞争对手研发活动的阻碍，例如，一项化学领域的发明，将其分子设计、几何形状、温度或压力条件等范围之变化都申请专利保护，借以形成一道围墙，以防止竞争对手有任何的缝隙可以利用。

从竞争者的角度来看，可以采用追随型策略实现围墙式专利布局。追随型战略是指企业通过对他人已采用的专利技术进行改造、完善，在原有基础上创造出质量更高、性能更优等有所改进的产品或技术，以控制和占领市场的一种专利技术研发策略。由于别人的新技术、新产品往往并不完美，存在各种缺陷，作为追随者则可以扬长避短，后来居上。

（2）包绕式专利布局。即以多个小专利包绕住竞争对手的重要专利，这些小专利本身的价值或许并不高，但其组合却可以阻止竞争对手有效地商业使用其重要专利。例如，以各种不同的应用来包绕基础型专利，很可能就使得基础型专利的价值荡然无存。当竞争对手有基础型专利时，就可以通过包绕式专利作为交叉授权谈判的筹码。

对于一个企业来说，如果能把基本专利与外围专利结合起来，就能够最大限度地保护自身利益，获得竞争优势。但基本专利的创立是受条件限制的，有不少企业并不具备开发基本专利的条件。但这并不意味着这些企业只能坐以待毙。如果发现竞争对手的基本专利存在"空隙"技术，可以积极开发外围技术构建自己的专利网，与基本专利分庭抗礼。

4. 专利布局的区域

面对全球众多的国家和地区，并不一定都需要进行专利的布局规划，否则其中的花费会让人无法承受，尤其是对于中小企业。决定专利布局的首要考虑，即是企业的市场在哪里。

一般来说，产品出口国、制造地国、技术授权地区都是应该申请专利的区域，特别是在那些仿冒严重的国家，更是迅速申请专利的优先选择。因此，企业应当有的放矢地确定产品出口国（地区）的清单，并依据其产品的种类和性质，有重点地选择专利的申请地。

当然，考虑产品出口国、制造地国或技术授权地区时，不应当只局限于目前的状况，而应着眼于将来的业务拓展。从长远的角度来看，全球的主要市场，比如，欧盟、美国、日本，都应当进行专利布局，一旦企业做大做强，都避免不了进军这些市场，当然，企业应当分清轻重缓急，视具体情况，分期分批、循序渐进地进行全球专利布局。

第八章 专利申请与取得

【本章导图】

- 专利申请与取得
  - 技术交底书的撰写
    - 技术交底书的作用与类型
    - 技术交底书的主要内容、基本要求及撰写要点
    - 技术交底书撰写中常见的问题
  - 专利代理机构的选择与委托
    - 专利代理的性质与作用
    - 专利代理机构的选择
    - 专利代理委托注意事项
  - 国内专利申请
    - 专利申请文件
    - 专利申请程序
    - 专利申请的应对策略
  - 国外专利申请
    - 申请途径
    - PCT专利申请的优势与劣势
  - 专利权证书的取得
    - 相关法律规定
    - 缴费义务
    - 专利权的恢复

第一节 技术交底书的撰写

企业委托专利代理人申请专利时,通常由专利代理人依据企业提供的技术交底书撰写申请文件,因此技术交底书的撰写在很大程度上会影响专利申请文件的撰写质量,并直接影响企业是否能成功获得专利权。

我国的专利分为发明、实用新型和外观设计,应注意的是需要撰写技术交底书的只有发明与实用新型。外观设计专利的申请需要提供记载该设计方案的照片或者图片等文件,不需要撰写技术交底书。

一、技术交底书的作用与类型

(一)技术交底书的作用

1. 启动内部评审程序

企业在提出专利申请之前,通常会有一个内部评审的程序,决定是否提交专利申请、申请的类型、申请的地域等事项。根据企业的规章制度,记载着发明创造的技术交底书可以作为该内部评审程序的启动依据。

2. 说明技术内容

当企业委托专利代理人撰写专利申请文件时,由于专利代理人不是该发明创造的完成人,对其技术内容很难有正确的、完整的和深刻的理解。为了帮助专利代理人了解和掌握该发明创造的技术内容,企业应当通过技术交底书,记载该发明创造的技术内容,阐明其各项技术特征,向企业的专利管理人员和所委托的专利代理人说明发明创造的技术内容,使他们能够基本理解发明创造的构思和所涵盖的范围。

(二)技术交底书的类型

根据不同的标准,技术交底书可以划分为不同的种类,每种分类都有其各自的侧重点,如表8-1所示。

表8-1 技术交底书的类型

分类依据	分类	说明
按相关技术方案的用途分类	核心技术型	记载的技术是整个研发项目中产生的最具有价值的技术,其往往是企业投入众多人力、财力进行重点研发的重要结晶,此类技术带给企业的回报也相当客观
	外围应用型	主要应用于产品外围技术的发明创新,是围绕核心技术型技术交底书所记载技术方案的外围技术创新点进行的外围扩展和应用
	规避设计型	记载的对象主要是技术研发人员在项目研发过程中为规避竞争对手的某些专利而产生的技术方案
	预研型	记载的内容是在应用型项目研发之前进行基础性技术开发而产生的技术创新成果。其具有很好的技术前瞻性,但可实施性较差

（续表）

分类依据	分类	说明
按照技术内容分类	电子类	主要涉及电子产品的电路原理框图、具体电路图等技术方案
	机械结构类	主要涉及具体产品的整体结构或局部结构或局部结构之间的连接关系等技术方案
	制造工艺类	主要涉及产品生产制造的工艺和方法
	软件方法类	主要涉及应用于计算机控制、网络等方面的技术方案
	生物化学类	主要涉及包括化学物质发明、组合物发明、药品发明、饮用品发明、农药发明、微生物及生物制品发明等在内的技术方案

二、技术交底书的主要内容、基本要求及撰写要点

（一）主要内容

技术交底书的主要内容如表8-2所示。

表8-2 技术交底书的主要内容

技术交底书	
名称	可选用技术通用名称，最终专利名称需要依据技术方案确定
所涉及的技术领域	技术方案所述的技术领域
现有技术	与本发明创造有关联并最接近的现有技术
发明创造的目的	现有技术尚未解决的技术缺陷以及本发明创造的目的
技术方案	技术交底的核心，应该描述现实发明创造目的的思路，按照重要程度，逐条列出本发明创造需要保护的必要技术特征，至少描述一个具体的技术解决方案。
技术效果	与现有技术相比较，本发明创造所具有的实际效果，可以是效率的提高、能源的节省、加工的简便、环境的优化、新用途的应用等。
附图	帮助清楚说明本发明创造技术方案的示意图，可以是工艺流程图、产品结构图、线路图、逻辑框图等。
实施例	结合附图对本发明创在的具体实施方案进行说明。每个具体的实施例都是包含非必要技术特征和其他技术内容的完整技术方案。

（二）基本要求

1. 清楚、完整

企业所提交的技术交底书，还包括其他所有的专利申请材料，都要求用词规范、语句清楚、表述完整。

所谓清楚，主要表现为主题明确，表述准确。主题明确要求明确反映出本发明创造的目的和方案，使所属技术领域的技术人员能够准确地理解本发明创造要求保护的主题；表述准确要求正确使用所属技术领域的技术术语，对照现有技术写明本发明创造的技术方案和相关效果，不能使用含糊不清或模棱两可的表述。

所谓完整，则应当涵盖用以帮助理解和再现本发明创造以及确定本发明创造具有新颖

性、创造性和实用性所需的所有内容。

2. 能够实现

本技术领域内的一般技术人员按照本技术交底书所记载的技术内容，不需要创造性的劳动，就能够再现本发明创造，解决相关技术问题，并且产生预期的技术效果。技术交底书中所描述的内容应该是一项完整的、能够实施的技术方案。

（三）撰写要点

1. 名称

在技术交底书的正文部分首页的上方居中位置应当写明发明创造的名称，并且应当符合以下基本要求。

（1）字数一般不超过25个字。（2）可以直接指向本发明创造的技术主题，例如："一种……机""一种……器""一种……方法"等，也可以使用相关的上位概念，例如："一种……装置"等。（3）应当使用语义明确的词汇，不要使用模糊的修饰词汇，例如：有益的、好的等。（4）杜绝使用商业、广告用词，避免采用非技术性术语，不要使用人名、地名、商标、型号或商品名称等。

2. 所涉及的技术领域

技术交底书应当写明技术方案所属的技术领域，即本发明创造要求保护的技术方案所属或是直接应用的具体技术领域，既不是上位的或相邻的技术领域，也不是发明创造本身。

3. 现有技术

技术交底书应当描述与本发明创造有关联并最接近的现有技术。企业可以通过查询专利文献、非专利文献以及本领域内的公知技术等了解相关的现有技术。现有技术的撰写应当注意以下要求。

（1）应注意选取与本发明创造有关联并最接近的、针对性较强的产品或方法予以具体描述，不要对整个技术背景做概括性的笼统描述，不但可以帮助专利代理人了解本发明创造的技术背景情况，也可以让专利申请文件的撰写更符合审查要求。

（2）既可直接记载相关的技术内容，也可引用其他相关的技术文献，其中既可以是专利文献，也可以是非专利文献。

（3）当描述与本发明创造最接近的现有技术时，应当客观地分析现有技术的优点和所存在的、尚未得到解决的缺陷，不要刻意贬低现有产品或方法。

（4）若是引用专利文献，则要写明国别和公开号、公开日期；若是引用书籍，则要写明书名、作者、出版者、版次和页码；若是引用期刊，则要说明期刊的名称、卷号、期号和页码等。

（5）若本发明创造属于首创性的，填补了技术空白，不存在现有技术，则可在技术交底书中明确阐述。

4. 发明创造的目的

所谓发明创造的目的是指针对上述现有技术中所存在的技术缺陷，本发明创造所要进行改进的主要目的。

（1）在上述客观指出现有技术中的缺陷或不足的基础上，有针对性地说明本发明创造意欲并可以解决的所有技术内容，对于本发明创造未能解决的缺陷则无须描述。

（2）在可能的情况下，应该尽量说明存在这种缺陷或不足的原因以及解决这些问题时曾经遇到的困难，这样更有利于专利代理人理解本发明创造的原因和特点。

5. 技术方案

技术方案是对本发明创造的详细说明。该部分内容的撰写应当符合以下要求。

（1）应当写明实现上述发明创造目的的思路，按照重要程度，逐条列出本发明创造需要且希望得到保护的必要的技术特征，并至少描述一个具体的技术解决方案。

（2）若本发明创造属于涉及产品的技术方案，应描述清楚构成该产品的各个组成部分，说明该产品的各个组成部分之间的相互作用关系和连接、配合关系。对于可动作的产品，还应当说明其动作过程或是操作过程。若本发明创造属于涉及方法的技术方案，应当说明该方法操作的过程，逐一描述清楚步骤与步骤之间的作用关系以及操作的环境、条件、工具等。

（3）应可使本技术领域内一般技术人员按照其描述的内容，无须再付出创造性的劳动即可实现该技术方案。

（4）撰写除了详细描述该发明创造的工作原理之外，还应尽量结合附图进行说明。

（5）一般来说，一件专利申请中应当只包含一项发明创造。如果一件专利申请中含有一项以上的多项发明创造时，应当用独立的自然段说明每项发明创造的技术方案。

6. 技术效果

技术效果是指本发明创造所具有的实际效果，包括技术效果、经济效果、社会效果等，通常可表现为效率的提高、能源的节省、加工的简便、环境的优化、新用途的应用，等等，是确定本发明创造是否具有"进步"或"显著的进步"的重要依据。

（1）技术效果应当予以客观地、清楚地描述，应当逐条列出。

（2）为了有效说明本发明所具有的进步，可以通过与现有技术的比较进行说明；可以对本发明创造结构特点的分析和理论阐述相结合的方式予以说明；可以通过列出实验数据的方式予以说明，在引用实验数据说明技术效果时，需要给出必要的实验条件和方法。

7. 附图

附图用以帮助清楚说明本发明创造的技术方案。多数情况下，尤其是在机械和电学技术领域，为了能够清楚地描述本发明创造的技术方案，附图往往是必不可少的。技术交底书的各个部分都可能会有附图。

必须强调指出，实用新型专利申请必须要有附图。

（1）附图可以是工艺流程图、产品结构图、产品线路图、产品逻辑框图等。

（2）必须保证所有的附图标记一致。标示同一组成部分的，应当使用相同的附图标记。不同附图中的同一技术特征，应该使用相同的附图标记，并与说明书中的描述相同。

（3）技术交底书的文字部分中未提及的附图标记不应当在附图中出现，反之亦然，附图中未出现的标记也不要在文字部分中提及。

（4）附图可以有附图说明。在附图说明部分应该写明各附图的图名，并对图示的内容作简要说明。各种原理图、工艺流程图等都应当使用序号标明。零部件较多的图示，可使用列表的方式予以说明。

（5）一项发明创造有多幅附图时，可绘制在一张图纸上，并应当对所有附图作出说明。

（6）最好使用制图工具绘制附图，并提供电子件。

8.实施例

实施例是指本发明创造的具体实施方案,包含非必要的技术特征和其他技术内容。

(1)当一个实施例足以支持所概括的技术方案时,可以只给出一个实施例;当要求保护的范围较宽,一个实施例不足以支持所概括的技术方案时,应给出一个以上的实施例。若一项发明创造有多个实施例时,应当分别予以描述。

(2)由于都是基于本发明创造的具体实施方案,所以每个实施例中可能会有相同的技术内容部分,针对重复的部分,可不重复描述,仅描述区别部分即可。

(3)每个例子都应具体地描述本领域内一般技术人员实现和再现本发明创造所需的一切必要条件,如材料、设备、零件等,如果其中使用了新的或自己制备的材料,还应说明其制造方法。

三、技术交底书撰写中常见的问题

(一)将商业秘密写入技术领域中

专利保护是以公开其发明创造的内容为对价的,申请专利时必须公开技术方案,如果将商业秘密写入技术交底书中,则意味着将其公开,这对企业保护其技术权益显然是不利的。

(二)撰写内容不适当

撰写时对于必要的技术特征,切记不要遗漏或是夸大。对于技术方案,如果缺少或是未写明必要的技术特征,将导致希望得到保护的技术方案不完整而不能获得授权。如果夸大其词,任意扩大技术范围,同样不能获得专利授权。

(三)实施例数量不足

实施例数量太少,若不足以支持希望获得保护的技术方案,虽然不必然影响专利授权,也必然会在授权后影响所得到的保护范围。

(四)用词用语不规范

用词用语太过随意或者太过于口语化,技术术语使用不正确、不规范,甚至采用商业性、宣传性、广告性用语,都将对专利申请文件的撰写,对最终通过专利审查不利。

(五)附图标记不统一

技术交底书中针对同一内容采用不同的附图标记,或是正文提及的附图标记在附图中找不到,将使得专利代理人无所适从,必然会影响专利审查的通过。

第二节　专利代理机构的选择与委托

一、专利代理的性质与作用

（一）专利代理的性质

专利代理是指企业委托具有代理资格的代理机构，根据其授权，以其名义，向国家专利行政机关依法办理专利申请和其他有关事务，并承担相关后果的法律行为。在这一过程中，虽然有关专利申请事务是由代理机构或代理人具体所为，但是代理机构或代理人是基于与委托人的委托合同，接受委托人的委托和授权而参与到专利申请的有关具体事务当中的，实际上真正的专利申请人是委托人，即是委托和授权的企业。

（二）专利代理的作用

1. 加快审批进程

众所周知专利申请工作较为烦琐，从准备到申请再到授权，要经历复杂的法律程序。同时专利申请需要大量的文案工作，申请文件撰写的水平，直接影响审批机关审查的工作效率，一份不符合要求的专利申请文件会导致多次审查意见答复或补正，耗时费力，影响审查的质量和速度。

2. 提高专利含金量

一份清楚完整、规范标准的专利申请文件是专利含金量的前提。专利申请文件是一份技术性很强的法律文件，它包含技术和法律两方面的属性，既要符合技术上的要求，又要符合法律法规的规定。一份好的申请文件既能做到技术的充分公开，又有效保留技术诀窍，不仅能够获得最大限度的保护范围，而且能够经得起无效诉讼的考验。因此撰写申请文件要求撰写者既要对发明创造有深刻的理解，又要对专利文件的特殊法律语言有较强的组织表达能力，更加需要丰富的实务经验。称职的代理机构或代理人具有良好的专业背景，又受过严格的训练，能够撰写高水平的专利申请文件，对企业能够起到技术专家和法律顾问的双重保险作用。❶

3. 维护企业合法利益

专利申请工作是一项技术与法律交叉的工作，企业如果没有内设专门的专利管理机构和专业人员则往往难以掌控这诸多环节的复杂过程，在这众多环节中，只要一个环节出现问题，都会直接影响企业的权利。专利代理机构或代理人以其专业技能和丰富经验，更懂得如何更好地满足相关的各项要求，企业能在专利的开发价值、是否申请、何时申请、何地申请、已经获得专利权后如何维权、如何实施、怎样获得最佳的经济效益等方面获得专业的咨询意见，可以减少和避免各种不必要的法律纠纷，能够更好地维护企业的合法权益，为企业提供更好的服务。

---

❶ 北京岳成律师事务所：《如何申请专利》，北京大学出版社2010年版，第217页。

二、专利代理机构的选择

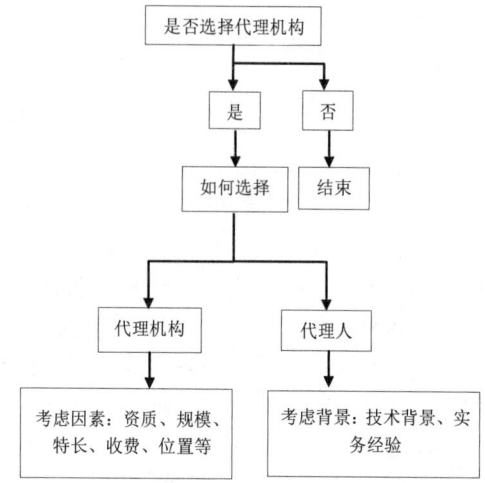

图8-1 企业选择专利代理机构考虑因素

（一）是否选择专利代理申请

专利申请代理委托分为自愿委托和强制委托。

所谓自愿委托是指中国的单位或者个人可以根据实际情况选择自己办理专利申请，也可以选择委托专利代理机构代为办理。如果企业缺乏专利申请的专业人才，委托专利代理机构代理申请则是比较明智的选择，如图8-1所示。

所谓强制委托是指根据法律规定，应当委托专利代理机构办理专利申请的情况。我国《专利法》第19条第1款规定："在中国没有经常居所或者营业所的外国人、外国企业或外国其他组织在中国申请专利和办理其他专利事务的，应当委托依法设立的专利代理机构办理。"

（二）如何选择专利代理机构

企业委托专利代理时，需要从代理机构和代理人两个方面均衡考虑，确定最适合本企业需要的代理机构和代理人，从而保证委托的代理获得最佳的效果。

1. 代理机构的选择

（1）代理机构的资质

在我国，专利代理实行执业资质制度。专利代理机构应当具备相应的执业资质，因此企业在委托前应当查验该代理机构是否具有合法有效的执业资质。

（2）代理机构的规模

专利代理机构的规模有大有小，大至几百人，小至几个人。企业选择代理机构时，可以考察代理机构的规模和专业覆盖面，通常可以选择一些与本企业相关技术领域的代理人员比较多的代理机构。

（3）代理机构的特长

不同的代理机构擅长的技术领域是不一样的，有的擅长机械，有的擅长生物，有的擅长国外专利申请代理，有的擅长国内专利申请代理。所以企业应该根据自己技术领域的实际情况，选择最适合自己企业的代理机构。

（4）代理机构的收费

专利代理费的收取尚无完全统一的标准，而且服务质量和服务水平也相差很大，企业选择专利代理机构时应该根据各自的实际情况，不要一味强调价格低、时间快，重要的还是要考虑专利申请的质量和所提供的服务质量。

（5）代理机构的位置

专利代理机构与律师事务所一样，从事的业务没有地域的限制，专利申请也不需要逐级审批，因此在通信如此便捷的时代，企业选择代理机构时不必局限于本省市或是本地区，可以在全国范围内进行选择。

2. 代理人的选择

（1）代理人的技术背景

专利申请文件既是技术文件，又是法律文件，专利申请文件的撰写要求代理人对发明创造的技术方案有完整地、正确地、深刻地理解，而专业对口的代理人比较能够保证符合这一要求，因此为了保证获得高质量的专利，应当选择一个专业对口的代理人。

（2）代理人的责任心和实务经验

高素质、有经验的代理人应当有较强的责任心和文字表达能力，不但可以杜绝撰写错误，提高撰写效率，而且能够在专利申请文件充分公开的前提下，尽可能地保留着技术诀窍，避免不必要的损失，最大限度地保护企业的技术权益。企业一般可以通过技术能力、法律素质和基本素质三个方面考查代理人的水平。其中技术能力直接影响代理人与发明人之间的交流质量，从而影响技术方案的挖掘是否充分以及对技术方案的再创造程度。法律素质决定了代理人能否依据法律规定，熟练地运用撰写原则恰当地撰写出申请文件，并且这种撰写应充分考虑到审查阶段、可能出现的无效阶段以及在日后的侵权诉讼阶段所出现的问题。❶

（三）如何委托专利代理机构

1. 应与专利代理机构签订代理委托合同

专利申请代理委托合同通常包括以下七个部分：

（1）当事人的名称或姓名、住所和联系方式。企业应使用单位全称；住所应当写明法定住所，如果法定住所与实际住所不一致，则应载明实际住所；联系方式包括电话、传真和电子邮件地址。在合同有效期内，任何一方名称、住所和联系方式发生变化，均应及时通知对方，以避免因通信联络中断而耽误事情。

（2）委托事项。应明确拟申请专利的名称（初拟名称）和专利类型。通常情况下，专利申请代理包括撰写申请文件以及处理申请和审批程序中的有关事务。申请人如果只是部分委托，应当将所委托的事项予以注明。

---

❶ 北京路浩知识产权代理有限公司，北京御路知识产权发展中心编：《企业专利工作实务》，知识产权出版社2009年版，第301页。

（3）代理费用及支付方式。代理费用应明确费用的数额和币种。如果采用转账方式支付，应当写明专利代理机构的开户行、户名和银行账号，另外对专利代理机构向付款人开具发票的时间也应予以明确。专利申请的代理费用，目前国家和各省市还没有统一的定价。选择专利代理机构不能仅看收费的高低，通常大所、知名度高的代理所收费标准都会相对高一些，但其服务水平和代理质量也相对更为可靠。

（4）双方权利义务条款。该条款明确委托人和专利代理机构双方的权利义务。委托人的权利义务主要包括无保留地提供专利申请案的技术信息、按时足额支付代理费用、审阅申请文件、帮助代理机构完成审查中的比如补正、意见陈述有关工作等。专利代理机构的权利义务主要包括保密责任、及时完成代理事务、及时向申请人转送各种通知书等及按约定收取代理费用。如果代理机构没有完成其义务，企业可以督促其完成。

（5）违约责任。该条款应对违约方违反合同义务应当承担的违约责任作出约定，以便违约情形出现时，可据此追究违约方的违约责任。对违约责任的约定应具体、明确，不要笼统地写"承担违约责任"。

（6）合同解除。双方应当在合同中对合同的解除作出约定。如果是委托方的原因解除合同，不但不能要求返还已经支付的代理费用，而且还要承担相应的违约责任，造成损失的还可以要求其承担赔偿责任。如果是代理机构的原因解除合同，不但可以要求其退还代理费用，还可以要求其承担违约责任，造成损失的还可以要求其承担赔偿损失。目前有些专利代理机构对于因其责任导致申请专利失败的赔偿数额，约定赔偿的上限仅为不超过代理费用的3倍，这对企业来说显然是很不公平的，因为企业开发一项新技术和为取得一项专利的前期投入以及预期收益不是3倍的代理费用可以补偿的。对此，企业在选择专利代理机构和签订代理委托合同时应当特别予以注意。❶

（7）争议解决方式。争议解决方式包括双方协商、第三方调解、仲裁或诉讼。选择仲裁方式的，对仲裁机构的选择必须明确、具体，不能仅仅约定"发生争议提交仲裁机构仲裁"，因为这种仲裁协议是无效的。

2.签署《专利代理委托书》

国家知识产权局通过专利代理机构办理专利申请事务时提交的《专利代理委托书》来判断专利代理机构是否具有代理资格和权限。专利代理委托书应使用国家知识产权局统一制发的表格，样式见脚注网址。❷

三、专利代理委托注意事项

（一）与代理人充分沟通

专利代理人虽然具有某一特定技术领域的教育背景和工作积累，但其毕竟没有参加发明创造的整个过程，对发明创造的技术方案不能做到完全无误的理解，因此企业除了将发明创造的技术方案通过技术交底书明确展示给专利代理人，还需要针对具体的、易混淆的技术细节进一步与专利代理人进行多次反复的沟通。

---

❶ 北京岳成律师事务所：《如何申请专利》，北京大学出版社2010年版，第217页。

❷ 载国家知识产权局网站http://www.sipo.gov.cn/bgxz/，2015年5月12日访问。

（二）相关费用的数额缴纳

企业委托代理机构办理专利申请相关事宜时，除须向代理机构支付代理费用之外，还需要向国家知识产权局缴纳规定数额的申请费及其他有关的规费。

代理费用由委托人和代理机构在代理合同中协商约定，在此不再赘述。规费是按照规定缴纳给国家专利行政机构的费用。

我国知识产权局对确有困难的申请人就申请费、发明申请审查费、发明申请维持费、复审费和授权后6年的年费等实行费用减缓。当申请人为企业的，对于申请费、发明专利申请实质审查费和年费，可请求减缓缴纳70%；对于发明专利申请维持费和复审费，可请求减缓缴纳60%。但两个或以上的单位共同申请专利的，不予减缓专利费用。

（三）专利代理机构侵犯发明创造情形的处理

专利代理机构侵犯发明创造主要表现为两种形式：一是违反保密义务，在申请专利之前泄露专利技术内容；二是剽窃委托人的发明创造，抢先申请专利或抢先实施或转让牟利。虽然实际生活中，由于有关行政管理部门的严格管理和出于执业资质和职业道德的约束等，这类情况极少发生。但是这种侵权可能性还是存在的，为防万一，企业还是有必要了解这种情况发生后的救济方式。

保密义务是专利代理机构和专利代理人的法定义务，同时也是专利代理机构在专利代理委托合同权利义务中约定必须承担的首要义务。因此专利代理人泄露发明创造秘密信息的，企业可以以违反保密义务为由，要求专利代理机构承担违约责任，造成损失的，可以要求承担赔偿责任，同时可以向各省、自治区、直辖市专利代理惩戒委员会投诉，由省、自治区、直辖市专利代理惩戒委员会或国家知识产权局专利代理惩戒委员会对其实施惩戒。

针对剽窃行为，企业除了解除合同，并且向各省、自治区、直辖市专利代理惩戒委员会投诉，由省、自治区、直辖市专利代理惩戒委员会或国家知识产权局专利代理惩戒委员会对其惩戒等两种救济途径之外，还可以要求专利代理机构和直接责任人就侵权行为对企业造成的损失进行赔偿，按照民事纠纷的解决方式寻求救济。如果专利代理机构或专利代理人剽窃的发明创造已经申请专利甚至已经取得专利权的，企业可通过权属争议夺回专利申请权或专利权；如果专利代理机构或专利代理人擅自转让剽窃的发明创造，企业可请求人民法院撤销转让合同或宣告转让合同无效。如果专利代理机构或专利代理人自行实施或擅自许可他人实施企业的发明创造，企业可请求专利行政管理部门进行查处，或向人民法院提起诉讼，要求侵权人停止侵权，并且赔偿损失。

提醒企业注意，向专利代理机构或专利代理人提供文件或资料时，应当留有备份，对于重要的文件或资料，一般只提供复印件。交接时，双方应该签署书面的交接文件，例如，收条、交接清单等，万一产生纠纷，以此都可以作为证据。

第三节　国内专利申请

一、专利申请文件

不同类型专利申请文件如表8-3所示。

表8-3　不同类型专利申请文件一览

申请类型	申请文件	要求
发明	发明专利请求书、说明书（若有附图，应递交说明书附图）、权利要求书、摘要（必要时应当有摘要附图）	一式一份
实用新型	实用新型专利请求书、说明书及其说明书附图、权利要求书、摘要及摘要附图	一式一份
外观设计	外观设计专利请求书、图片或是照片、简要说明	一式一份
非必要的文件	费用减缓请求书及有关证明文件、《请求提前公开声明》和《实质审查请求书》《专利代理委托书》	

二、专利申请程序

我国专利法规定的专利申请程序，分为普通程序和简易程序，前者适用于发明专利申请，后者适用于实用新型和外观设计专利申请。具体流程如图8-2所示：

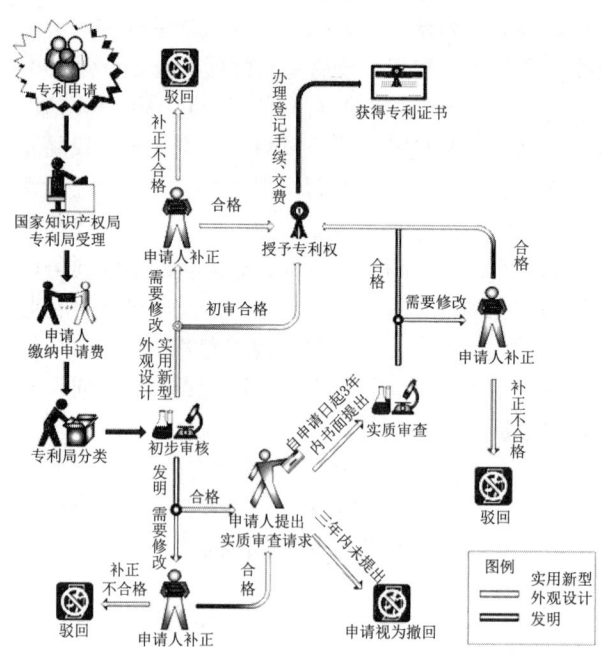

图8-2　专利申请流程❶

---

❶ 国家知识产权综合服务平台：http://www.sipo.gov.cn/zhfwpt/zlsqzn/zlsqspcxjs/。

三、专利申请的应对策略

专利布局主要体现在企业专利申请策略上。所谓专利申请策略是指企业为了确定专利申请中的相关问题而采取的谋略,主要解决以下问题:企业的一项技术创新成果诞生后该如何处理?如果申请专利,应在何时申请专利?申请什么专利?是仅在本国申请还是同时向外国申请?等等。

企业应当根据具体技术情况决定是否申请专利。一般来说,企业专利申请策略的制订主要基于以下几个方面的考量:

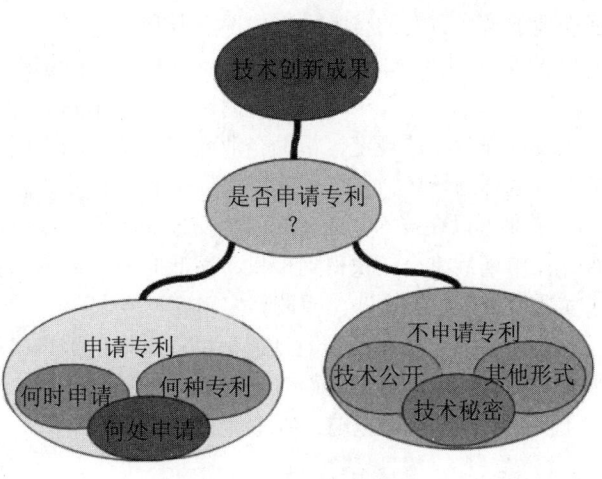

图8-3 专利申请策略图

(1)根据企业的发展需要和经营策略,在排除法律及其他障碍的前提下,实现自我实施或是许可他人实施,占领或扩大市场,获取预期的经济效益。

(2)虽然企业或许并没有实施该技术的愿望和计划,但是为了能有效阻碍竞争对手,建立或保持其在市场竞争中有效占据垄断地位或者有利位置。

(3)尽管企业目前尚无使用该技术的必要和考虑,但是为了使得企业能够具有较厚实的竞争优势,实施企业的技术储备战略。

如果企业对其技术成果决定不申请专利的,也可以采用技术秘密的方式予以保护。当然,企业也可以根据其经营策略和实际情况,采取不申请专利而向社会公开的方式予以保护。

(一)选定专利类型

表8-4 三种专利类型的比较

	发明	实用新型	外观设计
保护对象	对产品、方法或者其改进所提出的技术方案	对产品的形状、构造或其结合所提出的技术方案	对产品的形状、图案或其结合以及色彩、形状、图案的结合所作出的设计
实质性要件	具有突出的实质性特点和显著的进步	具有实质性特点和进步	与现有设计或现有设计特征的组合相比,应该有明显区别
优先权期限	12个月	12个月	6个月
审查程序	需要实质审查	不需要实质审查	不需要实质审查
审查期限	一般3年左右	一般6个月左右	一般6个月左右
保护期限	20年	10年	10年

我国专利法将专利分为三种类型，发明专利、实用新型专利和外观设计专利，三者在审查程序、保护时间等各方面都有差异，如表8-4所示。因此企业在申请专利之前应该根据自己企业的技术方案的技术内容，选定专利类型。

发明专利由于其保护时间长，自申请日起20年，通常是企业申请专利的首选，但是由于发明专利创造性要求高、审查时限长、费用高令许多企业望而却步。我国现行专利法关于"国内优先权"的规定，帮助企业就相同主题的发明创造实现在发明和实用新型专利申请中的有效选择与转换，可以有助于消除企业的有关顾虑。

企业可以在技术完成后同时提交发明和实用新型申请，由于实用新型专利不需要实质审查，在申请后将会较快得到授权，而此时发明专利仍在审查当中，如果发明专利在最后通过了实质审查，只要企业声明放弃实用新型专利，就可以获得发明专利的授权。

但是并不是所有的发明创造都可以采取以上策略的，实用新型的保护对象只限于有确定形状和构造的技术方案，而对于诸如化学试剂或者产品制造方法等技术方案而言，因为其不属于实用新型专利的范畴，则不能采取这种策略。

（二）善用本国优先权

本国优先权是指申请人自发明或实用新型在中国第一次提出专利申请之日起12个月内，又向专利行政部门就相同主题提出专利申请的，可以享有本国优先权。本国优先权的适用范围限于发明和实用新型专利申请。本国优先权可为企业带来以下便利。

首先，在符合单一性要求的条件下，企业可以通过要求本国优先权，将若干在先申请合并为一份在后申请上，从而减少以后需要缴纳的专利年费，达到节约开支的目的。

其次，企业可以在优先权期限内实现发明和实用新型专利申请的再选择。根据优先权制度，企业可以在12个月的优先权期内，重新选定是以实用新型专利，或是以发明专利来保护自己的发明创造。如果在先申请的是实用新型，则可以优先权的方式，选择放弃实用新型专利申请，而获得发明专利。

再次，在先申请日到在后申请日期间，只要在后一次申请中要求了本国优先权，就可以抵触在这段时间中其他人关于相同主题的专利申请，即将自己的申请日提前到第一次申请的时间，抵触第一次申请之后的所有其他相同主题的专利申请。

最后，由于在优先期限期间抵触其他人关于相同主题的专利申请，因此间接延长了专利的保护期限。我国《专利法实施细则》第11条规定："专利法所称申请日，有优先权的，指优先权日。"企业可以在在先申请后，于规定的优先权期限届满之前，另行提出一个与在先申请具有相同主题的申请，并要求享有在先申请的优先权，因为援引优先权的专利申请，其专利权利期限从实际申请日，即在后提交专利申请的日期起计算，这便延长了专利权的保护期限。

（三）把握申请时机

我国对于专利申请遵循的是在先申请原则。因此，通常企业在技术研发工作基本完成的时候就应该决定是否申请专利，并且开展各项准备工作。但是，申请专利并不是越早越好，一旦决定申请专利之后，后续的具体应用工作均应要一一跟上，如果时机不够成熟，过早地申请了专利，不仅不能及时将其转化为商品投放市场，反而要白白多交几年的专利维持费用。专利申请的地区，无论是在国内申请还是向国外申请，企业申请的发明创造必须是符合当时市场需求的，否则得不偿失，既不能得到实际的有效保护，而且还将造成不必要的浪费和损失。更重要的是，如果企业的竞争对手针对同一内容的研发仍在起步阶段，企业的专利申请无疑是向对方公开了技术细节，给对手提供了吸收经验赶超自己的机会，此时企业应该将该研发成果作为商业秘密，继续开发和完善，并产生与该成果配套的技术和措施，做好充分的商业化准备，待整个专利布局形成后再递交申请。

（四）决定提前公开

当发明专利申请提出满18个月后，知识产权局会将专利申请予以公开，企业也可以在18个月期限届满前随时请求提前公开。虽然提前公开，可以缩短专利申请周期，尽早获得专利授权，实际上也就延长了受到保护的期限，但是如此一来也会给企业带来相应的风险。因此企业应该全面分析和评估提前公开的利弊，谨慎作出请求提前公开的决定。

专利法规定了发明专利具有临时保护期，即发明专利申请公开后，企业可以要求实施该发明创造的单位或个人支付适当的费用。但是如果他人在专利申请还未公开的时候就已经实施该发明创造了，此时因为还未进入临时保护期，无法要求实施人支付费用，故而企业也可以选择请求提前公开，尽快获得临时保护。不过企业应当权衡利弊，切记不要因小失大。

第四节　国外专利申请

一、申请途径

（一）传统途径

传统途径又称为直接申请，即分别按照各个国家的专利法，直接向各个国家的专利行政管理机构提交申请，各个国家的专利行政管理机构对外国专利申请进行审查，对符合授权条件的申请授予专利。

需要注意的是申请文件需要按照所申请国家规定的语言撰写，同时需要委托所申请国家的专利代理机构办理。

（二）PCT途径

我国在加入专利合作条约（PCT）以后，我国申请人可以利用PCT途径申请外国专利。通过PCT途径申请时仅需向国家知识产权局提出一份国际申请，从而免除了分别向每一个国家逐一提出申请的麻烦。

PCT专利申请分为国际阶段和国家阶段，如图8-4所示。

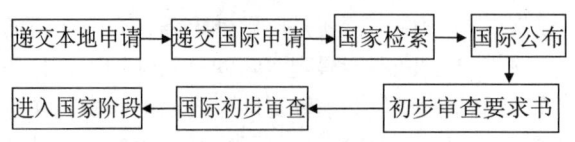

图8-4　PCT专利的申请流程

二、PCT专利申请的优势与劣势

（一）优势

1. 申请方便

企业可以直接使用中文向国家知识产权局PCT处直接提交申请，申请可当面提交、电子提交或以传真方式提交，提交日即为PCT申请在每个指定国的申请日。

2. 减小风险

申请国外专利的费用远高于国内，PCT申请在进入国家阶段之前的国际阶段，须经过国家检索、国际公布、国家初步审查和国际初步审查等程序，用以判断该申请的授权前景，申请人可以根据上述检索和审查的结果决定是否进一步进入国家阶段，如此可以避免将授权前景非常渺茫的申请进入国家阶段，减少不必要的各项昂贵的费用支出。

3. 有利决策

当企业在短期内难以决定需要在哪些国家获得专利保护时，提出PCT专利申请可以让其有长达30个月的时间思考，对国外的市场进行充分地考察，有利于最终作出准确的决策。

（二）劣势

1. 费用较高

与传统的直接申请相比较，PCT专利申请在国家申请阶段之外还另外需要通过国际申请阶段，因此相应的申请费用也较高。

2. 审查时间长

与传统的直接申请相比较，PCT申请在进入国家阶段之后，国际阶段所得到的初步检索报告和初步审查结果只具有参考作用，各选定国还是会根据本国专利法重新进行实质审查，因此PCT申请审查的时间一般会比直接申请延长。

第五节　专利权证书的取得

一、相关法律规定

发明专利申请经实质审查没有发现驳回理由的，实用新型和外观设计专利申请经初步审查没有发现驳回理由的，由国务院专利行政部门作出授予发明专利权、实用新型专利权或者外观设计专利权的决定。

申请人应当自收到授予专利权的通知之日起2个月内办理登记手续。申请人按期办理登记手续的,国务院专利行政部门应当授予专利权,发给相应的专利证书,同时予以登记和公告。专利权自公告之日起生效。申请人期满未办理登记手续的,视为放弃专利权。

二、缴费义务

申请人办理专利登记手续时应当在规定期限内履行缴费的义务。通过缴费,表明申请人愿意取得专利权,成为专利权人的意愿。企业千万要注意及时缴费。

(1)缴纳专利登记费、公告印刷费和专利证书印花税。

(2)缴纳授权当年的年费。正常情况下,年费应在前一年度期满前一个月内预缴。这里所说的年度是指专利年度,从申请日起算,满一年为一个专利年度,与优先权日和授权日无关。授权当年的年费是在办理专利登记手续时缴纳的。例如一项专利2010年6月3日提交申请,于2015年9月1日被授权,申请人在办理登记手续时已缴纳了第五年年度的年费,则该专利权人应在2016年5月3日至6月2日按第六年度年费的标准缴纳第六年度年费。

三、专利权的恢复

(一)专利权的丧失与恢复

在专利申请和审批过程中,由于延误专利法或者实施细则规定的期限或国家知识产权局指定的期限,企业可能会因此而丧失专利权。

可以恢复专利权的事由主要分为两类:一是因为不可抗拒的事由所引起的;二是有正当理由。

(二)恢复专利权的手续

(1)恢复专利权的时效。若以不可抗拒的事由请求恢复专利权的,应当在障碍消除后的2个月内提出,但最迟不得超过被延误的期限届满日起2年内;若以正当理由请求恢复专利权的,应当在收到国家知识产权局的决定之日起2个月内提出。

(2)恢复专利权的提出。恢复专利权应以书面形式提出请求,说明理由,并附上相关证明材料。当事人请求恢复专利权的,应使用国家知识产权局统一制订的《恢复权利请求书》。

(3)缴纳专利恢复权利请求费。恢复专利权时,除了应提交相关文件和材料外,还应同时缴纳恢复权利请求费。

(4)完成尚未完成的行为。当事人在请求恢复权利的同时,应当完成尚未完成的行为,消除造成权利丧失的原因。

办理上诉手续和消除造成权利丧失的原因之后,权利恢复程序开始启动。经国家知识产权局审批同意恢复权利的,继续进行专利审查或授权后的程序,对已公告处分决定的,则在专利公报上公告恢复权利,此时权利恢复程序完成。经国家知识产权局审批不同意恢复权利的,由国家知识产权局作出权利恢复审批决定通知书通知当事人,当事人不服审批决定的,可在收到审批决定之日起60日内向国家知识产权局提出行政复议,未提出行政复议的,该权利恢复程序终止。

第九章 专利权利的归属

【本章导图】

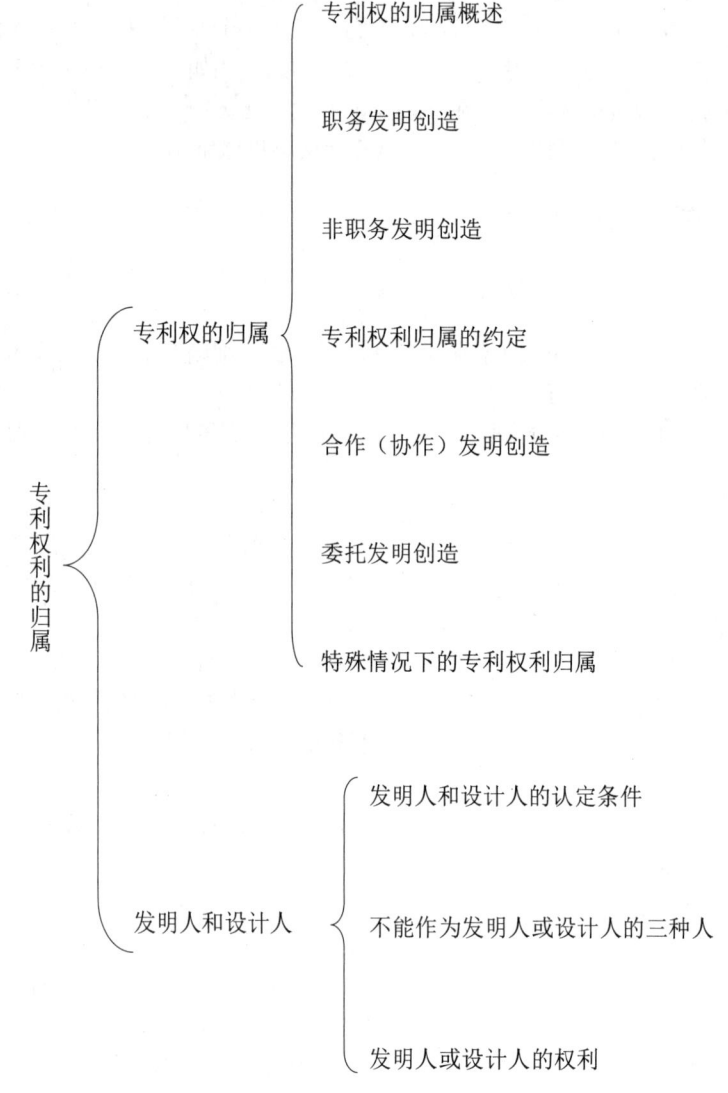

第一节 专利权的归属

一、专利权的归属概述

通常所称的专利权包括专利申请权和专利所有权,而专利所有权通常又被简称为专利权。

根据我国现行专利法的规定,按照不同的情况,专利申请权有不同的归属方式,可以由不同的人享有,而专利权则归申请专利的人所有,如表9-1所示。

表9-1 专利申请权利与专利权的归属

发明创造类型	申请权归属	专利权归属
职务发明创造	发明人或设计人的所在单位	申请人
非职务发明创造	发明人或设计人	申请人
合作发明创造	归完成单位共有,另有约定除外	申请人或共同申请人
委托发明创造	归完成人所有,另有约定除外	申请人
合同约定发明创造	若有约定,从其约定	申请人

二、职务发明创造

(一)职务发明创造的专利权归属

职务发明创造,简称职务发明,发明人或设计人所在的单位有权提出专利申请,授权以后,该专利权归申请人所有。当有两个以上的单位共同提出申请的,该项专利权归共同申请的单位共同所有。

(二)职务发明的认定

职务发明的认定有两个条件,即执行本单位的任务或者主要利用本单位的物质技术条件。一项发明创造,只要符合这两个条件中的任何一个条件,应当认定为职务发明,如图9-1所示。

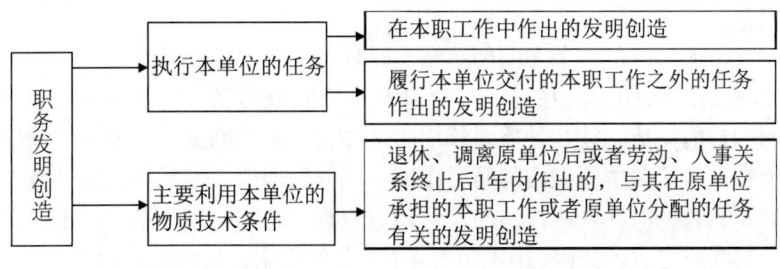

图9-1 职务发明创造的认定条件

1. 执行本单位的任务

从图9-1可知,根据我国《专利法实施细则》的规定,所谓执行本单位的任务主要包括三种情况。

(1) 在本职工作中作出的发明创造。凡是在本职工作中作出的发明创造,应当认定为执行本单位的任务,属于职务发明。作出发明创造的人即为发明创造人,亦称发明创造的完成人。关于发明创造人的"本职工作",可以根据以下三个要素综合认定。

第一,发明创造人的工作岗位。该工作岗位由发明创造人与其所在单位在签订的劳动合同中约定。

第二,发明创造人的工作职责。该工作职责经由发明创造人所在单位通过相关的规章制度规定的,且是发明创造人作为本单位的职工所必须履行的。

第三,发明创造人的工作任务。该工作任务是由发明创造人所在单位根据其工作岗位和工作职责通过计划任务书、派工单、工作指令等书面的形式明确交付的。

必须特别指出的是,关于"执行本单位的任务"的认定,要注意以下几点。

第一,既不能将发明创造人的本职工作与其所学的专业和曾接受过的专业训练等混为一谈,也不能与其所在单位的经营范围混为一谈。

第二,执行本单位任务的认定与该项发明创造完成的时间和地点无关,即只要该发明创造的完成与执行本单位的任务有关,无论是工作或是休息期间,无论是在本单位内或是在外单位、其他地方,都应当予以认定。

(2) 履行本单位交付的本职工作之外的任务作出的发明创造。履行本单位交付的本职工作之外的任务作出的发明创造,应当认定为执行本单位的任务,属于职务发明。一般来说,有以下三种情况。

第一,在本单位工作中,接受本单位的临时指派,履行与其本职工作之外的任务作出的发明创造。例如,发明人的本职工作是搞机床设计,如果单位临时指派其从事一项新型绘图桌椅的研发工作,其所作出的有关发明创造虽与其本职工作无关,但是执行本单位交付的专门任务所完成的,当属此例。

第二,接受本单位的指派,在外单位履行与其在本单位的本职工作之外的任务作出的发明创造。

第三,接受本单位的指派到外单位工作,接受外单位的临时指派履行与其在本单位的本职工作之外的任务作出的发明创造。

(3) 退休、调离原单位后或者劳动、人事关系终止后1年内作出的,与其在原单位承担的本职工作或者原单位分配的任务有关的发明创造。

在这种情况下所构成的职务发明创造必须同时符合两个要件。

第一,必须是发明创造人在退休、调离原单位后或劳动、人事关系终止后1年内作出的。一项发明创造的完成,往往是需要长期构思并反复实践的过程,退休、调离原单位的人员一般不可能在离开原单位短期内就马上作出一项发明创造,但是将发明创造人在其退休、调离原单位后相当长的时期内所作出的发明创造依然归属其原工作单位也不尽合理,因此,在平衡各方面的利益之后,我国法律作了"1年内"的规定,是比较合理的。

第二,该发明创造与发明创造人在原单位承担的本职工作或者原单位分配的任务有关。如果发明创造人在职期间就已经作出的与其在原单位承担的本职工作或者原单位分配的任务有关的发明创造，等到退休、调离原单位后或劳动、人事关系终止后1年后以自己的名义申请专利，显然损害了原单位的权益。但是将发明创造人在其退休、调离原单位后或劳动、人事关系终止后1年内作出的所有发明创造均归属于原单位，同样可能会损害发明创造人的权益，为此我国法律作了"与其在原单位承担的本职工作或者原单位分配的任务有关的"规定。

2. 主要利用本单位的物质技术条件

（1）物质技术条件的范围。《专利法实施细则》第12条第2款明确规定了"物质技术条件"的范围，即"是指本单位的资金、设备、零部件、原材料或者不对外公开的技术资料等"。

不对外公开的技术资料，一般是指该单位自有的、不公开的技术文件、技术数据等，如技术档案、设计图纸和试验数据等，但是不包括图书馆或资料室对外公开的情报或资料。❶

（2）主要利用的含义。所谓"主要利用"是指发明创造人所完成的发明创造与本单位的物质技术条件的利用之间存在因果关系。如果发明创造人正是因为利用本单位的物质技术条件，才得以完成其发明创造，那么，该物质技术条件的利用应当认定是"主要利用"。一般来说，"主要利用"的认定与物质技术条件的实际利用次数、时间之间并不存在必然的关系。

三、非职务发明创造

（一）非职务发明创造的专利权归属

非职务发明创造，简称非职务发明，由完成该项发明创造的人享有申请专利的权利，授权以后，该项专利权归申请人所有。当有两个以上的发明创造人共同申请的，该项专利权归共同申请人共同所有。

（二）非职务发明的认定

凡是不符合职务发明构成条件的发明创造，可以认定为非职务发明。

四、专利权利归属的约定

（一）约定原则

《中华人民共和国专利法》第6条第3款规定："利用本单位的物质技术条件所完成的发明创造，单位与发明人或者设计人订有合同，对申请专利的权利和专利权的归属作出约定的，从其约定。"

发明创造是发明人或设计人长期艰辛的智力劳动所获得的成果，为了权衡发明人或设计人与其所在单位之间的权益，对于利用本单位的物质技术条件所完成的发明创造，如果发明人或设计人与其所在单位之间对其专利申请权及专利权的归属另外订有合同、作出明确约定的，则可以按照双方的约定执行。

---

❶ 文希凯主编：《专利法教程（第三版）》，知识产权出版社2013年版，第58页。

（二）约定归属的方式

通过合同约定的形式确定权利归属的方式有三种。

第一，双方可以约定，该项发明创造的专利申请权及专利权由发明人或设计人享有；

第二，双方也可以约定，该项发明创造的专利申请权及专利权由发明人或设计人所在的单位享有；

第三，双方还可以约定，该项发明创造的专利申请权及专利权由发明人或设计人与其所在单位共同享有。

（三）约定原则的应用

约定原则在实际应用时要注意下列问题。

第一，可以适用上述约定原则的情形仅限于发明人或设计人利用本单位物质技术条件所完成的发明创造。

第二，必须强调指出的是，在这一情况下，虽然双方当事人通过合同的方式约定了权利的归属，但是这并不能改变该项发明创造的职务发明的基本属性，其依然应当是一项职务发明。而双方当事人的相关约定，只是双方协商同意将本来应当由发明人所在的单位享有的专利申请权以及授权后的专利权，选择上述三种归属方式中的某一种方式执行。

第三，合同约定时必须以诚实信用、自愿、平等为原则依法订立，不得存在欺诈、胁迫、显失公平、违反法律或危害国家、集体的公共利益的情形。

第四，对于通过非法行为、手段获得的专利申请权及专利权，应认定为无效。

五、合作（协作）发明创造

（一）合作（协作）发明创造及其构成条件

合作（协作）发明创造，简称合作（协作）发明，是指企业、研究机构、高等院校、其他组织、个人之间为了实现技术研发的共同目标，以资源共享或优势互补为前提，签订合作（协作）开发合同，约定在技术创新的全过程或某些环节上共同投入、共同参与、共享成果、共担风险，而实施的联合创新行为所获得的技术创新成果。合作（协作）的发明应当符合以下条件：

（1）参与合作（协作）发明的各方当事人之间签订有合作（协作）协议，并且按照约定充分地享有权利、履行义务。

（2）合作（协作）发明的各方当事人按照合同约定参与技术研发，并且对发明创造的实质性特点作出过创造性贡献。

（3）合作（协作）发明的技术成果应当符合我国专利法关于发明创造的基本条件，属于可以授予专利权的技术方案或者设计方案。

（4）合作（协作）发明的技术成果由根据合同约定或法律规定的有权申请专利的人提出专利申请。

（二）合作（协作）发明的权利归属

（1）如果合作（协作）发明的各方当事人在合作（协作）协议中对其合作（协作）发

明成果申请专利有约定的，按照当事人的约定提出专利申请。授权以后，专利权归申请人所有。

（2）如果合作（协作）发明的各方当事人事先既没有在合作（协作）协议中约定，在事后也未能达成相关约定的；或者虽然各方当事人之间已有约定，但是约定得不清楚、不明白，无法确定权利归属的，按照我国专利法的规定，完成该项发明创造的各方当事人共同享有专利申请权。授权以后，专利权归申请人所有。

（3）如果合作（协作）发明的各方当事人中有一方当事人声明放弃其共有的专利申请权的，可由另一方当事人单独申请，或者由其他各方共同申请。授权以后，专利权归申请的一方当事人所有，或者归共同申请的其他各方当事人所有。

（4）合作（协作）发明被授予专利权后，共有人可以单独实施或者以普通许可的方式许可他人实施该专利，收取的使用费应当在共有人之间分配。

（5）放弃专利申请权的一方当事人可以免费实施该项专利。

（6）合作（协作）发明的各方当事人中的一方当事人转让其共有的专利申请权或者专利权，另一方或其他各方享有以同等条件优先受让的权利。

（7）如果合作（协作）发明的各方当事人中有一方当事人不同意申请专利的，另一方当事人或者其他各方当事人不得申请专利。

（8）如果合作（协作）发明人分别属于不同企业或个人的，且没有约定成果的归属，或者约定得不清楚、不明白，无法确定权利归属的，则由该企业和个人共同享有专利申请权。

六、委托发明创造

（一）委托发明的认定

委托发明创造，简称委托发明，是指企业作为一方当事人委托其他企业、研究机构、高等院校、其他组织、个人等另一方当事人就指定的目标进行技术研发所获得的技术创新成果。委托发明应当符合以下条件：

（1）委托他人进行技术研发的一方当事人为委托方，接受他人委托进行技术研发的一方当事人为研发方，双方当事人应当就该研发活动的委托签订委托研发协议，并且按照协议约定充分地享有权利、履行义务。

（2）委托方应当按照约定支付研究开发经费和报酬；提供技术资料、原始数据；完成协作事项；接受研究开发成果等。研发方应当按照约定制定和实施研究开发计划；合理使用研究开发经费；按期完成研究开发工作，交付研究开发成果，提供有关的技术资料和必要的技术指导，帮助委托方掌握研究开发成果等。

（3）委托发明的技术成果按照约定应当符合我国专利法关于发明创造的基本条件，属于可以授予专利权的技术方案或者设计方案。

（4）委托发明的技术成果由根据合同约定或法律规定有权申请专利的人提出专利申请。

（二）委托发明的权利归属

（1）关于委托研发成果的专利申请权的归属，如果委托发明的双方当事人在委托协议中有约定的,按照双方当事人的约定,由有权申请专利的人提出专利申请。授权以后,专利权归申请人所有。

(2)关于委托研发成果的专利申请权的归属,如果委托发明的双方当事人之间事先既没有在委托协议中约定,在事后也未能达成相关约定的;或者虽然双方当事人之间已有约定,但是约定得不清楚、不明白,无法确定权利权归属的,按照我国专利法的规定,由该项发明创造的研发方享有专利申请权。授权以后,专利权归申请人所有。

(3)委托发明的研发方取得专利权的,委托方可以在原有范围内免费实施该项专利。

(4)委托发明的研发方就其发明创造转让专利申请权或专利权的,委托方可以优先受让专利的申请权或专利权。

七、特殊情况下的专利权利归属

(一)不同的人就相同的发明创造提出申请

1. 先申请原则

由于专利权具有完全的、绝对的垄断性,因此,专利法律制度明确规定同样的发明创造只能授予一项专利权,然而在现实生活中,存在有两个以上的申请人分别就同样的发明创造申请专利的可能。针对这一特殊情况,为了确保专利制度的稳固和有效,世界上有两种不同的解决方法,一种是先申请原则,即谁先申请,专利权授予谁;另一种先发明原则,即谁先完成发明,专利权授予谁。这两种解决方法各有利弊。我国遵循的是先申请原则,《专利法》第9条规定:"两个以上的申请人分别就同样的发明创造申请专利的,专利权授予最先申请人。"

2. 申请先后的认定

在专利申请时,衡量申请先后的时间以申请日为依据。申请日在先的,认定为在先申请;申请日在后的,认定为在后申请。

申请人提出专利申请,国务院专利行政部门以收到申请人所递交的专利申请文件之日确定为申请日。如果申请人是通过邮寄的方式递交专利申请文件的,则以寄出时加盖的邮戳上显示的日期,即邮戳日确定为申请日。如果寄出的邮戳日不清晰的,除非当事人能够提出相关证明的,以国务院专利行政部门收到申请文件之日确定为申请日。

(二)不同的人就相同的发明创造在同日提出申请

由于确定专利申请的先后是以申请人提出专利申请的申请日为依据的,申请日又是以"日"为计时单位的,而一日有24小时,因此,也就有可能出现两个以上的申请人就同样的发明创造在同一日分别提出专利申请的情况。此时由于该两件以上的申请都发生在同一日,故而无法确定最先提出申请的人。

面对这一情况,该两个以上的申请人应当在收到国务院专利行政部门的通知后自行协商确定申请人。如果协商不成的,由于无法确定申请人,专利行政部门不会授予专利权。

第二节 发明人和设计人

一、发明人和设计人的认定条件

（一）发明人或设计人的定义

我国专利法所称的发明人或者设计人是指对发明创造的实质性特点作出了创造性贡献的人。其中发明人，是指对产品、方法或者其改进作出新的技术方案的人，或者对产品的形状、构造或其结合作出适于实用的新技术方案的人；设计人，是指对产品的形状、图案或者其结合以及色彩与形状、图案的结合作出富有美感并适于工业上应用的新设计的人。

（二）发明人或设计人的特征

（1）发明人或设计人只能是自然人。只有自然人才能完成发明创造，企业、其他组织不能成为发明人或设计人。

（2）只有对发明创造的必要技术特征的完成作出了不可或缺的具有创造性贡献的自然人，才有可能成为发明人或设计人。

（三）发明人或设计人的判断标准

符合以下两种情况之一的，可以认定为发明人或设计人：

（1）不但能够提出发明创造的构思、设想等，并且能够在技术上将其付诸实现。

（2）在技术上首次实现了虽已公知但尚未实现的构思、设想等。

发明人或设计人可以分为三类，分别是：第一类，始终参与研发或设计，并在研发或设计过程中提出构想或设计的人；第二类，在研发或设计的过程中，提出解决具体技术、设计方案的人；第三类，对解决具体技术、设计问题起到了决定性、关键性作用的人。

二、不能作为发明人或设计人的三种人

我国专利法规定下列三种人不能作为发明人或设计人。

（一）只负责组织工作的人

在发明创造的过程中只负责组织工作的人，例如，企业的主要管理人员，如果其在发明创造的过程中仅仅承担组织领导工作、行政管理工作、技术指导工作等，并未直接对发明创造的必要技术、设计特征的完成作出创造性贡献，也就不能认定为发明人或设计人。

必须指出的是，在具体认定时，并不能仅仅因为是企业的管理人员，就认定其不是发明人或设计人，而必须根据其是否确实为发明创造的必要技术、设计特征的完成作出过创造性贡献进行判断和认定。

（二）为物资技术条件的利用提供方便的人

在发明创造的过程中，为特定物质技术条件的利用提供各种方便的人，例如，为了完成

发明创造的必要技术、设计特征,需要使用某项专用的设备,此时研发人员或许不会使用,或者不会有效使用,由该专用设备的管理人员提供使用服务,结果有效地帮助发明创造的完成。尽管如此,为该设备的使用提供服务的人也不能作为发明人或设计人。

(三)从事其他辅助工作的人

在发明创造的完成过程中,相对于为必要技术、设计特征的完成作出过创造性贡献而言,曾经提供过各种属于辅助性工作的人,如信息检索人员、资料翻译人员、设计绘图人员、物资采购人员、档案管理人员、设备调试人员,等等。

三、发明人或设计人的权利

(一)署名权

发明人或设计人依法享有署名权,即享有在专利产品上署明自己是发明人或设计人的权利。对于职务发明,该项专利由发明人或设计人所在单位依法提出专利申请,授权以后,专利权归申请人,即其所在单位所有,此时发明人或设计人依法有权要求在产品上署名。发明人或设计人既可以要求署自己的姓名,也可以要求署其他能够表明其身份的标识。

(二)获得奖酬的权利

发明人或设计人依法享有获得奖酬权,即对于职务发明,发明人或设计人依法有权从专利权人,即所在单位获得奖励和报酬。其中奖励应当在专利授权公告之日起3个月内发放,报酬应当在专利权的有效期内,从实施该项专利的营业利润中提取法定比例支付;如果许可其他单位或个人实施该专利的,应当从收取的使用费中提取法定比例支付。报酬可以按年支付,也可以一次性支付。

第十章 专利纠纷与应对保护

【本章导图】

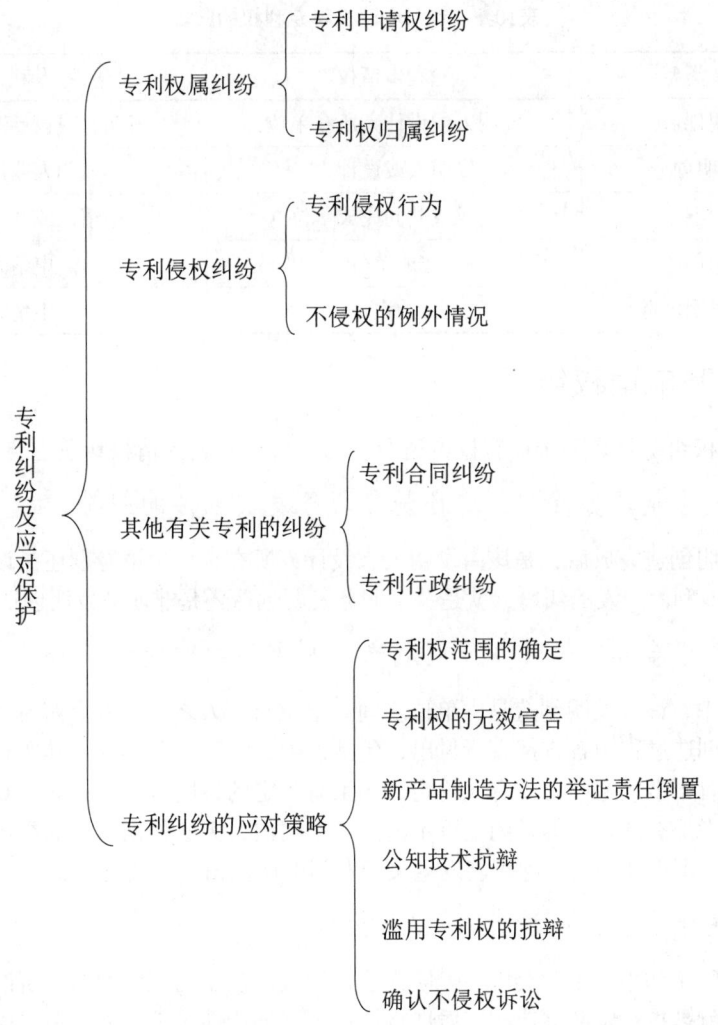

第一节 专利权属纠纷

专利权属纠纷是关于专利权或者专利申请权归属的纠纷。根据发生纠纷的时间和起因不同，可以分为专利申请权纠纷和专利权归属纠纷，专利申请权纠纷因申请专利而起，一般发生在专利申请阶段，而专利权归属纠纷因专利权的所有而起，虽然一般发生在专利授权之后，但是由于专利权是授予专利申请人的，所以专利权的归属纠纷往往源于专利申请（见表10-1）。

表10-1 专利申请权与专利权的归属

发明创造类型	专利申请权	专利权
职务发明创造	发明人或设计人所在单位	发明人或设计人所在单位
非职务发明创造	发明人或设计人	发明人或设计人
合作发明创造	完成或共同完成单位	申请人或共同申请人
委托发明创造	完成单位	申请人
合同约定发明创造	约定	申请人

一、专利申请权纠纷

专利申请权纠纷就是关于谁有权申请专利的纠纷，专利申请权纠纷主要有以下类型。

（一）关于是职务发明创造还是非职务发明创造的纠纷

在一项发明创造完成后，是该由发明人、设计人所在单位申请专利还是该由发明人、设计人本人申请专利而引发的纠纷，就是关于职务发明创造还是非职务发明创造的纠纷。

（二）关于合作（协作）发明创造专利申请权归属的纠纷

实际生活中，许多发明创造是由单位之间、单位与个人之间或者个人与个人之间共同完成的，在发明创造过程中各方都有所付出，包括人力、物力、财力等，其专利申请权归属的认定，首先要看当事人之间对此有无约定，如果有约定的，则从约定；如果双方当事人之间并无约定，或者虽有约定，但是约定得不清楚、不明白，无法根据双方的约定确定申请人，或者一方当事人不遵守约定，遂可能发生关于专利申请权归属的纠纷。

（三）关于发明人或设计人认定的纠纷

在企业实际工作中，常常会因为发明人、设计人的认定而产生纠纷。所谓真正的发明人或者设计人，就是指对发明创造的实质性特点作出了创造性贡献的人，在完成发明创造的过程中，只负责组织工作或者为物质条件的利用提供方便的人或者从事其他辅助工作的人都不能认为是发明人或者设计人。如果申请人将不是发明人、设计人的人列为发明人、设计人，或者将真正的发明人、设计人漏列了，就可能发生关于发明人或设计人认定的纠纷。

二、专利权归属纠纷

专利权归属纠纷往往发生在专利授权之后，当有权提出申请的人发现本应属于自己的发明创造由他人提出申请并获得专利权，为了保护自己的合法权益而与专利获得者之间就关于专利权的归属问题产生争议。专利权归属纠纷主要包括以下几种常见情况。

第一，本应属于单位的职务发明创造被发明人以非职务发明创造申请专利并被授予专利权而引起的争议。

第二，本应属于个人的非职务发明创造被单位以职务发明创造申请专利并被授予专利权而引起的争议。

第三，一方单独完成或者多方合作完成的发明创造被完成人以外的人申请专利并被授予专利而引起的争议。

第四，委托完成的发明创造由于委托合同对专利权归属无明确约定而被委托方申请专利并获得授予而引发的争议。

第五，几方合作完成的发明创造，合同对专利权归属约定不明，没有任何一方放弃专利权的情况下，其中的一方或几方申请专利并被授予专利权而引发的争议。

第二节 专利侵权纠纷

专利侵权，也称"侵犯专利权行为"，是指在专利权有效期限内，行为人以生产经营为目的，未经专利权人许可，实施其专利的行为。专利侵权纠纷就是因为侵犯专利权而引发的争议。

一、专利侵权行为

（一）专利侵权行为的特征

专利侵权行为的特征如图10-1所示。

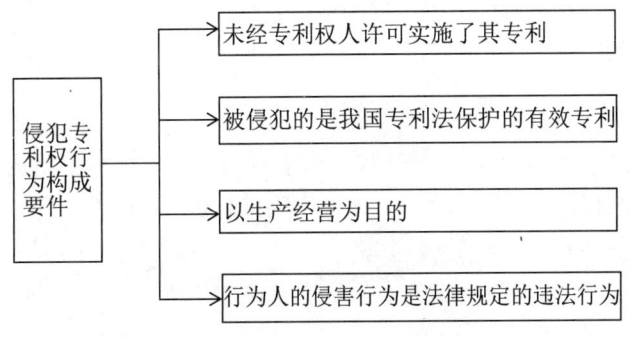

图10-1 侵犯专利权行为的构成要件

1. 未经专利权人许可

专利权作为一种知识产权,具有专有性等特征,实施他人专利必须经过专利权人的许可。未经专利权人的许可,实施其专利的行为即构成侵犯专利权的行为。专利权人的许可既可以是明示的,也可以是默示的。

对于由两人或多人共有的专利,其中一人或几人未经其他共有人同意而签订的非普通专利许可合同不具有法律效力,持有该许可生产经营的人也可以构成专利侵权。

2. 侵犯的客体是我国专利法保护的有效专利

只有被授予专利权,并且处于专利权有效保护期之内的发明创造,即发明、实用新型和外观设计专利才有可能获得保护。对于只获得专利申请号或者尚处在审查过程中的发明创造,即未曾获得专利权的发明创造,不能获得专利保护。对于曾经在中国获得专利权,但是已经过了有效的保护期限;或者被宣告无效的专利权;或者权利人已放弃的专利权等,则不再受我国专利法的保护,实施这些专利的行为不构成侵犯专利权(见图10-2)。

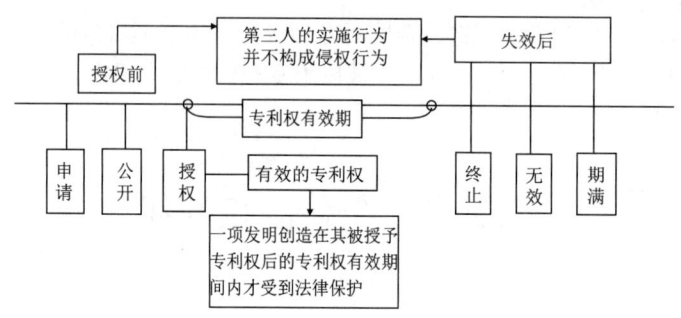

图10-2 不同期间的专利权保护

3. 以生产经营为目的

任何单位或个人未经专利权人许可,以生产经营的目的实施其专利,构成侵权。值得指出的是,关于"以生产经营为目的"的认定与行为人是否因实施该专利而盈利以及盈利的多少无关。

4. 侵害行为必须是违法行为

所谓侵犯专利权的行为必须是法律规定的违法行为,并非所有的侵害行为都构成对专利权的侵犯。我国专利法规定有些行为不视为侵犯专利权,例如,权利穷竭、先用权、临时过境、科研和实验目的、Bolar例外等。

(二)专利侵权的主要表现形式

我国《专利法》第11条规定了专利权人所享有的专利权独占实施的范围,如表10-2所示,任何人未经专利权人许可实施下列行为都构成对专利权的侵犯。

表10-2　专利权人的独占实施权

发明、实用新型		外观设计
产品专利	方法专利	
制造	—	制造
使用	使用	—
许诺销售	许诺销售	许诺销售
销售	销售	销售
进口	进口	进口

未经许可实施他人专利的侵权行为主要有以下几种。

1. 制造专利产品

未经许可制造他人专利产品的侵权行为是指在没有获得专利权人许可并且没有法律依据的情况下，擅自生产、制造他人专利产品。该制造行为的认定与制造产品的数量、质量和生产规模无关，而且被制造的产品只要是他人专利权利要求书中所记载的专利产品，不一定是一个独立的产品，也可以是构成其他产品的一个部件。

2. 使用专利产品

未经许可使用他人专利产品的侵权行为是指在没有获得专利权人许可并且没有法律依据的情况下，擅自使用他人在专利权利要求书中所记载的产品。认定未经许可使用专利产品时，既无需考虑使用的是其中的一项用途或者多项用途，也无需考虑使用的次数。

3. 许诺销售专利产品

未经许可许诺销售他人专利产品的侵权行为是指在没有获得专利权人许可并且没有法律依据的情况下，擅自许诺销售他人的专利产品。许诺销售主要包括产品销售前为销售产品所进行的各种活动，如广告宣传、橱窗陈列、产品展示、先期体验等。许诺销售是一种独立于实际销售行为的侵权状态，不要求实际销售行为的发生。权利人只要有证据证明侵权人未经其许可，施行有代表其许诺销售意思表示的实际行为，就可依此指控其侵权。

4. 销售专利产品

未经许可销售他人专利产品的侵权行为是指在没有获得专利权人许可并且没有法律依据的情况下，擅自销售他人的专利产品。未经专利权人许可，任何单位或个人销售他人专利产品就会构成侵权。同时，为销售提供条件的行为，例如，提供仓储等亦视为销售行为，同样可能构成侵权。

5. 进口专利产品

未经许可进口他人专利产品的侵权行为是指在没有获得专利权人许可并且没有法律依据的情况下，擅自从别国或地区进口与专利权人的专利产品相同的产品。任何单位或个人未经专利权人许可，以生产经营为目的从他国或地区进口与专利权人的专利产品相同的产品都会构成对专利权的侵犯。

6. 使用专利方法

未经许可使用他人专利方法的侵权行为是指在没有获得专利权人许可并且没有法律依据

的情况下，擅自使用他人的专利方法。在判断是否侵权时，只要行为人擅自使用了他人的专利方法，无论实际制造出什么样的产品，都构成对他人方法专利权的侵犯。如果行为人使用了与他人的专利方法不同的其他方法制造产品，即使制造出与他人专利产品相同的产品，并不构成对他人方法专利权的侵犯，但可能构成对他人产品专利的侵害。

7. 使用、许诺销售、销售、进口依照方法专利直接获得的产品

未经许可使用、许诺销售、销售、进口依照他人方法专利直接获得产品的侵权行为是指在没有获得专利权人许可并且没有法律依据的情况下，擅自使用、许诺销售、销售、进口依照他人方法专利直接获得的产品。对于一项关于产品制造方法的专利，其权利不仅包括该方法本身，而且包括使用该方法所直接获得的产品，此时对专利方法的保护延及直接获得的产品。

这里所说的"依照方法专利直接获得的产品"是指根据专利方法所制造出的原始产品，由原始产品再加工获得的产品不属于依照专利方法直接获得的产品。

8. 制造、许诺销售、销售、进口外观设计专利产品

未经许可制造、许诺销售、销售、进口外观设计专利产品的侵权行为是指在没有获得专利权人许可并且没有法律依据的情况下擅自制造、许诺销售、销售、进口他人的外观设计专利产品。外观设计专利保护的不是产品本身，而是该产品上所使用的外观设计，但外观设计又必须以产品为载体，所以对外观设计的保护又离不开对使用该外观设计的产品的保护。任何单位或个人，未经许可以生产经营为目的制造、许诺销售、销售、进口该外观设计专利产品，就有可能构成对他人外观设计专利权的侵犯。

9. 使用、许诺销售、销售侵权产品

未经许可擅自制造并销售他人的专利产品，显然构成侵权，其制造并销售的产品属于侵权产品。该侵权产品售出后由第三人购入，该第三人为生产经营的目的，再行使用、许诺销售、销售该侵权产品，依然构成侵权。而如果该第三人能够证明自己不知道其使用、许诺销售、销售的产品是侵权产品，并且能够证明该产品合法来源的，则可以不承担赔偿责任。

10. 间接侵犯专利权的行为

间接侵犯专利权的行为是指行为人的行为本身并不直接构成对他人专利权的侵犯，却诱导、唆使他人实施侵权行为，或者为他人实施侵权行为提供帮助和便利。

间接侵犯专利权行为主要包括以下几种行为。

（1）在没有取得授权或委托的情况下，诱导、唆使以专利权人名义许可他人实施专利；

（2）故意制造、销售、许诺销售、进口专利产品的关键零部件（日常生活中广泛使用的零部件不是关键零部件）或者原材料，或者专门用于实施专利的模具或机械设备等，为他人实施侵权行为提供帮助和便利；

（3）其他教唆或帮助他人实施侵权的行为。

当指控他人间接侵权时，必须以有直接侵权行为的发生为前提，并且证明间接侵权人在主观上存在故意。

（三）专利侵权的判断

专利侵权的判定应当由司法审判机关作出，在一般情况下，企业可以按以下基本思路对专利侵权行为作出基本的判断，如图10-3所示。

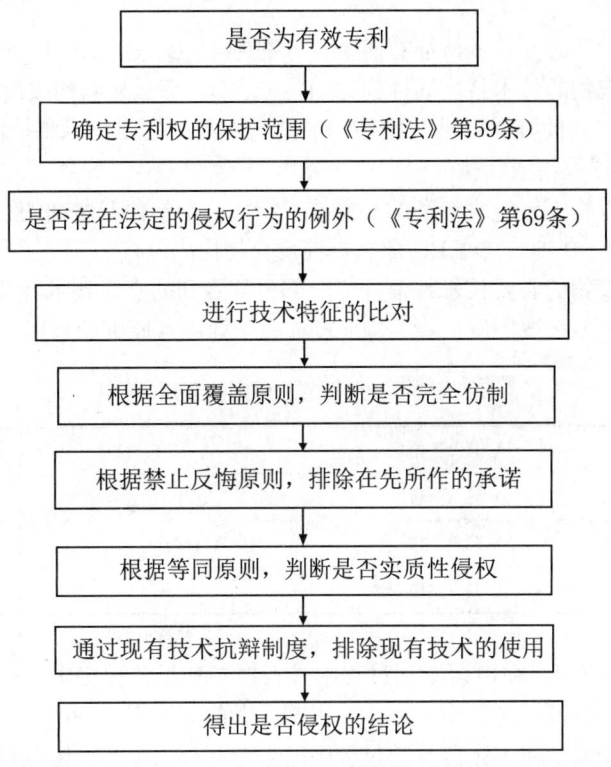

图10-3 专利侵权判定的基本思路

判断是否侵犯专利权时,首先要明确专利权的保护范围,其次逐一适用判断侵权的原则。关于专利权的保护范围将在本章第四节详细讨论。由于发明、实用新型与外观设计的专利权保护范围不同,因此,判断是否构成侵权的方法也有所不同。

1. 发明、实用新型的侵权判断的原则适用

判断是否侵权发明、实用新型的原则主要有全面覆盖原则、禁止反悔原则、等同原则,一般情况下三者的适用顺序如图10-4所示。

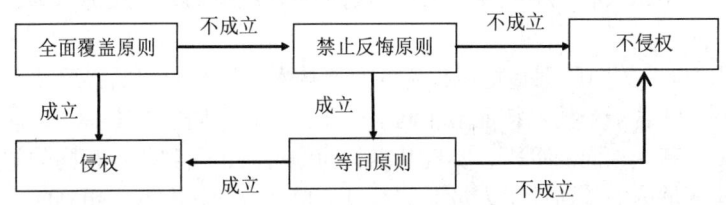

图10-4 一般情况下侵权判断原则的适用顺序

判断是否构成发明和实用新型专利侵权,主要适用以下原则。

(1)全面覆盖原则。全面覆盖原则是判断专利侵权时首先适用的原则,即如果侵权物的技术特征包含专利权利要求书中所记载的全部技术特征,那么,该被控侵权物就构成对专利的

仿制侵权。

假设，一项专利的必要技术特征有四个，分别为A、B、C、D，以下情况分别为：

①如果被控侵权物的技术特征同样为A、B、C、D，那么显然构成侵权。

②如果被控侵权物的技术特征分别使用的是与专利的必要技术特征的对应下位概念a、b、c、d，那么被控侵权物依然构成侵权。

③如果被控侵权物不仅包含专利的必要技术特征，也包含新增加的必要技术特征，例如其必要技术特征为A、B、C、D、E，那么被控侵权物构成侵权。

④如果被控侵权物的必要技术特征并未全部包含专利的必要技术特征，例如，其必要技术特征为A、B、C，那么被控侵权物不构成侵权。全面覆盖原则的适用，如表10-3所示。

表10-3 全面覆盖原则的适用

全面覆盖原则	A B C D	A B C D	侵权
	A B C D	a b c d	侵权
	A B C D	A B C D E	侵权
	A B C D	A B C	不侵权

（2）禁止反悔原则。在申请专利过程中或者在专利无效程序中，专利权人为了获得专利权，对要求保护的范围可能会作出缩小、限制或者部分放弃保护的承诺，而专利权人一旦这样做了就不允许反悔。在主张侵权的过程中已被专利权人缩小、限制或放弃的权利要求就不能再纳入专利权的保护范围。例如，专利权有三个主要技术特征A、B、C，被控侵权物也有三个主要技术特征A、B、D，在专利申请过程中，专利权人为了获得专利而证明C与D技术特征不同，获得专利后在专利侵权主张中又证明C与D技术特征相同，这是不被允许的，应当认为C与D技术特征不同。

禁止反悔原则的适用应当注意以下事项：

①如果出现等同原则与禁止反悔原则相冲突的现象，此时应当优先适用禁止反悔原则；

②使用禁止反悔原则的依据包括专利申请文件、专利审查的往来文件等专利文档，并且与专利权的有效性有关；

③在诉讼过程中，只有在被控侵权方提出请求时才能适用禁止反悔原则，法院一般不主动适用。

（3）等同原则。等同原则是指侵权物的必要技术特征与专利的必要技术特征相比较，从表面上看有一个或若干个技术特征不相同，实质上却是等同的技术特征，即侵权物使用了替代技术特征，以基本相同的手段，实现基本相同的功能，达到基本相同的效果，而且该替代技术特征是本领域内的普通技术人员无需经过创造性劳动就能够联想到的。此种情况下可以判断构成侵权。

在适用等同原则时要注意以下事项：

①被视为"等同"的技术特征既应当包括独立权利要求中特征部分的各项必要技术特征，也应当包括独立权利要求中前序部分的公知技术特征；

②判断等同侵权的时间节点应当以侵权行为发生日为准，而不是以专利申请日或者专利

公开日为准。

适用等同原则对是否侵权专利权的判断如表10-4所示。

表10-4 等同原则的适用

基本相同的手段	基本相同的功能	基本相同的效果	是否侵权
是	是	是	侵权
是	否	否	不侵权
是	是	否	不侵权
是	否	是	不侵权
否	是	是	不侵权
否	否	是	不侵权
否	否	否	不侵权

2. 外观设计的侵权判定

判断外观设计专利侵权，主要通过以下方式进行。

（1）在外观设计专利侵权判定中应当首先确定侵权产品与专利产品是否为同类商品，不同类商品一般不应当构成外观设计侵权。

（2）将被控侵权产品的外观设计与专利外观设计进行比对。外观设计专利侵权的比对所依据的是记载外观设计专利的照片或图片，而不是外观设计专利产品。在生产过程中专利权人可能会对产品的外观作出改动，而改动后的产品外形就不再受该外观设计专利的保护。

（3）在进行比对时，要以普通消费者的眼光进行整体比较、综合判断，要从外观设计的整体出发着重观察容易引起消费者关注的部位和专利权人的主要设计部分。

（4）确定是否相同或相近。判断是否相同或相似主要看主要设计部分是否相同或相似，次要部分不同不影响判断；产品的大小、物质、内部构造以及性能不影响相同或相似的判断。

二、不侵权的例外情况

为了限制专利权人滥用专利权等，对某些行为认定其不侵犯专利权，主要分为以下两类。

（一）法律规定不侵权的情况

1. 强制许可

《专利法》第6章规定了专利实施的强制许可，主要有以下四种：

（1）在专利权人自专利权被授予之日起满3年，且自提出专利申请之日起满4年，无正当理由未实施或者未充分实施其专利的，或者专利权人行使专利权的行为被依法认定为垄断行为，为消除或者减少该行为对竞争产生的不利影响的，具有实施条件的单位或个人可以向国务院专利行政部门申请强制许可。

（2）国家出现紧急状态或者非常情况时，或者为了公共利益的目的，国务院专利行政部门可以给予实施专利的强制许可。

（3）为了公共健康的目的，对于取得专利权的药品，国务院专利行政部门可以给予实施专利的强制许可。

（4）一项取得专利权的发明或者实用新型比前已经取得专利权的发明或者实用新型具有显著经济意义的重大技术进步，其实施又有赖于前一发明或者实用新型的实施的，国务院专利行政部门根据后一专利权人的申请，可以给予实施前一发明或者实用新型的强制许可。反之，国务院专利行政部门根据前一专利权人的申请，也可以给予实施后一发明或者实用新型的强制许可。

关于强制实施许可，实施人只要是依据国务院专利行政部门作出的强制许可决定实施专利就不构成对专利权人专利权的侵犯，但是要向专利权人支付合理的使用费。

2. 国家计划许可实施

《专利法》第14条规定，国有企业事业单位的发明专利，对国家利益或者公共利益具有重大意义的，国务院有关主管部门和省、自治区、直辖市人民政府报经国务院批准，可以决定在批准的范围内推广应用，允许指定的单位实施，由实施单位按照国家规定向专利权人支付使用费。根据该规定，被指定实施专利的单位实施发明专利就不构成对专利权的侵犯，但是要向专利权人支付其专利使用费。

关于这一规定有以下几点需要注意：

（1）被指定实施的只能是对国家利益或公共利益具有重大意义的发明专利，实用新型和外观设计专利不在此范围之内。

（2）只有被指定的单位才能够实施，并且必须是在被批准的范围内，不能任意扩大。

（3）国家许可的主要是国有企事业单位的发明专利，对于其他单位和个人的发明专利确有需要的，也可参照该规定执行，但对于外国人的专利则不能实行国家计划许可。

（二）视为不侵犯专利权的情况

1. 专利权用尽

专利权用尽，又称权利穷竭，是指对于专利产品或者依照专利方法直接获得的产品，经由专利权人或者经其许可的单位、个人售出后，合法取得该专利产品的他人再使用、许诺销售、销售、进口该产品的，视为不侵犯专利权。专利权的财产权属性使其不能对抗第三人通过合法方式取得的物权，合法制造的专利产品进入流通领域后专利权人就不应再继续控制其后的流转。

2. 先用权

先用权是指在专利申请日前已经制造相同产品、使用相同方法或者已经作好制造、使用的必要准备，并且仅在原有范围内继续制造、使用的，视为不侵犯专利权。虽然我国实行的是"先申请原则"，对于相同的发明创造，专利权授予最先提出申请的人。但在有些情况下，先申请的人不一定是先发明的人，在他人被授予专利权之前已经制造出相同产品、使用相同方法或者做好了制造、使用的必要准备的人的权利，同样需要给予保护，不能因为专利权人获得专利授权而限制他们在先制造、使用的行为。

先用权原则是对专利权的一种限制，因此，先用权在适用的过程中有严格的条件要求：

（1）制造、使用的技术应当是先用权人自己研发的技术或者是通过合法方式从专利权人以外的人处取得的，剽窃抄袭的技术不享有先用权。对于合作完成的发明创造或技术方案等，合作一方或几方擅自申请专利而其他方则实施该发明创造或技术方案，在申请专利的人获得专利权后，实施方不能向申请并获得专利方主张先用权，但是可以主张其应为共同申请人或者共同专利权人。

（2）主张先用权的在专利权人申请以前已经有实施行为或者至少已经做好了实施的准备工作，例如购置设备、购买原材料、招聘并培训员工、完成样品的试制，等等。

（3）先用权人仅限于在专利申请日以前的原有范围内制造和使用，既不能扩大生产规模、不能扩大使用范围，也不能实施除了制造和使用之外的其他行为，例如，先用权人不得依据先用权实施销售专利产品的行为。

（4）先用权人的先用权仅限自己使用，不能转让或许可他人。

3. 临时过境

临时过境是指临时通过中国领陆、领水、领空的外国运输工具，依照其所属国同中国签订的协议或者共同参加的国际条约，或者依照互惠原则，为运输工具自身需要而在其装置和设备中使用有关专利的，视为不侵犯专利权。该项规定只有在同时满足几个条件时才可以适用：必须是外国的交通工具；必须是交通工具自身需要而在其装置和设备中使用，不包括其装载的货物；该交通工具必须是暂时或偶尔进入并通过我国领域内。

4. 科研使用

为了鼓励科学研究，未经专利权人许可，专为科学研究和实验使用的目的实施专利权的视为不侵犯专利权。

5. 波拉例外

波拉（Bolar）例外是指为提供行政审批所需要的信息，制造、使用、进口专利药品或者专利医疗器械的，以及专门为其制造、进口专利药品或者专利医疗器械的不视为侵犯专利权。波拉例外源于美国，是由Bolar v. Roche案催生的专利侵权例外的规定，也被称为安全港（Safe Harbor）条款。根据我国现行的《药品注册管理办法》第19条规定，对他人已获得中国专利权的药品，申请人可以在该药品专利期届满前2年内提出注册申请。国家食品药品监督管理局按照本办法予以审查，符合规定的，在专利期满后核发药品批准文号、进口药品注册证或者医药产品注册证。该规定在于推动药物创新，加速仿制药上市，使公众尽早获得质优价廉的药物。

第三节　其他有关专利的纠纷

除了前两节提及的纠纷之外，企业常见的专利纠纷还有专利合同纠纷、专利行政纠纷，以及其他一些专利纠纷，如表10-5所示。

表10-5 其他有关专利的纠纷

专利合同纠纷	专利申请权转让合同纠纷
	专利权转让合同纠纷
	专利实施许可合同纠纷
专利行政纠纷	与专利复审委员会之间的纠纷
	与国家知识产权局之间的纠纷
	与管理专利工作的部门之间的纠纷
其他专利纠纷	发明专利申请公布后、专利权授予前使用费纠纷
	发明人设计人奖励报酬纠纷
	发明人设计人与所在单位关于是否申请专利的纠纷

一、专利合同纠纷

专利合同纠纷是专利合同的各方当事人因合同中权利义务的履行和对合同中某些条款的解释有不同意见而发生的争议。常见的专利合同纠纷主要有以下三种。

(一)专利申请权转让合同纠纷

专利申请权转让合同是发明创造所有人在申请专利前将其申请专利的权利让渡给受让方，受让方按照约定支付价款所签订的合同。在实际工作中往往会由于合同一方或双方的种种原因使得某些事项未作出约定或者约定不明，致使在合同履行过程中发生纠纷，因此企业在签订专利申请权转让合同时应注意相关条款的约定是否完备、合理，尽量避免在履行过程中因发生纠纷而受到损失。

特别要注意的是，专利申请权转让不同于专利权转让，专利申请并不意味着专利权的获得，在提出专利申请后，依然存在因为各种原因被驳回的风险，从而很可能会给受让方带来损失，所以在签订合同时，应当明确约定在专利申请时，双方的责任与配合。还要明确约定，一旦专利申请被驳回时双方的责任分担，等等，尽量避免以后可能发生的纠纷。

(二)专利权转让合同纠纷

专利权转让合同是因专利权人将已有的专利权转让给受让方，受让方按照约定支付相应价款而签订的合同。在专利权转让合同的履行过程中，由于合同约定不明或者其他原因发生的争议和纠纷，如果处置不当，就会给企业带来损失。

企业在签订该类合同时除了应当注意的一般事项外，还应当注意以下事项。

(1) 合同签订前，应首先确定专利转让方是否属于该项专利的合法所有人，是否有权转让该项专利。例如，如果该项专利由两个以上的多个所有人共有时，那么其转让应当得到所有共有人的同意，否则其中的任何一个所有人都不能单独与他人签订转让该项专利的合同。如果向外国的公民、法人或其他组织转让专利时，是否符合相关法律行政法规的规定。

(2) 合同签订前，受让方应仔细核实被转让专利的相关法律信息，明确所转让的专利权是否有效，专利权人是否有过变更等。

(3) 合同签订前，如果转让方已经实施该专利的，合同中应当约定权利转让后转让方能否继续实施；如果转让前已经许可他人实施专利的，那么应当约定转让之后原许可合同是否继续有效，等等。

（4）专利权转让合同签订以后，如果专利权被宣告无效，双方所应承担的责任及相关事项的处理。

（三）专利实施许可合同纠纷

专利实施许可合同是专利权人作为许可方将其所有的专利许可被许可方在一定的时间和地域范围内以某种形式实施该专利，被许可方向许可方支付相应的许可使用费所签订的合同。专利实施许可合同并不转移专利的所有权，而仅仅是专利使用权的分割，被许可方只有在特定的时间和地域范围内使用专利的权利。在合同签订后的履行过程中，由于合同规定不明或者其中一方或双方履行不符合合同约定而引发的纠纷就是专利实施许可合同纠纷。

为了尽可能避免纠纷，在签订专利许可合同时应当注意以下三点。

（1）当专利权由两个以上的所有人共有时，除了普通许可外，其他种类的许可都需要得到所有共有人的同意，不能只由其中部分共有人签订许可合同。

（2）实施许可的期限应当在专利有效期之内，或者与专利有效期一致。含有多个专利的实施许可合同，应尽可能对其中的每一个专利都写明许可期限。

（3）合同中应当写明许可的种类，独占实施许可的许可方一般会获得较高的使用费，但会对自己实施造成限制，作为许可方的企业应当根据自身的利益综合考虑，合理选择许可的种类。

二、专利行政纠纷

专利行政纠纷是公民、法人和其他社会组织对专利行政部门所作出的具体行政行为不服而引发的相关纠纷。专利行政纠纷可以通过行政复议和行政诉讼解决。根据作出具体行政行为的主体不同，常见的专利行政纠纷可分为以下三种。

（一）与国家知识产权局之间的纠纷

国家知识产权局作为国务院专利行政部门，既可以作出具体行政行为，也可以作为复议机关。根据行政行为性质的不同，当事人与国家知识产权局之间的纠纷可以分为不服国家知识产权局具体行政行为而引起的纠纷和不服国家知识产权局行政复议决定而引起的纠纷。

不服国家知识产权局的下列具体行政行为，根据《国家知识产权局行政复议规程》，可以依法申请行政复议：（1）对国家知识产权局作出的有关专利申请、专利权的具体行政行为不服的；（2）对国家知识产权局作出的有关集成电路布图设计登记申请、布图设计专有权的具体行政行为不服的；（3）对国家知识产权局专利复审委员会作出的有关专利复审、无效的程序性决定不服的；（4）对国家知识产权局作出的有关专利代理管理的具体行政行为不服的；（5）认为国家知识产权局作出的其他具体行政行为侵犯其合法权益的。

对于国家知识产权局因上述事项的复议决定仍然不服，或者对国家知识产权局作出的强制许可决定或者实施强制许可决定的使用费的裁决不服，企业、其他经济组织可以选择向人民法院提起行政诉讼。

（二）与专利复审委员会之间的纠纷

与专利复审委员会之间的纠纷主要有以下两种。

（1）不服专利复审委员会作出的维持驳回专利复审的决定而引发的纠纷。专利申请人在专利申请被驳回之后，如果不服的，可以在收到驳回通知之日起3个月内向专利复审委员会申请复审。专利复审委员会作出复审决定之后应当通知申请人。如果对专利复审委员会作出的维持驳回专利复审的决定不服，可以向人民法院提起行政诉讼。

（2）不服专利复审委员会作出的无效宣告请求审查决定而引发的纠纷。专利授权以后，任何个人或单位在任何时候认为专利权的授予不符合专利法规定的，可以向专利复审委员会申请宣告专利无效。专利复审委员会经过审查后作出维持专利权有效或者宣布专利权无效的决定，并通知专利权人和申请人。如果当事人对专利复审委员会专利权无效宣告请求的审查决定不服，可以向人民法院提起行政诉讼。

（三）与管理专利工作的部门之间的纠纷

根据专利法相关规定，省、自治区、直辖市人民政府管理专利工作的部门负责本行政区域内的专利管理工作。当事人因不服该部门在专利管理工作中作出的某些处理而引起的相关的纠纷主要有以下几种。

（1）不服停止专利侵权行为的处理决定。根据专利法规定，管理专利的工作部门可以对当事人之间的有关侵犯专利权的纠纷进行处理，如果认定侵权成立的，可以责令侵权人立即停止侵权行为。管理专利工作的部门作出处理后，专利权人、利害关系人或者被处罚人对处理决定不服就会引发行政纠纷，相关人员可以依照行政诉讼法的规定，在收到处理通知之日起15日内向人民法院提起行政诉讼。

（2）不服查处假冒专利行为的处理决定。根据专利法规定，管理专利工作的部门可以对假冒专利的行为进行查处，包括责令改正、予以公告、没收违法所得并处以罚款。如果当事人对管理专利工作的部门所作的查处假冒专利行为的决定不服，被处罚人可以依照行政诉讼法的规定，在收到处罚决定书之日起15日内向人民法院提起行政诉讼。

（3）不服关于发明专利申请公布后、授权前使用费的调解。专利法中规定，专利申请人在发明专利公布后，可以要求实施其发明的单位或者个人支付适当的费用。在专利申请公布后、专利授予前的这段期间称为临时保护期。在临时保护期内，申请人尚未获得专利权，还不能依此主张相应的专利权，此时根据专利法的规定，申请人也仅仅"可以"要求实施其发明的单位或个人支付"适当"的费用。专利申请人与实施人之间就可能会因是否应该支付费用以及应当支付多少费用而发生纠纷，可以向管理专利工作的部门请求调解。如果当事人对管理专利工作的部门所作的调解不服，可以向人民法院提起行政诉讼。

（4）不服关于发明人、设计人奖励报酬纠纷的调解。根据专利法，这主要是针对职务发明来说，《专利法实施细则》规定，对于职务发明，单位应当向发明人、设计人支付奖励、报酬。单位与发明人、设计人之间因对奖励、报酬的发放数额、方式、时间等未能达成一致意见，就会产生矛盾和纠纷。当事人可以向管理专利工作的部门请求调解。如果当事人对管理专利工作的部门所作的调解不服，可以向人民法院提起行政诉讼。

（5）不服关于侵权损害赔偿数额纠纷的调解。一旦认定专利侵权行为成立，就必然会产生关于侵权损害的赔偿问题,如果双方当事人未能就损害赔偿的数额达成一致的,可以向管理专利工作的部门请求调解。如果当事人对管理专利工作的部门所作的调解不服,可以向人民法院提起行政诉讼。

(6)不服关于专利申请权纠纷的调解。关于专利申请权的纠纷,主要包括是否申请专利和由谁申请专利的纠纷,如果双方当事人不能达成一致意见,可以向管理专利工作的部门请求调解。如果当事人对管理专利工作的部门所作的调解不服,可以向人民法院提起行政诉讼。

(7)不服关于发明人、设计人资格纠纷的调解。如果当事人不能就发明人、设计人的资格达成一致意见,可以向管理专利工作的部门请求调解。如果当事人对管理专利工作的部门所作的调解不服,可以向人民法院提起行政诉讼。

在实践中,当事人之间应当注重事先的约定,以有效避免此类纠纷的发生。

第四节 专利纠纷的应对策略

一、专利权范围的确定

在专利纠纷尤其是专利侵权纠纷中,确定专利权的保护范围十分重要。

(一)发明、实用新型的保护范围

我国专利法对发明和实用新型的保护范围以权利要求书所记载的内容为准,说明书和附图用于解释权利要求。当权利要求书中记载的技术特征不易理解时,可以根据说明书中记载的内容给予清楚的解释;当权利要求书中记载的保护范围不明确时,可以根据说明书对权利要求书记载的内容作相应的明确解释。

对于实施例,一般情况下专利权的保护范围不应当受实施例的约束。但是在特殊情况下,专利的技术范围允许限定为具体的实施例,例如,仅按权利要求书描述的技术方案不完整;权利要求书的记载缺少必要技术特征;权利要求书所记载的范围大于发明的详细说明书所记载的范围;权利要求书所记载的全部为已知技术;权利要求书所记载的技术方案从申请时的技术水平来看是未完成发明,但实施例为完成的发明;除实施例之外,权利要求书所记载的技术方案不能达到说明书所声称的技术效果,等等。

摘要是说明书公开内容的概括,不具有法律效力,不能作为修改说明书或者权利要求书的依据,也不能用来解释权利要求书。

(二)外观设计的保护范围

外观设计保护的是产品的外形设计而不是产品本身。外观设计专利权的保护范围以表示在图片或者照片中的该产品的外观设计为准,简要说明可以用于解释图片或者照片所表示的该产品的外观设计。

专利权人在申请专利时所提交的图片、照片，应当完整表明该外观设计。如果外观设计涉及三维图案的，应当包括产品的主视图和俯视图、底视图、前视图、后视图、左视图、右视图等。简要说明应写明使用该外观设计的产品的设计要点、请求保护色彩、省略视图等情况，但是简要说明不能对外观设计的保护范围作扩大和缩小解释。专利权人在简要说明中请求保护色彩的，应当将请求保护的色彩作为限定该外观设计专利权保护范围的要素之一。

在确定外观设计专利权的保护范围时不得涵盖该外观设计专利申请日以前或者优先权日以前已有的现有设计；应当排除产品的大小、材料、功能、技术性能和结构；不受消费者在正常购买和使用时不会注意或者不产生美感作用的产品部位特征的影响。

二、专利权的无效宣告

企业在被控侵权时，可以根据所掌握的证据，请求专利复审委员会宣告该专利权无效，用以对抗侵权指控。

（一）无效宣告请求的启动要件

1. 无效宣告请求的主体

根据专利法规定，任何单位和个人可以在任何时候，无论是在其有效期内，还是在其有效期届满终止之后，都可以向专利复审委员会提出无效宣告请求。

2. 无效宣告请求的客体

宣告无效请求的对象应当是国家知识产权局已经公告授权的专利。请求人可以对权利要求书中的部分权利要求请求宣告无效。对于已被判决确定为部分无效的专利只能针对有效部分提出无效宣告请求。如因未缴费或者专利权人声明放弃专利权的，因被放弃的专利权自申请之日无效，故无须再对其请求宣告无效。

3. 无效宣告请求的理由

无效宣告请求必须依据法定的理由。我国《专利法》规定可以请求宣告专利权无效的理由主要有以下几类：

（1）发明或实用新型不具备新颖性、创造性或实用性；

（2）外观设计与在先的设计相同或近似，或与他人在先的权利相冲突；

（3）说明书没有对发明或者实用新型作出清楚、完整的说明，所属技术领域的技术人员不能够实现；或者权利要求书没有以说明书为依据，说明专利权的保护范围；

（4）文件修改超出了原说明书和权利要求书记载的范围，或者外观设计的文件修改超出了原图片或照片表示的范围；

（5）不符合有关发明、实用新型和外观设计的定义；

（6）违反了相同发明创造只能授予一项专利权的规定；

（7）发明创造的内容违反我国法律、社会公德或者妨害公共利益；

（8）不属于授予专利权的客体；

（9）违反了先申请原则而授予专利权的。

必须指出的是，如果已经有人对该专利请求无效宣告，并且专利复审委员会对此已经作出审查决定，他人就不能再次以相同的理由和证据请求无效宣告。

（二）无效宣告请求需提交的文件

1. 无效宣告请求书与证据

请求人请求无效宣告时，应当提交无效宣告请求书和证据各一式两份。请求人应当使用国家知识产权局制定的《专利权无效宣告请求书》。

无效宣告请求人需要提交与请求无效宣告的理由相关的证据。这些证据必须符合我国法律对于证据的一般要求，并且能够证明请求人的主张。请求人提交外文证据的，应当在无效宣告申请之日起1个月内提交相应的中文译文。请求人在无效宣告请求之日起1个月内可以增加理由或补充证据。

2. 委托书

在请求无效宣告的程序中，当事人如果委托专利代理机构的，应当提交委托书原件一份。专利权人如果继续委托专利申请程序中的专利代理机构的，应当再次递交无效宣告程序委托书。委托事项应当与该专利权的信息以及无效宣告请求书的内容相一致，并明确代理权限。

（三）无效宣告请求应对技巧

对于企业已经获得的专利，如果被宣告专利无效可能会给企业造成损失，因此，企业要积极应对专利无效宣告请求。

首先，要认真分析对方提出无效宣告请求的法律依据、理由及相关的证据。

其次，被申请宣告无效一方在收到专利复审委员会通知后，应当在指定的时间内完成意见陈述书的撰写，正确填写"复审、无效程序意见陈述书"中的各项内容，避免不必要的程序风险。意见陈述书中的答辩意见可以包括以下内容：针对对方适用法律的反驳，主要看对方是否有适用法条的错误或理解错误；针对对方提出证据的反驳，主要看对方所举证据是否具有真实性、合法性、相关性，是否超过举证期限；针对对方申请无效宣告理由的反驳；提出反证。

再次，在无效宣告请求的审查程序中，发明或者实用新型专利的专利权人可以修改其权利要求书，但是不得扩大原专利的保护范围。发明或者实用新型专利的专利权人不得修改专利说明书和附图；外观设计专利的专利权人不得修改图片、照片和简要说明。

最后，专利复审委员会的无效宣告并不是终局决定，如果当事人不服的，可以自收到通知之日起3个月内向北京市第一中级人民法院提起行政诉讼，对其判决不服的还可以向北京市高级人民法院提起上诉。

专利无效宣告的基本流程如图10-5所示。

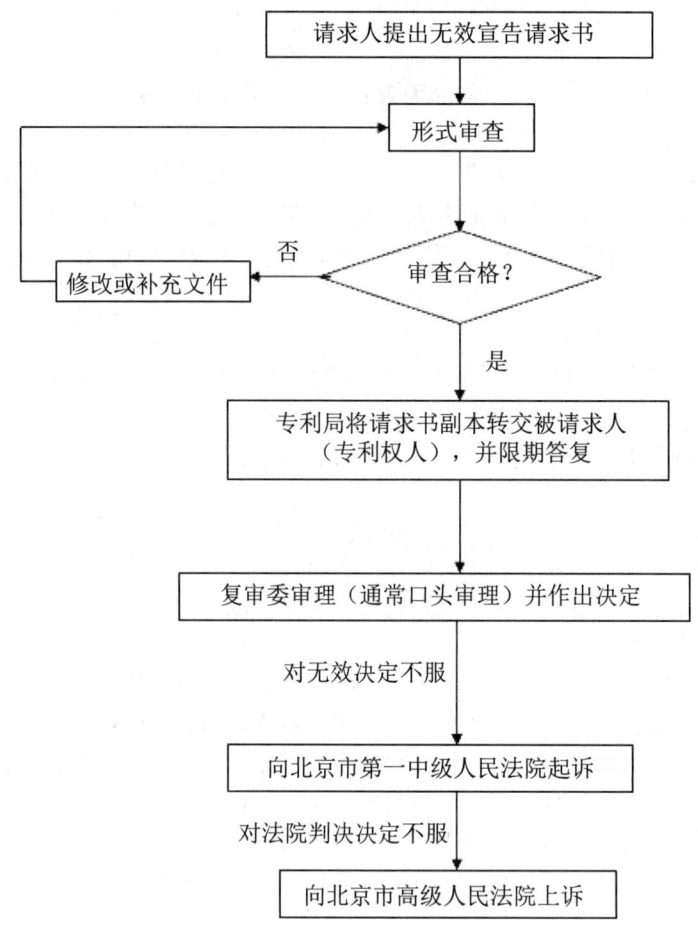

图10-5　专利无效宣告流程

三、新产品制造方法的举证责任倒置

举证责任倒置是民事诉讼法的一项规定,指原告对自己提出的主张可以不提供相关的证据加以证明,而是由被告提供相关的证据证明原告的主张不成立,否则就由被告承担举证不能的责任。

根据专利法相关规定,对新产品的制造方法专利侵权,实行举证责任倒置,即专利侵权纠纷涉及新产品制造方法的发明专利的,制造同样产品的单位或者个人应当提供其产品制造方法不同于专利方法的证明。

新产品是指与市场上销售的产品不同的产品。原告应当举证证明其产品是新产品,即只要原告在专利文件中提到是一种新产品制造方法,或者在诉讼时称其产品是一种在专利申请日之前市场上未有公开销售的新产品即可。

被告作为制造同样产品的单位或个人应当承担证明其生产产品所使用的制造方法与专利

方法不同，如果能够证明的，则不构成侵权；如果不能证明的，那么就会被认定侵权成立，就要承担相应的侵权责任。

四、公知技术抗辩

公知技术抗辩是专利侵权诉讼中常见的一种抗辩方式。公知技术包括现有技术和现有设计。现有技术是指申请日以前在国内外出版物上公开发表过、在国内外公开使用过或者以其他方法为公众所知的技术。现有设计是指申请日以前在国内外为公众所知的设计。在专利侵权诉讼中，被控侵权人以其实施的为公知技术或是公知设计进行抗辩，用以对抗专利权人的侵权主张，即如果被控侵权物的技术特征与专利技术特征构成等同，被控侵权人证明其所实施的是公知技术，那么专利行政部门和人民法院都可直接认定被控侵权人的实施行为不构成侵权。

在适用现有技术抗辩时，应当注意以下几点：

（1）该制度的适用既需要被控侵权人自己提出抗辩主张，也需要其提供支持其抗辩主张的证据，法院或者专利行政部门不能代替被控侵权人主动检索现有技术。

（2）被控侵权人只能以其实施的技术属于现有技术为由进行抗辩，不能依据其他法定的能够宣告专利权无效的理由进行抗辩。

（3）技术的组合可能会因其具有创造性而成为一项新的专利，因此公知技术抗辩不适用于一项由公知技术组合而成的新专利。

（4）在被控侵权人提出现有技术抗辩主张，并举出有关证据时，法院或者专利行政部门一般先行判断抗辩是否成立。如果抗辩成立，则可判断侵权不成立。只有抗辩不成立时，才继续判断被控侵权的技术是否落入专利权的范围。

五、滥用专利权的抗辩

滥用专利权的抗辩主要包括以下几种。

（一）获取专利权的抗辩

获取专利权的抗辩是指被告证明自己获得了与原告相同的有效的专利权。法院认定两个专利技术内容相同后会保护在先申请的专利权。

获取专利权抗辩的产生情形和处理方式主要有以下三种。

（1）不同的发明人对相同产品所作出的发明创造的发明点不同，他们的技术方案之间具有本质区别，因此两件专利均有效，不构成侵权。

（2）在后的专利是对在先专利的技术改进，它的实施有赖于前一项专利的实施，未经在先权利人同意实施后一项专利的，也视为对专利权的侵犯。此时当事人可以通过请求强制实施许可化解纠纷。

（3）实用新型专利没有经过实质审查，前后两项专利的技术方案相同或等同，后一项专利属于重复授权，此种情况也属对在先专利权的侵犯。此时在先申请的专利权人可以向专利复审委员会请求宣告在后申请的专利无效。

（二）专利权终止的抗辩

如果原告的专利是已经过了保护期、已经由权利人放弃、已经被专利复审委员会宣告无效的专利，被告人可以提供相应的证据，提出专利权终止抗辩。

六、确认不侵权诉讼

确认不侵权诉讼是指行为人请求法院确认其实施行为不侵犯他人的专利权。

（一）确认不侵权诉讼的法律依据

《最高人民法院关于审理侵犯专利权纠纷案件应用法律若干问题的解释》第18条规定："权利人向他人发出侵犯专利权的警告，被警告人或者利害关系人经书面催告权利人行使诉权，自权利人收到该书面催告之日起一个月内或者自书面催告发出之日起二个月内，权利人不撤回警告也不提起诉讼，被警告人或者利害关系人向人民法院提起请求确认其行为不侵犯专利权的诉讼的，人民法院应当受理。"

（二）确认不侵权诉讼的提起条件

（1）行为人实施了专利权人认为侵犯其专利权的行为。

（2）专利权人向原告发出了侵犯专利权的警告，例如专利权人向行为人发出警告信或律师函等。

（3）行为人已经书面催告专利权人行使诉权。

（4）专利权人收到该书面催告之日起1个月内或者自书面催告发出之日起2个月内既不撤回警告也不提起诉讼。

符合上述条件的被警告人或者利害关系人都可以向法院提起确认不侵权诉讼。

（三）确认不侵权诉讼的审理

行为人作为原告应当在被告所在地拥有有专利纠纷管辖权的人民法院提起确认不侵权诉讼。

如果有关的侵权诉讼之前已经在某个人民法院受理，该案中的被告不能就同一事实针对原告在另一个人民法院提出请求确认不侵权诉讼。如果行为人之前已经提起确认不侵权诉讼，专利权人可以就同一事实向另外一个人民法院提起侵权诉讼。为了避免就同一事实不同法院重复审判，对于这两起诉讼，一般由受理侵权诉讼的人民法院合并审理。

请求确认不侵权诉讼的审理仅限于行为人实施的行为是否构成对专利权的侵犯。

第十一章　专利运营

【本章导图】

专利运营
- 专利转让
  - 专利转让的概念和分类
  - 专利权转让的登记
- 专利使用许可
  - 专利使用许可
  - 专利使用许可的种类
  - 专利许可合同
  - 专利许可合同的备案
- 专利联盟与专利池
  - 专利联盟的定义、类型及运作模式
  - 专利联盟许可的基本原则
  - 专利池不同阶段的运作模式及特点
  - 加盟专利池的影响与风险分析
  - 专利联盟权利滥用行为与垄断行为比较
- 专利权质押融资
  - 专利权质押融资
  - 专利权质押的具体流程
  - 专利权质押融资合同
  - 专利权质押登记的变更与注销
  - 企业专利权质押融资的参考案例

第一节　专利转让

一、专利转让的概念和分类

专利转让是专利权利人将其所有的专利申请权或者专利权让渡给他人享有的行为，出让专利申请权或者专利权的人是转让人，接受专利申请权或者专利权的人是受让人。转让时，转让人将其所有的相关权利让渡给受让人，而受让人向转让人支付专利转让费用，转让人通过转让行为获取相应的经济收益，实现其原先所享有的相关专利权利的经济价值。

专利转让分为专利申请权的转让和专利权的转让。专利申请权的转让是指转让人将其申请专利的权利让渡给受让人；专利权的转让则是指转让人将其已经获得授权的专利让渡给受让人。转让专利申请权的，有权申请专利的人将由转让人变更为受让人；转让专利权的，专利权的所有人同样将由转让人变更为受让人。

二、专利权转让的登记

转让专利申请权或者专利权的，当事人应当向国务院专利行政部门办理登记手续，由国务院专利行政部门予以公告。

（一）基本条件

专利申请权或专利权的转让应当符合以下条件：
(1) 我国单位或个人向外国转让专利申请权或专利权的，必须经国家专利管理机关批准；
(2) 专利申请权或者专利权的转让人要与受让人共同签订书面的、符合专利法及有关法律的转让合同；
(3) 必须到专利管理部门申请办理认定、登记手续；
(4) 应向国家专利管理机关提交转让合同和《著录项目变更申报书》，同时缴纳费用。国家专利管理机关在专利公报上予以公告后，此项专利申请权或专利权的转让才正式生效。

（二）转让登记所需材料

填写《专利权转让合同》和《著录项目变更申报书》，提供著录项目变更证明材料。
著录项目变更证明材料具体指以下几类。
(1) 申请人或者专利权人因权利归属纠纷发生权利转移以及发明人因资格纠纷发生变更的，如果纠纷是通过协商解决的，应当提交全体当事人签名或盖章的权利转移协议书；如果纠纷是由人民法院判决确定的，应当提交发生法律效力的人民法院的判决书，专利局收到判决书后，应当通知其他当事人，查询是否提起上诉，在指定的期限（2个月）内未答复或明确未上诉的，判决书发生法律效力；提起上诉的，当事人应当出具上诉受理通知书，原人民法院判决书不发生法律效力。

如果纠纷是由地方知识产权局（或相应职能部门）调处决定的，专利局收到调处决定后，应当通知其他当事人，查询是否向法院提起诉讼；在指定期限（2个月）内未答复或明确未起诉的，调处决定发生法律效力；提起诉讼的，当事人应出具法院受理通知书，原调处决定不发生法律效力。

（2）专利申请人或专利权人因权利的转让或赠与发生权利转移，要求变更专利申请人或专利权人的，必须提交转让或赠与合同的原件或经公证的复印件；该合同是由法人订立的，必须由法定代表人或者授权的人在合同上签名或盖章，并加盖法人的公章或者合同专用章；必要时须提交公证文件。公民订立合同的，由本人签名或者盖章；必要时须提交公证文件。有多个专利申请人或专利权人的，应提交全体权利人同意转让或赠与的证明材料。涉及境外居民或法人的专利申请权或专利权的转让，应当符合下列规定：

①转让方、受让方均属境外居民或法人的，必须向专利局提交双方签章的转让合同文本原件或经公证的复印件；

②转让方属于中国大陆的法人或个人，受让方属于境外居民或法人的，必须出具国务院对外经济贸易主管部门会同国务院科学技术行政部门批准同意转让的批件，以及转让方和受让方双方签章订立的转让合同文本原件或经公证的转让合同文本复印件；

③转让方属于境外居民或法人，受让方属于中国大陆法人或个人的，必须向专利局出具双方签章的经公证的转让合同文本原件；

④上述专利申请权或专利权转让的著录项目变更手续，必须由转让方的申请人或专利权人或者其委托的专利代理机构办理。

上述①～③中的境外居民或法人是指在中国大陆没有经常居所或营业所的外国人、外国企业；中国港、澳地区及台湾地区的居民或法人；在中国大陆有经常居所或营业所的，可按中国居民或法人专利申请权和专利权转让的规定办理。

（3）申请人或者专利权人为法人的，因其合并、重组、分立、撤销、破产或改制而引起的著录项目变更必须出具具有法律效力的文件。

（4）申请人或者专利权人因死亡而发生继承的，应当提交公证机关签发的当事人是唯一合法继承人或者当事人已包括全部法定继承人的证明文件。除另有明文规定外，共同继承人应当共同继承专利申请权或者专利权。

（三）缴费

（1）规费。缴纳著录项目变更费200元，应当自提出请求之日起1个月内缴纳。

（2）代理费用。如果通过专利事务所等中介机构代办登记手续的，参照中介机构的代理费收费标准协商确定。

（四）办事机构

当事人办理登记手续时，可到国家知识产权局直接办理，或者通过CPC电子系统提交。

（五）注意事项

专利权是国家依法授予发明人或者受让人在一定期限内对其发明创造享有的专有权。专利权人有权转让其专利权。通过专利权转让合同受让了专利权的人，也是合法的专利权人，享有专利权人的一切权利。专利权转让时应该注意以下几个方面。

1. 权利人的资格

双方当事人签订转让合同时，应当注意明确转让人的资格，即转让人是否是专利的合法持有人；是否有其他共有人；是否属于职务发明或是非职务发明；对于国有企业的专利转让，还应注意有无有关领导部门或者管理机关的审批意见。

2. 受让人的资格

对于受让人而言，尤其是当中国单位或者个人向外国人、外国企业或者外国其他组织转让专利申请权或者专利权的，应当依照有关法律、法规的规定办理手续。

3. 转让合同

转让专利申请权或者专利权的，当事人应当经过协商，签订书面的转让合同，必须明确专利的名称、性质、内容以及权属状况，并应该特别注意专利权的有效期限等。

4. 专利实施

在专利转让合同中必须明确专利在转让前已发生的实施情况，以及转让后可能发生的实施情况及相关后果。对于专利转让后转让方是否仍然可以继续实施该专利项下的技术等问题也应该在合同中有明确的约定。

5. 后续成果的享有

在专利转让合同中，双方当事人应当就转让后所获得的后续改进技术成果的权属作出明确约定。

6. 未获得专利权的处理

对于专利申请权的转让，双方当事人应当就该项技术成果在申请专利的过程中可能发生的有关事项，特别是经国家知识产权局的审查，未能获得专利权的结果的处理等事项作出明确约定。

7. 专利无效的处理

由于任何一项专利权都存在被宣告无效的可能性，因此，专利权的转让存在一定的风险。双方当事人应当在合同中明确约定，如果发生被提起宣告无效的情况，在该无效宣告审理的过程中双方的配合与责任；或者如果发生专利权被宣告无效的情况，对于可能产生的法律后果的承担等。

8. 登记生效

我国《专利法》第10条第3款规定："转让专利申请权或者专利权的，当事人应当订立书面合同，并向国务院专利行政部门登记，由国务院专利行政部门予以公告。专利申请权或者专利权的转让自登记之日起生效。"

第二节　专利使用许可

一、专利使用许可

（一）专利使用许可概述

专利使用许可，简称专利许可，是指专利权人通过与他人签订专利使用许可合同的方式，许可他人在约定期限、约定地区、以约定方式实施其所拥有的专利权项下的技术方案，并向他人收取专利使用费的贸易活动。在专利使用许可合同中，专利权人是许可方，获得使用权的他人是被许可人。专利使用许可的本质是权利人对其所有的专利使用权的分割处分，专利使用许可以后，权利人仍拥有该专利的所有权，被许可方仅获得按照约定使用该专利技术的权利。

（二）专利使用许可的特点

1. 专利使用许可不改变专利权的归属

专利使用许可不改变专利权的归属，专利权人不因为许可他人使用其专利权而丧失对该专利的所有权，被许可人经签订使用许可合同所取得的也仅仅是该专利的使用权，并不因此而成为该专利的所有人。

2. 专利使用许可受到地域、期限和方式的限制

专利使用许可受到许可方和被许可方之间关于使用该专利技术的地域、期限和方式等约定的限制，被许可方不得超越约定的地域、期限和方式使用该专利，否则构成违约和侵权。

3. 专利权人承担维护权利的责任

专利使用许可并未改变专利的所有关系，因此，一旦该专利权遭受侵害，由权利人负责寻求法律救济。一般情况下，被许可人不因该项专利权被侵害而使用自己的名义提起诉讼或寻求行政调处，只有当许可人和被许可人之间所签订的是独占使用许可合同时，被许可方才有可能因其独占使用权被第三人侵害而以自己的名义提起诉讼。

二、专利使用许可的种类

（一）普通使用许可

普通使用许可，亦称非独占性许可，是指专利权人，即许可方允许被许可方在约定的期间和地域内以约定的方式使用其专利，同时许可方自己仍保留在该地域内使用该项技术，以及再与第三方就同一专利签订专利使用许可合同，许可第三方使用该专利技术的权利。

（二）排他使用许可

排他使用许可，亦称独家使用许可，是指在专利权人，即许可方只允许被许可方一家在约定的期间和地域内以约定的方式使用该专利，而不再许可其他人使用该专利，但是许可方仍保留自己在该约定的期间、地域内以约定的方式使用该专利的权利。

（三）独占使用许可

独占使用许可，是指专利权人，即许可方只允许被许可方一家在约定的期间和地域内以约定的方式使用该专利，而不再许可其他任何人使用该专利，同时专利权人作为许可方也不享有使用该专利的权利。此时，被许可方不仅取得在约定的时间和地域内以约定的方式使用该专利技术的权利，而且有权拒绝任何第三者，包括许可方在内的一切其他人在约定的时间、地域内以约定的方式使用该专利。

（四）分使用许可

分使用许可，又称再许可、从属许可，是指在得到许可方同意的前提下，被许可方可以

自己的名义将获得使用许可的专利再许可第三方使用。许可方只有在使用许可合同中予以特别说明，或者另行专门许可或授权，被许可人才有权许可第三方使用该专利，如果未有特别的说明，或是专门的授权，即使许可方和被许可方之间签订的是独占使用许可合同，被许可方也不具有分许可权。

（五）指定使用许可

指定使用许可，简称指定许可，是指国有企事业单位的发明专利，对国家利益或者公共利益具有重大意义的，国务院有关主管部门和省、自治区、直辖市人民政府报经国务院批准，可以决定在批准的范围内推广应用，允许指定的单位实施，由实施单位按照国家规定向专利权人支付使用费。

指定使用许可的客体只限于发明专利，不包括实用新型专利和外观设计专利，而且指定使用许可的客体只限于国有企业事业单位的发明专利，其他单位和个人的发明专利不适用指定使用许可。

三、专利许可合同

（一）专利许可合同的主要内容

（1）前言。应当写明专利权人，即许可人与被许可人的基本信息，如果当事人是单位的，应当包括单位的名称、法人代表的姓名、地址、联系方式等，如果当事人是个人的，应当包括多个人的姓名、身份证号码、住址、联系方式，等等；并且写明双方许可使用专利的目的和意愿。

（2）定义。其中应当包括协议中所涉及的术语的定义和其他需要明确解释的内容。

（3）许可标的。应写明使用许可的专利权的基本情况，包括专利名称、申请日、专利号、授权日以及专利有效期限等。

（4）许可种类。双方当事人应该明确约定许可专利实施的种类，或是普通许可，或是排他许可，或是独占许可。

（5）实施许可的有效期间、地域范围和实施方式。专利实施许可的有效期间，可以是专利权的整个有效期间，也可以是专利权有效期间的一部分。专利实施许可的地域范围，可以是专利权的整个有效地域范围，也可以是专利权有效地域范围的一部分，但不能超过有效地域范围。许可使用的实施方式，可以是制造、使用、许诺销售、销售、进口等方式中的一种方式，也可以是其中多种方式。因此，双方当事人在签订专利实施许可合同时，应当明确约定专利实施许可的有效期间、地域范围和实施方式。

（6）专利使用费的数额、支付方式及支付时间。双方当事人应该在许可合同中根据使用的范围和生产能力以及许可方式等各种相关因素综合考虑计算，明确约定许可费用的数额。合同中还应当明确约定许可费的计算方式，例如，最低年使用费、最高年使用费、按件收费、按营业额比例计算、按利润比例计算等；明确约定专利使用费的支付方式，例如，可以是一次性支付，也可以是分期支付或者分阶段支付等；明确约定支付的具体日期；等等。

（7）技术改进的继续提供或者反馈。在合同的有效期内，双方都有可能对合同有关的技术作出改进，因此在合同中，对改进技术的所有、使用费和申请专利等问题应作出约定。

许可方将其技术提供给被许可方,称为"继续提供",受方将其技术改进通知供方,称为"技术反馈"。无论是继续提供还是技术反馈,双方都需要明确约定。

许可方不得禁止或者阻碍被许可方对专利技术的改进。

对于改进技术而言,遵循"谁改进,谁拥有"的原则,所以除非双方当事人另有约定或者双方没有明确约定的,后续改进所获得的发明创造,由发明创造的完成人申请专利,专利权归申请专利的人所有。

(8)技术服务和人员培训。许可合同中应该约定许可方对被许可方提供必要的技术指导、技术培训和技术服务,以帮助被许可方正确实施专利技术。双方当事人可以通过合同附件的形式,对此作出详细约定。

(9)保密条款。一项发明创造的实施,可能会涉及专利权人的除专利以外的一些商业秘密,其中包括技术秘密信息和经营秘密信息等,因此双方应当在实施许可合同中明确约定双方在专利实施许可的过程中所应当承担的保密义务,对于商业秘密给予必要的保护。双方当事人都应当针对各自需要保密的内容及保密条款进行法律风险评估。

(10)担保条款。许可方应当保证按合同要求及时向被许可人提供技术资料和履行传授技术的义务,保证所提供的技术资料是完整的、准确的和可靠的,并明确保证提供的专利权是合法有效的。但是许可方一般会明示其不承担由于被许可人自身修改等行为、被许可方将所涉专利与其他技术方案结合使用、被许可方不使用或拒绝使用许可方提供的升级技术等情况造成的责任。

(11)违约责任。双方当事人可以明确约定侵权之后的违约责任,违约责任的约定应当明确具体,并符合实际情况。

(12)争议解决。双方当事人可以约定发生纠纷之后如何解决,可以约定自行协商、第三人调解、申请仲裁或者提起诉讼。必须注意的是,一旦双方当事人约定了申请仲裁解决纠纷的,法院不再受理该纠纷的诉讼请求。

(13)合同的生效日、有效期限、终止和延期。

(二)签订专利许可合同应注意的事项

1.许可种类的选择

双方当事人应该明确约定对专利的实施权,是普通占用、排他占用还是独占的。采用独占实施许可虽然许可方可以获得较高的许可费,但是也束缚了自己,许可方应考虑周全再选择使用。

2.应当事先检索专利的法律状态

专利法律状态检索包括专利有效性检索、专利地域性检索和权利人检索。顾名思义,专利有效性检索是针对许可专利是否仍然有效,或是因何失效的检索;专利地域性检索是确定许可专利获得保护或提交申请的国家范围;权利人检索是确定谁是该许可专利的真正权利人。

专利法律状态检索能够有效保障合同效力,明确双方应当如何安排彼此的权利和义务,如合同约定的专利的实施范围超过法律状态反映的地域或其他限制,必然会损害企业利益。企业在签订此类合同时,若缺乏必要的专利法律状态检索,虽然并不一定直接导致签订的具体合同发生法律纠纷,但是为发生相关的法律风险埋下了伏笔。

3. 共有专利的许可

如果许可使用合同涉及的专利由多个专利权人共有的,必须征得所有共有人的同意,而不能只与其中部分共有人单独签订许可合同。

四、专利许可合同的备案

(一)备案范围

专利实施许可合同,包括专利申请阶段的实施许可合同。

(二)备案条件

通过国家知识产权局检索,确认专利权、专利申请权有效。

(三)下列情况不予备案

(1)专利权终止、被宣告无效,专利申请被驳回、撤回或者视为撤回的;
(2)未经共同专利权人或申请人同意,其中一方擅自与他人订立专利合同的;
(3)同一专利合同重复申请备案的;
(4)专利合同期限超过专利权有效期限的;
(5)其他不符合法律规定的。

(四)备案材料

(1)专利实施许可合同备案申请表原件;
(2)专利实施许可合同副本;
(3)法人授权委托书和受委托人的身份证复印件;
(4)如果是由专利代理有限公司代理申请,应出具专利代理委托书和该专利代理机构具体经办人的身份证复印件;
(5)专利证书或者专利申请受理通知书复印件;
(6)许可人、被许可人的身份证明,如身份证、营业执照等复印件。

(五)备案效力

我国专利法及有关法规并未对专利合同备案的效力作出明确规定。按照一般法学理论和实践,备案的效力在于对抗专利权人或者独占实施许可人。也就是说,如果专利权人对企业许可后,又许可给其他人独占实施该专利,企业可以在原有许可范围内继续使用而不受影响,否则可能被禁止实施,当然,如果发生这种情况,被许可人可以向专利权人主张合同违约。

第三节　专利联盟与专利池

一、专利联盟的定义、类型及运作模式

（一）专利联盟的定义

专利联盟（Patent Pool）最早出现于美国，1856年，美国的缝纫机制造业出现了第一个专利联盟，自此，专利联盟的发展先后经历了三个不同的发展阶段：自由发展阶段（1856~1912）、限制发展阶段（1912~1995）和规范发展阶段（1995年至今）。专利联盟，又译"专利池""专利联营""专利联合授权行为"等，对于专利联盟的定义，目前在学术上还没有统一的界定，不同学者根据各自的理解和研究角度的不同，对专利联盟的概念作出不同的阐述。专利联盟和专利池稍显不同，专利联盟指的是企业联盟，而专利池则指的是专利集合。

专利联盟是企业之间基于共同的战略利益，以一组相关的专利技术为纽带达成的联盟，联盟内部的企业实现专利的交叉许可（Cross-Licensing），或者相互优惠使用彼此的专利技术，对联盟外部共同发布联合许可声明，而其中相关的专利技术的集合则组成专利池。专利池是一种由专利权人组成的专利许可交易平台，两个或更多的专利权人把作为交叉许可客体的专利权放入"一揽子"许可中所形成的专利集体。专利池平台上的各个专利权人之间依然存在专利许可的问题。

（二）专利联盟的类型

专利联盟的类型如表11-1所示。专利联盟的规模有大小之分，其区别如表11-2所示。

表11-1　专利联盟的类型

根　据	类　型	内　涵
是否对外许可	开放型联盟	专利联盟将联盟内成员的专利"打包"许可给联盟外的公司
	封闭性联盟	两个或多个专利权人通过组建专利联盟而在联盟内部成员间进行专利权的相互交叉许可
	复合式联盟	两个或者多个专利所有人联合起来组成专利联盟后，不仅在专利联盟内专利权人之间进行专利许可，而且对第三方提供专利许可
专利联盟涉及范围的大小	小型的以合约为基础的专利联盟	由少数几个专利权人组成
	大范围的行业领域的专利联盟	由多个拥有数百上千项专利技术的公司组成
联盟成员的加入是否出于自愿	自愿型联盟（voluntary patent pool）	企业自愿加入
	强制型联盟（non-voluntary patent pool）	企业非自愿加入

（续表）

根据	类型	内涵
组建目的不同	以建立行业标准为目的的专利联盟	现在市场上最为常见的专利联盟，例如，DVD行业的"3C"联盟和"6C"联盟
	以方便专利使用为目的的专利联盟	一般为小型的专利联盟，例如，飞利浦DVD专利联盟
	以降低相互竞争程度为目的的专利联盟	一般是违反竞争法的，在市场上也比较少见。这类专利联盟内的专利以竞争性专利为主，由于阻碍专利间的竞争，抬高专利的市场价格，增加专利产品的成本，减少消费者福利，而被判定具有垄断性，经常受到竞争法的限制，甚至被依法解散
	以攻击竞争对手、垄断市场为目的的专利联盟	在市场上也比较少见。这类专利联盟在组建后往往会通过恶意抬高专利许可费等手段来提高竞争者的成本，打压竞争者，从而使竞争者失去竞争力，甚至被迫退出市场

表11-2 小型的以合约为基础的专利联盟和大范围的行业领域的专利联盟的对比

	小型的以合约为基础的专利联盟	大范围的行业领域的专利联盟
专利	数量少、覆盖范围小	数量多、覆盖整个领域
联盟成员	数量少	数量多、企业实力强大
联盟内专利关系	互补性和妨碍性居多	关系复杂、可能包含竞争性专利
是否建立新实体	一般不建立	一般建立
许可对象	以联盟内成员相互许可为主	以向第三方许可为主
组建目的	方便专利的相互使用、清除妨碍性专利	占领整个行业领域、建立行业标准
对竞争者的策略	保守型策略	进攻型策略
垄断性倾向程度	低	高
对市场的影响程度	小	大

（三）专利联盟的运作模式

专利联盟的运作从初始的萌芽创立开始，随着联盟成员的不断增加，专利联盟的运作也会不断地成熟与完善，联盟在所属行业所占的技术地位也会越来越重要，乃至最后成为该行业技术标准与市场标准的决定者。根据专利联盟的发展程度及不同的运作特征，可以将专利联盟的发展分为三个阶段，如图11-1所示。

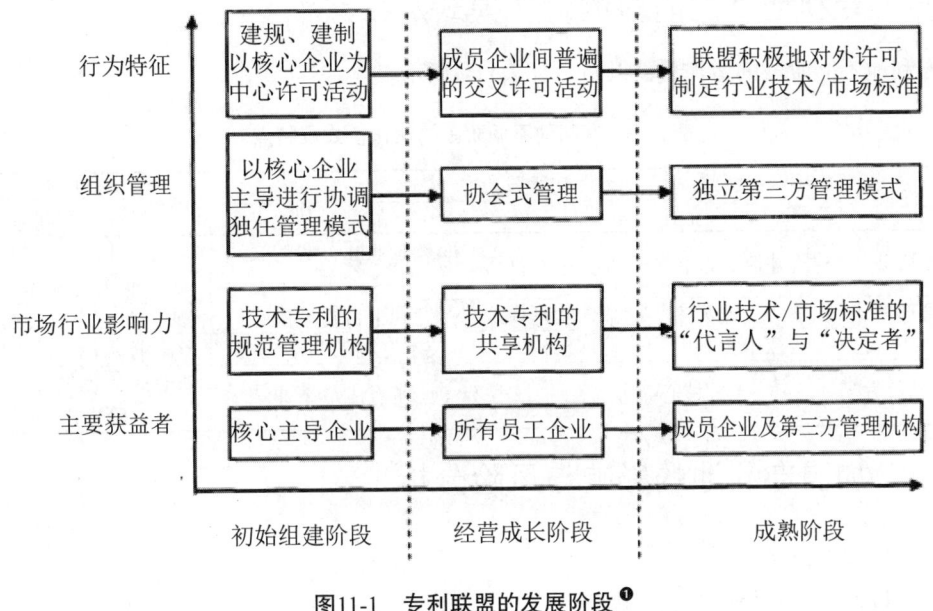

图11-1 专利联盟的发展阶段❶

二、专利联盟许可的基本原则

(一)对内——平等原则

在专利联盟内部通常遵循平等原则,无论各成员专利数量多少,它们地位一律平等,每一项基础专利无论其作用大小,均平等对待。专利联盟中任何一项基础专利都是技术实施中必不可少的,只有各基础专利的有机结合才可能实现联盟结成的预期目标。各成员间的专利一般实行交叉许可,其结果是,提高自身专利技术水平的同时,往往也抬升专利联盟的技术水平,以收到联盟内部的良性循环的效果。对外许可采用商业化方法获取收入的分配,主要是根据各成员所拥有的有效专利数量按比例进行。

(二)对外——FRAND原则

专利联盟对外许可一般遵守"FRAND原则"(Fair、Reasonable and Non-discriminatory),即公平、合理、非歧视原则。公平原则要求专利联盟不得无理由拒绝他人许可之要求以限制新厂商进入同类市场;合理原则要求许可条款特别是专利许可费率和许可条件应当合理;非歧视原则要求专利联盟对任何一个被许可厂商应平等对待,不得因为被许可人所属国别、规模大小等原因而厚此薄彼或不予许可。而在现实中,由于信息的不对称性、专利联盟所处的强势地位和"公平、合理"标准的过于主观及表面的"非歧视"而背后则是通过其他隐性条件变成变相的歧视等,通常使专利联盟获取暴利而使被许可方陷入不利地位。

---

❶ 游训策:《专利联盟的运作机制与模式研究》,武汉理工大学博士学位论文,2008年。

三、专利池不同阶段的运作模式及特点

专利池不同阶段的运作模式及特点如表11-3所示。

表11-3 专利池不同阶段的运作模式及特点

发展阶段	初级阶段		高级阶段
	企业联盟	产品型专利池	标准型专利池
主要活动	建规建制,以核心企业为中心许可	成员企业间普遍的交叉许可	积极对外许可,制定行业/技术标准
组织管理模式	以核心企业为主导的独任管理模式	专利平台管理模式	独立第三方管理模式
产业影响力	技术专利的规范管理机构	技术专利的共享机构	产业/技术标准的引领者
主要受益方	核心企业	所有成员企业	所有成员企业及第三方管理机构

四、加盟专利池的影响与风险分析

(一)加盟专利池的影响

1. 可以使企业获得行业竞争优势

第一,专利联盟可以降低企业间的交易成本、诉讼成本等一系列其他与专利方面相关的成本,而对于行业中其他企业,如果想获得相关的专利,就需要付出更多的成本,如许可费用等。

第二,非专利联盟企业,没有经过许可,是不能使用专利池内专利的,从而形成技术壁垒。那么,拥有专利的企业就会趁机利用专利,实现自己与同行业其他企业的差异化,从而提高自己在行业中的竞争优势。

2. 可以使企业获得资源优势

形成专利联盟的企业之间可以资源共享,并实现企业的资源互补,相对没有参加联盟的企业而言,其拥有的优势是显而易见的,而且难以被替代,特别是在技术和研发方面。专利资源及其形成的市场基础对于联盟成员企业资源优势的获取、价值创造具有举足轻重的作用。

3. 可以提升企业核心竞争力

企业的核心竞争力是指企业在市场竞争条件下,以技术为核心,通过企业其他资源的支撑和交互作用所表现出的获取竞争优势的能力,并且这种能力的强弱在很大程度上受企业所面临的产业技术和市场动态特性的影响。对于专利联盟的成员企业,联盟的专利恰恰是形成成员企业核心竞争力的基础,而这种基础对于非专利联盟成员企业而言,则是不具备的。

4. 有利于企业的技术创新活动

企业间自发形成的专利联盟,可以借助市场机制,通过相互授权解决专利群的障碍问题,从而降低专利权的排他性、封闭性和相互排斥,增强合作性和开放性,促进已有专利技术的有效利用。因此,专利联盟可以为技术创新活动降低技术风险和市场风险,提供较高水平的利益回报,对技术创新活动产生激励作用。

（二）加盟专利池的风险分析

1. 专利联盟建立过程中的风险

专利联盟建立过程中由于联盟成员之间要交叉许可专利使用权，如果不能保障每一个联盟成员公平地将其专利充分披露，则会使部分联盟成员甚至整个专利联盟组织遭受损失。在建立过程中一些联盟成员出于个人利益考虑，故意隐瞒自己拥有的部分相关专利，而在联盟成立后又将隐瞒专利推向市场。这样的行为造成两个后果：第一，其他联盟成员将自己的专利权出让给联盟进行分享，却没有获得自己需要的互补性或妨碍性专利的使用权，影响其专利的正常使用，在被隐瞒的专利推行之后，又不得不向专利权人另行支付专利许可费以获得专利使用权。这样就给该联盟成员带来损失，甚至导致其携带自己的专利权退出联盟，给整个专利联盟带来损失。第二，被隐瞒专利的使用权本该属于专利联盟，而因为隐藏行为，专利联盟将得不到该专利权。一般专利联盟所聚集的大多为妨碍性专利或互补性专利，故被隐瞒专利与专利池核心专利之间也可能存在妨碍或互补关系。当专利联盟成立并进入市场后，如果被隐瞒专利不进入市场，则专利联盟将会因专利池范围被缩小而作用和利润减少；如果被隐瞒专利进入市场，则会对专利联盟的推行和发展产生阻碍作用，甚至影响专利联盟的正常运行。

2. 专利联盟交易过程中的风险

专利联盟交易过程中的风险主要有两个：第一，如果被许可者是联盟成员在专利产品市场上的强大竞争对手，则可能使得联盟成员在专利产品市场上遭受打击，而在法律的规范下，专利联盟不得对被许可者歧视定价，因此，联盟成员无法通过收取高额专利许可费补偿在专利市场上的损失。因此，这样的交易可能会给联盟成员带来损失，具有风险性。第二，由于专利是随科学技术发展而不断更新的，最先进的专利技术不一定总由专利联盟成员所开发。专利联盟在向被许可者授予专利使用权后，如果被许可者在被许可专利基础上研发出新的专利，且与专利联盟的核心专利呈妨碍或互补关系，则在这些专利的实施过程中，势必会对专利联盟的发展起到阻碍作用，给专利联盟带来损失。❶

五、专利联盟权利滥用行为与垄断行为比较

（一）专利联盟权利滥用行为

专利联盟的权利滥用是指专利联盟滥用其市场支配地位，采取不实施或在专利许可中不正当地限制交易以及其他不公正的交易方法行使权利，损害他人利益或社会公共利益，因而法律上对其作否定评价，并应承担相应法律责任的行为。

1. 构成要件

（1）构成专利联盟权利滥用的前提是须有合法的专利权利存在，没有合法权利就不可能有权利滥用行为。

（2）构成权利滥用的主体是专利权人授权或委托的专利联盟实体。专利联盟是一个独立组织，它能够对外进行专利许可并收取许可费。

---

❶ 游训策：《专利联盟的运作机理与模式研究》，武汉理工大学博士学位论文，2008年。

（3）构成专利联盟权利滥用所侵犯的客体是国家的、社会的、集体的利益和公民的合法的自由和权利。

（4）构成专利联盟权利滥用的主观方面是故意或过失。

（5）客观方面行为人有积极的滥用权利行为或消极的滥用权利行为，并有危害结果的发生。

2. 表现形式

（1）从实体法律规范的角度来看，专利联盟权利滥用具体表现为以下常见行为。

①强制性一揽子许可。被许可人只需要专利权人的某一项或几项专利，但被迫以接受专利权人的全部专利为条件，才能取得所需要专利的许可。被许可人被迫只能接受所有专利，而无选择的权利。专利联盟强制一揽子许可专利在于限制竞争、垄断市场，获得非法利益。这是典型的专利联盟权利滥用行为。

②固定价格。固定价格是指专利联盟在与被许可人签订协议时，固定被许可人出售专利产品的价格。被许可人只能按固定的价格销售产品，否则，专利联盟不许可其使用专利。

③转售地域限制。地域限制是指许可合同中限制被许可人仅能在一定地域内实施专利权。在通常情况下，专利实施的地域限制是确保专利权人得到回报的合理方式，并不构成权利滥用，例如，《美国专利法》第261条规定，专利权人可在美国境内对被许可人作出地域限制。但是专利联盟在与被许可人的协议中若有转售地域限制的，就构成权利滥用。专利权人就专利产品首次投入流通之后，其在该专利产品上的专利权已穷竭，此时，专利权人应该受到"权利穷竭原则"的约束，若专利权人对买受人作出转售地域限制，当然构成权利滥用。

④最高产量限制。最高产量限制指专利联盟与被许可人的许可条款规定了被许可人生产专利产品的数量不得超过一定限度。最高产量限制会导致市场上该类产品供不应求，产品价格上涨，最终损害消费者利益。

⑤独占性回授。回授是指专利权人以许可为条件，要求被许可人必须将基于该专利而作出的改进专利或发明专利，授权给许可人。独占性回授则要求被许可人改进的技术非但不得许可他人使用，连被许可人自身都无法使用。这种行为将影响被许可人从事改进发明的积极性，阻碍科技的创新。

⑥价格歧视。价格歧视是指一种不正当地以差别价格在不同的地区或不同的买主进行供应的行为。有学者认为价格歧视就是价格方面的差别待遇。在专利联盟与被许可人的许可费用问题上，如果专利联盟就相同专利针对不同的被许可人收取不同的许可费，则会导致产品价格的不同，最终影响消费者的利益。

⑦拒绝许可。拒绝许可是指专利联盟权利人拒绝把联盟内的专利许可他人使用，从而达到排斥他人竞争，阻碍专利技术的推广和实施，巩固或加强自己的优势地位的目的。专利权私权性质决定了权利人可以依据意思自治原则来行使，但同时专利权具有社会公益性，权利人行使权利应当有利于科技的推广和发展。如果专利联盟拒绝许可的目的是基于保护或延续其垄断地位，构成一种非法的意图获得不正当利益，则是非法的。这种行为就被视为权利滥用。

⑧不合理的限制后续竞争性的研发。在专利联盟许可协议中，限制被许可人单独与第三方进行竞争性研发活动及研发成果的使用，阻碍技术的进一步发展，阻碍创新。

⑨不质疑条款。在专利联盟许可协议中，要求被许可人不得对联盟内专利的有效性或技术的秘密性提出质疑。即使存在无效专利或过期专利，被许可人仍然必须按协议支付专利许可费。

⑩拒绝提供专利信息。在专利联盟许可协议中，专利联盟有义务对联盟内的专利提供全

面信息，被许可人也有知情的权利。如果专利联盟拒绝提供专利信息，则违背信息披露的义务，剥夺了被许可人的知情权。

⑪搭售行为。搭售行为是指专利联盟许可人以强迫他人接受并不需要的或者可以从他处选择的产品或服务作为许可条件之行为。搭售行为通过限制消费者对产品或服务的选择权，从而达到排挤竞争对手目的。

（2）从程序法律规范的角度来看，专利联盟权利滥用具体表现为以下常见行为。

①滥发专利侵权警告函。滥发警告函行为是指行为人以各种方式向自己竞争对手的交易相对人或潜在相对人，散发竞争对手侵害其专利权消息的行为。一般而言，是否构成专利侵权，应当由行政机关或者司法机关作出判定，在行政机关或司法机关未确定专利侵权之前，任何人均不得向竞争对手发出侵权警告函。专利权人滥发专利侵权指控或者滥发停止专利侵权的警告函，可能给竞争对手的商誉造成极大损害，从而扭曲和妨碍正常的市场竞争。

②"假专利"恶意诉讼，也可以称为"假诉讼"或者"伪装的诉讼"。专利联盟在明知竞争者没有侵害其专利权的情况下，以诉讼为手段，故意诋毁被告的企业名誉，让被告承担不必要的诉讼成本，达到限制竞争把被告排挤出市场竞争的目的。恶意诉讼是典型的专利联盟权利滥用行为。

（二）专利联盟权利垄断行为

垄断行为是指某一市场主体在相关市场范围内占有特定行业的全部或大部分生产和销售，并凭借这一优势地位获取高额市场利润的行为。市场主体追求利润的最大化动机，促使其不断地谋求市场垄断。一旦形成垄断，占有垄断地位的市场主体便可以控制和操作市场价格，限制产量，实现高价销售、低价购买的目的，最终以损害消费者利益来换取自己的高额利润。其具体表现为以下三种形式：（1）市场主体达成垄断协议；（2）市场主体滥用市场支配地位；（3）具有或者可能具有排除、限制竞争的市场主体的集中。

（三）专利联盟权利滥用行为与垄断行为的区别

专利联盟权利滥用行为与垄断行为的区别如表11-4所示。

表11-4　专利联盟权利滥用行为与垄断行为的区别

不同点	内　涵
概念、范围	滥用行为是指专利权人在行使权利的过程中超出正常范围或法律所允许的范围，损害他人正当利益或社会公共利益的行为。专利联盟权利滥用行为范围广于反垄断法规制的垄断行为的范围，专利联盟行使权利的行为构成垄断行为时，必然存在滥用，但是，反过来并不一定成立，即有些（甚至多数）滥用行为不是垄断行为
	垄断行为是指专利联盟利用自己的市场优势地位以排挤竞争对手，限制竞争者生产同种产品或者提供同种服务的行为
产生的市场竞争效果	滥用行为违反了法律规定，但客观上并非都产生限制市场竞争的效果
	垄断行为违反了法律规定，且客观上产生了限制市场竞争的效果
适用的法律依据	滥用行为既可能由民法、专利法等私法调整，也可能由反不正当竞争法、反垄断法等公法调整
	垄断行为只能由反垄断法等公法加以调整
损害的利益	滥用行为主要损害的是私人利益，损害后果相对较轻
	垄断行为主要损害的是社会公共利益，引起的损害后果程度较重

（四）专利池权利滥用规制的相关法律、法规

我国对于专利联盟知之甚少，在司法实践中也极少有专利联盟的案例，因此，更谈不上在立法上对专利联盟问题作出明确规定。但是，这并不能否认我国现行立法有关于专利权滥用的相关规定。其主要体现在《民法通则》《合同法》《专利法》《对外贸易法》《反不正当竞争法》《价格法》以及最高法院的司法解释和《反垄断法》中。

我国《合同法》第329条、第343条、第344条、第354条，最高人民法院《关于审理技术合同纠纷案件适用法律若干问题的解释》第10条，《专利法》第48条、第49条、第50条，《专利法实施细则》第72条第4款，《反不正当竞争法》第6条，《价格法》第14条，2008年8月1日正式生效的《反垄断法》第3条、第二章第13条、第14条、第三章、第四章、第七章等相关法律法规均有关于专利权滥用的相关规定。

第四节　专利权质押融资

一、专利权质押融资

（一）专利权质押融资的概念

专利质押融资是指专利权权利人将所拥有的专利权作为抵押，从商业银行等银信机构获得贷款资金，并按贷款合同约定偿还资金本息的融资方式。

（二）专利权质押融资的种类

1. 专利权质押贷款直接模式

专利权质押贷款直接模式，即"无服务中介模式"，在进行专利权质押贷款过程中不存在任何机构对企业的专利权质押贷款做担保，在这种模式下，企业直接与银行接触，将专利权直接质押给银行，并经银行评估、筛选后放贷的服务方式。直接模式的主要优势有两点：一是提高贷款的效率，减少中间环节以减少贷款时间；二是降低贷款成本，避免中介机构的服务费的收取。

2. 专利权质押贷款间接模式

专利权质押贷款间接模式也称为"有服务中介的模式"，即存在一个以上的贷款担保机构，贷款企业与该类担保机构接触，并将专利权质押给这些机构，然后由该担保机构与银行达成协议，选定双方都认可的评估公司对贷款企业的专利权进行评估，以评估值为基础筛选企业，并对合格的企业做贷款担保，银行直接向贷款企业放贷的服务模式。间接模式的主要优势也有两点：一是提高贷款的安全性，通过中介服务机构的参与，更好地了解市场环境并可以在出现坏账的情况下分担损失；二是加强贷款企业与银行之间的相互了解和联系，通过中介服务机构的介入，减少企业与银行之间信息不对称的现象，让企业贷款有门路，银行放贷有对象，可以进而推动科技与金融的紧密结合。

整体而言，从国内各地方的知识产权质押融资运作模式来看，主要以北京、上海浦东、

武汉三种模式为代表。

（1）北京模式。北京模式是"银行+企业专利权/商标专用权质押"的直接质押融资模式，也是一种以银行创新为主导的市场化的知识产权质押贷款模式。在这种模式下，交通银行北京分行根据支持服务科技型中小企业的市场定位，不仅推出以"展业通"为代表的中小企业专利权和商标专用权质押贷款品种，而且推出了"文化创意产业版权担保贷款"产品，可以说，交通银行北京分行充当的是主动参与的"创新者"角色。

（2）上海浦东模式。浦东模式是"银行+政府基金担保+专利权反担保"的一种以政府推动为主导的知识产权质押贷款模式。在此模式中，浦东生产力促进中心提供企业贷款担保，企业以其拥有的知识产权作为反担保质押给浦东生产力促进中心，然后由银行向企业提供贷款，各相关主管部门充当"担保主体+评估主体+贴息支持"等多重角色，政府成为参与的主导方。

（3）武汉模式。武汉模式则是在借鉴北京和上海浦东两种模式的基础上推出的"银行+科技担保公司+专利权反担保"混合模式，其中最大的亮点是引入专业担保机构——武汉科技担保公司，一定程度上分解了银行的风险，促进了武汉市专利权质押融资的开展。

二、专利权质押的具体流程

专利权质押的具体流程如图11-2所示。

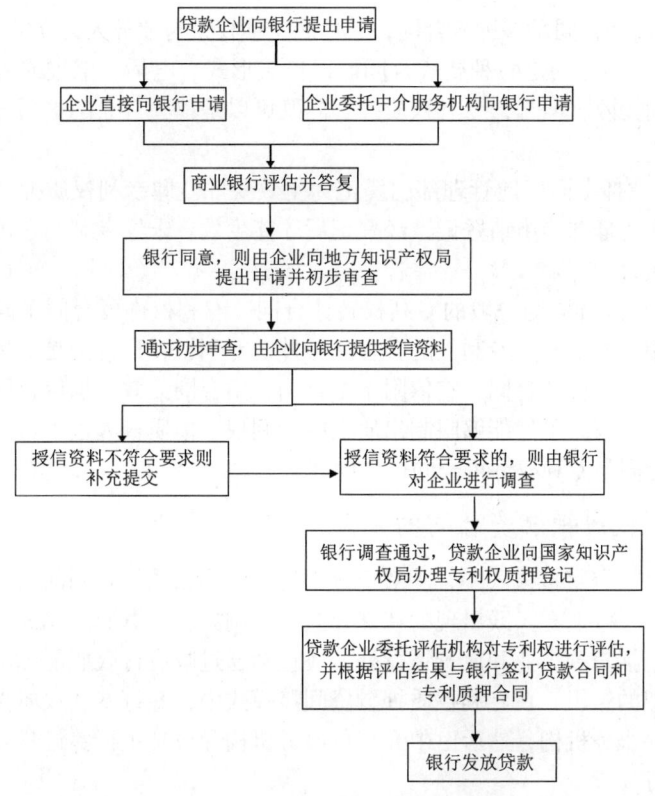

图11-2　专利权质押的具体流程

（1）申请人直接或委托相关机构向商业银行提出授信申请。

（2）商业银行收到申请人的借款申请后，需要到认可的机构进行申请评估，并及时对借款人给予答复。

（3）如商业银行同意给以借款，申请人需向地方知识产权局提出申请质押审查申请，并提交有关材料。而地方知识产权局在进行初步审查后将会出具推荐意见。

（4）如知识产权局通过质押申请，申请人需向商业银行提交相关授信资料。如有提交的授信资料不符合标准的情况出现，商业银行则会要求申请人补充相关资料。

（5）商业银行对申请人进行授信调查、审查和审批等工作。

（6）商业银行审批后，借款人应在订立书面借款合同之日起20日内到国家知识产权局办理质押登记手续。登记完成后申请人需把质押登记资料与地方知识产权局意见提交给商业银行。

（7）借款人与商业银行达成初步贷款意向的，由借款人委托专利资产评估机构出具专利资产评估报告，并持该报告和相关材料与贷款银行签署借款合同和专利权质押合同，贷款银行实施贷款的发放和管理。

三、专利权质押融资合同（专利权质押合同示例详见附录）

（一）专利权质押融资合同的特征

（1）专利权质押合同是一种从合同，它从属于债权人与债务人订立的主合同。

（2）专利权质押合同是一种要式合同。以口头形式、电话、电报或者其他形式所订立的专利权质押合同无效。但是，专利权质押合同既可以是单独订立的书面合同，也可以是主合同中的担保条款。

（3）专利权质押合同以向管理部门登记为生效要件。即专利权质押合同必须向国家知识产权局专利工作管理部门申请登记，经登记后才能生效。未经专利局登记的专利权质押合同不能产生法律效力。

（4）专利权质押合同与一般的专利权转让合同、专利权许可合同不同。作为一种担保行为，质押过程中一般不发生专利权的转移。另外，专利权转让合同是一种独立的主合同，而专利权质押合同是一种从合同，它依附于主合同，主合同无效，担保合同无效。在专利权质押合同生效后，质权人虽然能够限制出质人的专利权，但质权人也不得实施该专利权。因此，专利权质押合同与专利权许可合同也不同。

（二）专利权质押融资合同的主体

在专利权质押融资直接模式中，一般情况下签订专利权质押合同的主体就是贷款企业和放贷银行，但是在一些地方实践出现的特殊模式中，例如，上海浦东模式，专利权质押贷款合同的主体除了包括贷款企业和放贷银行外，还包括通过政府行政职能部门设立的生产力促进中心等其他类似的组织。在专利权质押融资间接模式中，签订专利权质押合同的主体是贷款企业和中介担保服务机构，然后由中介担保服务机构和放贷银行签订贷款合同，最终由银行对贷款企业进行放贷。

（三）专利权质押融资合同的标的

专利权质押合同的标的，实际上指的就是"出质的专利权"。作为质押合同标的的专利权必须为一项有效的权利。而判断其是否有效，应当从以下几个方面考查。

（1）作为质押合同标的的专利权，首先必须是一项中国专利权，即由国家知识产权局根据《中华人民共和国专利法》授予的专利权。因为只有国家知识产权局根据《中华人民共和国专利法》授予的专利权才能在中华人民共和国领域内有效；反之，任何外国或者地区依据其国家或者地区的专利法所授予的专利权，在中华人民共和国领域内不具有法律效力。

（2）作为质押合同标的的专利权，必须仍处于法律规定的专利权保护期限内，超过法律规定保护期限的专利权，就不能作为质押合同的标的。

（3）作为质押合同标的的专利权，必须是一项真实的专利权。被撤销的专利权不能作为质押合同的标的；已经被宣告无效的专利权不能作为质押合同的标的；被放弃或者被视为放弃的专利权，也不能作为质押合同的标的。

（四）专利权质押融资合同出质人的资格和义务

1. 出质人的资格

出质人既可能是主合同中的债务人，也可能是主合同之债务人之外的第三人。但是，无论是谁，都必须依法享有有效专利权。根据专利法的规定可知，专利权人包括专利权所有人和专利权持有人。

出质人应该是专利权人，但存在两种特殊情况：第一种是出质人与他人共有专利权，根据《专利权登记质押管理办法》规定可知，只有全部共有人作为出质人，其专利权质押合同才是有效的，才予以登记。共有人中的一个人或者一部分人，不能作为出质人与债权人订立专利权质押合同，即使是订立了这样的合同，专利权管理部门也不会给予登记，而不予登记的专利权质押合同是无效的。第二种是中国的专利权所有人作为出质人以其专利权向外国人出质的，必须经国务院有关主管部门批准。办理质押合同登记时，要提交国务院有关主管部门的批准文件。

2. 出质人的义务

出质人的首要义务是向质权人交付专利证书及其他证明文件。专利证书是证明专利权是否存在以及其专利权是否归出质人所有的证明文件。出质人的第二项义务是维护其专利权的有效。质押合同有效的前提是作为质押标的的专利权必须是有效的。专利权人的这项义务包括以下几个方面的内容：（1）按时缴纳专利年费或称专利维持费。（2）专利权人不得主动提出放弃其专利权的声明。（3）当专利权发生权属纠纷时，出质人应当积极主动地解决纠纷，使质权人的质权，不受来自他人的干扰。（4）在质押合同的有效期间，出质人不得转让其专利权，也不得许可他人使用其专利。但经出质人与质权人协商同意的可以转让或者许可他人使用。

四、专利权质押登记的变更与注销

专利权质押登记的变更与注销如图11-3所示。

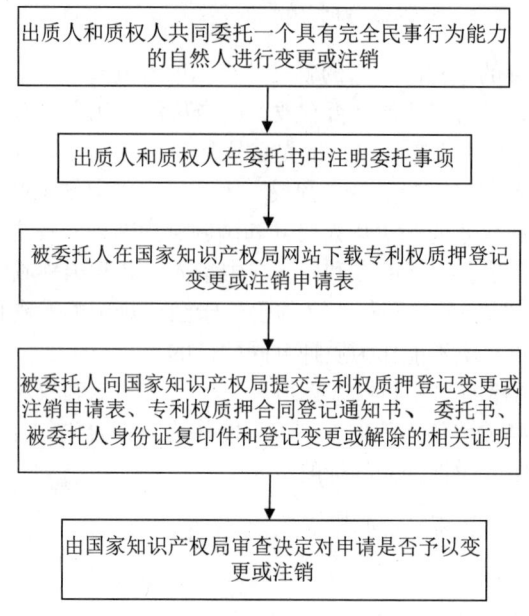

图11-3 专利权质押登记的变更与注销

五、企业专利权质押融资的参考案例

企业能够通过专利权的质押融资，将专利权变成融资担保物，从而缓解资金压力，为企业的二次研发、专利权转化等开辟可行之路。企业可以从以下三个相关案例中得到一些关于专利权质押融资的应用价值的启示。

案例一

上海飞凯光电材料有限公司是上海市高新技术企业，从事研究、生产、销售微电子制造中使用的材料和特种化学品，由从美国归国的留学生张金山博士创办于2002年，申请了多项发明专利。2006年年初，公司在研发中资金周转遇到困难，拟向渣打银行申请高利息贷款，在获知浦东新区知识产权质押融资试点后，就提出申请，以1项专利权质押，从上海银行获得1年期100万元贷款。到2007年年底，公司就实现了7 000万元销售额。这笔专利质押贷款的成功不但解决了燃眉之急，更有意义的是公司与银行之间建立起互信，获得上海银行授信。鉴于公司的良好成长性，再获得两笔滚动的专利质押贷款，额度也从第一笔的100万元，增加到200万元。公司在2006年5月底获得知识产权质押融资担保贷款时总资产只有2 962万元，到2009年10月总资产已达1.1亿元，累计实现销售收入1.1亿元，净利润2 276万元，发展前景良好。

案例二

上海有孚计算机网络有限公司成立于1999年，是基于互联网提供各类网络服务解决方案的供应商，拥有多项国际领先的自主及专有技术，使企业可在成本、效率、稳定的前提下应用网络服务,是上海电信的金牌合作伙伴,在全国各地拥有100多家核心代理商。公司将登记的软件著作权评估,价值500万元,质押登记后,质押给科诚小额贷款公司,同时将有孚公司企业法人代表的股权质押给科诚公司作为联保,获得年利率9%、1年期400万元贷款。由科诚公司、杨浦科技创业中心所属的科艾投资管理公司和有孚公司三方签订协议,明确一旦有孚公司不能按时归还贷,由科艾投资管理公司按协议约定的价格参股有孚公司,将债权转化为股权进行追偿。

案例三

上海东升新材料有限公司是上海市知识产权示范企业,从事研发、生产、销售新型添加剂和新型填料。自创立起就十分重视技术研发和知识产权工作,每年都将销售收入的5%投入研发。目前20多个品种的产品都是自行研发。到2008年年底,累计申请专利125项,授权专利44项,55%发明专利,专利产品销售额占销售总额的70%以上。公司计划去外地建设生产基地需要资金,将自有的1项专利权质押给中国银行上海市分行,没有提供任何抵押物和第三方担保,成功地从中国银行上海市分行获得300万元贷款。

第三篇

商　标

第十二章　商标注册

【本章导图】

- 商标注册
  - 商标的概述
    - 商标的功能
    - 商标的分类
  - 商标注册策略
    - 商标注册前的检索
    - 商标注册前的分析
    - 商标注册类别的选择
  - 商标注册文件
    - 申请人身份证明文件
    - 商标注册申请书
    - 商标图样
    - 商标说明
  - 商标注册程序
    - 申请
    - 商标代理委托书
    - 委托代理机构申请
    - 商标审查
    - 异议
    - 初步审定公告
    - 核准注册公告
    - 复审
  - 商标权利
    - 商标权的内容
    - 商标权的维护
  - 商标变更注册
    - 商标变更注册的缘由
    - 商标变更注册的基本流程
    - 商标变更注册的注意事项

第一节　商标的概述

一、商标的功能

商标，即商业标识，其功能是指商标在商品生产、交换或提供服务的过程中所具有的价值和发挥的作用。商标是商品经济发展的产物，在市场活动中，商品的经营者，包括商品的生产者和销售者，以及服务的提供者使用商标标识自己所经营的商品和提供的服务。商标已成为生产者创立信誉和开拓市场的重要工具，是生产者和消费者相互沟通的重要媒介。

（一）表示商品或服务的来源

商标的基本作用是识别不同的商品经营者和各种服务的提供者，标明商品和服务的出处。在现代社会，商标的这一功能尤为重要。市场上有许多相同种类的商品或服务，来自不同的厂商和经营者，各厂家的生产条件、制作工艺、产品和服务质量及管理方法和水平参差不齐，价格也会有所不同。企业要想在激烈的市场竞争中吸引消费者的目光，使他们能够选择自己经营的商品，就应当在其商品上有一个醒目的标识，便于消费者识别。而通过不同的商标，消费者也可以判断出商品或服务出自不同的企业，从而识别商品或服务的来源，作出自己满意的选择。比如，现在市场上的洗护用品琳琅满目，有"羽西""大宝""小护士""玉兰油""雅芳"等，这些不同的商标，表示相同商品的不同来源，从而把生产厂家区别开来，可供消费者选择。

（二）区别商品或服务的质量

由于商标代表着不同的商品经营者和各种服务的提供者，即使同一种商品、同一项服务，因经营者和服务者不同，其质量也会不同，因此，商标也表明了商品或服务质量的好坏。而商品或服务质量是决定商品信誉、服务信誉以及商标信誉的关键，消费者能够通过商标，选择那些质量稳定、可靠的商品和服务。对生产经营者而言，必须不断提高和改进产品质量和服务质量，以维护其商标的信誉，保证其生产的商品质量与提供的服务具有相同的质量标准，以吸引消费者购买自己的商品。

（三）进行广告宣传

在市场竞争中，利用商标进行广告宣传，可迅速为企业打开商品或服务的销路。人们的消费活动往往以广告和商标为依据，通过商标了解商品或服务的来源和质量，因此，商标被称为商品的无声推销员。借助商标进行宣传，也是商品生产者或服务的提供者提高其产品或服务知名度的较好途径。通过广告宣传，使商标成为家喻户晓的标志，消费者可以记住商标，并通过商标记住商品，同时让消费者熟悉该产品并了解市场信息，对于引导和刺激消费都能起到很好的效果。

（四）增强企业的核心竞争力

企业要在日趋激烈的市场竞争中取胜，不仅要依靠科学的经营管理、优质的产品和服务，而且要有一个家喻户晓的商标。商标通常被比喻为企业的脸面，信誉好的商标无疑能为企业带来丰厚的利润。企业创设一个好的商标,并持续加以培育,不断提高其社会知名度,使其成为企业经营活动的优质资源,从而能够以其内涵的巨大的商业价值,增强企业的核心竞争能力,推动和促进企业不断壮大和发展。

(五)传播企业文化

企业的发展需要深厚的文化底蕴的有力支撑。对于一个企业而言,其商标的构成、表现形式的选择以及宣传方式的使用等不仅展现出历史、地理以及艺术方面的知识,也表现出企业的经营理念和消费导向,同时也是在向市场和社会传递着该企业的文化。如"春兰"空调,让人们在盛夏能感到春天般的惬意。

二、商标的分类

按照不同的标准,商标可作不同的分类,如表12-1所示。

表12-1 商标的具体分类

分类依据	分 类		
按照不同的法律状态	注册商标		
	未注册商标		
按照表现形式	图形商标(按照组成结构和外观状态)	平面商标	文字商标
			图形商标
			数字商标
			字母商标
			颜色组合商标
			组合商标
		立体商标	
	声音商标		
按照商品经营者的不同经营性质	制造商标		
	销售商标		
按照所标识的对象不同	商品商标		
	服务商标		
按照作用和性质	集体商标		
	证明商标		
	地理标志		

(一)注册商标和未注册商标

按照不同的法律状态,商标可以划分为注册商标和未注册商标。

1. 注册商标

注册商标是指商标的使用人向国家商标行政部门提出商标注册的申请,通过审查与核准,获得商标专用权,可在其注册的商品类别上使用的商业标识。商标权人或者经商标权人许可的其他人使用经过注册核准的商标,可在其经营的商品或服务上标注"注册商标"的标记。注册商标的标记可以是"⊕",也可以是"®"。

2. 未注册商标

未注册商标是指商标的使用人在其经营的商品或服务上所使用的未提出商标注册申请,因而未获得商标专用权的商业标识。我国实行的是自愿注册与强制注册相结合的商标制度,除了烟草及其制品必须强制注册商标之外,其他商品和服务的经营者在其经营的商品或服务上可以使用注册商标,也可以使用未经注册的商标,甚至可以不使用商标。未核准注册商标的标记可以是"TM"。

(二)图形商标和声音商标

1. 图形商标

按照组成结构和外观状态,商标可以划分为平面商标和立体商标,是指以具有可视性的文字、图形、颜色、三维标志及其组合作为其构成要素的商业标识,通常又被统称为视觉商标。这是最常用的一种划分方法。

(1)平面商标是指商品的标记均呈现在一个水平面上的商业标识。根据世界贸易组织《与贸易有关的知识产权协议》的规定,平面商标包括文字商标、图形商标、数字商标、字母商标、颜色组合商标以及上述标记的任意组合商标等。

①文字商标是指使用文字构成的、不含其他图形成分的商业标识。除商品的通用名称和法律明文规定不得使用的文字外,申请人可以自由选择文字作为商标。文字分为汉语言文字、少数民族语言文字和外国语言文字等。我国的文字商标大多以汉字为主,出口商品多使用外国文字。文字商标的字体不限,文字的组合可以是杜撰的、无任何意义的字和词,如"海尔"等商标。文字商标的优点是简洁明快、上口易记,如"红旗"汽车、"健力宝"饮料等。

②图形商标是指使用图形构成的商业标识,如各家汽车公司都会对其经营的汽车使用特定的徽记标识。图形商标包括各种抽象的图形,也包括各种具象的图形,如山川、河流和动物等。图形商标的使用在我国要早于文字商标和组合商标。图形商标的优点是外观形象、生动,易于辨别和记忆,而且不受语言的限制,无论使用何种语言的国家和地区的人们,都会容易地识别图形。

③数字商标是指由表示数目的文字或符号所构成的商业标识,既可以是单一的数字,也可以是两位以上数字的组合。在我国的商标实践中,很早就有人申请注册数字商标。数字商标形象直观,便于识别和记忆。由于数字商标缺乏显著性,有些国家对此不予注册,所以我国企业的出口商品要慎用数字商标。

④字母商标是指由外文字母或中文拼音等书写单位构成的商业标识,既可以是单一字母,也可以是两个以上字母的组合。目前使用字母商标申请注册的比例呈上升的趋势,但使用字母商标一定要有创意,才便于消费者识别。

⑤颜色商标是指使用不同的颜色组成的商业标识。各国立法对颜色是否能注册为商标规定不一。目前主要有三种模式:第一,颜色不能作为商标申请注册。第二,颜色可以作为商标申请注册,不论是单一颜色或者几种颜色的组合。第三,只有不同颜色的组合才能申请注册为商标,单一颜色的商标不能获得注册。

我国《商标法》于2001年修改后,增加了颜色商标,但要求必须为两种以上的颜色组合才能申请商标注册。颜色组合商标是TRIPS协议的最低要求。在现实生活中,颜色本身也可以起到识别商品或服务来源的效果,其独特的作用是其他传统商标无法比拟的。

⑥组合商标,是指由上述文字、图形、数字、字母等要素组合而成的商业标识。

(2)立体商标是指商品的标记在三维坐标系上呈现的商业标识。在现实生活中,商品上所使用的具有三维特征的标识可以注册立体商标。立体商标是经济和科学技术发展的产物。现在世界上越来越多的国家开始在本国的商标法中保护立体商标，如法国、英国、德国、日本等已在其商标法中增加了关于立体商标的规定。

在我国的商标实务中，也允许企业使用立体商标。我国《商标法》第8条规定："任何能够将自然人、法人或者其他组织的商品与他人的商品区别开的标志，包括文字、图形、字母、数字、三维标志、颜色组合和声音等，以及上述要素的组合，均可以作为商标申请注册。"第12条又对立体商标作出限制规定："以三维标志申请注册商标的，仅由商品自身的性质产生的形状、为获得技术效果而需有的商品形状或者使商品具有实质性价值的形状，不得注册。"

2. 声音商标

声音商标又可被称为听觉商标、音响商标，是指商品生产经营者或服务提供者利用旋律、曲调等独特的声音作为标记，使其在它的商品或服务上用以识别区分不同商品或服务的来源。许多国家和地区已通过立法对声音商标作出明确的规定。我国《商标法》2013年修订之后明确将声音作为商标申请注册类别之一。

（三）制造商标和销售商标

按照商品经营者的不同经营性质，商标可以分为制造商标和销售商标。

1. 制造商标

制造商标又称为生产商标，是指产品的生产、加工等制造者为了将其制造的商品与其他制造者的同类商品加以区别而使用的商业标识。此种商标通常同生产企业的名称部分相同，用以突出企业的名称或字号，给消费者留下深刻的印象。如海尔集团公司的"海尔"商标、联想控股有限公司的"Lenovo"商标，华为技术有限公司的"HUAWEI"商标等。

使用制造商标的意义在于，不仅可以将其制造的商品与其他制造商制造的同类商品区别开来，而且可以有利于在商品的销售过程中树立和维护自己的品牌。如果商品上不使用"制造商标"，而仅有销售者的标记，长此以往，使制造者隐姓埋名，显然将不利于消费者对商品及其制造商的选择，也不利于制造商在市场上树立自己的品牌。

2. 销售商标

销售商标是指商品销售者在其销售的商品上使用的可用以标明其销售商身份的商业标识。销售商标的使用者并不是商品的制造者，而是商品的销售者。商品的销售者在通过采购、定牌委托加工等方式合法获得的由他人制造的商品上，使用自己的商标进行销售，并以销售者的信誉担保产品质量的可靠性。经国家核准注册的销售商标与制造商标一样，受我国商标法的保护。

（四）商品商标和服务商标

按照所标识的对象不同，商标可划分为商品商标和服务商标。

1. 商品商标

商品商标，是指商品的生产者或者经营者，为了使自己生产或经营的商品与他人生产或经营的商品相区分而使用的商业标识。例如，在汽车商品上使用的"比亚迪""哈弗"等标记，在体育用品上使用的"李宁"等标记，均为商品商标。

2. 服务商标

服务商标，又称服务标记或劳务标志，是指提供服务的经营者为将自己提供的服务与他人提供的服务相区别而使用的商业标识标志。与商品商标一样，服务商标可以由文字、图形、字母、数字、三维标志、声音和颜色组合，以及上述要素的组合构成。一旦被服务企业所注册，该企业也就拥有了对该服务商标的独占专有使用权，并受法律的保护。

（五）集体商标、证明商标和地理标志商标

按照作用和性质，商标可以划分为集体商标、证明商标和地理标志商标。

1. 集体商标

集体商标，是指以团体、协会或者其他组织名义注册，专供该组织成员在商事活动中使用，以表明使用者在该组织中的成员资格的商业标识。

注册和使用集体商标，有利于创造该集体的信誉、扩大影响，有利于取得规模经济效益，扩大市场的影响力。尤其是对中小企业而言，为了弥补企业规模较小、力量不足等缺陷，集中各种资源和力量，形成数量优势和质量优势，形成拳头产品，创立驰名商标，提高商品和服务的竞争能力，注册并使用集体商标，是非常必要的。

2. 证明商标

证明商标，是指由对某种商品或者服务具有监督能力的组织所控制，通过颁发或授权等形式，允许由该组织以外的其他企业或者个人在其经营的商品或者服务上使用，用以证明该商品或者服务的原产地、原料、制造方法、质量或者其他特定品质的商业标识。

证明商标有两种类型：一类是原产地证明商标，证明商品或服务本身出自某原产地，是一种地理标志，原产地名称在一定情况下也可以作为证明商标注册使用；另一类是证明商品和服务已达到某种特定品质标准，是一种品质标志。

证明商标被用来标示和保证使用该商标的商品所具有的特定品质，既有利于企业保证其商品的质量，在市场竞争中获胜，也有利于消费者选择商品。

3. 地理标志商标

地理标志商标是标示某商品来源于某地区，并且该商品的特定质量、信誉或其他特征主要由该地区的自然因素或人文因素所决定的标志。申请地理标志证明商标是目前国际上保护特色产品的一种通行做法。通过申请地理标志证明商标，可以合理、充分地利用与保存自然资源、人文资源和地理遗产，有效地保护优质特色产品和促进特色行业的发展。

2003年4月17日，国家工商行政管理总局发布《集体商标、证明商标注册和管理办法》（以下简称《办法》），并于同年6月1日起实施。根据集体商标、证明商标本身的特殊性，《办法》明确规定了集体商标、证明商标和地理标志的注册、使用和管理有别于普通商标的特殊要求和规定。

第二节　商标注册策略

依照《商标法》规定，自然人、法人或者其他组织在生产经营活动中，对其商品或者服

务需要取得商标专用权的,应当向商标局申请商标注册。有关商品商标的规定,同样适用于服务商标。

一、商标注册前的检索

我国现已有几十万件注册商标,还有许多正处于审查核准过程中的商标注册申请,同时市场上还有大量未注册的商标,因此,企业在提出一件商标注册申请前,有必要对现已注册的商标和商标局数据库里可查询的商标申请进行检索,查看是否存在与本企业欲在同类商品上注册的商标相同或近似的商标。如果经检索发现已有他人在先的相同或近似的商标,根据申请在先的原则,企业的商标注册申请就可能被驳回。此时,企业不得不调整和修改欲注册商标的设计方案,再行检索。通过检索,在同类商品上没有发现他人在先的相同或近似商标,企业才可以相对放心地提交注册申请。对欲注册的商标进行注册前检索,可以有效地降低注册申请被驳回的风险,增加注册成功的可能性。但是囿于注册核准的审查期限,部分尚在审查过程中的申请文件仍处在未公开阶段而难以被检索到,这就不能完全排除实际存在但又未能检索到的在同类商品上他人在先的相同或近似商标的可能。

（一）检索前的准备

企业对商标检索前,需要进行充分的准备。

1. 提供清晰的商标图样

企业应当在确认自己的商标图样后,再进行商标检索,从而就可以在检索时进行对比,通过观察和辨认,确认企业商标可注册的可行性和有效性。

2. 确定商标检索机构

企业可以自己派专员进行商标检索,也可以委托专业的商标代理机构代为检索。商标代理机构有成熟的代理经验和专业的技术支持,可以为企业提供更完整全面和专业细致的商标检索报告。

（二）商标相同或近似的判断标准

商标近似是指申请注册的商标与引证商标相比较,其文字的字形、读音、含义或者图形的构图及颜色,或者其各要素组合后的整体结构相似,或者其立体形状、颜色组合近似,易使相关公众对商品的来源产生误认或混淆。因此,企业要从多方面判断商标是否相同或近似,判断商标相同或近似的标准主要有以下几点。

1. 以相关公众的一般注意力为标准

每个消费者都是独立的个体,每个消费者的消费习惯都不同,有的消费者在购买商品时会认真查看商品的商标、产地、制造商等信息,而有的消费者则往往只认个牌子却不加细看。介于这种高注意力和低注意力之间的一般注意力,才是相关公众在判断商标相同或近似时应当运用的标准。

2. 隔离观察比较

对于申请注册的商标和引证商标应当进行隔离观察比较,不能将两个商标放在一起比较,应当对商标分别观察后,凭借记忆的印象进行比较。如果在隔离观察后,两个商标给人留下近似的印象,就应当认定为近似商标。

3. 显著部分比较

在前述隔离观察比较的前提下，比较两个商标之间最显著、给人留下最深刻印象的部分是否相同。消费者通常容易记住商标最突出的部分，如果两个商标的最突出部分近似，就应当认定为近似商标。

4. 整体观察比较

在隔离观察和显著部分比较后，仍然要对两个商标的整体进行比较，组成商标的要素和商标组成要素间关系的近似，都会使商标整体上接近而被认定为近似商标。

5. 考虑引证商标的知名度

引证商标的知名度和显著性，也是商标近似的判断标准之一。从效力范围上看，引证商标越知名，就往往越会被其他商家模仿使用。从相似度上看，引证商标的知名度越大，显著性越强，消费者对商标也就越熟悉，商标即使被假冒也较难造成消费者的混淆。

二、商标注册前的分析

（一）商标注册的时机

我国商标法实行申请在先的原则，即两个以上的商标申请人，在同一种商品或者同类商品上，以相同或者近似的商标分别申请注册的，商标局核准在先提出的申请；如果两个以上的商标申请人，在同一种商品或者同类商品上，以相同或者近似的商标在同一天提出申请的，商标局核准在先使用的申请。可见，企业选择商标注册的时机十分重要，如果选择时机太晚，商标就有可能会被他人抢先注册。

（二）商标注册的数量

企业在申请商标注册时，难免会涉及商标注册数量的问题。从商标保护的角度上看，一般来说，商标注册的数量越多，保护的强度相应地也越高。但是商标的注册并非越多越好，因为从注册成本的角度上看，每一件商标申请都要向商标局缴纳申请费以及其他相关费用，商标的数量越多，整体的注册成本也就越高。因此，在选择注册商标的数量时，企业应当根据实际情况，既要考虑商标的保护强度，又要核算商标的成本，在平衡二者关系的基础上，作出合适的选择。

（三）商标注册的优先权

企业在提交商标注册申请前，还需要了解商标是否享有优先权。我国实行申请在先的原则，这就意味着在后申请人的注册申请将被驳回。若商标在注册时享有优先权，虽然注册在后，但是被核准注册的成功概率则更大，因此，如果商标在注册时符合优先权条件的，企业应当按照要求，充分利用优先权，以保证自己的注册申请能获得核准。

何为优先权？我国《商标法》第25条规定："商标注册申请人自其商标在外国第一次提出商标注册申请之日起六个月内，又在中国就相同商品以同一商标提出商标注册申请的，依照该外国同中国签订的协议或者共同参加的国际条约，或者按照相互承认优先权的原则，可以享有优先权。"第26条规定："商标在中国政府主办的或者承认的国际展览会展出的商品上首次使用的，自该商品展出之日起六个月内，该商标的注册申请人可以享有优先权。"

企业要享受优先权的,应当在递交注册申请时提出书面声明。如果在中国注册申请之前已在外国提出过注册申请,并要求优先权的,应当在中国提出注册申请之日起3个月内提交第一次提出的商标注册申请文件的副本;如果在中国注册申请之前已在中国政府主办的或者承认的国际展览会展出的商品上首次使用,并要求优先权的,应当在中国提出注册申请之日起3个月内提交展出其商品的展览会名称、在展出商品上使用该商标的证据、展出日期等证明文件。未提出书面声明或者逾期未提交商标注册申请文件副本,或者逾期未提交证明文件的,视为未要求优先权。

三、商标注册类别的选择

根据《商标注册用商品和服务国际分类表》(2015年版),商品和服务总共45类,其中1~34类为商品,35~45类为服务,每一类别之下又分为群组和项目。如何在项目繁多和类别众多的分类表中选择注册的项目和类别,就需要企业仔细斟酌。

(一)企业经营范围

商标注册类别应当与企业的经营范围相一致。企业注册商标的主要目的是,把商标使用在企业生产经营的商品上,借助商标把本企业的商品与其他企业的商品区分开来。因此,在申请注册商标时,应当将符合企业经营范围的类别和项目,依次挑选出来,然后根据该项目在企业经营范围中的轻重地位,作出优次排列。

(二)企业主营业务

选择商标注册类别,应当考虑企业的主营业务。企业的主营业务是企业收入的中坚力量,主营业务收益的好坏,很大程度上决定了该企业的生存与发展。商标注册的类别,尤其要与企业主营业务相契合,增强主营业务的商标专用权,就可以增加本企业在同行业竞争对手中的声誉,也可以有力打击仿冒主营业务商品的违法行为。

(三)跨类别注册

当企业发展规模不断扩大,企业商标的知名度不断增强时,企业可以选择在多个类别上注册商标,这既符合企业进一步扩大生产经营范围的要求,也可以进一步强化商标保护的核心竞争力作用。跨商品和服务类别注册商标,不仅能使消费者增强对商标的辨识能力,而且是企业提高商标保护水平,增强商标防御能力的有效方式。

第三节 商标注册文件

商标注册是指商标申请人依照我国商标法规定的申请条件、原则和程序,将其正在使用或准备使用的商标提交商标局审查核准之后予以注册并受法律保护的活动。商标注册文件是指商标申请人为了取得商标专用权而在商标注册活动中按照商标法律规定必须制作和向商标局提交的各种文件。商标申请人只有按照我国商标法的规定正确地制作和提交商标注册文件，才能使整个商标申请过程顺利进行，进而获得商标专有权。

一、申请人身份证明文件

申请商标注册的，申请人应当提交其身份证明文件，商标注册申请人的名义与所提交的证明文件应当一致。❶ 当办理变更、转让、续展、异议、撤销等其他商标事宜时，也需要提交申请人证明文件。

（一）企业注册

（1）申请人为国内法人或其他组织的，应当提交营业执照、法人登记证、事业单位法人证书、社会团体法人证书、律师事务所执业证书、医疗机构执业许可证等有效证件的复印件；办学许可证、期刊证、组织机构代码证等证件不能作为申请人身份证明文件。

（2）申请人为中国港澳台地区或国外的法人或其他组织的，应当提交所属地区或国家的登记证件复印件。外国企业在华的办事处、常驻代表机构的登记证复印件无效。上述文件是外文的，应当附送中文译文；未附送的，视为未提交该文件。

（二）自然人注册

以自然人名义办理商标注册、转让等申请事宜的，除按照有关规定提交商标注册申请书、商标图样等材料外，还应当符合以下规则。

（1）申请人为国内自然人的，申请注册时应当提交身份证、护照、户籍证明等有效身份证件的复印件。

（2）自然人提出商标注册申请的商品和服务范围，应当以其在营业执照或有关登记文件核准的经营范围为限，或者以其自营的农副产品为限。

（3）个体工商户申请注册时，可以以其个体工商户营业执照登记的字号作为申请人提出注册申请，也可以以执照上登记的负责人名义提出注册申请。以负责人名义提出申请时应提交负责人的身份证和营业执照的复印件。

（4）农村承包经营户申请注册时，可以以其承包合同签约人的名义提出注册申请，申请时应提交签约人身份证和承包合同的复印件。

（5）其他依法获准从事经营活动的自然人申请注册时，可以以其在有关行政主管机关颁发的登记文件中登载的经营者名义提出注册申请，申请时应提交经营者的身份证和有关行政主管机关颁发的登记文件的复印件。

（三）外国自然人或港澳台自然人注册

（1）申请人为国外自然人且自行办理的，应当提交护照复印件及公安部门颁发的、在有效期（1年以上）内的"外国人永久居留证""外国人居留许可"或"外国人居留证"。

（2）申请人为港澳台自然人且自行办理的，应当提交通行证复印件。

---

❶ 《商标法实施条例》第14条。

（四）网络电子申请

（1）国内申请人通过网络电子申请的，应上传由申请人盖章或签字的身份证明文件原件的彩色扫描件。

（2）外国申请人通过网络电子申请的，需分别上传身份证明文件原件及中文译文的彩色扫描件，中文译文需加盖商标代理机构公章。

（3）港澳台申请人通过网络电子申请的，如果其身份证明文件原件为英文文件的，需同时上传中文译文的彩色扫描件。

二、商标注册申请书[1]

每一件商标注册申请都应当向商标局提交一份商标注册申请书。以三维标志申请商标注册的，应当在申请书中予以声明，说明商标的使用方式，并提交能够确定三维形状的图样。以颜色组合申请商标注册的，应当在申请书中予以声明，并说明商标的使用方式。以声音标志申请商标注册的，应当在申请书中予以声明，提交符合要求的声音样本，对申请注册的声音商标进行描述，说明商标的使用方式。申请注册集体商标、证明商标的，应当在申请书中予以声明并提交主体资格证明文件和使用管理规则。商标为外文或者包含外文的，应当说明含义。[2]

填写表格要遵循以下规则。

（1）办理商标注册申请，适用该书式。申请书应当打字或者印刷。申请人应当按照规定并使用国家公布的中文简化汉字填写，不得修改格式。

（2）"申请人名称"栏：申请人应当填写身份证明文件上的名称。申请人是自然人的，应当在姓名后注明证明文件号码。外国申请人应当同时在英文栏内填写英文名称。共同申请的，应将指定的代表人填写在"申请人名称"栏，其他共同申请人名称应当填写在"商标注册申请书附页——其他共同申请人名称列表"栏。没有指定代表人的，以申请书中顺序排列的第一人为代表人。

（3）"申请人国籍/地区"栏：申请人应当如实填写，国内申请人不填写此栏。

（4）"申请人地址"栏：申请人应当按照身份证明文件中的地址填写。身份证明文件中的地址未冠有省、市、县等行政区划的，申请人应当增加相应行政区划名称。申请人为自然人的，可以填写通信地址。符合自行办理商标申请事宜条件的外国申请人地址应当冠以省、市、县等行政区划详细填写。不符合自行办理商标申请事宜条件的外国申请人应当同时详细填写中英文地址。

（5）"邮政编码""联系人""电话"栏：此栏供国内申请人和符合自行办理商标申请事宜条件的外国申请人填写其在中国的联系方式。

（6）"代理机构名称"栏：申请人委托已在商标局备案的商标代理机构代为办理商标申请事宜的，此栏填写商标代理机构名称。申请人自行办理商标申请事宜的，不填写此栏。

（7）"外国申请人的国内接收人""国内接收人地址""邮政编码"栏：外国申请人

---

[1] 申请书内容详见 http://sbj.saic.gov.cn/sbsq。
[2] 《商标法实施条例》第 13 条。

应当在申请书中指定国内接收人负责接收商标局、商标评审委员会后继商标业务的法律文件。国内接收人地址应当冠以省、市、县等行政区划详细填写。

（8）"商标申请声明"栏：申请注册集体商标、证明商标的，以三维标志、颜色组合、声音标志申请商标注册的，两个以上申请人共同申请注册同一商标的，应当在本栏声明。申请人应当按照申请内容进行选择，并附送相关文件。

（9）"要求优先权声明"栏：申请人依据《商标法》第25条要求优先权的，选择"基于第一次申请的优先权"，并填写"申请/展出国家/地区""申请/展出日期""申请号"栏。申请人依据《商标法》第26条要求优先权的，选择"基于展会的优先权"，并填写"申请/展出国家/地区""申请/展出日期"栏。申请人应当同时提交优先权证明文件（包括原件和中文译文）；优先权证明文件不能同时提交的，应当选择"优先权证明文件后补"，并自申请日起3个月内提交。未提出书面声明或者逾期未提交优先权证明文件的，视为未要求优先权。

（10）"申请人章戳"栏：申请人为法人或其他组织的，应加盖公章。申请人为自然人的，应当由本人签字。所盖章戳或者签字应当完整、清晰。

（11）"代理机构章戳"栏：代为办理申请事宜的商标代理机构应在此栏加盖公章，并由代理人签字。

（12）"商标图样"栏：商标图样应当粘贴在图样框内。

（13）"商标说明"栏：申请人应当根据实际情况填写。以三维标志、声音标志申请商标注册的，应当说明商标使用方式。以颜色组合申请商标注册的，应当提交文字说明，注明色标，并说明商标使用方式。商标为外文或者包含外文的，应当说明含义。自然人将自己的肖像作为商标图样进行注册申请应当予以说明。申请人将他人肖像作为商标图样进行注册申请应当予以说明，附送肖像人的授权书并经公证。

（14）"类别""商品/服务项目"栏：申请人应按《类似商品和服务项目区分表》填写类别、商品/服务项目名称。商品/服务项目应按类别对应填写，每个类别的项目前应分别标明顺序号。类别和商品/服务项目填写不下的，可按本申请书的格式填写在附页上。全部类别和项目填写完毕后应当注明"截止"字样。

（15）"商标注册申请书附页——其他共同申请人名称列表"栏：此栏填写其他共同申请人名称，外国申请人应当同时填写中文名称和英文名称，并在空白处按顺序加盖申请人章戳或由申请人本人签字。

三、商标图样

每一件商标注册申请应当提交1份商标图样。以颜色组合或者着色图样申请商标注册的，应当提交着色图样，并提交黑白稿1份；不指定颜色的，应当提交黑白图样。商标图样必须清晰，便于粘贴，用光洁耐用的纸张印制或者用照片代替，长和宽应当不大于10cm，不小于5cm。商标图样应粘贴在商标注册申请书指定位置。

四、商标说明

商标说明应当记载商标名称、商标图样外文或少数民族文字的含义、特殊字体的文字表述、立体/颜色商标的说明、商标图样中需要放弃专用权的声明以及其他申请人认为需要说明的事项。

以三维标志申请商标注册的，应当在申请书中予以声明，并应在商标注册申请书"商标说明"栏中说明商标的使用方式。申请人应当提交能够确定三维形状的图样，该商标图样应至少包含三面视图。

以颜色组合申请商标注册的，应当在申请书中予以声明，并在商标注册申请书"商标说明"栏中加以文字说明，说明色标和商标的使用方式。

以声音标志申请注册商标的，应当在申请书中予以声明，并在商标图样框中对声音商标进行描述，同时报送符合要求的声音样本，以及在商标注册申请书"商标说明"栏中说明商标的使用方式。

1. 声音商标的描述

应当以五线谱或者简谱对申请用作商标的声音加以描述并附加文字说明；无法以五线谱或者简谱描述的，应当使用文字进行描述。

2. 声音样本的要求

（1）通过纸质方式提交声音商标注册申请的，声音样本的音频文件应当储存在只读光盘中，且该光盘内应当只有一个音频文件。通过数据电文方式提交声音商标注册申请的，应按照要求正确上传声音样本。

（2）声音样本的音频文件应小于5MB，格式为wav或mp3。

3. 商标描述与声音样本应当一致。

五、商标代理委托书❶

委托商标代理机构申请商标注册的，应当提交商标代理委托书，并注意以下几点。

（1）商标代理委托书应当载明代理内容及权限。

（2）申请人为外国自然人或者外国企业的，商标代理委托书应当载明申请人的国籍。

（3）申请人为外国人或者外国企业的，除了符合上述要求，还应提交与证明文件有关的公证、认证文件。

第四节　商标注册程序

商标注册申请流程如图12-1所示。

---

❶ 商标代理委托书详见 http://sbj.saic.gov.cn/sbsq/。

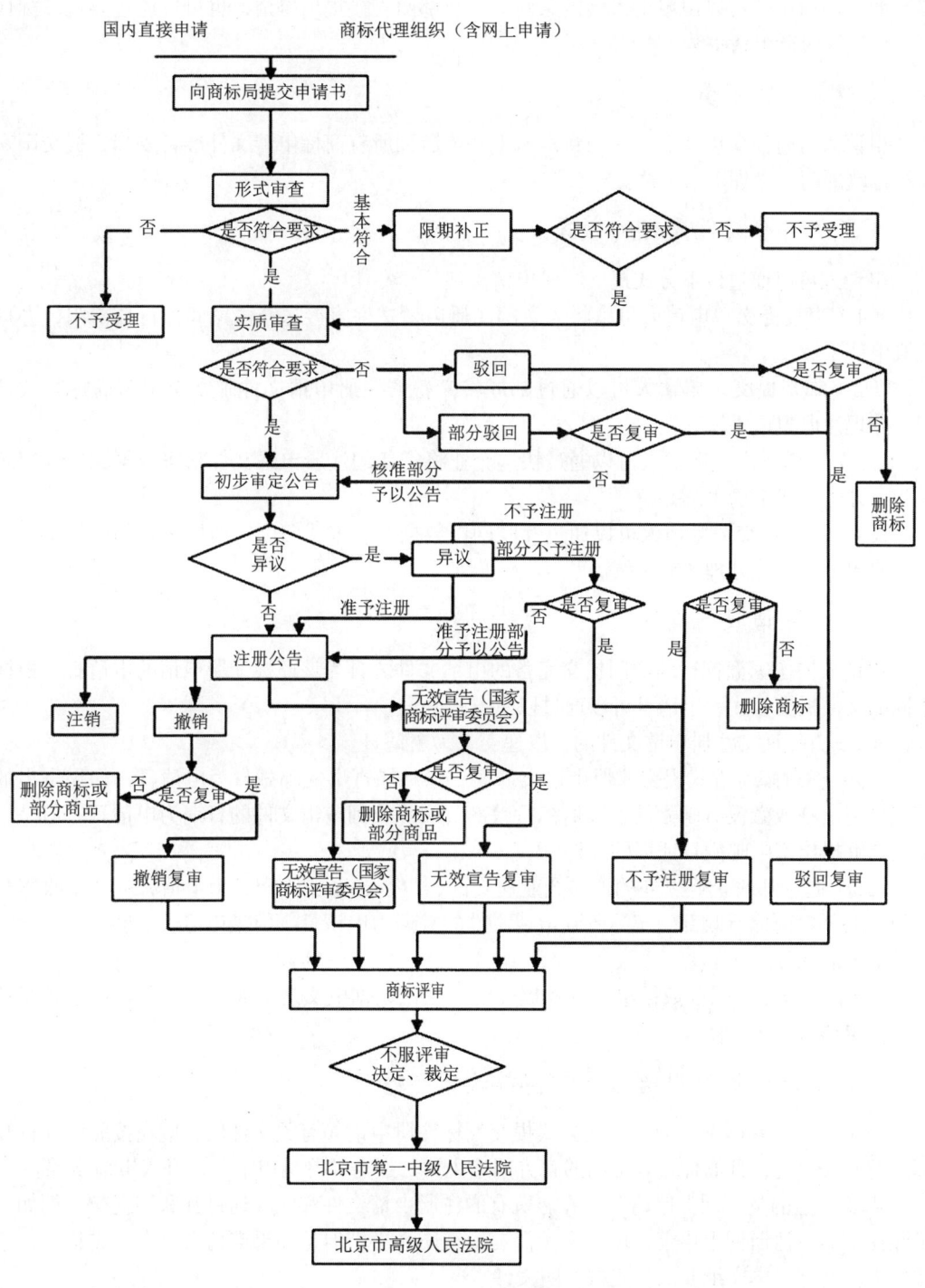

图12-1 商标注册流程

一、申请

商标注册申请可以由申请人向国家商标行政部门直接提出申请，也可以通过委托商标代理机构代其履行申请手续。

（一）自行申请

申请人自行注册申请时，应当将本章上一节所列所有商标申请文件准备妥当，提交国家商标行政部门，办理申请手续。

（二）申请文件提交的方式

申请人可以通过以下方式提交注册申请文件。

（1）直接提交。申请人可以将完备的注册申请文件直接送至国家商标行政部门，办理注册申请手续。

（2）邮寄提交。申请人可以通过邮局将完备的注册申请文件邮寄至国家商标行政部门，办理注册申请手续。

（3）快递提交。申请人可以通过快递企业将完备的注册申请文件邮寄至国家商标行政部门，办理注册申请手续。

（4）网上提交。申请人可以通过互联网以数据电文方式向国家商标行政部门提交完备的注册申请文件，办理注册手续。

（三）申请日的确定

申请人向国家商标行政部门提交完备的申请文件之日为该商标注册申请的申请日。根据不同的文件提交方式，申请日可以通过以下方式确定。

（1）直接递交注册申请文件的，以递交日为申请日。

（2）通过邮寄方式提交注册申请文件的，以邮局寄出的邮戳日为申请日；如果寄出的邮戳日不清晰或者没有邮戳的，以商标行政部门实际收到申请文件的日期为申请日，但是申请人能够提出实际邮戳日证据的除外。

（3）通过邮政企业以外的快递企业递交的，以快递企业收寄日为申请日；如果收寄日不明确的，以商标行政部门实际收到申请文件的日期为申请日，但是申请人能够提出实际收寄日证据的除外。

（4）通过互联网以数据电文方式提交的，以该数据电文进入商标行政部门电子系统的日期为申请日。

（四）网上提交申请

申请人通过互联网以数据电文方式提交商标注册申请等有关文件的，应当按照商标行政部门的有关规定，到商标行政部门的官方网站主页，点击"网上申请"，进入申请步骤。

需要注意的是，网上申请时，并非所有的注册申请文件都能够通过互联网提交。例如，虽然提交商标注册网上申请，申请人无需提交纸质文件，但是如果申请人要求优先权的，应按要求向商标局提交纸质的优先权证明文件。

二、委托代理机构申请

申请人除可以自己申请注册之外，也可以委托商标代理机构代为办理注册手续。商标代理机构以委托人的名义办理商标注册申请或者其他商标事宜。❶

（一）商标代理机构

商标代理机构应当具有独立法人资格，各个商标代理机构之间法律地位平等，没有隶属关系。商标代理机构应当遵循诚实信用原则，遵守法律、行政法规，按照被代理人的委托办理商标注册申请或者其他商标事宜；对在代理过程中知悉的被代理人的商业秘密，负有保密义务。委托人申请注册的商标可能存在不得注册情形的，商标代理机构应当明确告知委托人。商标代理机构知道或者应当知道委托人申请注册的商标属于损害他人商标权利情形的，不得接受其委托。商标代理机构除对其代理服务申请商标注册外，不得申请注册其他商标。

（二）商标代理机构的业务范围

商标代理机构的业务范围是确定的。具体而言，商标代理机构的业务包括代理商标注册申请、变更、续展、转让、异议、撤销、评审、侵权投诉等有关事项；提供商标法律咨询，担任商标法律顾问；代理其他有关商标法律的事务。

（三）委托代理

商标代理机构接受申请人的委托代为办理商标注册手续，应当与委托人签订商标注册代理合同，委托人向商标代理机构出具委托书。

商标代理机构接受委托以后，可以通过互联网或非互联网的途径提交商标申请文件。

总体而言，商标代理机构接受申请人的委托而进行商标注册申请比商标申请人自己办理注册申请手续具有明显的专业优势，能够高效准确地完成商标注册申请的整个流程，提高商标申请的成功率。

（四）网上申请程序❷

（1）申请"商标数字证书"。商标代理机构应当先申请"商标数字证书"，然后才能代理商标注册网上申请，详情请查阅"商标数字证书申请流程"。

（2）下载并安装数字证书驱动程序和安全控件。登录商标网上申请系统首页，下载数字证书驱动程序和安全应用控件软件，并按照"商标数字证书（KEY）安装指南"的要求进行安装，详情请查阅"商标数字证书（KEY）安装指南"和"商标数字证书（kEY）使用注意事项"。

（3）进行网上申报。选择"商标代理机构登录"，插入数字证书，输入PIN码，点击"登录"进入系统，阅读填写要求并按规定操作。

（4）缴纳商标规费。提交商标注册网上申请，商标代理机构应向商标局足额预付商标

---

❶ 《商标法》第18条。

❷ 详见国家工商行政管理总局商标局商标网上申请流程：http://sbsq.saic.gov.cn:9080/tmoas/tmoas/wssqsy/help/m21.html，2016年1月20日访问。

规费。详情请查阅"商标网上申请缴费须知"。

（5）商标注册网上申请及提交材料。商标注册业务网上申请后，可通过"我的账户—我的申请"查询并核对申请信息，确认是否提交成功，当日可修改或删除申请件。

三、商标审查

商标局收到商标申请人或商标代理机构符合规定的商标申请文件后，针对这些文件进行形式审查和实质审查。

（一）形式审查

形式审查是指针对商标申请人以及商标代理机构提交的商标申请文件的种类、格式、完整性等进行的审查。

1. 形式审查的主要内容

（1）申请人的资格和申请程序。

（2）申请文件。

（3）申请是否符合商标申请的有关原则。

（4）商标的申请日期，编写申请号。

2. 形式审查的结果及处理

（1）如果申请文件不符合形式要求，商标局将告知商标申请人以及商标代理机构不予受理。

（2）如果申请文件基本符合形式要求，商标局将要求商标申请人限期补正。如果在期限内补正所有的瑕疵，商标局将对商标申请的内容进行实质审查。如果在期限内没有提交补正，或者虽然在期限内提交补正，但不符合商标局的要求，商标局将对本次申请作出不予受理的决定。

（3）如果申请文件符合形式要求，商标局就对该申请进行实质审查。

（二）实质审查

实质审查是指对申请注册的商标是否符合注册条件进行的审查。实质审查是商标注册过程中最重要的环节。实质审查包括以下内容。

1. 合法性审查

我国《商标法》第10条规定了下列9种标志不得用作注册商标，如果申请注册的商标属于其中一种标志的，将不予注册。

（1）同中华人民共和国的国家名称、国旗、国徽、国歌、军旗、军徽、军歌、勋章等相同或者近似的，以及同中央国家机关的名称、标志、所在地特定地点的名称或者标志性建筑物的名称、图形相同的。

（2）同外国的国家名称、国旗、国徽、军旗等相同或者近似的，但经该国政府同意的除外。

（3）同政府间国际组织的名称、旗帜、徽记等相同或者近似的，但经该组织同意或者不易误导公众的除外。

（4）与表明实施控制、予以保证的官方标志、检验印记相同或者近似的，但经授权的除外。

（5）同"红十字""红新月"的名称、标志相同或者近似的。

（6）带有民族歧视性的。

（7）带有欺骗性，容易使公众对商品的质量等特点或者产地产生误认的。

（8）有害于社会主义道德风尚或者有其他不良影响的。

（9）除此之外，县级以上行政区划的地名或者公众知晓的外国地名，不得作为商标。但是，地名具有其他含义或者作为集体商标、证明商标组成部分的除外；已经注册的使用地名的商标继续有效。

2. 显著性审查

我国《商标法》第11条还规定了下列3种标志不得作为商标注册。

（1）仅有本商品的通用名称、图形、型号的。

（2）仅直接表示商品的质量、主要原料、功能、用途、重量、数量及其他特点的。

（3）其他缺乏显著特征的。

如果以上所列标志经过使用取得显著特征，并便于识别的，可以作为商标注册。

3. 近似商标审查

商标相同和近似的判定，首先应确认其指定使用的商品或者服务是否属于同一种或者类似商品或服务；其次应从商标本身的形、音、义和整体表现形式等方面，❶参照本章第二节"商标相同或近似的判断标准"的内容，判断商标标志本身是否相同或近似。

4. 三维商标审查

以三维标志申请注册商标的，仅由商品自身的性质产生的形状、为获得技术效果而需有的商品形状或者使商品具有实质性价值的形状，不得注册。

5. 地理商标审查

地理标志，是指标示某商品来源于某地区，该商品的特定质量、信誉或者其他特征，主要由该地区的自然因素或者人文因素所决定的标志。如果商标中有商品的地理标志，而该商品并非来源于该标志所标示的地区，误导公众的，不予注册并禁止使用；但是，已经善意取得注册的可以继续使用。

四、初步审定公告

商标的初步审定是指商标局根据《商标法》与《商标法实施条例》对商标申请进行形式审查和实质审查，如果商标申请符合条件、通过审查的，则作出初步的审查决定，并予以公告。设置公告程序是为了将此次审查决定向社会公众征求意见。

五、异议

异议是指对于经过初步审定并公告的商标申请，自公告之日起3个月内，在先权利人、利害关系人认为该商标申请违反《商标法》第13条第2款和第3款、第15条、第16条第1款、第30~32条规定的，或者任何人认为该商标申请违反《商标法》第10~12条规定的，可以向

---

❶ 蒋坡：《知识产权管理》，知识产权出版社2007年版，第118页。

商标局提出该商标应当不予注册的反对意见。

对初步审定公告的商标提出异议的,商标局应当听取异议人和被异议人陈述事实和理由,经调查核实后,作出是否准予注册的决定,并书面通知异议人和被异议人。如果异议内容属实或部分属实,则对该商标申请不予注册或部分不予注册。

六、核准注册公告

在法定的异议期内无异议的,或者经审查异议不成立的,予以核准注册,发给商标注册证,并予核准注册公告。

七、复审

商标局作出不予注册或者核准注册决定,当事人不服的,可以自收到通知之日起15日内向商标评审委员会申请复审。商标评审委员会应当自收到申请之日起12个月内作出复审决定,并书面通知异议人和被异议人。有特殊情况需要延长的,经国务院工商行政管理部门批准,可以延长6个月。当事人对商标评审委员会的决定不服的,可以自收到通知之日起30日内向人民法院提起行政诉讼。人民法院应当通知另一当事人作为第三人参加诉讼。

第五节 商标权利

一、商标权的内容

商标权指商标权人对其注册商标依法所享有的权利,主要包括专用权、禁止权、许可权和转让权。❶企业要充分利用商标权,从市场中获取商标权益的最大化。

(一)商标专用权

商标核准注册后,企业获得商标专用权,未经商标权利人的许可,任何人使用注册商标的行为,都是侵犯注册商标专用权的行为。

商标专用权的使用范围是法定的,按照《商标法》第56条规定:"注册商标的专用权,以核准注册的商标和核定使用的商品为限。"商标权人只能在核准注册的商品或服务上使用该注册的商标。如果商标注册的事项发生变更的,包括商标权人及其相关事项发生变更、使用商标的商品或服务发生变更、商标图样或名称发生变更,等等,都需要按照商标法规定另行提出变更注册的申请。

---

❶ 蒋坡:《知识产权管理》,知识产权出版社2007年版,第121页。

（二）商标禁止权

商标权人有权禁止他人未经其许可在相同或类似商品及服务上使用相同或近似商标。根据《商标法》第57～58条规定，商标禁止权包括以下内容。

（1）未经商标注册人的许可，禁止在同一种商品上使用与其注册商标相同的商标。

（2）未经商标注册人的许可，禁止在同一种商品上使用与其注册商标近似的商标，或者在类似商品上使用与其注册商标相同或者近似的商标，容易导致混淆的。

（3）禁止销售侵犯注册商标专用权的商品。

（4）禁止伪造、擅自制造他人注册商标标识或者销售伪造、擅自制造的注册商标标识。

（5）未经商标注册人同意，禁止更换其注册商标并将该更换商标的商品又投入市场。

（6）故意为侵犯他人商标专用权行为提供便利条件，帮助他人实施侵犯商标专用权行为。

（7）给他人的注册商标专用权造成其他损害的行为。

（8）将他人注册商标、未注册的驰名商标作为企业名称中的字号使用，误导公众，构成不正当竞争行为。

（三）商标许可权

商标权利人可以自主选择自己直接使用商标或许可他人使用自己的商标。

1. 行使商标许可权的条件

商标许可权的行使，应当遵守以下条件：❶

（1）签订商标使用许可合同。商标注册人可以通过签订商标使用许可合同，许可他人使用其注册商标。

（2）保证商品质量。许可人应当监督被许可人使用其注册商标的商品质量，被许可人应当保证使用该注册商标的商品质量。

（3）注明名称和产地。经许可使用他人注册商标的，必须在使用该注册商标的商品上标明被许可人的名称和商品产地。

（4）备案和公告。许可他人使用其注册商标的，许可人应当将其商标使用许可报商标局备案，由商标局公告。商标使用许可未经备案不得对抗善意第三人。

2. 商标许可的种类

注册商标使用许可合同的类型可以分为普通许可、独占许可、排他许可（具体详见本书第十三章第一节）。

（四）商标转让权

商标权利人可以将注册商标的所有权转让给他人。商标转让以后，商标权人就失去商标专有权，受让人依转让成为该商标的所有人。

商标转让权的行使应当遵守以下条件：❷

（1）签订转让协议。转让注册商标的，转让人和受让人应当签订转让协议。

---

❶ 《商标法》第43条。

❷ 《商标法》第42条。

（2）变更注册。转让方和受让方应当共同向商标局办理商标权人的变更注册。

（3）保证质量。受让人应当保证使用该注册商标的商品质量。

（4）连同转让。商标注册人对其在同一种商品上注册的近似的商标，或者在类似商品上注册的相同或者近似的商标，应当一并转让。

（5）核准和公告，对容易导致混淆或者有其他不良影响的转让，商标局不予核准，书面通知申请人并说明理由。转让注册商标经核准后，予以公告。受让人自公告之日起享有商标专用权。

二、商标权的维护

（一）商标续展

商标保护具有时间限制，根据我国《商标法》的规定，注册商标的有效期为10年，自商标核准注册之日起计算。商标有效期限届满之前，商标权人可以申请续展。商标是否续展，由企业按照自身的经营战略决定。

商标注册成功后，即取得商标专有权，只有商标权人在商标有效期内才可以行使商标的使用、许可、转让等权利，如果商标有效期届满，商标权利人未予续展，该商标将面临被注销的风险。商标一旦被注销，商标权利人就会丧失商标专有权，其他企业和公民就可以将该注销的商标作为新商标向商标局提出注册申请，导致本企业在日后的生产经营中对该商标的使用将构成侵犯商标专有权的行为，并受到法律诉讼和经济赔偿。由于商标专用权的丧失，其他企业和公民可以任意使用该商标，从而将无法保证其他企业和公民使用该商标的商品质量，引起消费者对商品质量的质疑，就会降低企业的商誉和商标的市场价值，此时企业会因该商标未得到持续有效的保护而最终导致企业丧失注册商标的作用。因此，企业应当关注所拥有的注册商标的有效期限，充分评估注册商标的价值，对于即将到期且有足够价值的注册商标，应及时向商标局提出续展申请，以保证对注册商标的持续有效地保护。

1. 续展申请人

续展注册申请人必须是注册商标的所有人，可以是原注册商标所有人，或者是继承人或受让人。商标续展成功后，商标专有权得以延续，注册商标得以持续保护。

2. 续展期限

根据《商标法》第40条规定，注册商标有效期满，需要继续使用的，商标注册人应当在期满前12个月内按照规定办理续展手续；在此期间未能办理的，可以给予6个月的宽展期。每次续展注册的有效期为10年，自该商标上一届有效期满次日起计算。期满未办理续展手续的，注销其注册商标。商标续展的次数不受限制。

商标局对商标续展注册申请审查后，核发商标续展证明，不再另发商标注册证，原商标注册证与商标续展证明一起使用。

3. 提交续展注册申请文件

（1）提出续展注册申请，应当填写《商标续展注册申请书》；

（2）应当提交申请人的身份证明文件（复印件）；

（3）如果申请人直接在受理大厅办理的，还应当提交经办人的身份证明文件（复印件）；

(4）如果委托代理机构办理的，应当提交代理委托书；
(5）应当提交注册商标证（复印件）；
(6）申请文件为外文的，还应提供经翻译机构签章确认的中文译本。

4. 缴纳续展注册费

商标权人提出续展注册申请的，应当按照商标局的规定缴纳续展注册费。一份续展注册申请需缴纳续展注册费2 000元。如果是在期限届满的6个月宽展期内提交续展注册申请的，还需缴纳延迟费500元。

如果是委托商标代理机构办理的，申请人应向商标代理机构支付续展注册费和代理费，由其代缴。

（二）商标打假

企业要拿起商标法赋予的武器，举起商标打假的旗帜，为企业商标的良好发展保驾护航。商标打假可以采取以下措施。

1. 收集证据

发现有假冒伪劣的侵权商品时，要及时收集和保存侵权证据，便于企业维权。

（1）企业可以自行收集侵权证据，派专员到同类行业市场中进行明察暗访，调查企业商标的合法使用情况。一旦发现有违法使用企业商标的情况，可先购买侵权商品进行确权存底，对于在第三方购物网站上发现的侵权商品，要保留商品链接及商品截图。

（2）企业也可以请求法院保全证据。根据《商标法》第65条规定，商标注册人或者利害关系人有证据证明他人正在实施或者即将实施侵犯其注册商标专用权的行为，如不及时制止将会使其合法权益受到难以弥补的损害的，可以依法在起诉前向人民法院申请采取责令停止有关行为和财产保全的措施。第66条规定，为制止侵权行为，在证据可能灭失或者以后难以取得的情况下，商标注册人或者利害关系人可以依法在起诉前向人民法院申请保全证据。

2. 确认商标权

商标注册成功后，还有可能种种原因而被撤销或者宣布无效。根据《商标法》第44～45条规定，若企业在注册商标时采取不正当手段，其他单位或者个人可以请求商标评审委员会宣告该注册商标无效，由商标局宣告该注册商标无效。根据《商标法》第49条规定，若企业未正确使用注册商标的，由商标局撤销其注册商标。因此，在企业向不法商家维权之前，应当确认自己享有完整的商标专有权。

3. 联络侵权方

当收集和掌握侵权商品证据，并且确认企业的商标专有权后，企业就可以进一步主动联系侵权方，直接给对方商家发警告书，或者委托律师发律师函，明确告知其行为的侵权性，以及进一步将采取的法律措施；如果侵权商品涉及第三方平台的，企业也可以要求第三方终止提供与该侵权商品有关的服务。

4. 采取法律措施

《商标法》第60条规定，侵犯注册商标专用权行为引起纠纷的，由当事人协商解决；不愿协商或者协商不成的，商标注册人或者利害关系人可以向人民法院起诉，也可以请求工商行政管理部门处理。商标权人在商标专有权受到侵害，又不能以协商的方式保护自己合法权益时，可以拿起法律武器捍卫自己的注册商标专有权。

（三）商标防御

注册商标，尤其是著名商标和驰名商标非常容易被仿冒和克隆，不良商家往往企图借助著名商标或驰名商标上凝聚的口碑和声誉，在相同或类似商品上使用仿冒商标，这种侵害商标专有权的行为将使企业受到损害，对此，企业要提高商标的保护水平，增强商标防御能力。

第六节　商标变更注册

一、商标变更注册的缘由

商标变更注册是指在商标核准注册之后，商标权利人的名义、地址或者其他的注册事项发生变更的，需要向商标局申请办理相应的变更手续。

二、商标变更注册的基本流程

（一）商标变更

根据《商标法》第41条规定："注册商标变更注册人的名义、地址或者其他注册事项的，应当提出变更申请。"申请人变更其名义、地址、代理人，删减使用该商标的商品，或者其他需要更正注册事项的，应当向商标局办理变更注册手续。

如果要改变注册商标的文字、图形，则应当重新提出商标注册申请，按新申请商标对待，不能称为商标变更。

（二）办理途径

申请变更商标注册人名义、地址或者其他注册事项有两条途径：

（1）申请人直接到商标注册大厅办理。申请书件准备就绪后，在商标注册大厅的申请受理窗口提交，由窗口的工作人员确认该申请书件是否合格。

（2）委托在商标局备案的商标代理机构办理。由该商标代理机构将申请书件送达商标局。

（三）申请书件

（1）申请人应根据办理的具体事项填写相应的申请书，按照申请书上的要求逐一填写，且必须是打字或者印刷。

①需要变更名义或者地址的，应当填写《变更商标申请人/注册人名义/地址申请书》，如果商标注册人或者申请人同时申请变更名义和地址，填写一份申请书即可。

②需要删减注册商标或注册申请中的商品或者服务项目的，应当填写《删减商品/服务项目申请书》，但不能对商品或服务项目加限定或修饰词句。

③需要变更商标代理人的，应当填写《变更商标代理人申请书》。

④如果发现注册书件或者申请书件中有错误需要更正的，应当填写《更正商标申请/注册事项申请书》，这里所说的需要更正的错误仅限于申请书件中的个别文字错误。

（2）办理变更手续的，每一件商标（每一注册号）应填写一份变更申请书，并加盖申请人印章和代理人印章。

（3）申请人直接到商标注册大厅办理的，除递交申请书外，还要提交申请人的营业执照及复印件（或加盖单位公章的营业执照复印件）和经办人的身份证复印件；如果申请人是自然人，并且是其本人来办理的，只须提交申请人的身份证复印件即可。委托商标代理机构办理的，除递交申请书外，还要提交商标代理委托书、申请人的营业执照复印件或身份证复印件。

（4）申请变更注册人名义的，还应当提交登记机关出具的变更证明。注册人是企业的，应当出具工商行政管理机关登记部门的变更证明；注册人是事业单位的，应当出具事业单位登记机关的变更证明；注册人是自然人的，应当出具户口所在地派出所的变更证明。证明上的变更前名义和变更后名义应当与申请书上变更前名义和申请人名称相符。外国企业或外国人仅需变更其中文译名的，应提供该外国企业或外国人申请变更中文译名的声明。

（5）尚未获准注册的商标，其申请人名义的变更，也应按照上述规定办理。

（6）申请变更地址的，不需附送变更证明，但自然人跨国籍变更地址的情况除外。

（7）自然人跨国籍变更地址的，申请时应提交其在现地址居住1年以上的证明。

（8）如果申请变更的商标是共有商标，还应提交以下书件：

①申请变更共有商标代表人的，填写变更注册人名义/地址申请书，还应当提交其他共有人的同意变更的声明。

②申请变更共有商标共有人名义的，无论是变更所有的共有人名义还是变更部分共有人名义，或者变更共有商标代表人的，都应在申请书上填写所有共有人的名称。其中代表人的名称和地址应写在申请书的第一页上，其他共有人名称应写在申请书的附页上，其他共有人不需填写地址。

③代表人名义、地址发生变更的，应将变更后的代表人名义、地址写在申请书第一页的申请人名称、申请人地址栏目中，将变更前的代表人名义、地址写在申请书第一页的变更前名义、变更前地址栏目中，并应附送相应的变更名义证明。如果代表人的名义、地址没有发生变更，申请变更的是其他共有人的名义，则申请书第一页上的变更前名义、变更前地址栏目不必填写。

④其他共有人名义发生变更的，应在申请书附页的变更前其他共有人名义列表和变更后其他共有人名义列表中（以下简称"变更前名义列表"和"变更后名义列表"）分别填写变更前共有人名称和变更后共有人名称，并附相应的变更证明。如果其他共有人名义没有发生变更，也应将没有变更的共有人名义分别填写在申请书附页的变更前名义列表和变更后名义列表中。

（四）缴纳变更注册费

申请人提出变更申请的，应当按照商标局的规定缴纳变更注册费。一份变更注册申请应缴纳变更注册费500元。

如果是委托商标代理机构办理的,申请人应向商标代理机构支付变更注册费和代理费,由其代缴。

三、商标变更注册的注意事项

(1)变更商标注册人名义或地址的,商标注册人应将其全部注册商标一并变更。

(2)变更申请提交后,商标局将按照申请书上填写的申请人地址,以邮寄方式发给申请人受理通知书。

(3)如果变更申请需要补正的,商标局将按照申请书上填写的申请人地址,以邮寄方式书面通知申请人限期补正。

(4)变更申请核准后,商标局将按照申请书上填写的地址,以邮寄方式发给申请人变更证明。

(5)因其他原因不能核准变更申请的,商标局将按照申请书上填写的申请人地址,以邮寄方式书面通知申请人。

(6)共有商标的变更申请核准后,变更证明仅发给代表人,如果其他共有人需要,应申请补发证明。

(7)如果申请人委托商标代理机构办理变更申请的,商标局不会直接与申请人发生任何书件往来,所有书件都寄发给该商标代理机构,由其转交或告知申请人。

(8)申请书上的商品类别应按照商标注册证核定的国际分类类别填写。

第十三章　商标应用

【本章导图】

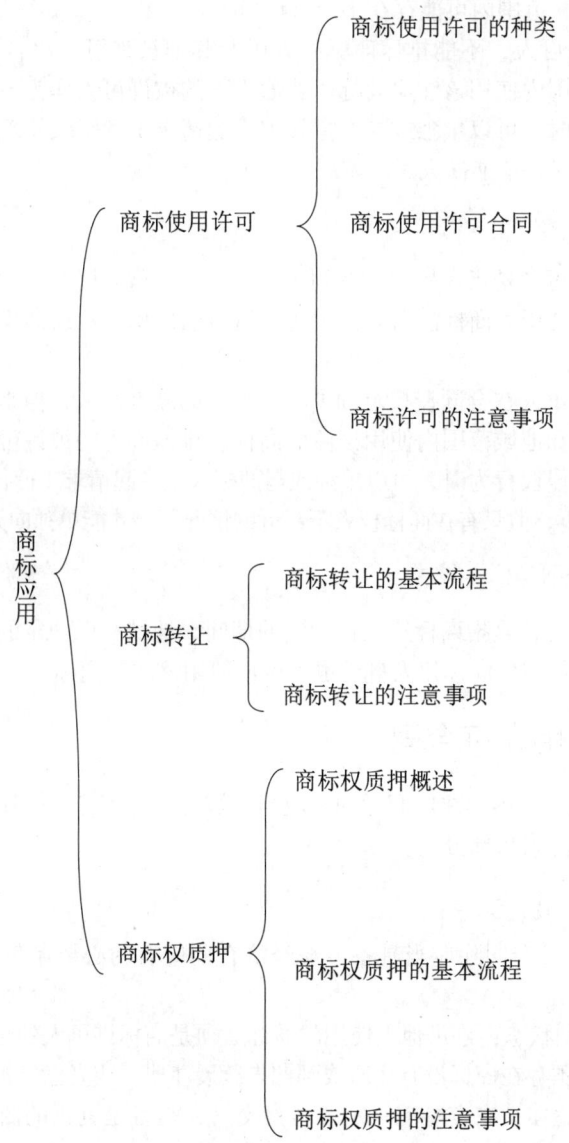

第一节　商标使用许可

一、商标使用许可的种类

（一）普通许可

商标权的普通许可，是指商标权人在约定的期间、地域和以约定的方式，许可他人使用其注册商标，商标权人可以自己使用该注册商标，也可以再许可他人使用该注册商标。商标的普通许可在合同授权范围内可能存在多个被许可人。

普通许可的被许可人，不能排斥商标权人以及其他被许可人以合同约定的方式在合同约定的期间和地域范围内使用该注册商标。普通许可的被许可人作为该注册商标的利害关系人，在发现侵权行为时，可以单独或与商标权人一起请求工商行政管理部门处理，但只有在经商标权人明确授权时，才能向人民法院提起诉讼。

（二）排他许可

商标权的排他许可，是指商标权人在约定的期间、地域和以约定的方式，将该注册商标仅许可一个被许可人使用，商标注册人依约定可以自己使用该注册商标，但不得再另行许可他人使用该注册商标。

排他许可的被许可人在合同授权范围内，是唯一的被许可人，但是不能排斥商标权人本人在合同约定的期间和地域范围内使用该注册商标。排他许可的被许可人作为该注册商标的利害关系人，在发现侵权行为时，可以单独或与商标权人一起请求工商行政管理部门处理，或者与商标权人共同起诉，但只有在商标权人不起诉的情况下，才能单独向人民法院提起诉讼。

（三）独占许可

商标权的独占许可，是指商标权人在约定的期间、地域和以约定的方式，将该注册商标仅许可一个被许可人使用，商标权人自己也不得再使用该注册商标。

二、商标使用许可合同

商标权人许可他人使用其注册商标的，应当与被许可方签订商标使用许可合同。商标使用许可合同的示例详见附录部分。

（一）注意事项

签订商标使用许可合同除应当具备一般经济合同应有的必要条款外，还应当注意以下几点。

（1）商标的权利状态：许可他人使用的商标必须是商标许可人的注册商标，并且保证在商标的保护期限内，不存在商标没有注册或到期未续展注册，或者已经被撤销的情形；

（2）商标权利主体：在交易前一定要考察交易人是否是真正的商标权利人，可以通过查验商标注册证书、查询商标公告或中国商标网等了解真正的权利主体；

（3）商标许可标的：合同中应明确规定许可他人使用的商标应与注册商标一致；

（4）商标许可范围：许可他人使用的商标所指定的商品不得超出该商标核定使用商品/服务的范围；

（5）明确许可方式：应在合同中明确规定是否允许被许可人能否再许可的条款。

（二）商标使用许可合同备案

双方当事人签订商标使用许可合同的，应当在该合同签订后3个月内，由许可人报送商标局办理商标使用许可合同备案。许可人可以直接到商标局的商标注册大厅办理商标使用许可合同备案，也可以委托商标代理机构办理商标使用许可合同备案。

1. 备案所需提交的材料

（1）由许可方填写《商标使用许可合同备案申请表》，一件注册商标许可一个被许可人使用，应提交一份《商标使用许可合同备案申请表》。

（2）经许可方和被许可方共同签订的使用许可合同副本，或经过公证的商标使用许可合同复印件。

（3）如果许可方为自然人的，应当提交能够证明其身份的有效证件的复印件；如果许可方为公司，需提交营业执照的复印件一份。

（4）委托商标代理机构代为办理备案手续的，需提交许可方出具的商标代理委托书。

（5）商标使用许可合同的文字使用外文的，应当同时附送相应的中文译本。

2. 备案申请表的填写要求

（1）备案申请表上的许可人名称、注册证号、商品或者服务名称应与商标注册证上的注册人名义、注册证号、商品或者服务名称完全相同。

（2）许可使用的商品不得超出商标注册证核定使用的商品范围。

（3）许可使用的期限不得超过商标注册证上的有效期限。商标的有效期限届满后仍需继续使用的，可在商标续展注册后，续签商标使用许可合同。

3. 商标使用许可合同备案的办理

备案时，可以按照以下步骤办理：准备申请书件→在商标注册大厅受理窗口提交申请书件→在打码窗口打收文条形码→在交费窗口缴纳备案规费→收取商标使用许可合同备案通知书。

4. 备案规费

每件商标使用许可合同备案申请应向商标局缴纳备案费300元。

5. 商标使用许可合同备案通知书的收取

商标使用许可合同备案申请经审查书件齐备，符合商标使用许可合同备案有关规定的，商标局予以备案，以邮寄方式将备案通知书发给申请人或其代理人。

三、商标许可的注意事项

（一）商品质量的控制

商标的产权价值在于商品所享有的信誉，因此，商标使用许可合同中的质量控制是一项极为重要的内容。这方面有前车之鉴——××汽水厂，曾是我国八大碳酸饮料生产基地之一,以"××可乐"为代表的产品在市场上很受欢迎,该厂却急功近利,贸然许可国内144家企业使用"××"商标,由于缺乏必要的质量保障措施,导致商品质量急剧下降,直接影响商标信誉。

(二)合作伙伴的选择

对于许可人来说,商品质量控制首要在于慎重选择合作伙伴,选择生产能力较好、经营管理水平较高且履约能力较强的企业作为被许可人。

在授予许可使用权之前,许可人应对被许可人的法人资格、生产能力、管理水平、产品质量等进行考察、测试,达不到与自己产品相同质量标准的不能售与许可证。

使用许可合同订立后,许可人应密切关注被许可人的生产销售情况,防止被许可人在产品质量、售后服务方面有任何损商标信誉的现象发生。

在合同期限内,许可人都有责任对被许可人的生产过程、工艺制作、产品检验和管理等方面实施必要的监督。当被许可人的产品达不到许可使用的注册商标的商品质量,许可人应采取果断措施以阻止情势进一步发展,必要时应断然终止合同,收回商标使用许可权。

(三)商标权的维护

许可人有义务保证被许可使用的商标权的确定性和稳定性,维护被许可人的使用权。具体地说,许可人应保证合同项下的注册商标真实可靠,是经过商标主管机关审查核准予以注册的商品商标或服务商标,并且该商标仍处于法律保护的有效期限内。

许可人不得在同一地区与两个及两个以上的企业签订独占许可使用合同,导致两个及两个以上的被许可人的使用权发生冲突。在合同有效期间,许可人不应将该注册商标任意转让给第三人,如需转让必须向被许可人说明情况,取得被许可人同意或者与被许可人解除使用许可合同。

许可人还应当采取有效措施维系其商标权利并承担所需费用,如及时办理商标续展。对于市场上出现的商标侵权行为,如果是独占许可、排他许可,可由被许可人提起诉讼,许可人积极参加配合行动。如果是普通许可则由许可人起诉,但被许可人应将有关侵权的事实情况及证据及时告知许可人。

(四)商标使用的监督

如何维护商标信誉,防止使用商标的商品质量失控而损害商标权人的利益,保护消费者权益,是企业商标管理工作的一项重要任务。对被许可人商标使用进行监督的内容包括以下两项。

(1)许可使用的商标必须与注册商标一致。被许可人使用注册商标和商标权人自己使用一样,以核准的注册商标和核定使用的商品为限,不得超出核定使用的商品范围,不得任意修改注册商标的文字和图形。同时,被许可人还必须按照合同规定在许可使用的商品范围内进行使用。

(2)被许可使用的商品上应标明被许可人的名称和商品产地。在商标许可使用实践中,一些被许可使用商标的企业不仅使用许可人的商标,还将许可人的厂名和商品的产地名一起使用。这种行为极易使消费者产生误解,还可能给许可人的企业形象和商业信誉带来不利影响。

作为许可人的商标权人也应当重视对被许可人商标使用的监督,防止不利于企业名声和商品信誉的事情发生。

（五）商标推广的成本收益匹配

许可人与被许可人,或与多个被许可人之间,合理分担商标推广的成本,是商标价值能够持续增长的基础。

连锁经营在商标许可方面,科学地解决了这个问题。通过管理费的收取,连锁总部负责品牌的维护与推广,被许可企业在使用的同时,负责本区域内部的推广,实现了推广成本的合理分配。

在许可协议中,应该明确划分商标推广成本的分担原则,限制或制止不投入只受益的免费搭车行为,维护其他共同使用人推广商标的积极性。

第二节 商标转让

一、商标转让的基本流程

（一）商标转让的发生

（1）将注册商标转让给他人的,应当到商标局办理注册商标的转让手续。

（2）因企业合并、兼并或改制而发生商标专用权移转的,应当到商标局办理注册商标的移转手续。

（3）依法院判决发生商标专用权移转的,也应当办理移转手续。

自2002年9月15日起,已经申请但尚未获准注册的商标,也可以申请转让或移让。

（二）转让的书件

办理商标转让或移转应当填写《转让申请/注册商标申请书》。

（三）办理申请步骤

1. 准备申请书件

（1）按照申请书上的要求逐一填写,且必须是打字或者印刷。

（2）每一件商标的转让应提交申请书1份,并加盖转让人、受让人印章,由受让人办理有关手续。

（3）申请人直接到商标注册大厅办理的,除递交申请书外,还要提交受让人的营业执照复印件以及经办人的身份证复印件;受让人是自然人的,而且是其本人来办理的,只提交受让人的身份证件复印件即可。委托商标代理机构办理的,除递交申请书外,还要提交商标代理委托书、受让人的营业执照复印件或身份证复印件。

（4）办理商标移转的，如果转让人不能盖章，受让人应提交其有权接受该商标的证明文件或者法律文书。例如，企业因合并、兼并或者改制而发生商标移转的，应提交工商行政管理机关登记部门出具的证明，证明上的合并（或兼并、改制）前名称和合并（或兼并、改制）后名称应当与申请书中的转让人名称和受让人名称相符；因法院判决而发生商标移转的，应提交法院出具的法律文书，法律文书上的被执行人名称和接受该商标的企业名称应当与申请书中的转让人名称和受让人名称相符。

（5）如果申请转让的商标是共有商标，还应提交以下书件：

①商标由一个人所有转让为多个人共有的，在填写转让申请书时，受让人名称和地址的栏目应当填写代表人的名称和地址，受让人章戳处加盖代表人印章，其他共有人的名称应填写在附页的转让后其他共有人名义列表中，并加盖印章，其他共有人的地址不需填写。

②商标由多个人共有转让为一个人所有的，在填写转让申请书时，转让人名称和地址的栏目应填写原代表人的名称和地址，转让人章戳处加盖原代表人印章；受让人名称和地址填写在相应的栏目中，并加盖印章。原其他共有人的名称应填写在附页的转让前其他共有人名义列表中，并加盖印章，原其他共有人的地址不需填写。

③因共有商标的共有人发生改变（包括共有人的增加或减少）而申请转让的，在填写申请书时，应将原代表人的名称和地址填写在申请书的转让人名称和地址的栏目中，转让人章戳处加盖原代表人印章，原其他共有人的名称填写在附页的转让前其他共有人名义列表中，并加盖印章；申请书的受让人名称和地址栏目应填写转让后的代表人名称和地址，受让人章戳处加盖转让后的代表人印章，转让后的其他共有人名称应填写在附页的转让后其他共有人名义列表中，并加盖印章。附页列表中不需填写其他共有人的地址。

2. 提交申请书件

（1）申请人直接到商标注册大厅办理的，申请书件准备就绪后，在商标注册大厅的受理窗口提交，由窗口的工作人员确认该申请书件是否合格。

（2）委托商标代理机构办理的，由该商标代理机构将申请书件送达商标局。

3. 缴纳转让费

一份转让申请需缴纳转让费1 000元。如果是委托商标代理机构办理的，申请人应向商标代理机构缴纳转让费和代理费，商标局收取的转让费从该商标代理机构的预付款中扣除。

（四）注意事项

（1）转让注册商标的，商标注册人对其在相同或类似商品上注册的相同或近似商标应当一并转让。

（2）转让申请提交1个月后，商标局将按照申请书上填写的地址，以邮寄方式发给申请人受理通知书。

（3）如果转让申请有不符合法律规定的，商标局将按照申请书上填写的地址，以邮寄方式书面通知申请人限期补正。

（4）转让申请核准后，商标局将按照申请书上填写的地址，以邮寄方式发给受让人转让证明，并将该商标的转让事宜刊登公告。证明上的落款日期为公告之日，受让人自该日起享有商标专用权。

（5）转让申请因其他原因不能核准的，商标局将按照申请书上填写的地址，以邮寄方式书面通知申请人。

（6）转让申请书中的受让人为多个人共有的，商标局的有关通知或证明仅发给代表人。其他共有人需要证明的，应申请补发。

（7）如果是申请人委托商标代理机构办理转让申请的，商标局不会直接与申请人发生任何书件往来，所有书件都寄发给该商标代理机构。

二、商标转让的注意事项

办理注册商标转让过程中，双方当事人应该遵循自觉、平等互利的原则，就转让费用等方面达成协议，同时还需注意以下几点。

（1）商品范围进行部分转让。因为如果允许将商标权分割转让，就会出现在相同或类似商品上，不同的生产者使用相同商品的混乱现象，从而导致消费者的误认，损害消费者利益。当然如果就同一商标在非类似的商品上分别进行了注册，那么可以转让在某一类商品上的商标权。因为是非类似商品，所以即使商标的形式完全相同，也应该看做两个商标。

（2）注册商标所有人如果已经许可他人使用其注册商标，必须征得被许可人的同意，才能将注册商标转让给第三者。因为原来的使用许可合同是以商标所有权为前提的，如果商标所有人擅自将商标权转让他人，那就很可能侵犯被许可人的合法权益。注册商标所有人只有在征得被许可人同意，解除使用许可合同后，才能提出转让申请。经过核准后，新的商标所有人可以与原被许可人继续签订使用许可合同。

（3）在同一种或类似商品上注册了几个相同或近似商标的企业，进行注册商标转让时，应将这几个商标一并转让，不能只单独转让其中的一个商标，以免造成消费者的误认。这主要是就联合商标而言。

（4）为了维护商标信誉，保护消费者的利益，在注册商标转让合同或相关文件中，应明确规定受让人或继承人必须承担保证商品品质的责任。

（5）转让人用药品、烟草制品、报刊杂志的注册商标，当事人必须按商标法实施细则的规定，提供有关部门的证明文件。

第三节 商标权质押

一、商标权质押概述

商标专用权质押，简称商标权质押，是指商标权人以债务或者担保人身份将自己所拥有的、依法可以转让的商标专用权作为债权的担保，当债务人不履行债务时，债权人有权依照法律规定，以该商标专用权折价或以拍卖、变卖该商标专用权的价款优先受偿。按照担保法的规定，出质的商标专用权应当是依法可以转让的商标专用权，因此可以依法转让是商标权出质的前提。近年来，随着全社会商标法律意识的提高，商标作为一项无形资产，其价值为越来越多的债权人所认可，商标专用权质押的数量逐年上升。

（一）商标权质押的客体

商标权质押，其本质是以注册商标专用权出质，商标权人即为质押人。

商标专用权主要包含专有使用权、禁止权和续展权等，其中最重要的是专有使用权和禁止权。专有使用权常常可细分为许可使用权和转让权，许可使用权除普通许可、排他许可、独占许可之外，还包括分许可使用权，即经许可人同意或明确授权，被许可人有权许可第三方使用该注册商标。

对于商标专用权中的禁止权，因为其仅是一项隐含的、消极的和保护性的权利，本身并无直接的资产性价值，因此，以商标权的禁止权单独出质无实际意义，禁止权只能与使用权共同出质。对于实际使用的、但未经注册的商标，因为其未经注册而并不享有商标专用权，其实际使用的状况不能得到相应的法律保护，因而不能设定质权。

对于许可使用中的被许可人，其从商标权人，亦即许可人处获得的只是注册商标的使用权，并未获得商标专用权。即使双方当事人签订的是独占使用许可合同，此时作为许可方的商标专用权人自己也不能够再使用该商标，但是这也并未改变事物的本质，即只有许可方才是商标专用权人，被许可方仅仅享有该商标的使用权。对于质权人而言，一旦商标专用权质押的债权得不到偿还，可以通过行使质权优先受偿，如果质押的商标不能变现或变现价值低于债权价值，质权人都可能遭受损失，因此只有依法可以转让的商标专用权才能是质押的标的，被许可人不能仅仅以其享有的商标使用权出质。如果在实际工作中，被许可方以其使用的商标出质，设定质权的，那也只能是一种由质押的双方当事人设定的基于商标使用权的质押。

（二）商标权质押的作用

1. 有利于缓解中小企业融资难的问题

在当前"大众创业，万众创新"的新形势下，中小企业，尤其是各种小微企业如雨后春笋般大量涌现。这些企业在成长初期往往大都只能租用厂房或设备进行研发、生产和市场开拓，以实物形式或货币形式存在的自有资本并不多，而资金的缺乏也就成为这些企业生存和发展的主要瓶颈问题，在很大程度上阻碍了企业的生存和发展。以商标专用权作为质押品，向银行或其他金融机构融资，可以在一定程度上缓解中小企业对资金的需求。

2. 有利于积极推动企业自主创新

商标专用权质押必须要对出质的注册商标的价值进行评估。通过对注册商标的价值评估，并且进而借以实现亟需解决的融资，使中小企业很快认识到注册商标与专利、版权等知识产权一样，在企业自主创新活动中可以发挥非常积极的重要作用，从而提高企业的商标意识。同时，企业也可以从中真正了解自己在市场中的商标竞争优势，并进一步增强自己要在技术创新和市场竞争中不断维护和提高注册商标内在价值的自觉性和主动性，制定和实施企业的商标战略，强化企业全员的商标意识，持续不断地自主创新，始终保持和加强企业的创新优势和市场优势，有效促进企业的发展，同时也为企业的信用和融资信贷安全提供长期的有效保障。

3. 有利于促进金融创新

以知识产权等无形财产质押融资，虽然在经济发达国家早已有之，但是对我国金融机构而言则是一个新的课题,需要金融机构勇于创新,大胆探索和实践。在我国,一方面中小企业普遍存在抵押资产不足的问题,往往难以满足金融机构在传统信贷体制下对风险控制的要求;另一方面关于无形资产的价值评估难度较高,评估结果可信度不高,往往难以满足实际需要,造成较高的风险。因此,开展商标权的质押贷款呼唤金融创新,推动金融改革。

二、商标权质押的基本流程

根据《担保法》第79条规定,以依法可以转让的商标专用权、专利权、著作权中的财产权出质的,出质人与质权人应当订立书面合同,并向其管理部门即国家工商行政管理局办理出质登记。质押合同自登记之日起生效。

(一)商标权质押前的调查和评估

商标权质押前,出质人和质权人应作好认真仔细的准备工作,尤其是质权人,更应该对出质商标的权利状况、价值以及债务人的偿债能力等内容进行认真、彻底地调查和评估,其中主要包括以下方面:

(1)出质人的资质。出资人应当是质押商标的合法所有人,一般是指商标注册人。

(2)出质商标的有效性。出质商标应当是有效的注册商标,即该商标经合法注册,且在注册商标的有效期内,是真实存在的。

(3)出质商标的其他法律状况。出质商标在先是否办理过质押登记或被人民法院采取财产保全或执行措施等,是否存在可能导致商标权利丧失的确权案件或诉讼或权属诉讼。

(4)出质商标的使用状况。质押商标在质押前许可他人使用的情况。

(5)出质商标的价值。对出质商标进行价值评估的结果。

(二)商标权质押合同

商标权质押的双方当事人之间应当签订质押合同。质押合同可以是单独订立的书面合同,也可以是主合同中的担保质押条款。质押合同应当包括以下内容:

(1)被担保的主债权种类、数额;

(2)债务人履行债务的期限;

(3)质物的名称、数量、质量状况;

(4)质押担保的范围;

(5)质物移交的时间;

(6)当事人认为需要约定的其他事项。

(三)商标权质押登记

自然人、法人或者其他组织以其注册商标专用权出质的,出质人与质权人应当订立书面合同,并向商标局办理质权登记。质权登记期限届满后,该质权登记自动失效。

1.商标权质押登记机关

根据《担保法》《企业动产抵押物登记管理办法》和《商标专用权质押登记程序》的规定,国家工商行政管理总局商标局具体办理商标专用权质押登记。依法办理商标专用权质押合同登记,其目的是保障质权的实现和质权人的优先受偿权,防止重复质押,保护质权人和出质人的合法权益。

2. 登记申请

质权登记申请应由质权人和出质人共同提出。质权人和出质人可以直接向商标局申请，也可以委托商标代理机构代理。在中国没有经常居所或者营业所的外国人或者外国企业应当委托代理机构办理。质权自商标局办理出质登记时设立。

3. 申请书件

（1）申请人签字或者盖章的商标专用权质权登记申请书；

（2）出质人、质权人的主体资格证明（企业营业执照副本复印件）或者自然人身份证明复印件；

（3）主合同和注册商标专用权质权合同原件或经公证的复印件；

（4）直接办理的，应当提交授权委托书以及被委托人的身份证明；委托商标代理机构办理的，应当提交商标代理委托书；

（5）出质注册商标的注册证复印件；

（6）出质商标专用权的价值评估报告。如果质权人和出质人双方已就出质商标专用权的价值达成一致意见并提交了相关书面认可文件，申请人可不再提交。

4. 具体要求

（1）按照申请书上的要求逐一填写，且必须是打印或者印刷形式，出质多件商标的，在一份申请书中列明，相同、近似的商标必须一并出质。

（2）商标专用权质押登记申请书应加盖出质人和质权人双方的印章，或由出质人、质权人签字，委托代理人的，还应加盖代理人的章戳。

（3）注册商标专用权质押合同必须有法定代表人签字，非法定代表人签字的，需要附送该人员有权签署质押合同的特别授权文件。

（4）上述文件为外文的，应当同时提交其中文译文。中文译文应当由翻译单位和翻译人员签字盖章确认。

5. 商标专用权质权登记证的领取

申请登记书件齐备、符合规定的，商标局予以受理。受理日期即为登记日期。商标局自登记之日起5个工作日内向双方当事人发放商标专用权质权登记证。

商标专用权质权登记证载明：出质人和质权人的名称（姓名）、出质商标注册号、被担保的债权数额、质权登记期限、质权登记日期。

商标专用权质权登记证可以直接到商标局领取，也可以邮寄。直接领取的，由办理质权登记的经办人或其授权的人领取，领证人应携带本人的身份证和有关授权文件。如果是委托商标代理机构办理的，商标局将商标专用权质权登记证邮寄或发给该商标代理机构。

（四）商标权质押登记事项变更

商标专用权质权登记事项变更需要提交以下材料：

（1）申请人签字或者盖章的《商标专用权质权登记事项变更申请书》；

（2）出质人、质权人的主体资格证明或者自然人身份证明复印件；

（3）有关登记事项变更的协议或相关证明文件；

（4）原商标专用权质权登记证；

（5）授权委托书、被委托人的身份证明或者商标代理委托书；

（6）其他有关文件。出质人名称（姓名）发生变更的，还应按照《商标法实施条例》的规定在商标局办理变更注册人名义申请。

办理质权登记事项变更申请后，由商标局在原商标专用权质权登记证上加注发还，或者重新核发商标专用权质权登记证。

（五）商标权质押登记期限延长

因被担保的主合同履行期限延长、主债权未能按期实现等原因需要延长质权登记期限的，质权人和出质人双方应当在质权登记期限到期前，持以下文件申请办理延期登记：

（1）申请人签字或者盖章的《商标专用权质权登记期限延期申请书》；

（2）出质人、质权人的主体资格证明或者自然人身份证明复印件；

（3）当事人双方签署的延期协议；

（4）原商标专用权质权登记证；

（5）授权委托书、被委托人的身份证明或者商标代理委托书；

（6）其他有关文件。

办理质权登记期限延期申请后，由商标局在原商标专用权质权登记证上加注发还，或者重新核发商标专用权质权登记证。

（六）商标权质押登记注销

商标专用权质权登记需要注销的，质权人和出质人双方可以持下列文件办理注销申请：

（1）申请人签字或者盖章的《商标专用权质权登记注销申请书》；

（2）出质人、质权人的主体资格证明或者自然人身份证明复印件；

（3）当事人双方签署的解除质权登记协议或合同履行完毕凭证；

（4）原商标专用权质权登记证；

（5）授权委托书、被委托人的身份证明或者商标代理委托书；

（6）其他有关文件。

三、商标权质押的注意事项

商标权质押应注意的事项如下：

（1）申请人填写的地址、邮政编码和电话号码应详细准确，以保证邮件送达和便于联系。

（2）出质人名称与商标局档案所记载的名称不一致，且不能提供相关证明证实其为注册商标权利人的，商标局不予登记。

（3）合同的签订违反法律法规强制性规定的，商标局不予登记。

（4）商标专用权已经被撤销、被注销或者有效期满未续展的，商标局不予登记。

（5）商标专用权已被人民法院查封、冻结的，商标局不予登记。

（6）用于出质的注册商标专用权正在办理转让、许可他人使用备案申请且商标局尚未作出审查结论的，质权人同意出质人继续办理上述申请的，应向商标局出具书面同意文件；质权人不同意继续办理的，应在出质人向商标局撤回上述申请后再向商标局办理质权登记申请。用于出质的注册商标专用权许可他人使用备案申请已经商标局核准的，质权人也应向商标局出具书面文件，以示知晓相关备案内容。

（7）出质的注册商标为多件时，质权登记期限最好不要超过提交质权登记申请时专用权最先到期的商标的专用权期限。若质权人同意质权登记期限长于部分注册商标的专用期限，需要向商标局提交其书面同意文件。

第十四章　商标纠纷与应对

【本章导图】

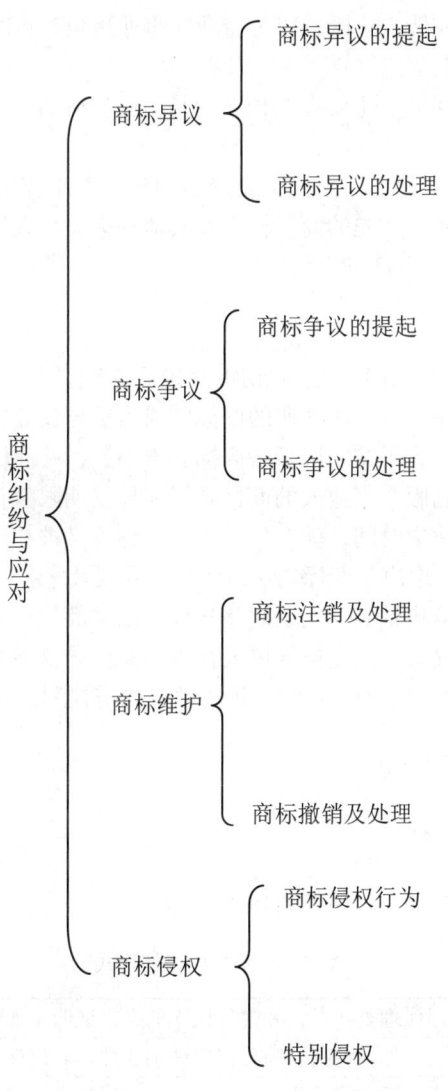

第一节　商标异议

一、商标异议的提起

（一）商标异议

商标异议是商标法及其实施细则明确规定的，对初步审定商标公开征求公众意见的法律程序，其目的在于公正、公开进行商标确权工作，提高商标注册审查质量。

提出商标异议的既可以是商标注册人，也可以是商标注册申请在先的申请人，还可以是利害关系人和其他非商标注册人；既可以是企业、事业单位，也可以是个人；既可以是法人单位，也可以是其他非法人单位。

商标异议的内容范围很广，主要有两种：一是与已注册的商标相同或近似；二是认为该商标违反禁用条款。

商标异议程序的设置，旨在加强社会公众对商标审查工作的监督，减少审查工作的失误，强化商标意识，给予注册在先的商标权人及其他利害关系人保护自身权益的机会，杜绝权利冲突后患的发生。

（二）异议答辩

当申请注册的商标通过初步审定进入初审公告后的3个月异议期中，一旦被他人提出异议，则会启动商标异议程序。该申请注册的商标则成为被异议商标，即使是已经被刊发注册公告的，该注册公告无效。为了按时出版《商标公告书》，《商标注册公告》往往会在异议期限满前几天就已排好印刷版，当他人的商标异议在异议期限截止的前几天甚至是最后一天提出的，加上邮寄所需的途中时间，就会出现既被提异议又被"注册公告"的情况。申请人能否取得该商标的专用权，取决于商标局对该商标的异议裁定。

商标局在受理商标异议申请后，会及时将异议人的"商标异议申请书"及异议理由和证据等材料的副本送交被异议人，限定被异议人在收到商标异议书等副本之日起30日内答辩，被异议人在限定期限内未作出书面答辩的，视为放弃答辩权利，异议程序照常进行。

二、商标异议的处理

（一）商标异议的形式

商标异议的形式分为三种，具体如表14-1所示。

表14-1　商标异议的形式

委托商标代理机构办理	签署商标代理委托书，并附异议人的身份证明（如营业执照、身份证等）
	准备异议书件：包括填写异议申请书、拟写异议理由及事实依据并附相关证据
	由商标代理机构代异议人向商标局提交异议申请书件

(续表)

直接到商标注册大厅办理	准备异议申请书件：包括异议申请书、异议理由及事实依据，并附相关证据
	在商标注册大厅提交申请书件
	在打码窗口打收文条形码
	在交费窗口缴纳异议规费
通过邮寄书件办理	准备异议申请书件：包括异议申请书（可从网上下载）、异议理由及事实依据，并附相关证据
	通过邮局以挂号或特快专递方式邮寄到商标局

（二）商标异议申请书件

1. 应提交的书件

（1）商标异议申请书；

（2）明确的请求和事实依据，并附有关证据材料，这些书件应有异议人的签字或加盖章；

（3）被异议商标初步审定公告的复印件（可从网上下载）；

（4）异议人的身份证明；

（5）经办人身份证复印件；

（6）委托商标代理机构办理商标异议申请的，还须提交商标代理委托书。

2. 具体要求

（1）一件商标异议申请只能对一个商标注册申请号的商标提出异议，每件异议申请书件应提交一式两份；

（2）异议申请书应当打字或印刷，其他书件应当字迹工整、清晰，用钢笔、签字笔填写或用打字机打印，有关证据应编排目录及相应的页码；

（3）被异议的商标及其初步审定号类别、被异议人（以《商标公告》上的商标申请人为准）的名称及地址务必填写清楚；被异议商标是通过商标代理机构申请注册的，还须填写商标代理机构名称；

（4）提出异议的异议人的名称及联系方式务必填写清楚，并在申请人章戳位置加盖与异议人名义相同的印章（异议人为自然人的，须签字或盖章）；

（5）异议人身份证明：包括营业执照复印件（加盖企业印章）、身份证复印件等。

（三）异议手续

填写《商标异议书》，填好被异议商标的名称、商品类别、初步审定号、初步审定公告期号、提出异议的理由。如认为被异议的商标与本异议人已注册的使用在相同或类似商品的商标相同或近似的，还应填写异议人注册商标的商品类别、商标名称、注册号等。

（四）处理程序

（1）商标局收到异议书及有关证据后，将异议书副本寄达被异议人商标注册申请人，被异议人应在收到异议书之日起30天内作出书面答辩。被异议人在限期内未作出答辩的视为弃权，不影响异议程序进行。

（2）商标局对异议人和被异议人所提出的事实与理由，经过调查核实研究后，作出异议裁定。

（五）裁定结果

商标局在作出异议裁定后要将异议裁定书寄给异议人与被异议人。异议裁定有两种结果。
（1）异议理由不能成立，经初步审定的商标予以注册；
（2）异议理由充分，异议成立，原初步审定的商标不予注册。

但是如果异议当事人中任何一方对异议裁定不服，可在收到异议裁定通知书日起15天内，向商标评审委员会申请商标异议复审，商标申请注册转入申请商标异议定审阶段。

（六）不予受理

商标异议申请有以下几种情况的，商标局将不予受理：
（1）对未经商标局初步审定公告的商标提出异议的；
（2）超出法律规定异议期限的；
（3）商标异议申请中没有明确的请求和事实依据的；
（4）未在规定期限内缴纳商标异议规费的；
（5）在规定的期限内未补正或未按要求补正的。

（七）异议规费

每件商标异议申请应缴纳规费1 000元。

（八）注意事项

（1）异议人只能在异议期限内对经商标局初步审定登载在《商标公告》上的商标提出异议。异议期为3个月，自被异议商标初步审定公告之日起计算，至注册公告的前一天。

（2）异议人提出的异议应当有明确的请求和事实依据并有相应的证据支持。证据在提出异议申请时不能提交的，应当在异议申请书中声明，并应自提交异议申请之日起3个月内提交证据（可在3个月内邮寄补交）。

（3）异议期限的最后一天是法定假日的，可以顺延至假日后的第一个工作日。

（4）通过银行汇款缴纳异议规费的，应将异议人留存的汇款单复印件连同异议申请书一并送交商标局。商标局收到异议申请书时，如果未收到汇款单复印件，商标局将向异议人寄发缴费通知。异议人应按照缴费通知缴纳规费，并将留存的汇款单复印件连同缴费通知一并邮寄到商标局。

（5）商标局收到商标异议申请后，经过形式审查后，符合受理条件的开具受理通知书。如果是异议人自己提交的异议申请，商标局将直接给异议人寄发受理通知书；如果是委托商标代理机构办理商标异议申请的，商标局则将受理通知书寄发给该商标代理机构。

（6）商标异议答辩的期限是30天，自收到答辩通知书之日起计算。对异议补正及证据提交的要求和时限同样适用于答辩程序。

（7）异议人向商标局提交异议申请的日期：直接递交的，以递交日为准；通过邮寄的，以寄出的邮戳日为准；邮戳日不清晰或者没有邮戳的，以商标局实际收到日为准。

（8）由于纸质《商标公告》排版的技术原因，一般在异议期最后一个月提出的异议申请，《商标公告》中还有可能刊登被异议商标的注册公告，因此，《商标法实施条例》第23

条第2款规定："被异议商标在异议裁定生效前已经刊发注册公告的，撤销原注册公告，经异议裁定核准注册的商标重新公告。"

（9）由于异议人或被异议人的地址发生变化，商标局发出有关异议的通知，邮局无法投递被退回，商标局将在《商标公告》上刊登送达公告。自公告发布之日起满30日，该文件视为已经送达。

第二节 商标争议

一、商标争议的提起

（一）商标争议

商标争议是指对已经注册的商标存在争议，即两个注册商标所有人之间因两商标在相同或类似商品/服务上构成相同或近似所产生的商标权利的争端，或者驰名商标权利人因某注册商标与其驰名商标构成相同或近似所产生的商标权利的争端。

《商标法（第二次修订）》第41条："对已经注册的商标有争议的，可以自该商标经核准注册之日起五年内，向商标评审委员会申请裁定。"这里规定的"对已经注册的商标有争议"，是指商标注册人对别人在他以后注册的商标，和他在同一种商品或者类似商品注册在先的商标相同或者近似而发生的争议。

（二）商标争议实质

商标争议是商标专用权或使用权的归属之争，是在先商标注册人对在后注册商标提出不同的意见并要求撤销该注册商标行为，或者是某驰名商标的权利人对某注册商标提出不同的意见并要求撤销该注册商标的行为。它是争议人认为在后注册的商标与其在先注册的商标或驰名商标在权益方面发生冲突，即与其同种商品或者类似商品上注册在先的商标或未注册的驰名商标构成相同或近似，或者在不同种、非类似商品上与其已注册的驰名商标构成相同或相似，并在市场上引起消费者的混淆和误认，导致争议人和相关公众利益的损失，从而提出的限制被争议商标所使用的商品范围或者撤销被争议商标的行为。

（三）商标争议分类

（1）商标的注册与在先注册的商标存在冲突所引起的争议。这类争议通常发生在两个使用在同种或类似商品上的相同或者相似的商标之间。对于这类商标争议在我国商标法规定了从注册之日起算的5年的争议期。

（2）商标争议是由于商标注册违反了注册商标依法所要求的禁止性规范，或者注册申请人采取了欺骗手段或其他不正当手段而取得注册所引起的争议。所谓违反商标注册的禁止性规范主要是指如商标图案不具备显著性、违反公序良俗或善良风尚等。对于此类商标争议，我国商标法中没有规定提出商标争议的期限。这就是说对于这类商标争议可以不受时间限制，任何时候都可提出商标争议。

二、商标争议的处理

(一) 申请条件

申请商标争议必须具有以下三个条件:

(1) 申请争议的人必须是商标注册人,而且商标核准注册的日期先于被争议人商标核准注册的日期。

(2) 争议的两个注册商标核定的商品必须是同种商品或类似商品。

(3) 争议的两个注册商标核准的图形、文字或其组合必须是相同或者是近似的。

注册日期在后的商标注册人不能向注册日期在先的商标申请裁定。这是因为商标权是由注册产生的。因此以注册先后的原则来确定申请裁定权利,这与商标法的"申请在先"原则是一致的。

(二) 申请须知

《商标法》第2条第2款规定,国务院工商行政管理部门设立商标评审委员会,负责处理商标争议事宜。《商标法实施条例》第51条规定,商标评审委员会依照《商标法》第34条、第35条、第44条、第45条、第54条的规定审理有关商标争议事宜。

根据以上规定,商标评审委员会受案范围为:

(1) 不服国家工商行政管理总局商标局驳回商标注册申请的决定,依据《商标法》第34条规定申请复审的案件;

(2) 不服商标局的异议裁定,依据《商标法》第35条规定申请复审的案件;

(3) 依据《商标法》第44~45条规定,对已经注册的商标提出争议裁定的案件;

(4) 不服商标局撤销注册商标的决定,依据《商标法》第54条规定申请复审的案件。

(三) 相关手续

商标注册人对他人已经注册的商标提出争议的,应当在该商标刊登注册公告之日起1年内,将《商标争议裁定申请书》一式两份寄送商标评审委员会申请裁定。

注册商标争议必须首先由争议人提出书面申请。申请人可以在网站下载或打印《注册商标争议裁定申请书》,依照要求填写一式两份,附以理由和证据,在法定时限内由代理机构或亲自寄送给商标评审委员会,并交纳商标评审费。手续不全或超过时限的,以及不缴纳商标评审费的,不予受理。

双方当事人在争议裁定活动中享有平等的权利。商标评审委员会将争议人的争议理由和事实转送被争议人,被争议人在要求的期限内有权答辩,必要时,商标评审委员会通知争议双方公开答辩。商标评审委员会会议研究争议双方所提供的事实和理由,以少数服从多数的原则作出裁定。

第三节　商标维护

一、商标注销及处理

（一）商标注销含义

商标注销是指商标局根据商标注册人本人、或者他人的申请，将注册商标注销或部分注销的法律程序。注销申请的申请日期，以递交日或寄出的邮戳日为准。

（二）商标注销类型

注册商标注销，包括经申请注销和商标局主动注销。

注册商标经申请注销是商标注册人主动放弃商标专用权的行为。商标局主动注销是指商标注册人不使用注册商标而向商标局提出注销申请，或者注册商标有效期满，商标注册人未提出续展申请的，商标局根据申请或者法律规定，将该注册商标登记注册事项从《商标注册簿》中取消的法律程序。

注册商标可部分注销，是指商标注册人申请注销其在部分指定商品上的注册商标专用权的行为。注册商标被注销的，原商标注册证作废；商标注册人申请注销其商标在部分指定商品上的注册的，由商标局在原商标注册证上加注返还，或者重新核发《商标注册证》，并予公告。

（三）商标注销程序

注销注册商标有以下三种不同程序：

（1）商标注册人申请注销其注册商标的，向商标局提出申请，可以是整体注销，也可以注销部分指定商品或服务项目。经商标局核准注销的，该注册商标专用权或者该注册商标专用权在该部分指定商品上的效力自商标局收到其注销申请之日起终止。

（2）注册人已死亡或终止1年以上的且未办理商标移转手续的，任何人可以向商标局申请将该商标注销。向商标局申请注销该商标的，应当提交该商标注册人死亡或者终止的证据。经商标局核准注销的注册商标，其专用权自该商标注册人死亡或终止之日起终止。

（3）注册商标有效期满后，在法律规定的宽展期内仍未提出续展申请的，该商标予以注销。这是商标局鉴于注册商标已经失效的事实做出的注销行为，不需要任何人的申请，该注册商标专用权的效力自有效期满次日起终止。

（四）商标注销的受理和审查

1. 注销申请的受理

根据《商标法》第18条规定，申请商标注册或者办理其他商标事宜，可以自行办理，也可以委托依法设立的商标代理机构办理。外国人或者外国企业在中国申请商标注册和办理其他商标事宜的，应当委托依法设立的商标代理机构办理。

注册人申请注销其注册商标或部分指定使用商品的，应提交下列文件：

（1）注销申请书；

（2）直接办理的，应附上申请人有效身份证件复印件，以及经办人的身份证复印件；

（3）委托代理组织办理的，除应附上申请人有效身份证件复印件外，还应附上商标代理委托书；

（4）交回原商标注册证，不能交回的应说明原因；

（5）共有商标的注册人申请注销时，应由代表人办理申请手续，但需要附上其他注册人的书面授权。

2. 注销申请的审查

注销申请符合以下规定的，商标局予以核准，发给相应的通知，并予以公告：

（1）申请书填写内容完整、符合规定；

（2）申请人名义与商标局档案登记的注册人名义一致；

（3）名义不一致的，应附送登记机关出具的变更证明文件；

（4）申请注销的商标有效注册商标；

（5）申请部分注销的，其申请书填写的注销商品/服务项目与其注册时指定使用的商品/服务项目相符。

经审查，注销申请不符合上述规定的，不予核准，发给退回通知书。

（五）商标注册人死亡/终止注销申请的受理和审查

1. 申请和受理

申请人向商标局提交注册人死亡/终止注销申请，应当符合下列条件：

（1）申请人须有合法的主体资格，并提供相应的身份证明；直接受理的，还应提供经办人的身份证明；

（2）依法提交符合规定的申请书；

（3）依法提交有关注册人死亡/终止的证据材料；

（4）委托商标代理机构办理的，提交代理委托书；

（5）其他依法必须具备的条件。

注销申请书应当使用国家工商总局公布的书式，打字或者印刷，并载明下列事项：

（1）申请人的名称、地址、邮政编码；

（2）被申请注销商标的名称、注册号码、类别、注册人名称；

（3）申请注销的理由。

注销申请上述要求的，商标局予以受理，发给申请人受理通知书；不符合的，不予受理，书面通知申请人原因和理由。

注销申请现不需要交纳任何商标规费。

2. 注册申请的审查

注册人死亡或终止包含以下情形：

（1）注册人为自然人的，自然人死亡或宣告死亡；

（2）注册人为个体工商户的，经营者死亡或宣告死亡；

（3）注册人为个人独资企业、合法企业、企业法人或公司法人的，经公司登记机关核准注销登记；

（4）注册人为其他法人的，在其原登记机关办理了注销登记或被原批准成立部门/主管部门撤销；

（5）注册商标为共有商标的，全部共有人死亡或终止；

（6）法律、法规规定的注册死亡或终止的其他情形。

商标局审查商标注册人死亡/终止注销商标申请，应当针对当事人提交的书面材料所申请和答辩的事实、理由和请求进行审查。商标局审查的内容如下：

（1）申请书填写的注册人名称和商标局档案记载的注册人名义是否则一致；

（2）被申请商标是否为有效注册商标；

（3）申请人提供的证明文件是否符合要求，是否能够有效证明注册人死亡或终止；

（4）注册人死亡或终止是否满1年；

（5）其他依法应进行审查的内容。

3. 对有关证据的要求

提供证据材料应当提供原件或经公证的复印件，无法提供的，可以提供与原件核对无误的复印件，并由保存原件的单位签章证实。

提交的证据材料应当符合下列条件：

（1）商标注册人是自然人的，申请人应提交自然人户口所在地公安机关户籍管理部门出具的该自然人死亡注销户籍的证明；自然人下落不明的，申请人应提供法院宣告自然人死亡的判决书；

（2）商标注册人是个人独资企业、合伙企业、企业法人或公司法人的，申请应提交该企业登记主管机关出具的该企业注销证明（包括该企业的注销证明、注销公告和注销档案材料）；

（3）商标注册人是其他组织的，申请人应提交批准设立该组织上级主管机关或其上级主管部门出具的该组织已撤销或注销的证明材料；

（4）其他能够证明注册人死亡或终止的证据材料。

（六）审查结论

1. 核准注销

经审查，注销申请符合《商标法》《商标法实施条例》的规定，核准注销该注册商标，并书面通知申请人。

2. 不予核准注销

经审查，存在以下情形的，注销理由不成立的，不予核准注销，并书面通知当事人：

（1）申请人提供的证明文件不能证明注册人死亡或终止的；

（2）被申请商标在注册人死亡或终止前已经申请转让；

（3）商标注册人死亡或终止后，在1年之内已经办理了被申请商标的移转申请；

（4）在申请人提交注销申请之前，已办理了被申请商标的转让、移转申请；

（5）其他不予核准注销的情形。

3. 结案

有以下情形之一的，终止审查，予以结案，书面通知有关当事人，并说明理由：

（1）申请人在我局做出决定前，书面撤回注册人死亡/终止注销注册商标申请的；

（2）被申请注销商标已被撤销或注销而丧失商标专用权的；

（3）被申请注销商标尚未注册的；
（4）其他需要终止审查的情形。

二、商标撤销及处理

（一）商标撤销含义

注册商标撤销，是指国家商标局或者商标评审委员会对违反商标法及有关规定的行为作出决定或裁定，使原注册商标专用权归于消灭的程序。依照我国《商标法》第41条、第44条和第45条的规定，基于法定的事由，商标局或者商标评审委员会可以决定或裁定撤销注册商标。

（二）商标撤销事由

因注册商标的撤销事由的差异，注册商标的撤销分为使用不当撤销、注册不当撤销、争议撤销三种。

1. 使用不当撤销

是指注册商标所有人违反合理使用注册商标的义务而其注册商标由商标局予以撤销的情形。

（1）注册商标使用不当的撤销的事由。注册商标使用不当的撤销，以注册商标所有人违反其合理使用注册商标的义务且情节严重的情形为限。注册商标所有人承担注册商标的合理使用义务，应当使用注册商标，并按照法律规定的要求使用注册商标。注册商标所有人怠于使用注册商标或者违反法律规定使用注册商标，构成使用不当。

注册商标使用不当的撤销的事由包括：①自行改变注册商标；②自行改变注册商标的注册人名义、地址或者其他注册事项；③自行转让注册商标；连续3年停止使用注册商标；④使用注册商标，其商品粗制滥造，以次充好，欺骗消费者。

（2）注册商标使用不当被商标局作出撤销决定后的复审。对商标局撤销注册商标的决定，当事人不服的，可以自收到通知之日起15日内向商标评审委员会申请复审，由商标评审委员会做出决定，并书面通知申请人。

2. 注册不当撤销

指注册商标的所有人申请注册的商标违反商标构成的禁用规定，或者以欺骗及其他不正当手段取得商标注册，而由商标局或商标评审委员会予以撤销的情形。商标注册不当的撤销，又具体分为以下两类：

（1）注册商标不附期限的撤销，即已经注册的商标，违反《商标法》第10～12条规定的，或者以欺骗手段、其他不正当手段取得注册的，不论注册后经过多长时间，均得以撤销。注册商标的不附期限撤销，其事由主要有：

①注册商标使用禁用商标标志的。凡与《商标法》第10条所规定的与公共秩序和善良风俗相关的标志相同或者近似的标志，均为禁用标志。

②注册商标使用欠缺显著性标志的。凡与商品本身的性质、特征、质量或者数量不可区分的标志，除经过使用已经取得显著特征而便于识别的以外，均为欠缺显著性的标志。

③以欺骗或其他不正当手段注册的。以欺骗手段或其他不正当手段取得商标注册的，直接损害社会公共管理秩序，为社会公益所不许，应当予以撤销。

④注册商标附期限的撤销。已经注册的商标，违反《商标法》第13条、第15～16条、第

31条规定的,自商标注册之日起5年内,得因注册商标所有人或利害关系人向商标评审委员会申请裁定而撤销。但有以上附期限撤销的事由存在时,若商标所有人恶意注册的,驰名商标所有人请求撤销恶意注册的商标,不受5年期限的限制。

(2)注册商标的附期限撤销,其事由主要有:

①注册商标复制、摹仿或者翻译他人的驰名商标的。注册商标使用的标志,为复制、摹仿或者翻译他人的驰名商标的,应当予以撤销。

②代理人滥用其地位取得商标注册的。"未经授权,代理人或者代表人以自己的名义将被代理人或者被代表人的商标进行注册"的。

③注册商标含有地理标志的。注册商标中有商品的地理标志,而使用该商标的商品并非来源于该标志所标示的地区,误导公众的,应当予以撤销,但商标所有人善意取得注册的,不在此限。

④注册商标侵犯他人的其他在先权利的。注册商标侵犯了他人的在先权利,包括但不限于侵犯他人享有的肖像权、外观设计专利权、著作权、知名商品的特有名称、知名商品的包装装潢、知名的未注册商标所有人享有的利益等。

3. 争议撤销

指注册保护在先的商标注册人,可以对在后注册在同一种或类似商品上相同或近似商标提出争议,并请求商标评审委员会裁定撤销在后注册的商标。

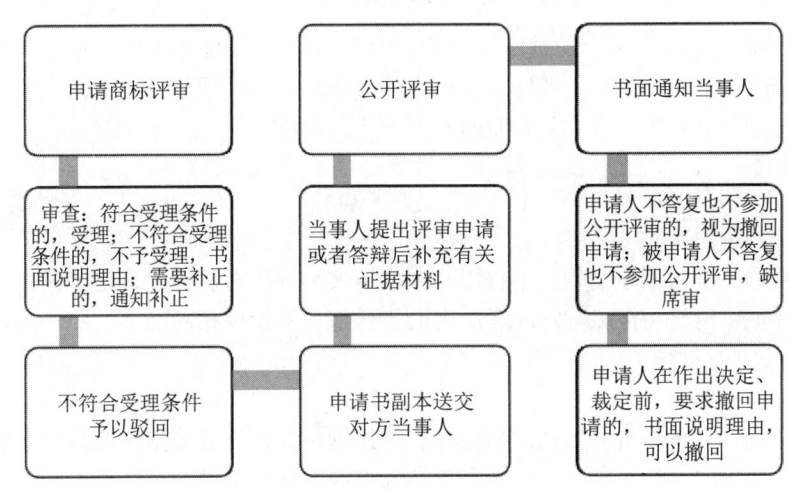

图14-1　商标评审程序

请求商标评审委员会裁定撤销后注册的商标的评审程序如下,如图14-1所示。

(1)申请商标评审,应当向商标评审委员会提交申请书,并按照对方当事人的数量提交相应份数的副本;基于商标局的决定书或者裁定书申请复审的,还应当同时附送商标局的决定书或者裁定书副本。

(2)商标评审委员会收到申请书后,经审查,符合受理条件的,予以受理;不符合受理条件的,不予受理,书面通知申请人并说明理由;需要补正的,通知申请人自收到通知之日起30日内补正。经补正仍不符合规定的,商标评审委员会不予受理,书面通知申请人并说明理由；期满未补正的，视为撤回申请，商标评审委员会应当书面通知申请人。

（3）商标评审委员会受理商标评审申请后，发现不符合受理条件的，予以驳回，书面通知申请人并说明理由。

（4）商标评审委员会受理商标评审申请后，应当及时将申请书副本送交对方当事人，限其自收到申请书副本之日起30日内答辩；期满未答辩的，不影响商标评审委员会的评审。

（5）当事人需要在提出评审申请或者答辩后补充有关证据材料的，应当在申请书或者答辩书中声明，并自提交申请书或者答辩书之日起3个月内提交；期满未提交的，视为放弃补充有关证据材料。

（6）商标评审委员会根据当事人的请求或者实际需要，可以决定对评审申请进行公开评审。

（7）商标评审委员会决定对评审申请进行公开评审的，应当在公开评审前15日书面通知当事人，告知公开评审的日期、地点和评审人员。当事人应当在通知书指定的期限内作出答复。

（8）申请人不答复也不参加公开评审的，其评审申请视为撤回，商标评审委员会应当书面通知申请人；被申请人不答复也不参加公开评审的，商标评审委员会可以缺席评审。

（9）申请人在商标评审委员会作出决定、裁定前，要求撤回申请的，经书面向商标评审委员会说明理由，可以撤回；撤回申请的，评审程序终止。

（三）撤销注册商标程序中的诉讼程序

当事人对商标评审委员会的裁定不服的，可以自收到通知之日起30日内向人民法院起诉。其中对于因商标注册不当、商标争议而由他人提起撤销申请的，人民法院应当通知商标裁定程序的对方当事人作为第三人参加诉讼。

（四）商标评审中的其他规定

1. 一事不再理原则

申请人撤回商标评审申请的，不得以相同的事实和理由再次提出评审申请；商标评审委员会对商标评审申请已经作出裁定或者决定的，任何人不得以相同的事实和理由再次提出评审申请。

2. 部分撤销

商标局、商标评审委员会撤销注册商标，撤销理由仅及于部分指定商品的，撤销在该部分指定商品上使用的商标注册。如果被争议商标仅涉及商品中一部分，可申请部分撤销，商标评审委员会依据事实予以裁定。

（五）撤销注册商标的决定或者裁定的溯及力

依照商标法规定，撤销的注册商标，其商标专用权视为自始即不存在。有关撤销注册商标的决定或者裁定，对在撤销前人民法院作出并已执行的商标侵权案件的判决、裁定，工商行政管理部门作出并已执行的商标侵权案件的处理决定，以及已经履行的商标转让或者使用许可合同，不具有追溯力；但是要强调的是，因商标注册人恶意给他人造成的损失，应当给予赔偿。

第四节 商标侵权

一、商标侵权行为

（一）商标侵权行为

商标侵权又称商标侵权行为，是指行为人未经商标权人许可，在相同或类似商品上使用与其注册商标相同或近似的商标，或者其他干涉、妨碍商标权人使用其注册商标，损害商标权人合法权益的其他行为。侵权人通常需承担停止侵权的责任，明知或应知是侵权的行为人还要承担赔偿的责任。情节严重的，还要承担刑事责任。我国《商标法》和《商标法实施细则》以及司法解释所规定的商标侵权，大多都是按照商标侵权行为的内容或者类型来确定案件管辖和案件主体的。

（二）商标侵权行为分类

根据《商标法》第57条规定，有下列行为之一的，均属于侵犯注册商标专用权：
（1）未经商标注册人的许可，在同一种商品上使用与其注册商标相同的商标的；
（2）未经商标注册人的许可，在同一种商品上使用与其注册商标近似的商标，或者在类似商品上使用与其注册商标相同或近似的商标，容易导致混淆的；
（3）销售侵犯注册商标专用权的商品的；
（4）伪造、擅自制造他人注册商标标识或者销售伪造、擅自制造的注册商标标识的；
（5）未经商标注册人同意，更换其注册商标并将该更换商标的商品又投入市场的；
（6）故意为侵犯他人商标专用权行为提供便利条件，帮助他人实施侵犯商标专用权行为的；
（7）给他人的注册商标专用权造成其他损害的。

（三）对侵犯注册商标权行为认定的过程

对侵犯注册商标权行为认定的过程，有以下三个基本步骤：
（1）确定注册商标专用权的权利范围。注册商标专用权的权利范围是认定商标侵权的基本依据，判断商标侵权行为能否成立应当围绕注册商标专用权的权利范围来进行的。

注册商标的专用权，以核准注册的商标和核定使用的商品为限。该范围由两个方面因素来确定，一是核准注册的商标；二是该注册商标所核定使用的商品。二者的结合，构成注册商标专用权的权利范围，也就为认定商标权侵权行为确定了与被控侵权对象进行比较的标准，以便得出是否构成侵权的结论。

（2）确定被控侵权的具体对象。被控侵权对象的确定由两个方面的因素所决定，一是被控侵权的商标，二是被控侵权的商标所使用的商品。确定被控侵权具体对象的意义，在于确定和固化被控侵权行为的载体，为下一步与商标权的保护范围的比对奠定基础。

（3）将被控侵权对象与注册商标和该注册商标所核定使用的商品进行比较，认定被控侵权的商标与注册商标是否相同或者近似，以及被控侵权商标所使用的商品与该注册商标所核定使用的商品是否属于同一种类或者相类似。

（四）商标侵权应对

1. 准确认定近似商标

近似商标或标识的认定，是商标侵权判定不可或缺的重要环节。只有同时具备"商标或标识构成近似"和"在同一或类似商品上使用"两个条件，侵权才能成立。近似商标与相同商标有所不同，在视觉上虽有一定差异，但在其他方面如发音、含义等方面与注册商标近似，并足以造成消费者的误认或混淆。考察两个商标是否属近似商标，一般应从以下几个方面考虑：

（1）商标外观。即对两个商标的文字、图形或其组合的视觉形象从普通消费者的角度进行观察，看是否能引起误认或混淆。如江苏某公司使用的"HOVER"图形商标与英国某公司已注册的图形商标"HOOVER"仅一个字母之差，视觉类似，加上发音基本相同，足以造成消费者误认，应认定为近似商标。再如天津某公司使用的"SAFINO"与法国某公司在先注册的"SANOFI"商标字母完全相同，仅最后4个字母排列顺序稍有不同，但两商标在文字整体结构和读音上十分近似，极易使消费者误认，因此构成了使用在类似商品上的近似商标。

（2）商标读音。从人们的听觉出发，判断两商标是否因读音近似而导致混淆。如江苏某公司以"夏奈尔"（SUNNER）作为商标，虽与法国"CHANEL"（中文译音"夏内尔"）含义不同，英文字母也不相类似，但因读音近似，尤其是在汉语语言环境中使用，构成近似商标。再如"今日"和"金日"等。

（3）商标含义。分析两个商标是否含义相同或近似并导致消费者对商品来源产生混淆。如"BLUE SKY"与"蓝天"，中文含义一样，很容易使人误解生产厂商与特定商品之间的关系，误认为标注"蓝天"的商品系"BLUE SKY"的系列产品。

2. 正确判断类似商品

确定判断同一或类似商品的标准，是对两种商品进行比对的关键。国家商标局虽然编发了《类似商品区分表》，但由于技术上的原因很难解决实践中是否类似的问题，因此《类似商品区分表》和《商标注册用商品和服务国际分类表》并不是划分类似商品的依据，只能作为认定类似商品的参考。

根据两种商品在功能、用途、原料、生产企业、消费对象、销售渠道等方面是否类似、且这种类似是否易使消费者对商品的来源产生误解等方面来进行判断，是实务中唯一可行的选择。应当特别指出的是，并非不同类、不同组就等于不相类似，应当具体问题具体分析。如名为"某某矿泉冰"的饮料和矿泉水属于第32类商品，而冰砖、冰棍等属于第30类商品，两者不属同一类别。但因原料、用途、销售途径、消费群体等基本相同，生产工艺近似，应认定为类似商品。而且类似商品的标准随着时代的发展也在不断地发展变化，一些原先不相类似的商品可能因新材料、新工艺、新形式的出现，以及功能、用途、销售渠道等的变化而成为类似商品。在使用与注册商标相同或者近似商标的情况下，与注册商标核定使用的商品在功能、用途、原料、生产企业、消费对象、销售渠道等方面近似，易使消费者对商品的来源产生误认的商品为"类似商品"。判断是否属"类似商品"，前提是商品之间的关系，并考虑商品和商标之间的关系。商品的功能、用途相同，并且具有共同的消费对象、销售渠道的，一般认定为类似商品，但商品的原料、生产企业等因素，能够明显表明商品的来源，不会使消费者产生误认的，不应认定为类似商品。如果商品与服务之间存在着特定的联系，使用相同或者近似商标易使消费者认为是同一企业提供的商品或者服务的,该商品与服务应认定为类似。

3. 不以商品质量的优劣作为判定

商标法主要内容在于保护注册商标专用权,因此,在处理商标侵权案件中,商品质量优劣不会影响到商标侵权行为的认定。他人擅自使用与注册商标相同或者近似的商标,即使其商品质量优于注册商标所有人的商品质量,也应当认定为商标侵权行为。至于注册商标所有人的商品质量低劣甚至粗制滥造,以次充好,欺骗消费者的行为,可以适用《产品质量法》和《商标法》的其他条款处理,与商标侵权认定没有直接的关联。

4. 商标注册人的违法使用

商标专用权是一种民事权利,注册人应当在法律允许的范围内行使其权利。如果注册人在使用注册商标的过程中,有违反《商标法》《商标法实施细则》等法律法规的情形,应当承担相应的法律责任,但不影响对他人商标侵权行为的认定。在这种情况下,他人擅自使用与其注册商标相同或者近似的商标的,应认定为商标侵权行为。尽管商标注册人的违法使用不影响对商标侵权的认定,但有可能影响其权利的行使,甚至使其丧失赔偿请求权。

5. 合理界定正常使用行为

他人擅自使用与注册商标相同或者近似的文字、图形,并不一定就构成商标侵权。这要视其使用是否具有正当理由而定。例如,"三株"商标是某企业使用在药品上的注册商标,另一企业在口服液商品包装上使用了"三株菌+中草药"文字,以表示口服液商品的实际成份。由于"三株"在这里既不是作为商标使用,又不是作为商品名称使用,而是对商品的正常说明,因此不应认定为对"三株"注册商标专用权构成侵犯。

6. 综合衡量其他因素

在商标侵权案件认定过程中,除上述需要把握的因素外,还有可能涉及其他因素,如商标的知名度、显著性、具体使用方式、主观过错程度及商品的零部件与整体之间的关系等。由于个案涉及的其他因素不一致,对商标侵权的认定也会不一致。就商标的知名度而论,一般来说,知名度越高,受保护的范围就越宽,他人擅自使用时被认定为商标侵权的可能性也就越大。

二、特别侵权

(一)商标的反向假冒

商标的反向假冒也称商标的反向仿冒,是指经营者合法取得他人拥有注册商标的商品后,未经商标注册权人同意,擅自更换其注册商标并将该更换商标后的商品又投入市场的行为。商标反向假冒行为在客观上表现为向他人虚假地表示商品的真实来源,其实质是一种商标侵权行为。在商标反向假冒行为中,擅自除去他人的注册商标,在该商品上粘贴自己的商标销售,不仅违反对注册商标专用权保护的法律规定,也影响商标的本质功能,使原商品的注册商标难以有效发挥其识别作用,引起商品流通秩序的混乱。同时,商标反向假冒行为人擅自更换他人的注册商标,妨碍了原商品生产者扩大其商标知名度和提高产品市场占有的份额,亦违背公平竞争、诚实信用的商业道德与法律原则。商标反向假冒行为,侵犯了商标权人的合法权益,违背了商标立法的精神,行为人应承担相应的侵权责任。

（二）对驰名商标侵权的认定

由于驰名商标所蕴涵的巨大投入和可预期的经济利益，驰名商标一直是不法侵权者觊觎的对象，因此，对驰名商标侵权的认定与一般注册商标不同，前者更宽泛。

对驰名商标的保护主要是从横向和纵向两方面入手，横向是扩大驰名商标"近似"的标识范围，纵向则是驰名商标所标示的商品或服务类别扩大，从相同或类似商品或服务扩大到非类似的商品或服务上，达到给予特殊保护的目的。

国际知识产权公约中有关商标的规定很多基于纵向思路来认定驰名商标侵权以及保护驰名商标的。如《巴黎公约》规定：凡系被成员国认定为驰名商标的标识，一是禁止其他人抢先注册，二是禁止其他人使用与之相同或近似的标识。《知识产权公约》则进一步规定，宣布《巴黎公约》的特殊保护延及驰名的服务商标，把保护范围扩大到禁止在不类似的商品或服务上使用与驰名商标相同或近似的标识。

我国目前对驰名商标侵权的认定基本上也是沿袭了这种思路。我国《商标法》第13条第3款规定："就不相同或者不相类似商品申请注册的商标是复制、摹仿或者翻译他人已经在中国注册的驰名商标，误导公众，致使该驰名商标注册人的利益可能受到损害的，不予注册并禁止使用。"

第十五章 商标运用策略

【本章导图】

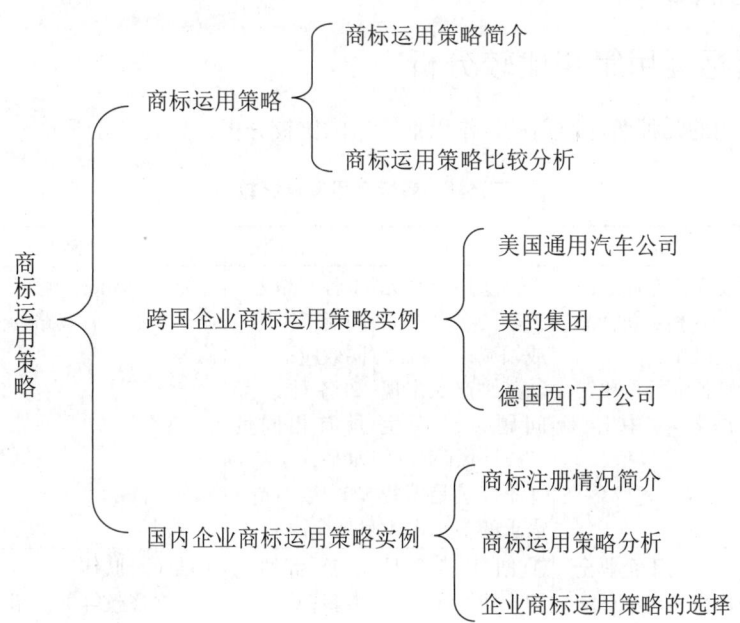

第一节　商标运用策略

一、商标运用策略简介

商标不仅具有区别产品来源的作用，而且具有向消费者传递信息和提供价值的功效，因而在企业的营销过程中占有举足轻重的地位。然而，商标作用的发挥则有赖于企业采用的商标运用策略，熟悉各种商标运用策略的特点，灵活加以使用，会起到事半功倍的效果，在激烈的市场竞争中处于有利地位。对于不同的企业而言，应该根据自身的资源优势，选择适合自己的策略。

商标运用策略主要包括单一商标策略、多商标策略、主副商标策略、子商标策略、商标并购策略、OEM策略等。

二、商标运用策略比较分析

对企业常用的几种商标运用策略作以下简略的比较分析，如表15-1所示。

表15-1　商标运用策略比较

商标运用策略	优点	缺点	适用范围	典型公司
单一商标策略（一个企业生产的所有产品都使用一个商标）	①节省传播费用；②有利于新产品的推出；③使商标形象突出化、集中化	①不适用于毫无关联的多个产品或领域；②某一产品出现问题，会产生"株连风险"；③不能满足消费需求的多元化	①各产品之间能产生协同效应；②各种产品具有相同的水平；③一般不超过5个产品	佳能；Chanel，耐克，微软，诺基亚，索尼，万宝路，麦当劳，全聚德等
多商标策略（企业生产的不同产品，分别使用不同商标）	①有助于企业全面占领市场；②根据消费者群体特点推出不同品牌的产品；③有助于突出和夸大各产品的特色；④某一产品出现问题；不会产生"株连风险"	①创建多个品牌，费用大；②要求更高的品牌组织与管理能力	①产品种类多；②为了区分不同档次、质量或类型的产品，以吸引不同的消费层次	宝洁（舒肤佳、佳洁士、飘柔、潘婷、海飞丝等）；瑞士制表集团（雷达、欧米茄、天梭、浪琴、SWATCH等）；福特（福特，林肯，水星，阿斯顿，马丁，美洲豹，马自达，沃尔沃，路虎等）

(续表)

商标运用策略	优点	缺点	适用范围	典型公司
主副商标策略（以一个成功品牌作为主商标，涵盖企业的系列产品，同时又给不同产品起一个单独的名字作为副商标，突出产品的个性，"主商标"像是"姓"，"副商标"像是"名"）	①兼顾了单一商标和多个商标策略的优点；克服了单一商标和多个商标策略的缺点；②副商标具有"同中求异"；凸显商品"个性之美"；预留未来发展"新空间"；促进市场促销作用；构筑新的竞争优势；避免"株连风险"的功能		适宜于具有多门类、多品种产品的大型企业，目前在家电制造业、汽车制造业采用的较多	联想（Lenovo-家悦；Lenovo-扬天；Lenovo-昭阳）；丰田（Toyota crown；Toyota coaster；Toyota hiace）；早期的海尔（海尔-帅王子，海尔-小小王子，海尔-双王子）
子商标策略（单一商标旗下发展出若干个成熟子商标，且子商标又形成自己独立的商标体系）	可以保持高档产品的份额，又同时可以打入中、低档市场而不对高档品牌造成影响		在汽车、钟表、酒业等行业采用的较多	五粮液（五粮液-浏阳河-红太阳）；通用（别克；凯迪拉克；雪佛兰；庞蒂克等）；家化（六神；美加净）

第二节　跨国企业商标运用策略实例

一、美国通用汽车公司

美国通用汽车公司与一般的汽车企业一样，大多都采用的是"主副商标+子商标"的商标运用策略，如"通用"是企业商标，旗下有"别克""凯迪拉克""雪佛兰""庞蒂克""GMC""土星""悍马""沃豪""欧宝""霍顿""萨博""通用大宇""AC德科（AC Delco）""GM Goodwrench""OnStar"等多个品牌，每个品牌下面又衍生出多个子商标，如"别克"系列下面又有"凯越（Excelle）""英朗GT""英朗XT""君威""君越""林荫大道"等（见图15-1）。

图15-1 通用汽车公司的商标使用

二、美的集团

（一）美的集团在中国的商标注册

美的集团在中国的商标注册情况，如表15-2所示。

表15-2 美的集团在中国注册的部分商标

序号	商标名称	注册类别	申请日期	法律状态
1	MD美的	1-3；15-13；16-20；22；23；26-30；32；33；38-40；40；42	1993.12.23	核准
2	MD美的	2；3；5-13；17-20；22-24；26-30；32；20；35；38；40；42	1993.12.23	核准
3	美的	7；11	1990.05.10	核准
4	M美的	7；9；11	1997.02.21	核准
5	美的Midea	1-3；5-13；15-21；24；26-28；30-40；42；45	2011.12.12	审查中
6	Midea美的	7；9；11；21	2000.10.30	核准
7	美的	3；5；7；9-11；20；21；35；36；41；42		
8	美迪	11	2006.12.25	核准
9	美地	11	2006.12.25	核准
10	美的宝	1；4；9-11；40	2015.04.13	核准
11	美的贷	1；4；9；11；40	2015.04.13	核准
12	美的付	7；11	2015.04.13	核准
13	Midea Pay	35；36；38；39；41	2015.04.13	核准
14	美的酷吧	11	2014.03.12	核准
15	美的冷吧	11	2014.03.12	核准
16	美的IH	11	2014.08.27	核准
17	美的制热王	11	2015.01.06	核准
18	制冷王	11	2015.01.12	核准

（续表）

序号	商标名称	注册类别	申请日期	法律状态
19	美的静音王	11	2015.01.06	核准
20	美的节能王	11	2015.01.06	核准
21	美的省电王	11	2015.01.06	核准
22	美的舒适王	11	2015.03.23	核准
23	美的舒睡王	11	2015.03.23	核准
24	浓香鼎釜	11；21	2015.05.18	核准
25	铸铁釜	11	2014.03.27	核准
26	韩宫釜	11	2014.02.19	核准
27	PELONIS	8	2008.02.25	核准
28	GMCC	7；21	2014.11.13	核准
29	华凌	11	1987.12.28	核准
30	ANNTO	35；39	2000.01.27	核准
31	Welling	7；9；11；35；37；39；42	2001.10.18	核准
32		7；11	1997.02.27	核准

美的集团在中国的品牌模式是"主副商标"模式，在美的主商标的旗下，针对不同的子公司布局不同的副商标品牌。美的集团旗下有安得物流股份有限公司对应ANNTO商标；无锡小天鹅股份有限公司对应 商标；广东威灵电机制造有限公司对应Welling商标（见图15-2）。

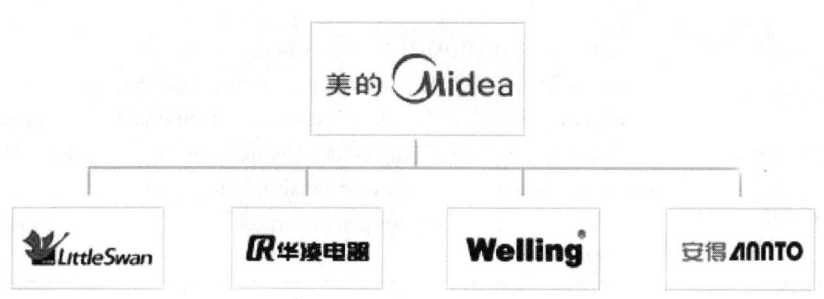

图15-2 美的集团在中国的商标布局

从表15-2还可以看出，美的集团在中国不但注册了组成其企业LOGO的图形商标和相应的中文文字商标"美的"，而且对其相关类似中文商标也都进行了注册，如"美地""美迪"等；与此同时，其还对一系列的产品宣传标语也注册了相应的商标，如"美的静音王""美的省电王"等。

美的集团还针对其电饭锅产品，布局了"香浓鼎釜""铸铁釜""韩宫釜"等一系列的宣传商标，在11类"家用电器"类别中抢占先机，防止别的竞争品牌的围追堵截，与此同时仅仅在11类中布局商标也能够降低成本，做到有针对性的防御和布局。

（二）美的集团在美国的商标注册及使用

美的集团在美国的商标注册及使用情况如表15-3所示。

表15-3 美的集团在美国的部分注册商标

序号	商标名称	Goods and Services	申请日期	法律状态
1	Arctic King	IC 011. US 013 021 023 031 034.	February 11，2015	LIVE
2	LIGHTBOB	IC 011. US 013 021 023 031 034	February 16，2015	LIVE
3	MAXSWIVEL	IC 007. US 013 019 021 023 031 034 035.	December 31，2015	LIVE
4	PWRSWIVEL	IC 007. US 013 019 021 023 031 034 035.	November 24，2015	LIVE
5	POWERSWIVEL	IC 007. US 013 019 021 023 031 034 035. G & S: Vacuum cleaners; Kitchen machines，electric; Washing machines，namely，laundry; Dishwashers; Household bean juice maker; Compressors; Compressed air machines; Wringing machines for laundry; Fruit presses，electric，for household purposes	November 24，2015	LIVE

（续表）

序号	商标名称	Goods and Services	申请日期	法律状态
6	HIGH POINTE	IC 011. US 013 021 023 031 034. G & S：Air conditioners; Central air conditioners; Refrigerators; Freezers; Refrigerating cabinets; Refrigerating display cabinets，namely，wine cabinets; Heated display cabinets for food; Refrigerating display cabinets; Ice machines and apparatus; Electric drinking water dispensers; Water purifying apparatus and machines; Drinking water purification tanks and electric drinking water dispensers; Air purifying apparatus and machines; Dehumidifiers; Humidifiers; Electric fans; Ceiling fans; Ventilators exhaust fans; Electric fans for air cooling; Cooling tower fans; Electric hair drier; Electric cooking utensils，namely，electric bread cookers，electric ovens; Electric kettles; Electric rice cookers; Electromagnetic induction cookers for household purposes; Commercial induction cookers; Cooking apparatus，namely，microwave ovens; Microwave ovens for industrial purposes; Electric pressure cookers; Electric autoclaves; Electric air fryer; Bread baking machines; Donut baking machines; Electric coffee kettles; Electric food steamer; Electric saucepan; Cooking apparatus and machines，namely，toasters，ovens; Gas stoves; Generating gas furnaces for industrial use; Cooking ovens; Kitchen ranges，namely，ovens; Fireplace; Electric boilers; Ceramic hobs for heating and keeping food warm; Hot plate; Induction hobs; Baking ovens; Extractor hoods for kitchen hoods; Exhaust fans for kitchen; Tableware disinfection cabinets for commercial kitchen usage; Sterilized cupboard，namely，dish sterilizer; Electric deep fryer; Electric roasting apparatus; Electric coffee machines; Electric iron pans; Solar cookers; Rotisseries; Dish disinfectant apparatus for industrial purposes; Water filtering apparatus; Water heater for shower; Electric bathroom warmer; Showers; Heating equipment，namely，gas or electric radiant heaters; Gas water heaters; Electric water heaters; Natural gas water heaters; Solar water heaters; Air source heat pump water heater for household use. Mixer faucets for water pipe; Water fountains; Heating installations; Pipes being parts of sanitary facilities; Radiators for heating use; Electric heaters; Electric radiator; Bed-warmers; Electric laundry dryers; Fabric steamers	January 26，2015	LIVE

217

（续表）

序号	商标名称	Goods and Services	申请日期	法律状态
7	DOXI	IC 006. US 002 012 013 014 023 025 050. G & S：Metal beverage cans	June 16, 2014	LIVE
8	PROPINT	IC 006. US 002 012 013 014 023 025 050. G & S：Metal beverage cans	June 16, 2014	LIVE
9	AIRSWIVEL	IC 007. US 013 019 021 023 031 034 035. G & S：Vacuum cleaners; Kitchen machines，namely，household electric egg beaters; Washing machines for laundry used; Dishwashers; Household electric bean juice maker; Refrigerator compressors; Compressed air machines; Wringing machines for laundry; Fruit presses，electric，for household purposes	February 3, 2015	LIVE
10	PELONIS	IC 007. US 013 019 021 023 031 034 035. G & S：Washing machines for clothes; Spin driers，not heated; Wringing machines for laundry; Dry-cleaning machines; Dishwashers; Kitchen machines，namely，electric mixers; Fruit presses，electric，for household purposes; Soybean milk making machines，for household purposes; Compressors as machines; Compressed air machines; Vacuum cleaners; Garbage disposals	May 9, 2014	LIVE
11	WITOL	IC 009. US 021 023 026 036 038. G & S：Magnetrons for use in generating alternating currents at microwave frequencies; vacuum electrical tubes for microwave ovens and radios; thermionic vacuum valves; thermionic emission tubes; electronic switches; UHF（ultra high frequency）vacuum tubes for electronic and mechanical applications，namely，for microwave ovens and radios	November 12, 2012	LIVE
12	Comfee	IC 011. US 013 021 023 031 034. G & S：Air conditioning installations; dehumidifiers; refrigerators; humidifiers; ice chests for household purposes，not for carrying with; cooling installations for liquids，namely，thermoelectric cooling unit for beverages; refrigerating cabinets; electric drinking water dispensers; water purification installations	February 17, 2009	LIVE
13	Midea	C 007. US 013 019 021 023 031 034 035. IC 009. US 021 023 026 036 038. IC 011. US 013 021 023 031 034. IC 021. US 002 013 023 029 030 033 040 050.	July 24, 2015	LIVE
14	美的 Midea	IC 008. US 023 028 044. IC 010. US 026 039 044. IC 021. US 002 013 023 029 030 033 040 050.	September 24, 2010	LIVE

(续表)

序号	商标名称	Goods and Services	申请日期	法律状态
15	GMCC	IC 007. US 013 019 021 023 031 034 035.	August 19, 2010	LIVE
16	VandeLo	IC 007. US 013 019 021 023 031 034 035. IC 011. US 013 021 023 031 034.	April 15, 2011	LIVE
17	ARCTIC KING	IC 011. US 013 021 023 031 034. G & S: Residential and commercial air conditioners, portable air conditioners, window air conditioners, dehumidifiers, split air conditioners. FIRST USE: 20060829. FIRST USE IN COMMERCE: 20060829	August 22, 2006	LIVE
18	HEAT ESSENTIAL	IC 011. US 013 021 023 031 034. G & S: Portable electric space heaters for domestic use. FIRST USE: 20071001. FIRST USE IN COMMERCE	May 27, 2009	LIVE
19	MDV	IC 011. US 013 021 023 031 034. G & S: AIR CONDITIONERS; AIR CONDITIONERS FOR COMMERCIAL USE; CENTRALIZED CONTROL AIR CONDITIONERS; CENTRAL AIR CONDITIONERS; ELECTRIC AIR DEODORIZING UNITS; ELECTRIC AIR HEATERS; ELECTRIC AIR DRYERS; AIR FILTERING MACHINES FOR INDUSTRIAL AND RESIDENTIAL USE; AIR PURIFYING UNITS AND MACHINES; REFRIGERATORS. FIRST USE: 19990101. FIRST USE IN COMMERCE: 20010101	October 10, 2001	LIVE
20	WELLING	IC 007. US 013 019 021 023 031 034 035. G & S: PUMPS, USED FOR HOME APPLIANCES; ELECTRIC MOTORS FOR MACHINES AND HOME APPLIANCES	May 29, 2001	LIVE
21	MD美的	IC 011. US 013 021 023 031 034. G & S: REFRIGERATORS; DRYERS; VENTILATING FANS; AIR-CONDITIONERS; AIR-CONDITIONING FANS; ELECTRIC HEATERS; ELECTRIC MINI WARMERS; ELECTRIC OVENS FOR DOMESTIC USE; ELECTRIC RICE COOKERS	June 2, 1998	LIVE

  在美国专利商标局网站对美的集团在美国的商标注册进行检索，共检索得到62件商标注册，核准有效商标27件。表15-3列举的是其中部分商标的情况。美的集团在美国多个类别注册了组成其企业LOGO的图形商标和文字商标"MIDEA"，商标没有单纯使用中文拼音而是使用了英文的臆造词，意解为My idea（我的创意，我的主张）；旋转的圆与"M"相连，体现"创新，缔造完美和谐生活"理念，美的集团把企业需要打造的美好形象融于商标之中，能够更好地树立企业文化，被消费者所接受，并且对其不同的家电产品或服务名称另外注册

了商标，如图15-3所示。

美的集团在美国采用的品牌模式与国内整体是一样的，即"主副商标"模式，在美的主商标的下，针对不同的子公司布局不同的副商标品牌。其中"GMCC"商标主要是指美的与东芝合营的针对热泵和空调产品的专营商标；"MDV"商标主要针对商用和工业用领域的空调产品和供冷、供暖的解决方案的商标；"Welling"商标主要指空调、洗衣机、冰箱等小家电的电机生产品牌。除了上述的品牌布局以外，美的集团又在近期采用了"分类商标"模式，即针对不同类别的产品使用不同的商标，其针对空调和冰箱产品申请、使用了Arctic King商标；针对家用风扇、暖风机申请、使用了Pelonis商标，等等。这种模式能够帮助美的减少潜在的因为商标关联性而产生的商业风险（见图15-4）。

图15-3　美的集团LOGO

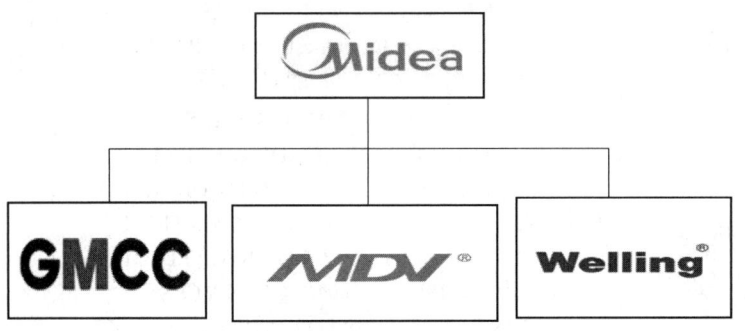

图15-4　美的集团在美国的商标布局

美的集团在商标的防御战略上能够做到有勇有谋，其一连申请了"AIRSWIVEL""PWRSWIVEL""POWERSWIVEL""MAXSWIVEL"4个近似的商标。这4个商标中，现在美国有对应产品销售的仅仅是"AIRSWIVEL"的吸尘器产品，但是剩下的3个商标的提前申请和布局能够为今后的产品做到"人马未到，粮草先行"。同时这3个商标也可以作为防御手段，保护"AIRSWIVEL"不被模仿和混淆。

而在中国作为副商标布局的小天鹅"Little Swan"在美国于1999年就被放弃了，同名的文字商标现被重庆佳永小天鹅餐饮有限公司在美国注册并拥有（见图15-5）。而"华凌电器"和"安得"在美国并没有申请相关的商标。

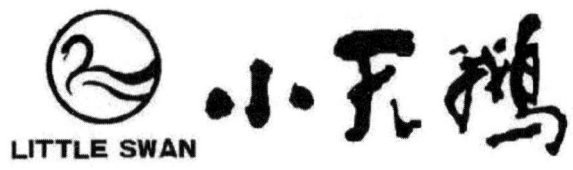

图15-5　重庆佳永小天鹅餐饮有限公司的商标

三、德国西门子公司

德国西门子公司在中国注册商标情况如表15-4所示。

表15-4　德国西门子公司在中国注册的部分商标

序号	商标名称	注册类别	申请日期	法律状态
1	SIEMENS	6，7，9，10，11，12，14，17，21，	1985~1986	无效，期满未续展
	SIEMENS	1，3，5，7，8，9，10，11，14，16，18，20，21，22，24，25，27，28，35		马德里注册
2	西门子	7，10，11，12	1980.6.9	无效，期满未续展
3	SIEMOSYN	7	1979.12.10	续展
4	SIMOVERT	9	1979.12.10	续展
5	SIMODRIVE	7	1985.8.7	续展
6	Hicom	9	1985.8.21	续展
7	SOMATOM	10	1986.7.2	续展
8	SICOMP	9	1986.5.7	续展
9	SIPART	9	1986.9.16	续展
10	SICOAT	6，7，40	1989.6.12	续展
11	INSTABUS	9	1990.1.8	续展
12	SITRAFFIC MCU-6	9，37，42	2006.12.26	核准
13	SITRAFFIC STRACS	9，37，42	2006.12.26	核准
14	SIMOREG	9	1991.3.4	续展
15	SINUMERIK	9	1992.6.24	续展
16	SIMATIC	9，16，41，42	1992.11.26	有效
	SIMATIC IPC	9	2010.7.1	有效
	SIMATIC HIMI	9，41，42	1999.3.8	国际续展
17	SIMOTION	7，9	2001.7.23	国际续展
18	SINUMERIK	9	1992.6.24	续展
19	SINAMICS	7，9	2000.9.1	国际续展
20	TELEPERM	9	1993.9.27	续展
21	NEOZED	9	1995.6.22	续展
22	MINIZED	9	1995.6.22	续展
23	BENSON	11		续展
24	MEDSTAGE	42	1998.5.12	国际续展

德国西门子公司在中国注册了1 700多件商标，表15-4只是列举其中部分与自动控制系统有关的商标注册情况，其中主商标"SIEMENS"和"西门子"先是在中国单独注册，自2007年以后却不再续展，而是通过马德里国际商标注册的方式进行保护。

下面列举的是德国西门子公司在自动化和驱动产品方面的商标使用情况。

SIMATIC：工业自动化系统的品牌；

TELEPERM：过程控制系统的品牌；

SIMOTION：运动控制系统的品牌；
SINUMERIK：CNC系统和CNC控制器品牌；
SINAMICS：驱动类产品的品牌；
SINAMIC-HMI：触摸屏；
SINAUT：控制通信类产品品牌。

另外，由于德国西门子公司的产品线比较长，因此其采取了组合保护和附加保护的方式，在其所使用的商标后面加缀有具体的产品型号，如图15-6所示。

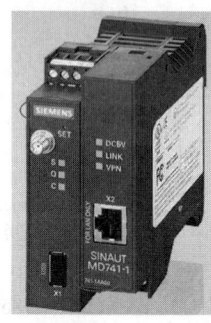

图15-6　德国西门子组合保护和附加保护商标

通过上述对跨国著名企业在民用以及提供仪控平台和自动控制平台上的商标战略运用的实例分析可知，不同的企业在不同的市场上针对不同的商品运用不同的商标策略，已经形成各具特色的较为成熟的模式。国内的一些企业与跨国企业相比较，品牌意识和品牌运作明显存在较大地差距。比如：自动化领域的巨头企业西门子和英维思非常注重商标的国际化保护和运作，对其不同类型的控制系统进行单独命名，培育出多个国际知名品牌。反观国内的一些企业企业，除了浙大中控等企业比较重视商标注册和品牌战略，有些企业还没有形成自己的商标与品牌体系和战略。

第三节　国内企业商标运用策略实例

以国家核电公司所属某家企业（以下简称"A公司"）在对相关领域企业的商标情况进行调查分析的基础上，然后制定出公司自己的运用策略的成功做法为例，对国内企业的商标运用策略作一简单介绍，供企业参考。

一、商标注册情况简介

由于只有核准的注册商标才能得到商标法保护，为此，对A公司目前已经公开的商标注册情况进行检索，其结果如表15-5所示。

表15-5　A公司商标注册清单

序号	商标名称	注册类别	申请日期	法律状态
1	✦	1；4；6；9；11；16；17；19；35；37；39；40；41；42；45	2008.9.18	核准
2	国家核电	1；4；6；9；11；16；17；19；35；37；39；40；41；42；45	2008.9.18	核准
3	SNPTC	1；4；6；9；11；17；19；35；37；39；40；41；42；45	2008.9.18	核准
4	国核	1；4；7；11；42	2011.9.29	审查中
5	CAP+数字	1；4；7；11；42	2010.12.6	部分核准
6	ANCOSINE	41；42	2010.12.15	核准
7	ACOSINE	41；42	2010.12.15	核准
8	NCOSINE	41；42	2010.12.15	核准

从表15-5可以看出，A公司在12个大类上注册了主商标图形"✦"，中文商标"国家核电"和英文商标"SNPTC"，3个商标构成了A公司的LOGO，如图15-7所示。

因此，A公司可以在《商标注册证》上注明的12个大类商品上以注册商标的形式使用商标，但在其他产品上则只能以非注册商标的形式使用该商标图样。对于其所属的各个独立公司，可以使用企业标识"国家核电"，但是如果要使用如图15-7所示的A公司的的注册商标，则仍需要得到A公司的使用许可。

图15-7　国家核电

二、商标运用策略分析

根据A公司的商标注册、运用以及保护全方位的战略和市场布局需要，分析如表15-6所示的商标运用策略。

表15-6　商标运用策略方案比较表

序号	商标运用策略	优点	缺点
方案一	使用多商标策略（国核下属公司注册）+企业标识；多商标策略是同行中普遍采用的一种商标运用策略	①创立完全属于公司自己的品牌，树立公司自己的形象，培育自有品牌；②享受品牌资产的增值，即商标的经济附加值；③根据不同产品特性设计符合其个性的商标；④某个产品出现问题，不会连累其他产品及其商标；⑤可以利用"国家核电"的市场影响力；⑥较易推广新产品	品牌培育成本较高

（续表）

序号	商标运用策略	优点	缺点
方案二	使用主商标+副商标（国核下属公司注册）	①可以充分发挥"国家核电"商标的市场影响力；②新产品容易推广；③宣传成本较低；④同时培育公司的注册商标，享受商标带来的经济附加值；⑤某一产品出现问题，不会连累主商标；⑥可以给不同产品设计符合产品特色的副商标	①主商标仍然是通过许可的方式使用；②要支付许可使用费；③主动权在许可方，有"断头许可"风险
方案三	使用单一商标	①可以发挥"国家核电"商标的市场影响力；②有利于新产品的推广	①只能通过许可的方式使用，不拥有公司自己的品牌，无法培育自主品牌；②主动权掌握在许可方，有"断头许可"的风险；③要支付许可使用费，却无法享受商标带来的经济附加值；④某一产品出现问题，会有"株连风险"；⑤无法体现不同产品类型的个性；⑥对于产品的档次或水平不同，不宜适用统一的商标；⑦使用许可商标，必须标明产地

三、企业商标运用策略的选择

（一）拥有自主注册商标，进而拥有自主品牌

企业的注册商标是企业培育自主品牌的基础，也是企业自主品牌的核心内容，如果没有注册商标的支撑，企业自主品牌也就成为无木之本、无源之水，企业自主品牌的培育和运用也就根本无从谈起。而企业的注册商标也只有在企业自主品牌的培育和运用过程之中，才有可能真正发挥其应有的作用。

企业自主品牌的运用，首先应强调自主性。所谓自主性，一般来说，主要体现在对品牌的所有权和控制权等两个方面，具有四个基本特点，即自我拥有、自我控制、自我决策、自我支配，企业应当拥有自主的注册商标，培育自主品牌，从而在日常运用中实现有效地控制。如果一个企业对某个品牌，包括其中内涵的注册商标只有使用权，而所有权，或是处置权，尤其是关于使用该品牌产生的经济收益的使用和支配实际控制在他人手中，不能由企业自主支配和决策，那对于企业而言，也就不是真正意义上的自主品牌。因此，企业在选择其商标运用策略时，首先要拥有自主的注册商标和品牌。企业可以通过自己注册的方式从而获得对注册商标的所有权，也可以通过收购等途径从而获得对注册商标的所有权。对于前一种方式而言，因为要通过申请、注册和核准，周期较长，收效较慢；而对于后一种方式，获得

的周期较短，收效较快，但是要在已有的注册商标中搜寻合适本企业的商标难度较大，成功的几率较小，而且相对来说，收购的成本较高，除此之外，更有难度的是，收购他人注册商标后，如何与他人在前使用所已经形成的社会影响之间做有效的分割，避免可能存在的市场混淆，等等，都值得企业在选择商标运用策略时认真思考，反复比较、慎重选择。

而采用上述的方案一策略，即多商标策略+"国家核电"企业标识，在利用"国家核电"的市场影响力和声誉的同时重点培育企业自主品牌。

（二）企业发展、商品定位和商标图样设计三者有机结合

在确定走培育自主品牌之路后，根据企业的经营战略和不同的产品类型，设计良好形象的商标图样并进行注册，为每种产品寻求不同的市场定位，有利于增加销售额和对抗竞争对手，还可以分散风险，使企业的整个声誉不致因某种产品表现不佳而受到影响。如"宝洁"公司的洗衣粉使用了"汰渍""碧浪"；肥皂使用了"舒肤佳"；牙膏使用了"佳洁士"。对于仪控平台或自动化控制系统，可以参考西门子和英维思对不同类型控制系统使用不同的名称，如西门子公司工业自动化系统使用"SIMATIC"，运动控制系统使用"SIMOTION"，CNC系统和CNC控制器使用"SINUMERIK"，驱动类产品使用"SINAMICS"。

（三）商标设计遵循原则

对于商标设计，应遵循"繁简适中，易读易记""暗示特点，体现创意"等原则，构成商标的常见因素——文字、图案或文字和图案的组合；通过上述商标检索结果发现，一些大公司的商标设计策略趋势是对具体的产品商标注册体现其产品特点的文字商标，对公司LOGO采用体现其企业形象和理念的图案设计，文字商标让消费者对公司的产品品牌好读好记，图形商标更加形象生动的宣传企业形象，树立良好的企业品牌形象。

（四）商标的标注位置

在具体产品上使用时，下属公司的注册商标作为产品商标、"国家核电"LOGO作为企业标识分别在产品醒目的地方标明，可以在产品商标的不同位置加上"国家核电"，如在产品左右上角、左右下角产品上面或下面的中间位置等处标上产品商标，产品下方中间标上"国家核电"。

作为国家核电技术公司的成员单位，上述商标运用策略既能培育公司的自主品牌，又能利用"国家核电"的知名度，便于推广新产品。通过公司不断地经营和宣传，扩大自主品牌的知名度和美誉度，使自有品牌不断地增值，并培育成知名品牌，成为公司重要的无形资质，增加公司的核心竞争力。

第四篇

著作权

第十六章　著作权的归属

【本章导图】

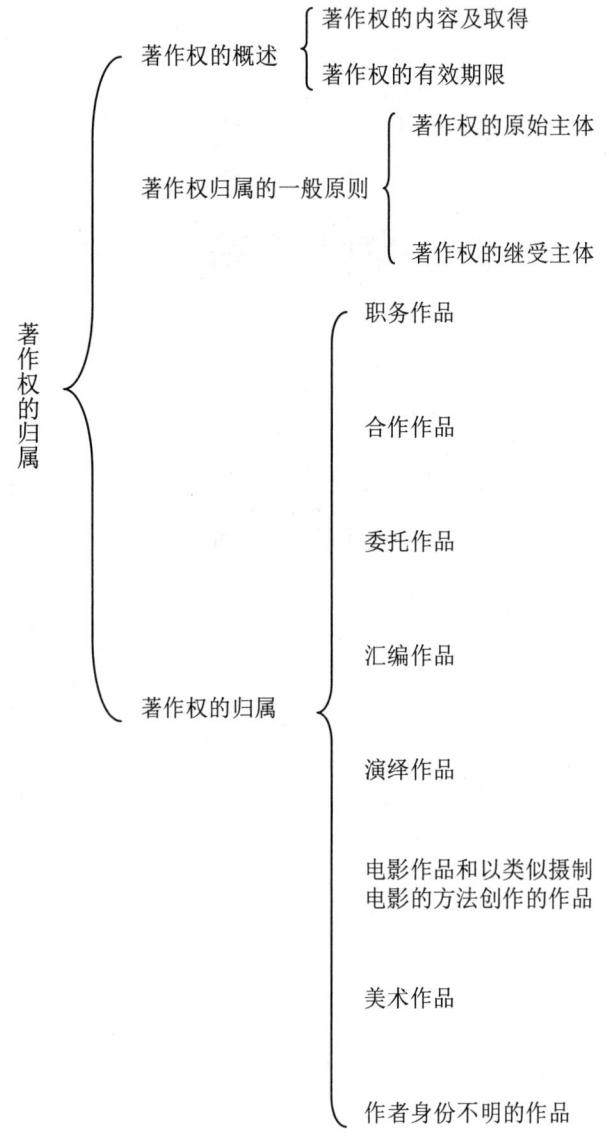

第一节 著作权的概述

一、著作权的内容及取得

著作权是指作者对其创作的文学、艺术和科学作品等智力成果依法享有的专有权利，分为人身权和财产权。我国对于著作权采取自动取得制度，是指著作权以作品创作完成这一法律事实的存在而自然取得，无需履行任何手续。《著作权法》第2条规定：中国公民、法人或者其他组织的作品，不论是否发表，依照本法享有著作权。人身权是作者基于作品而享有的以人身利益作为内容的权利。财产权与人身权相对应，是指作者基于对作品的利用而带来的财产收益。

（一）《著作权法》规定的人身权

《著作权法》规定的人身权有4项：
（1）发表权，即决定作品是否公之于众的权利；
（2）署名权，即表明作者身份，在作品上署名的权利；
（3）修改权，即修改或者授权他人修改作品的权利；
（4）保护作品完整权，即保护作品不受歪曲、篡改的权利。

（二）《著作权法》规定的财产权

《著作权法》规定的财产权有12项：
（1）复制权，即以印刷、复印、拓印、录音、录像、翻录、翻拍等方式将作品制作一份或者多份的权利；
（2）发行权，即以出售或者赠与方式向公众提供作品的原件或者复制件的权利；
（3）出租权，即有偿许可他人临时使用电影作品和以类似摄制电影的方法创作的作品、计算机软件的权利，计算机软件不是出租的主要标的的除外；
（4）展览权，即公开陈列美术作品、摄影作品的原件或者复制件的权利；
（5）表演权，即公开表演作品，以及用各种手段公开播送作品的表演的权利；
（6）放映权，即通过放映机、幻灯机等技术设备公开再现美术、摄影、电影和以类似摄制电影的方法创作的作品等的权利；
（7）广播权，即以无线方式公开广播或者传播作品，以有线传播或者转播的方式向公众传播广播的作品，以及通过扩音器或者其他传送符号、声音、图像的类似工具向公众传播广播的作品的权利；
（8）信息网络传播权，即以有线或者无线方式向公众提供作品，使公众可以在其个人选定的时间和地点获得作品的权利；
（9）摄制权，即以摄制电影或者以类似摄制电影的方法将作品固定在载体上的权利；
（10）改编权，即改变作品，创作出具有独创性的新作品的权利；
（11）翻译权，即将作品从一种语言文字转换成另一种语言文字的权利；

（12）汇编权，即将作品或者作品的片段通过选择或者编排，汇集成新作品的权利。

二、著作权的有效期限

著作权依据作品的性质和著作权主体的不同，其保护期限也会有所不同。

（1）公民的作品，其发表权和著作财产权的保护期限为作者的终生及其死亡后50年，截止于作者死亡后第50年的12月31日。例如，某人在2006年3月4日创作了一作品，但没有发表，他在2016年10月1日去世，那么其发表权和著作财产权的保护期限将从2006年3月4日开始计算，并截止于2066年的12月31日。

（2）法人或者其他组织的作品，其发表权和著作财产权的保护期限为50年，一般从作品首次发表时开始计算，截止于作品首次发表后第50年的12月31日。但如果作品自创作完成后50年内没有发表的，著作权法不再保护。

（3）电影作品和以类似摄制电影的方法创作的作品、摄影作品，其发表权和著作财产权的保护期限为50年，截止于作品首次发表后第50年的12月31日，但作品自创作完成后50年内没有发表的，其著作权不再受到保护。

（4）合作作品的发表权、著作财产权的保护期限为作者终生加死亡后50年，截止于最后死亡的作者死亡后第50年的12月31日。例如，A与B于2006年3月4日创作了一作品，如果A在2010年8月1日死亡，B在2016年6月1日死亡，那么该作品的发表权和著作财产权的保护期限将从2006年3月4日开始计算，并截止于2066年12月31日。

（5）作者身份不明的作品，著作财产权的保护期限为50年，截止于作品首次发表后第50年的12月31日。

第二节　著作权归属的一般原则

著作权的归属，是指由谁享有著作权，即著作权权利主体的界定。著作权主体，也就是著作权人、版权人，是指依法对文学、艺术和科学作品享受著作权并依法受到我国著作权法保护的人。自然人、法人和其他组织都可以成为著作权的主体，特殊情形下，国家也可成为著作权的主体，外国人在符合法定的条件下也可以成为我国《中华人民共和国著作权法》（以下简称《著作权法》）规定下的主体。除此之外，在特殊情况下，国家也可以享有著作权。

一、著作权的原始主体

创造作品的作者是著作权的原始主体。《著作权法》第11条第1款明确规定："著作权属于作者，本法另有规定的除外。"

所谓作者，是指创作文学作品、艺术作品、科学作品的人。根据我国著作权法的规定，作者主要包括两种类型，第一种是公民，第二种是法人或者其他组织。如图16-1所示。

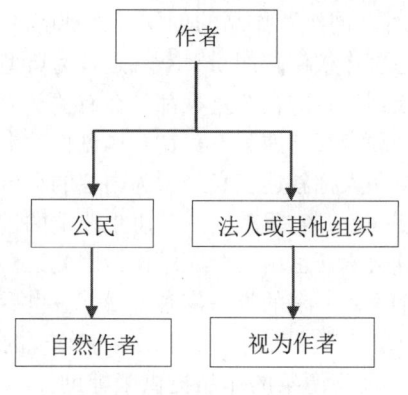

图16-1　作者的分类

（一）公民

创作作品的公民是作者，而且也只有创作作品的人才应当被认定为是作者。这是世界各国通行的做法。

著作权是一种基于作品的完成而形成的权利，作品能够完成则是依赖于创作作品的公民的创作劳动的付出，因此在通常情况下，当作品创作完成后，创作作品的公民被认定为作者，可以根据法律的规定或者合同的约定，依此对其创作的作品享有相应的著作权，此时该作品的著作权归创作该作品的作者所有，该作者就是享有该作品著作权的人。

创作作品的公民除了有"作者"的称谓之外还有许多其他形式的具体表达，如："编剧""作曲人""词作者"等，著作权法对作者的称谓并没有明确列举和限定，只要创作人创作的作品符合我国法律的规定，都可以是作者。

在实际工作中，通常可以通过对在作品上的署名认定作者，即除非当事人能够有相反的证据证明，否则在作品上署名的人，包括公民、法人或者其他组织，均可以被认定为作者。根据我国《著作权法实施条例》第13条规定，"如果对于作者身份不明的作品，由作品原件的所有人行使除署名权以外的著作权。作者身份确定后，由作者或者其继承人行使著作权。"

公民作为作者，应该具备两个基本条件：

1. 具备创作能力

作为作者的公民应当具有一定的文学、艺术和科学的知识，并能够将其以某种外在形式表达出来，且被他人所认知。作者创作作品是一种事实行为，无论作者的创作能力如何，只要在事实上创作出作品，都会认为其具有我国《著作权法》上规定的创作能力，这与作者是否具备民事行为能力或者具备怎样的民事行为能力等因素无关。

2. 实际付出创作劳动，并有实际的创作成果

公民如果没有参与关于作品创作的活动，或者没有对作品的创作和完成付出实际的创作劳动，显然不能认定为作者。在实际工作中应当注意的是，并非所有与作品完成的相关行为都被视为创作行为。一般来说，创作行为是指对作品的完成要有实质上的创作活动，包括要有参与创作作品的实际行为，并且要对作品的完成付出过创造性劳动，而不是简单地提供组织工作、咨询意见、物质条件及其他辅助工作等。

在实务中会经常出现因对"创作"作品的创作行为理解的不同，而导致著作权纠纷。李某诉李某某《我的前半生》著作权侵权纠纷案❶ 就是较为典型的一例。经法院审理认为："《我的前半生》一书从修改到出版的整个过程都是在有关部门的组织下进行的，李某是由组织指派帮助溥某修改出书，故李某与溥某不存在合作创作的事实。《我的前半生》一书既是由溥某署名，又是溥某以第一人称叙述亲身经历为内容的自传体文学作品；该书的形式及内容均与溥某个人身份联系在一起，它反映了溥某思想改造的过程和成果，体现了溥某的个人意志；该书的舆论评价和社会责任也由其个人承担；因此，根据该书写作的具体背景和有关情况，溥某应是《我的前半生》一书的唯一作者。溥某去世后，该作品的使用权和获得报酬权，其合法继承人有权继承。"❷《我的前半生》一书体现的是溥某的个人意志，他人负责帮助其整理、修改、出版，即为溥某的作品提供了辅助性的工作，不构成法律上规定的"创作行为"。对此，人民法院也在另一案例中明确指出："图书的项目策划和责任编辑均系劳务性工作，基于此种工作并不能成为图书的作者、译者、著作权人或出版者，也并不因其策划或责编行为另外产生新的作品。"❸

（二）法人或其他组织

除了上述的一般情况之外，尽管该部作品是由自然人实际创作完成的，但是对于特定情形下完成的作品，根据我国《著作权法》的规定，可以将公民以外的法人或者其他组织视为作者。该类型的作品也称为"法人作品"或"单位作品"，具体进行作品创作的公民并不被认定是该作品的作者，该作品的著作权也不归属于该公民。

所谓其他组织，根据《最高人民法院关于适用〈中华人民共和国民事诉讼法〉若干问题的意见》第40条规定，是指合法成立、有一定的组织机构和财产，但又不具备法人资格的组织。

法人或者其他组织被视为作者的，应当符合以下三个条件：

（1）作品是由该法人或是其他组织主持创作的；（2）作品的创作代表了该法人或者其他组织的意志；（3）作品所发生的所有责任均由该法人或者其他组织承担。

二、著作权的继受主体

不是创造作品的作者，但是因继承、馈赠、转让等法律行为而享有著作权的，是著作权的继受主体。

（一）国家

国家享有著作权的情况主要有以下两类。

1. 法定享有

在特殊情形下，国家根据著作权的规定，取得作品的著作权。主要有以下两种情况：

---

❶ 北京市高级人民法院民事判决书〔1995〕高知终字第18号。

❷ 参见案例：李某诉李某某《我的前半生》著作权侵权纠纷案（北京市高级人民法院民事判决书〔1995〕高知终字第18号），来源：北大法意 http://www.lawyee.net/Case/Case_Display.asp?RID=26534。

❸ 北京市第二中级人民法院民事判决书〔2004〕二中民初字第12600号。

（1）当著作权属于公民的，公民死亡后，其享有的由著作法规定的各项著作权在规定的保护期内，依照继承法的规定转移；如果没有继承人和受遗赠人的，由国家享有。

（2）当著作权属于法人或者其他组织的，法人或者其他组织变更、终止后，其享有的由著作法规定的各项著作权在规定的保护期内，由承受其权利义务的法人或者其他组织享有；没有承受其权利义务的法人或者其他组织的，由国家享有。

2. 以其他方式享有

除了著作权法明确规定由国家享有著作权的两种情形外，国家还可以以其他方式享有著作权：

（1）国家出于某种特殊的需要，从著作权人那里购得著作权，从而成为著作权的主体，享有相应的著作权。

（2）著作权人将其受保护的作品赠送给国家，国家接受其赠送而成为著作权的主体，享有相应的著作权。

国家享有著作权的作品的使用，依据《中华人民共和国著作权法实施条例》（以下简称《著作权法实施条例》）第16条的规定，由国务院著作权行政管理部门管理。

（二）继受人

继受人对作品享有著作权的情形主要有以下两种：

1. 承受

著作权属于法人或者其他组织的，法人或者其他组织变更、终止后，其享有的由著作权法规定的著作权在规定的保护期内，由承受其权利义务的法人或者其他组织享有。

2. 继承

在作品的作者死亡后，由作者的继承人行使该作品相应的著作权。

（1）继承人对作者生前未发表作品的发表权的行使。

根据我国《著作权法实施条例》第17条规定："作者生前未发表的作品，如果作者未明确表示不发表，作者死亡后50年内，其发表权可由继承人或者受遗赠人行使；没有继承人又无人受遗赠的，由作品原件的所有人行使。"所谓发表权是指决定作品是否公之于众的权利。对于作者生前没有发表的作品，在作者未明示禁止发表作品外，作品的继承人可以享有对该作品的发表权；在没有继承人或者受遗赠人存在的前提下，作品原件所有人行使该作品的发表权。

例如，王某、侯某甲、侯某乙、侯某丙诉中国国际广播音像出版社著作发表权案。本案是一起涉及侯某已发表的相声再次出版发行引发的著作权纠纷。侯某的继承人诉称，《王二姐思夫》《交租子》《一贯道》等相声段子思想性、艺术性格调不高，侯某生前明确表示不希望这些资料对外公开。被告违背侯某意志，未征得侯某继承人的许可，出版包括上述相声作品的录音带，侵害了侯某继承人依法享有的发表权，要求法院判令被告收回、销毁上述录音带等。法院依据1990年《著作权法》经审理认为：本案涉及的侯某先生表演的三段相声作品在被告以录音带形式出版发行前，已通过广播电台和文字出版物的方式公之于众。被告经原录音带制作者许可复制发行录音作品，可以不经著作权人和表演者许可，不构成对原告发表权的侵害。❶ 在该案中，尽管侯某先生在生前明确表示不希望将争议作品发表，但是这些作品已经通过广播电台、文字出版物等形式发表，被广大公众所知晓，因此，原告不能诉称被告侵害其作为继承人所享有的发表权。

（2）继承人对作者生前已发表作品的财产权的行使。

对于作者生前已经发表的作品，则依据《著作权法》第19条第1款规定，著作权属于公民的，公民死亡后，其享有的由著作权法规定的各项财产权利在规定的保护期内，可以作为公民财产的一部分进入公民财产继承程序，依照继承法的规定转移，由继承人享有。

（3）继承人对人身权的行使。

《著作权法实施条例》第15条规定："作者死亡后，其著作权中的署名权、修改权和保护作品完整权由作者的继承人或者受遗赠人保护。著作权无人继承又无人受遗赠的，其署名权、修改权和保护作品完整权由著作权行政管理部门保护。"由此可知，在作品的作者死亡后，其作品的人身权，包括署名权、修改权、保护作品完整权，不因其死亡而发生转移，仍由作者享有，但是由其继承人或受遗赠人实施保护。

（三）受让人

著作权人可以通过签订转让协议，将其享有的著作权中的财产权转让他人享有，转让后受让人享有著作权中的财产权。

第三节　著作权的归属

一、职务作品

职务作品，是指公民为完成法人或者其他组织工作任务进行创作而完成的作品。职务作品可以分成一般的职务作品和特殊的职务作品，如表16-1所示。

表16-1　职务作品的归属

	作品性质	权利归属
职务作品	一般职务发明	著作权归属作者，法人或者其他组织有权使用
	特殊职务作品	作者只享有署名权，其他著作权由法人或者其他组织行使

（一）一般职务作品

1.一般职务作品著作权的归属

根据《著作权法》第16条第1款规定："公民为完成法人或者其他组织工作任务所创作的作品是职务作品，除本条第二款的规定以外，著作权由作者享有。"即在一般情况下，公民在法人或者其他组织中因履行其职责而进行创作所完成的作品，其著作权归属于作者。例

---

❶ 北京市高级人民法院民三庭编：《知识产权经典判例（下册）》，知识产权出版社2003年版，第669～674页。

如，记者为完成报社的工作任务在其职责范围内所撰写的稿件属于职务作品，其著作权由作者享有；企业员工接受其所在单位的任务或者在其职责范围内撰写的技术文件、商业文件或其他文件属于职务作品，其著作权由作者享有。作者可以在其完成的作品上署名，可以公开发表，也可以行使我国著作权法所规定的其他著作权，包括人身权和财产权。

2. 作者著作权的限制

《著作权法》第16条第2款规定，对于职务作品，虽然其著作权由作者享有，但是作者所在的法人或者其他组织有权在其业务范围内优先使用。并且在作品完成后的两年内，未经单位同意，作者不得许可第三人以与单位使用的相同方式使用该作品。这是著作权法对于一般职务作品的作者所享有的著作权的限制。

3. 企业对于一般职务作品著作权的行使

在实际工作中，企业行使一般职务作品的著作权应当注意以下几点：

（1）未经单位许可，自作者向单位交付作品之日起计算的两年内，作者不得许可第三人以与单位使用的相同方式使用其作品。但是，即使未经单位许可，作者也可以许可他人以与单位不相同的方式使用其作品。

（2）职务作品完成后的两年内，经单位许可，作者许可第三人以与单位相同的方式使用其作品的，所获的报酬由作者与单位之间按约定的比例分配。

（3）对于职务作品而言，法人或者其他组织有权在其业务范围内优先使用，且该优先使用权的期限，可由作者与法人或者其他组织协商约定。

（二）特殊职务作品

1. 特殊职务作品的种类

我国著作权法规定的特殊职务作品包括：

（1）主要是利用法人或者其他组织的物质技术条件创作，并由法人或者其他组织承担责任的工程设计图、产品设计图、地图、计算机软件等职务作品；

（2）法律、行政法规规定或者合同约定著作权由法人或者其他组织享有的职务作品。

2. 特殊职务作品著作权的归属

根据《著作权法》第16条第2款的规定，对于上述特殊职务作品，著作权由创作作品的作者和法人或者其他组织分享。

（1）作者仅享有署名权；

（2）法人或者其他组织享有除署名权之外的其他著作权。

由此可知，尽管根据关于著作权归属的一般原则，对于职务作品的作者而言，应该享有著作权，但是，由于作者所完成的是著作权法所规定的工程设计图、产品设计图、地图、计算机软件等职务作品，且在完成该职务作品的过程中利用了法人或者其他组织的包括专门资金、设备或者资料等物质技术条件，并由法人或者其他组织承担责任的，或者法律、行政法规规定或者合同约定著作权由法人或者其他组织享有的职务作品，作者仅享有著作权中的署名权，其他著作权由法人或者其他组织享有。这既是我国法律对作者完成作品创作的劳动付出给予的必要的保护措施，也是对法人或者其他组织在完成作品创作的过程中因其物质技术条件被利用而采取的必要的补偿措施。

3. 对作者创作劳动的补偿

我国著作权法规定，享有著作权的法人或者其他组织可以对作者给予奖励，以此鼓励作者的创作劳动，并对其创作劳动必要的补偿。

二、合作作品

合作作品，是指由两个或者两个以上的作者基于共同创作作品的合意而合作创作完成的作品。

（一）合作作品的构成

合作作品应当满足以下两个基本条件：

（1）合作作品的作者要有共同完成一部作品的合意，也就是说，在合作创作一部作品之前，参加合作创作的两个或者两个以上的作者不但要知道有其他作者的存在，而且经过协商就共同创作一部作品达成共识，明确各自所承担的部分以及各个作者之间的配合与协调。

（2）合作作品的各个作者对作品的完成都有实质性的贡献，也就是说，合作作品的各个作者都实际参与了作品的创作，为此付出了自己的智力劳动，仅仅只是为创作作品提供咨询意见、物质条件、素材或其他辅助劳动的人不是合作作品的作者。❶ 在判断合作作品时，"不强调作品本身的合成性，而是强调在一部作品中，两个或者两个以上的人投入的精神劳动的合成性"。❷

（二）合作作品著作权的归属

《著作权法》第13条第1款规定："两人以上合作创作的作品，著作权由合作作者共同享有。没有参加创作的人，不能成为合作作者。"该条第2款又进一步规定："合作作品可以分割使用的，作者对各自创作的部分可以单独享有著作权。"同时，我国《著作权法实施条例》第9条还规定："合作作品不可以分割使用的，其著作权由各合作作者共同享有"。

由此可知，合作作品的著作权归属于全体合作作者。对于可以分割使用的合作作品，即由合作作者对其各自创作的、可以独立存在的、且可以经分割单独使用的部分作品，分别单独享有著作权。对于不可以分割使用的作品，该合作作品的著作权则由各个合作作者共同享有。

（三）合作作品著作权的行使

关于合作作品著作权的行使，主要体现在对于合作作品的使用。对此，《著作权法》第13条规定，对于由合作作者各自创作、并可单独使用的部分作品，当合作作者单独行使其著作权时，不得侵犯合作作品整体的著作权。该规定旨在保证合作作品及其著作权的完整性，合作作者在行使其各自享有的著作权时，既不能破坏该合作作品著作权的整体性，也不能侵犯该合作作品整体的著作权。

为了确保合作作品著作权的行使，《著作权法实施条例》第9条还进一步规定，对于不可以分割使用的作品，由于该合作作品的著作权由各个合作作者共同享有的，因此，合作作

---

❶ 陈锦川：《著作权审判原理解读与实务指导》，法律出版社2014年版，第33页。

❷ 郑成思：《版权法（修订本）》，中国人民大学出版社1997年版，第292页。

者在行使该作品的著作权时,应当通过协商一致行使;如果不能协商一致,又无正当理由的,合作作者中的任何一方不得阻止他方行使著作权的各项权利,但是转让权的行使除外;因行使该合作作品而所得收益应当合理分配给所有合作作者。

由此可知,对于不可分割使用的合作作品,其著作权的行使应当遵循四个基本规则:

第一,合作作品著作权的行使应当经由合作作者协商,只有在经协商取得一致意见的前提下,才可以行使该合作作品的著作权。

第二,如果合作作者之间不能对该合作作品著作权的行使经协商达成一致的,任何一个合作作者在有正当理由的情况下行使该合作作品的著作权,其他合作作者不得予以阻止。

第三,未经合作作者的协商一致,任何一个合作作者都不能向他人转让该合作作品的著作权。

第四,任何一个合作作者单独行使该合作作品的著作权的,应当将获得的收益合理分配给其他作者。

三、委托作品

委托作品,是指作者接受委托人的委托创作完成的作品。

(一)委托作品的特点

(1)委托作品是基于委托合同的约定而创作的作品,委托人通过与受托人之间订立书面的委托协议,委托受托人创作作品。

(2)委托作品是由受托人应委托人的要求而创作完成的作品,即是说,委托作品不完全是按照作者个人的意志自由进行创作的,受托人应当按照与委托人之间签订的委托合同所约定的要求完成作品的创作。

(3)委托作品的完成人是受托人,而委托人一般不参与作品的创作。

(二)委托作品的著作权归属

《著作权法》第17条规定:"受委托创作的作品,著作权的归属由委托人和受托人通过合同约定。合同未作明确约定或者没有订立合同的,著作权属于受托人。"

由此可知,我国著作权法关于委托作品的著作权归属遵循以下基本规则:

(1)委托作品是基于委托合同而创作完成的,委托作品著作权的归属由委托人和受托人之间通过平等协商在委托合同中约定,可以约定归属于委托人,也可以约定归属于受托人,还可以约定归属于双方共同享有。

(2)如果双方对委托作品的归属问题没有约定的,或者约定不明的,该合作作品的著作权归属于受托人,即由该委托作品的作者享有著作权。

应当指出的是,受托人,也就是委托作品的作者,应当按照委托合同的约定,在完成该委托作品之后向委托人交付其创作的作品,如果双方在合同中未能就该委托作品著作权的归属问题作出明确约定,按照法律规定,该委托作品的著作权归属于受托人,此时委托人只享有该委托作品原件的所有权。

(三)委托作品著作权的行使

委托作品著作权的行使有以下特点:

（1）在著作权属于受托人的情况下，作为对于委托人在委托创作时已支付的委托创作费的补偿，委托人可以在约定的使用范围内享有免费使用该委托作品的权利；如果双方没有约定委托作品使用范围的，委托人可以在委托作品特定目的范围内免费使用该作品。但是委托人在委托作品特定目的范围外的使用，应当要得到受托人的许可。

（2）委托人委托受托人以特定人物经历为题材完成的自传体作品，如果委托人和受托人之间对该委托作品的著作权权属有约定的，依双方的约定确定著作权的归属；如果委托人和受托人之间对该委托作品的著作权权属没有约定的，该委托作品的著作权归该特定人物享有，执笔人或整理人对作品完成付出劳动的，著作权人应当向其支付适当的报酬。

张某诉中央电视台著作权权属案，涉及委托设计的中央电视台CCTV台标图案著作权归属的争议。1978年上半年中央电视台通过不正规的方式在台内外征集台标设计方案，张某自愿参加征集活动，其设计的台标被采用。关于台标图案著作权的归属，法院认为：由于当时社会法律状况的原因，双方未就台标权属事宜签订书面协议。因此，当事人对权属的意思表示，应根据合同表现的内容确定。由于台标图案必须要有CCTV英文字母，这一特点决定台标只能由中央电视台使用或者用于与中央电视台有关的范围，不能用于其他用途。这种专门为某种用途设计的特殊美术作品，设计人不享有控制作品的使用或另外许可他人使用的权利，作品整体著作权可以由征集者享有。❶

四、汇编作品

汇编作品，是指根据一定的体例和内容的要求，将若干作品、作品的片段或者其他相关材料汇集编排出体现出汇编作者独创性的作品。《著作权法》第14条规定："汇编若干作品、作品的片段或者不构成作品的数据或者其他材料，对其内容的选择或者编排体现独创性的作品，为汇编作品。"

（一）汇编作品的构成

1. 以其他作品或者作品的片段作为材料构成的汇编作品

汇编作品的作者选择他人已享有著作权的作品或者作品的片段作为材料，汇集结构成新的作品，其在材料的选择、结构的编排、体例的设计以及部分内容的创作等方面付出了创作劳动，给予汇编作品新的形式和内涵，因此，汇编作品的作者对此应当享有著作权。

应当指出的是，基于他人享有著作权的作品的汇编作品，并不仅仅因为构成该汇编作品的材料本身享有著作权，而使得汇编作品的作者与构成该汇编作品的材料的作者之间就形成合作关系，该汇编作品也并不因此而成为合作作品。

2. 以没有著作权的数据或者材料构成的汇编作品

汇编作品的作者选择不受著作权保护或者不享有著作权的数据、材料等作为材料，汇集结构成新的作品，其同样在材料的选择、结构的编排、体例的设计以及部分内容的创作等方面付出了创作劳动，体现了汇编作品的独创性，因此，该作品可以被认定为汇编作品，其作者对此也应当享有著作权。

---

❶ 北京市高级人民法院民三庭审编：《北京知识产权审判年鉴》，知识产权出版社2005年版，第371～377页。

关于汇编作品的认定，考察在汇编作品的过程中，尤其是根据不享有著作权的材料进行汇编时，区分"为取得被汇编的信息所付出的独创性劳动"与"对取得的信息进行独创性的选择与编排"极为重要，❶一定要体现出汇编作者的独创性劳动。如果为了汇编在采集相关信息和材料的过程中未付出独创性劳动，或者汇编的材料没有在选择或者编排方面体现出独创性，该汇编材料不构成汇编作品，也就不享有相应的著作权。例如，在我国发生的"族谱案"中，原告辛苦收集了某一家族族人的姓名，并编成族谱。法院认为，"族谱资料虽然记载了在若干自然村屯上曾经生息繁衍的祖先及其后代的名字，并对这些名字按辈分大小进行编排，但这种编排不具有独创性"，❷最终不被认定为汇编作品。

（二）汇编作品著作权的归属

《著作权法》第14条还规定："汇编作品，其著作权由汇编人享有"。也就是说，汇编作品的作者对汇编作品享有著作权。

（三）汇编作品著作权的行使

对于汇编作品行使著作权时，不得侵犯原作品的著作权。即如果该汇编作品是基于他人享有著作权的作品或者作品片段汇编而成的，在该汇编作品上既有汇编作品的著作权，同时也存在着原作品的著作权。汇编作品的作者，作为该汇编作品的著作权人可以依法行使其著作权，但是在行使其著作权时既不得妨碍原作品的作者行使其著作权，也应当尊重和保护原作品的著作权，不得侵犯。如果该汇编作品是基于不享有著作权的数据、材料汇编而成的，汇编作品的著作权人行使其著作权时自然也就不会涉及原作品的著作权了，但是应当注明数据、材料的来源或者出处。

五、演绎作品

演绎作品，又称衍生作品、派生作品，是指在保持已有作品基本表达的基础上，经过独创性的再创作而产生的新作品。

（一）演绎作品的表现形式

演绎作品是基于对已有作品的演绎创作而完成的。演绎作品包括对已有作品的改编、翻译、注释、整理等多种形式。

（1）改编作品，是对已有作品的改编，保留了已有作品的基本内容，但是在表现的形式或者用途上作了具有独创性的改变。

（2）翻译作品，是对已有作品的翻译，保留了已有作品的内容，但是通过另一种语言形式表达已有作品的思想。

（3）注释作品，是对已有作品的注释，其不改变已有作品的内容和表达，而仅仅只是对已有作品的词语、引文、出处等予以解释性说明。

---

❶ 王迁：《知识产权法教程（第四版）》，中国人民大学出版社2014年版，第185页。

❷ 广西壮族自治区河池市中级人民法院民事判决书〔2004〕桂民三终字第3号，转引自王迁：《知识产权法教程（第四版）》，中国人民大学出版社2014年版，第184页。

（4）整理作品，是对已有作品进行诸如增删、还原、组合或者加工等形式的创作，使其成为一种新的作品。

（二）演绎作品著作权的归属

《著作权法》第12条规定："改编、翻译、注释、整理已有作品而产生的作品，其著作权由改编、翻译、注释、整理人享有。"

（三）演绎作品著作权的行使

演绎作品的作者，即演绎作品的著作权人在行使其著作权时，应当注意以下几点：

（1）演绎作品的创作是基于已有作品的，当已有作品享有著作权的，演绎作品的作者在创作演绎作品之前，应当取得原作品著作权人的许可。

（2）演绎作品的著作权人在行使著作权时，如果已有作品享有著作权的，既不得影响已有作品著作权的行使，也不得侵犯已有作品的著作权。

（3）演绎作品的著作权人并不因为其对演绎作品享有著作权，而因此就同时对已有作品享有著作权；演绎作品的著作权人也不能因为其创作了演绎作品，就可以代替已有作品的著作权人行使已有作品的著作权。

（4）演绎作品的著作权人对于他人侵犯其演绎作品著作权的行为，可以独立行使诉权，维护其合法权益。

除此之外，当他人使用演绎作品时，既要取得演绎作品的著作权人的许可，也要取得该演绎作品赖以完成的已有作品的著作权人的许可。

六、电影作品和以类似摄制电影的方法创作的作品

电影作品和以类似摄制电影的方法创作的作品，又称影视作品、视听作品，是指摄制在一定介质上，由一系列有伴音或者无伴音的画面组成，并且借助适当装置放映或者以其他方式传播的作品。

（一）影视作品的特点

影视作品具有如下特点：

（1）影视作品是一种复杂的合作作品，是由制片人、编剧、导演、摄影、作词作曲以及演员等许多人的共同的智力劳动合作完成的。

（2）影视作品往往需要专业的技术设备和相关领域的专业人员才可完成，因此耗费巨大，需要较大的投资。

（3）影视作品的组成部分可以分割，单独使用，因此影视作品的整体可以享有著作权，而其各个组成部分也可以单独分别享有著作权。

（4）影视作品是一种随着科学技术发展而不断发展完善的享有著作权保护的作品，需要特定的介质、特定的设备、专业的人员参与其中，因此，在相应设备和介质不断发展和完善的过程中，影视作品中部分内容的表现形式也会出现变化，但是这种变化并不改变影视作品取得著作权法保护的基本性质。

（二）影视作品著作权的归属

《著作权法》第15条第1款规定："电影作品和以类似摄制电影的方法创作的作品的著作权由制片者享有，但编剧、导演、摄影、作词、作曲等作者享有署名权，并有权按照与制片者签订的合同获得报酬。"由此可知，影视作品著作权的归属包括如下几点：

1. 影视作品的著作权归制片人享有

（1）影视作品是由编剧、导演、摄影、作词、作曲等作者创作完成的，编剧、导演、摄影、作词、作曲等作者都是该影视作品的合作作者。

（2）尽管编剧、导演、摄影、作词、作曲等作者是该影视作品的合作作者，但是该影视作品的著作权归属于制片人享有。

（3）尽管该影视作品的著作权归属于制片人，但是编剧、导演、摄影、作词、作曲等作者享有署名权。

2. 影视作品中可以单独使用的作品著作权归作者享有

《著作权法》第15条第2款规定："电影作品和以类似摄制电影的方法创作的作品中的剧本、音乐等可以单独使用的作品的作者有权单独行使其著作权。"由此可知，影视作品中的剧本、音乐等作品是独立存在的作品，作者享有相应的著作权。

（三）影视作品著作权的行使

（1）影视作品中的剧本、音乐等作品可以单独行使著作权，即指作者可以脱离影视作品整体的著作权，以其他方式单独使用其作品。

（2）作者单独行使其著作权，不会因其作品与整个影视作品的关系而受到影响。

（3）各合作作者，包括可以单独使用的作品的作者，通过与制片人签订合同，以约定的方式，享有获得报酬权。

七、美术作品

美术作品，是指绘画、书法、雕塑等以线条、色彩或者其他方式构成的有审美意义的平面或者立体的造型艺术作品。

（一）美术作品著作权的归属

根据我国著作权法的规定，美术作品的著作权归属于作者。

在现实中，美术作品主要包括两个方面的权利，即美术作品本身的著作权和美术作品原件的所有权。当美术作品原件没有与作者分离之前，美术作品的著作权和原件的所有权都属于作者，权利人可以依法对美术作品享有的人身权和财产权。其他人可以根据作者的处分或者对美术作品的继承，对该美术作品享有著作权中的财产权和对其原件的所有权。一旦美术作品的原件与作者分离，虽然作者仍享有该美术作品的著作权，但是美术作品原件的所有权则由该美术作品原件的所有人享有，其可以行使对该美术作品原件的占有、使用、收益和处分的权利。

（二）美术作品著作权的行使

《著作权法》第18条规定："美术等作品原件所有权的转移，不视为作品著作权的转移，但美术作品原件的展览权由原件所有人享有。"意即作者以外的其他人在获得该美术作品原件的所有权之后，并不意味着该美术作品的著作权的转移，该美术作品的著作权人继续享有其著作权，而该美术作品原件的所有人享有该美术作品原件的物权和展览权。

八、作者身份不明的作品

所谓作者身份不明的作品，一般是指没有署名且无法知晓作者身份的作品。如果有些作品尽管没有署名或者没有署作者真实的名字，但仍然可以通过其他途径知晓作者身份的，不属于作者身份不明的作品。

《著作权法实施条例》第13条规定："作者身份不明的作品，由作品原件的所有人行使除署名权以外的著作权。作者身份确定后，由作者或者其继承人行使著作权。"一般来说，对于作者身份不明的作品，除署名权以外的著作权由该作品的所有者享有，当然，如果该作品的作者确定后，该著作权由作者或者其继承人享有。

同时《著作权法实施条例》第18条还规定，对于作者身份不明的作品，其著作权的保护期截止于作品首次发表后第50年的12月31日。作者身份确定后，保护期为作者终生及其死亡后50年，截止于作者死亡后第50年的12月31日；如果是合作作品，截止于最后死亡的作者死亡后第50年的12月31日。

第十七章 著作权的管理

【本章导图】

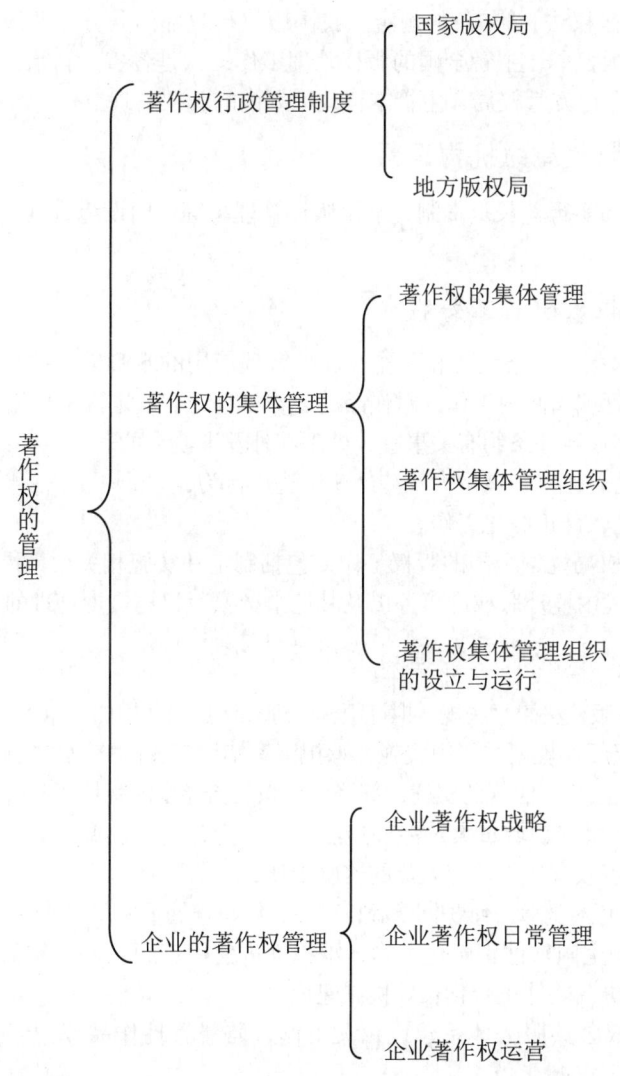

第一节　著作权行政管理制度

著作权的行政管理，是指由国家版权行政部门，代表国家对著作权实施行政管理的行为，是国家通过行政手段的方式协调有关著作权行为的一种管理模式。著作权的行政管理除了要受到相关著作权法的约束外，还要受到我国行政法基本原则和规定的约束。

一、国家版权局

根据我国《著作权法》第7条的规定，我国版权行政部门共分为两级，一是国务院版权行政部门，即国家版权局，主管全国的版权管理工作；二是各省、自治区、直辖市人民政府的版权行政部门，即地方版权局，主管本行政区划内的版权管理工作。

（一）国家版权局的机构设置

我国国家版权局实行首长负责制，下设版权管理司等，内设综合处、社会服务处、执法监管处、国际事务处等。

（二）国家版权局的主要职责❶

（1）拟订国家版权战略纲要和著作权保护管理使用的政策措施并组织实施，承担国家享有著作权作品的管理和使用工作，对作品的著作权登记和法定许可使用进行管理；

（2）承担著作权涉外条约有关事宜，处理涉外及港澳台的著作权关系；

（3）组织查处著作权领域重大及涉外违法违规行为；

（4）组织推进软件正版化工作。

综上，国家版权局统领全国的版权工作，包括制定和实施相关政策措施、管理全国的版权事务、处理有关境内境外版权的事务以及其他由国家版权局负责处理的事务等。

（三）国家版权局版权管理司的主要职能

（1）参与起草版权法律、法规，拟订版权管理、保护、使用的规章、政策并组织实施；

（2）拟订国家版权规划并组织实施，承担国家知识产权战略纲要实施的有关工作；

（3）监督版权法律、法规的实施，部署、组织、指导全国版权行政管理与执法工作；

（4）组织查处版权领域重大及涉外违法违规行为，组织协调开展打击侵权盗版专项行动，承办打击侵权盗版有功单位和人员的奖励工作；

（5）负责网络版权监管，维护网络版权秩序，组织查处重大及涉外网络侵权盗版案件；

（6）组织推进全国软件正版化工作，承担推进使用正版软件工作部际联席会议办公室有关工作，组织、协调软件正版化长效机制建设；

（7）承担版权公共服务体系建设相关工作，监督管理作品登记、质权和版权合同登记、备案、认证等工作；

---

❶ 见"国家版权局"官网：http://www.ncac.gov.cn/chinacopyright/channels/475.html。

（8）推进版权产业发展，监督管理版权评估、交易、代理等事宜，指导国有版权资产管理，负责开展全国版权示范工作；

（9）承办版权涉外事务和国际应对工作，负责联系国际版权组织，承办版权多边、双边条约、协议的谈判、签订和实施工作；

（10）承办涉中国香港、澳门特别行政区和台湾地区的版权事务；

（11）监督管理国（境）外作品版权认证工作，对国（境）外版权认证机关、外国和国际版权组织在华代表机构实施监督管理；

（12）承办设立版权集体管理组织的审批工作，监督管理其依法开展活动，指导版权行业协会和社会团体工作；

（13）监督管理作品法定许可使用，负责国家享有版权作品的使用与管理工作；

（14）组织开展全国版权宣传教育活动；

（15）承办总局领导交办的其他事项。

二、地方版权局

地方版权局负责本地区的版权管理工作。以北京市版权局、上海市版权局、广州市版权局为例，简要介绍其管理职责。

（一）北京市版权局及其主要职能

北京市版权局是北京市政府主管北京市版权管理工作的职能部门，与北京市新闻出版广电局合署办公，其主要职能包括以下内容：

（1）在本地区宣传、实施、执行著作权法律、法规，制定本地区著作权行政管理的具体办法；

（2）查处本地区发生的严重侵犯著作权以及与著作权有关权利的行为；

（3）组织本地区著作权纠纷的调解；

（4）监督、指导本地区的著作权贸易活动；

（5）监督、指导著作权集体管理机构在本地区的活动。

北京市版权局内设版权管理处、版权保护中心、计算机软件登记中心等机构。

（二）上海市版权局及其主要职能

上海市版权局是上海市政府主管上海市版权管理工作的职能部门，其主要职能如下：

（1）贯彻执行有关著作权工作的法律、法规、规章和方针、政策；结合本市实际，研究起草著作权管理工作的地方性法规、规章草案和政策，并组织实施有关法规、规章和政策；

（2）负责实施著作权行政管理，依法查处著作权侵权行为；

（3）组织开展著作权对外交流与合作的有关工作；

（4）负责有关行政复议受理和行政诉讼应诉工作；

（5）承办市委、市政府交办的其他事项。

上海市版权局内设版权管理执法处、版权产业促进处、对外交流与合作处（港澳台办公室）等机构。

（三）广州市版权局及其主要职能

广州市版权局是广州市政府主管广州市版权管理工作的职能部门，其主要职能如下：

（1）贯彻执行国家、省、市有关著作权管理的方针政策和法律法规，起草有关地方性法规、规章草案；

（2）负责著作权管理工作，处理涉外著作权关系，调解著作权纠纷，监督管理著作权贸易活动，负责著作权行政执法，组织查处著作权侵权案件，提供著作权咨询、鉴定等服务；

（3）负责管理版权方面的对外交流与合作工作；

（4）指导版权事业的科研与开发应用工作；

（5）指导区、县级市版权工作，指导版权方面的行业协会、学会工作；

（6）承办市委、市政府和上级版权部门交办的其他事项。

广州市版权局内设版权处，负责具体的版权管理工作。

第二节　著作权的集体管理

一、著作权的集体管理

著作权集体管理，是指著作权集体管理组织经权利人授权，集中行使权利人有关权利的一种制度。《著作权法》第56条规定："著作权人可以通过集体管理的方式行使著作权。"在大多数情形下，著作权人可以自己直接行使其权利，但是随着科技的进步，社会文化的发展，著作权人的作品往往被以多种形式广泛应用于多种场合，而著作权人并没有广泛参与自己权利的使用，甚至在有些情形下，著作权人并不知道自己的著作权已经被使用，例如音乐作品的使用。在这种情况下，权利人的著作权无法得到其应当收取的著作权使用费等，导致其著作权受到侵害，但是由于受到种种条件的制约，权利人并不能及时有效了解其著作权被侵害的事实，确实存在着著作权人在无法直接行使权利或者行使权利存有困难的情况，对此，著作权人可以授权集体管理组织代为维护和行使其著作权。

二、著作权集体管理组织

（一）著作权集体管理组织的概念

著作权集体管理组织，是指为权利人的利益依法设立，根据权利人授权、对权利人的著作权或者与著作权有关的权利进行集体管理的社会团体。著作权集体管理组织应当依照有关社会团体登记管理的行政法规和《著作权集体管理组织条例》的规定进行登记并开展活动。

（二）著作权集体管理组织的性质

1. 著作权集体管理组织具有民间社团性

著作权集体管理组织是一种社会团体组织，需要依据有关社会团体登记管理的行政法规等法律文件予以规范。除了依照著作权集体管理组织条例设立的著作权集体管理组织外,任何组织和个人不得从事著作权集体管理活动。❶

2. 著作权集体管理组织具有非营利性

著作权集体管理组织是非营利性组织,其设立方式、权利义务、著作权许可使用费的收取和分配,以及对其监督和管理等由国务院规定。❷ 如果著作权集体管理组织实施营利性行为,该组织将会被取缔。❸

3. 著作权集体管理组织具有自愿性

著作权人根据自己的意愿授权著作权集体管理组织代其行使著作权或者与著作权有关的权利。例如,著作权人针对其享有的表演权、放映权、广播权、出租权、信息网络传播权、复制权等权利,当自己难以有效行使的,可以委托著作权集体管理组织通过集体管理等形式代其行使。

(三)著作权集体管理组织的职能

(1)与使用者订立著作权或者与著作权有关的权利许可使用合同,接受著作权人的委托,代其行使著作权。

(2)以自己的名义向使用者收取著作权使用费。

(3)向权利人转付所收取的著作权使用费。

(4)进行涉及著作权或者与著作权有关的权利的诉讼、仲裁。

(5)其他著作权人委托或授权的行使著作权的事项。

三、著作权集体管理组织的设立与运行

(一)著作权集体管理组织的设立

1. 主体资格

根据我国相关法律法规的规定,"依法享有著作权或者与著作权有关的权利的中国公民、法人或者其他组织,可以发起设立著作权集体管理组织"。可见,发起设立主体需具有中国国籍,或者依据中国法律设立的组织,且该主体要依法享有著作权或者邻接权。

2. 设立条件

我国相关法律规定了著作权集体管理组织的设立条件,主要包括以下四个条件。

(1)发起设立著作权集体管理组织的权利人不少于50人;

(2)不与已经依法登记的著作权集体管理组织的业务范围交叉、重合;

---

❶ 《著作权集体管理条例》第6条(已经2004年12月22日国务院第74次常务会议通过,自2005年3月1日起施行)。

❷ 《著作权法》第8条第2款(1990年9月7日第七届全国人民代表大会常务委员会第十五次会议通过,根据2001年10月27日第九届全国人民代表大会常务委员会第二十四次会议《关于修改〈中华人民共和国著作权法〉的决定》第一次修正,根据2010年2月26日第十一届全国人民代表大会常务委员会第十三次会议《关于修改〈中华人民共和国著作权法〉的决定》第二次修正),国务院另行对著作权集体管理组织的规定是《著作权集体管理条例》。

❸ 《著作权集体管理条例》第42条规定:"著作权集体管理组织从事营利性经营活动的,由工商行政管理部门依法予以取缔,没收违法所得;构成犯罪的,依法追究刑事责任。"

(3)能在全国范围代表相关权利人的利益；

(4)有著作权集体管理组织的章程草案、使用费收取标准草案和向权利人转付使用费的办法草案。

3. 设立程序及期限

(1)提交材料。申请设立著作权集体管理组织，应向国家版权局提交相应的材料，即发起人资格和数量的证明材料、业务范围与已经设立的著作权集体管理组织的业务范围不相冲突的材料、可以代表全国相关权利人利益的证明材料、相关章程草案等。

(2)国家版权局审批。国家版权局应当自收到申请设立著作权集体管理组织的材料之日起60日内，作出批准或者不予批准的决定。批准的，发给著作权集体管理许可证；不予批准的，则需要说明理由。

(3)登记。申请人应当自国家版权局发放著作权集体管理许可证之日起30日内，依法到国务院民政部门办理登记手续。

(4)备案及公告。依法登记的著作权集体管理组织，应当自国务院民政部门发给登记证书之日起30日内，将副本报国家版权局备案；国家版权局应当将报备副本以及著作权集体管理组织章程、使用费收取标准、使用费转付办法予以公告。具体程序如图17-1所示。

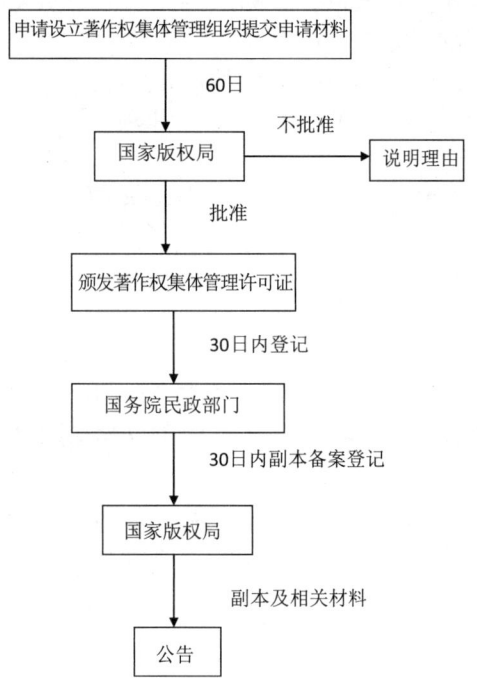

图17-1　著作权集体管理组织的设立程序及期限

4. 分立机构的设置

如果著作权集体管理组织设立分支机构，应当经国家版权局批准，并依法到国务院民政部门办理登记手续。经依法登记的，应当将分支机构副本报国家版权局备案，由国家版权局予以公告。

5. 著作权集体管理组织的终止

著作权集体管理组织被依法撤销登记的,自被撤销登记之日起不得再进行著作权集体管理业务活动。

（二）著作权集体管理组织的收费标准

著作权集体管理组织根据作品的表演权、放映权、广播权、出租权、信息网络传播权和复制权等制定使用费的收取标准和转付方法,需要考虑以下因素:

（1）使用作品、录音录像制品等的时间、方式和地域范围;
（2）权利的种类;
（3）订立许可使用合同和收取使用费工作的繁简程度。

（三）收费的转付

著作权集体管理组织应当制定所收取的著作权使用费的转付方法。

著作权集体管理组织转付使用费,应当编制使用费转付记录。使用费转付记录应当载明使用费总额、管理费数额、权利人姓名或者名称、作品或者录音录像制品等的名称、有关使用情况、向各权利人转付使用费的具体数额等事项,并应当保存10年以上。❶

（四）著作权集体管理的活动

1. 依约行事

权利人与著作权集体管理组织之间的权利义务由双方所签订的合同约定。在合同约定的期限内,权利人不再许可他人行使合同约定的由著作权集体管理组织行使的权利。

2. 合同终止不影响原许可合同的履行

权利人可以依照章程规定的程序,撤销对著作权集体管理组织的委托,终止著作权集体管理合同。但是,如果著作权集体管理组织已经与他人订立许可使用合同的,该合同在期限届满前继续有效,权利人在该合同有效期内可以继续获得相应的使用费。

3. 收取使用费的使用

著作权集体管理组织可以从收取的使用费中提取一定比例作为管理费,用于维持其正常的业务活动;且在提取管理费后,应当全部转付给权利人,不得挪作他用。提取管理费的比例应当随着使用费收入的增加而逐步降低。

（五）对著作权集体管理组织的监督

1. 对资产、财务的监督

著作权集体管理组织应当依法建立财务、会计制度和资产管理制度,并按照国家有关规定设置会计账簿。集体管理组织的资产使用和财务管理受国家版权局和民政部门的监督。

2. 应当公开的事项

著作权集体管理组织应当公开以下情况,供权利人和使用人了解:（1）作品许可使用

---

❶ 《著作权集体管理条例》第29条第2款:"著作权集体管理组织转付使用费,应当编制使用费转付记录。使用费转付记录应当载明使用费总额、管理费数额、权利人姓名或者名称、作品或者录音录像制品等的名称、有关使用情况、向各权利人转付使用费的具体数额等事项,并应当保存10年以上。"

情况；（2）使用费收取和转付情况；（3）管理费提取和使用情况。

3. 国家版权局对著作权集体管理组织的监督

国家版权局通过如下方式对著作权集体管理组织进行监督：（1）检查著作权集体管理组织的业务活动是否符合法律法规的规定；（2）核查著作权集体管理组织的会计账簿、年度预算和决算报告及其他有关业务材料；（3）派员列席著作权集体管理组织的会员大会、理事会等重要会议。

第三节　企业的著作权管理

随着知识产权在现代企业中的盈利份额逐渐增多，企业越来越注重知识产权的管理和发展，许多企业开始制定专利和商标的管理战略来支撑企业的知识产权发展需求。但是大部分企业尤其是那些其主业不是著作权产品的企业，往往会忽视知识产权的著作权管理，这无形之中造成了企业资源的浪费。

一、企业著作权战略

企业著作权战略的制定可以分为两种。针对目前没有著作权资源或基于公司的发展阶段尚未开发、使用著作权的企业，可以将企业的著作权战略作为企业知识产权战略或企业整体发展战略的长远规划之一。对于已有开发、使用的著作权资源的企业，应该对所有著作权资源的开发、使用、注册、被许可或许可使用合同、实际运用、对企业的经济贡献等各项具体情况都有明确的登记，这是有效利用及保护企业著作权资源的前提。

如本书第四章企业知识产权战略所述，企业著作权战略的制定要动态化，即根据企业的发展需要、市场态势、竞争对手的优劣势等对制定的著作权战略及时调整。可以将企业的著作权分成当前经营所需的著作权、未来发展所需的著作权和已失去商业价值的著作权来规划经营。

同时可以考虑将企业著作权战略和企业专利、商标战略相结合，因为单纯的专利、商标、著作权等知识产权的保护都有其局限性。应在制定企业知识产权战略时注重利用知识产权的组合来增强企业的核心竞争力。

二、企业著作权日常管理

大多数的企业面临的著作权管理其实包含了企业运营的方方面面。从企业基本的规章制度和文件档案、对外的宣传画册，到企业的设计图纸、计算机软件、企业网站页面等都会涉及著作权管理。

（一）规章文件的管理

文件是企业重要的智力资产，从内容上，可能是商务合同、会议记录、产品手册、客户资料、设计文档、推广文案、竞争对手资料、项目文档、经验心得等。企业需要对内部的规章和资料档案制作严密的管理流程：制定文件的格式、编号和审批流程，规范文件的发放、更改和作废程序。

（二）宣传画册的管理

广告宣传画册是企业最为常见的宣传方式，其往往是由图片、文字说明、数据表格等构成的，其清晰有效地展示了企业的产品形象。一本好的宣传画册能够更好地提升企业形象和市场竞争力。许多公司都会花钱去聘请专门的设计人员设计画册，也有部分公司自行设计。在自行设计的过程当中，企业应该避免在未经当事人同意的情况下，使用他人的肖像或者摄影绘画作品，防止侵犯他人的肖像权和著作权。在委托他人设计的情况下，也应该和被委托方签订明确的委托协议，保证企业的合法权益不被侵犯。

（三）设计图纸的管理

无论是设计公司还是其他实业企业都会面临企业设计图纸的管理问题，企业设计图纸的泄露或是不当管理都会给企业带来重大的损失。针对设计图纸管理，需要制定专门的管理办法，严格规定图纸的保管、使用、更改和作废，在整体上杜绝设计图纸外流的可能性。同时注意设计图纸的权利归属，即署名权，要注意区分职务作品和个人作品。对于职务作品，应以企业或小组署名，作品的使用方式应由本公司著作权管理部门决定，并作好职务作品的登记工作。这既包括企业著作权管理部门向著作权登记机关及时进行职务作品著作权登记，也包括企业内部的著作权登记管理工作。

（四）计算机软件的管理

对于计算机软件的管理可以分为开发前、开发中和开发后。

（1）在计算机软件的开发前，必须和软件开发人员签订权利归属合同，以确定计算机软件的著作权归企业所有，并保证开发人员不会携带已开发的程序另起炉灶或跳槽到别家公司或将程序泄露给其他公司。

（2）在计算机软件的开发过程中，应该进行事先检索，避免侵权和重复开发。决定开发方向后，由知识产权部门事先对国内外的专利文献和计算机软件著作权登记公告进行检索，以确定是否已有相应的软件申请过专利或已进行过著作权登记。

（3）在计算机软件开发完成后，必须有专门的著作权保护机制，禁止未经允许的下载或复制活动，并及时对本公司的软件作品加注著作权标记。对已开发成熟的软件企业著作权管理部门必须及时到软件登记部门登记。

（五）企业网站的管理

互联网的兴起使得越来越多的企业建立了自己的商业网站，依托网站传播的网络作品的数量也在急剧增加，网络环境下的著作权保护也面临更大的挑战。通常情况下，企业网站设计是由企业提供相关文本及图片，包括公司介绍、项目描述、主页内容、基本设计要求等，委托专业的网站制作企业设计制作网页。在网站设计之前，需要与网页设计公司签订好开发协议，并在协议中明确网页著作权的归属；在收到设计方案后，做好网站检索工作，避免网站的版式、色彩、图案、文案等和其他网站雷同，侵犯他人的网页作品著作权；在网页投入使用之后，要对发布到网上的内容、编排做一个事先检索，避免发布到网上的文字、摄影作品、美术作品和排版等侵犯他人的著作权。在网站侵权问题发生时要积极应对，如果有著作权人向网站提出侵权警告，应当立即核实，如果发现其有确切的身份证明、著作权权属证明以及侵权情况证明的，应当及时采取措施，移除被控侵权内容。

三、企业著作权运营

良好的企业著作权运营能够给企业带来巨大的商业利益。美国电影的成功，除了得益于明确的商业模式、一流的电影人才与技术外，更重要的是得益于其多元化与国际化的著作权运营模式。将著作权的多元化开发和运营策略运用得最好的当属迪士尼公司。在迪士尼2015年全部525亿美元的收入中，有44%的收入来自电视业务部门，达到233亿美元，相当于电影和乐园业务的收入总和。全球的5个迪士尼乐园以及迪士尼所运营的一些游轮，为它贡献了162亿美元的收入，而最出风头的电影业务部分的收入其实只有73亿美元，不到电视业务的1/3。迪士尼消费品部门，主营业务包括玩偶和手办等，以及迪士尼互动部门，主营电子游戏等，在2015财年的收入分别为45亿美元以及11亿美元。❶从上述的一系列数据当中可以看出，迪斯尼对于其卡通形象的运营力度和多元化的运营策略为其带来丰厚的利润。

而企业的著作权运营的前提就是评估和信息管理。根据著作权对企业盈利的作用和企业的发展趋势，对于一些没有市场价值或企业自身无法更有效利用的企业著作权，可许可他人使用或转让，这样可以获得著作权的许可或转让费，并可投入到更有价值、更符合企业需要的知识产权资源投资中。无论是著作权的转让还是许可使用，都必须签订转让或许可使用合同，由企业相关部门备案并监督实施。企业也可以通过转让和使用许可获得或使用其他企业或个人的著作权，同样也必须履行合法的程序。企业可以通过配备的或外聘的法务人员签订、审校相关的合同，并予以备案。

---

❶ "迪士尼2015收入超500亿美元 电影业务只有73亿美元"，载http://www.wtoutiao.com/p/Za5sm2.html，访问日期：2016.06.02。

第十八章 著作权的应用

【本章导图】

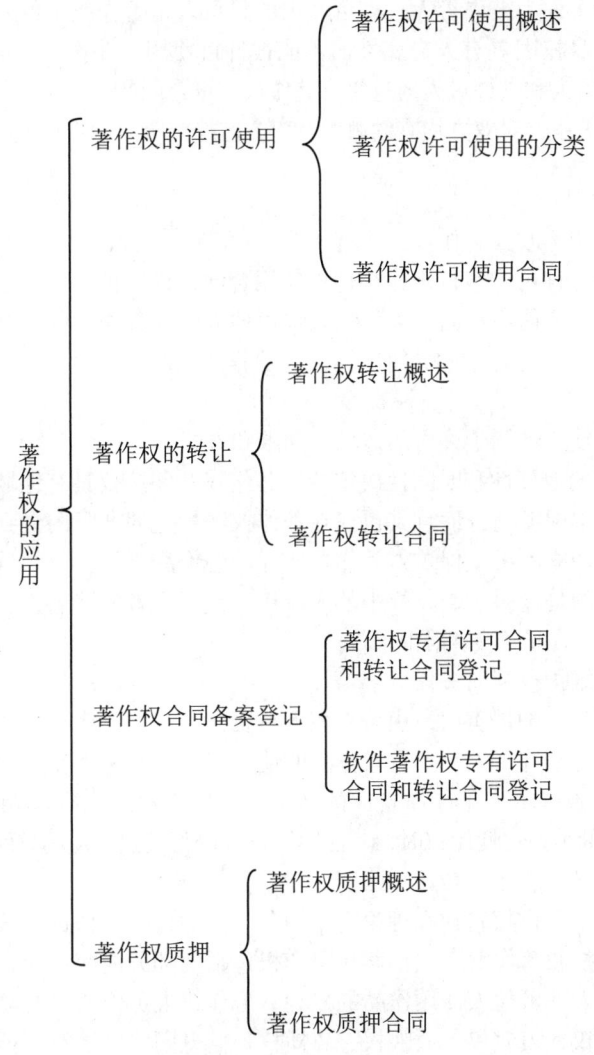

第一节 著作权的许可使用

一、著作权许可使用概述

(一) 著作权许可使用的概念

著作权的许可是指著作权人作为许可人或授权人,通过与被许可人或被授权人签订合同的方式,许可或授权被许可人使用、实施其著作权,并从中获得该著作权使用费的活动。❶

在著作权许可法律关系中,许可他人使用著作权的被称为许可人,一般为著作权人;被许可使用著作权的人称为被许可人。许可使用的只可以是著作权中的一项或者多项财产权利,而著作权中的人身权因具有人身属性而不能被许可使用。著作权许可使用是一种重要的民商事法律行为,许可人和被许可人通过签订著作权许可合同产生一定法律关系,即在双方间产生相应的权利义务关系,对双方均有约束力,双方应按照合同约定行使权利和履行义务。

(二) 著作权许可使用的特征

1. 著作权许可使用不改变著作权的所有关系

著作权人通过与被许可人签订著作权许可使用合同,许可被许可人在一定期限、一定的范围内、以约定的方式使用作品。著作权人许可他人使用其作品的,并不改变著作权的归属,被许可人取得的仅仅是著作权的使用权,这是著作权许可使用区别于著作权转让的最显著特征。

2. 著作权的许可使用受制于许可的地域、期限和方式

这是由知识产权的地域性和时间性决定的,著作权及邻接权具有地域性和时间性,一般来说,其效力仅限于本国境内,而且其也仅在著作权法规定的期限内受到保护,一旦期限届满,则著作权中的财产权不再受保护,著作权所保护的作品进入公有领域,任何人均可无偿使用。但是应当注意的是,对于著作权中的人身权,包括作者的署名权、修改权、保护作品完整权的保护期等,其保护不受期限的限制。

3. 著作权人承担维护权利的责任

当著作权受到第三人的侵害时,由著作权人负责向侵权人主张权利并向法院寻求救济。就一般情况而言,因为被许可人只享有对作品的使用权,而不是著作权的权利人,因此,对第三人的侵权行为,被许可人不能以自己的名义直接向该第三人提起相关的侵权诉讼。但是,当被许可人取得的是独占使用权时,其能因第三人侵犯其独占使用权而向法院提起诉讼。

4. 著作权使用许可与著作权转让的区别

著作权许可使用与著作权转让在理论上是两种不同的行为。根据《著作权法》第10条,著作权包括著作人身权和著作财产权。著作财产权包括两部分内容:即著作权人本人使用作品的权利以及著作权人许可他人使用作品的权利,著作权人可以通过对复制权、发行权、出租权、改编权、展览权、表演权、放映权、广播权、信息网络传播权、摄制权等财产权的授

---

❶ 蒋坡主编:《知识产权管理》,知识产权出版社2007年版,第313页。

权，许可他人使用其享有著作权的作品，但著作权的许可使用不导致著作权的转移或丧失，作者仍然对作品享有著作权。

著作权的转让是著作权人对著作权的处分，转让的法律后果是著作权人丧失全部或部分著作权，但只有著作权中的财产权能够转让，而人身权不能转让。

二、著作权许可使用的分类

根据许可使用的条件来划分，可将著作权许可使用分为普通使用许可、排他使用许可和独占使用许可。

（一）普通使用许可

著作权的普通使用许可，又可以称为一般实施许可，是指著作权人允许被许可人在一定地域和时间范围内使用其享有著作权的作品，同时著作权人本人有权在该范围内使用，并且可以继续许可其他人使用该作品的许可方式。著作权人以普通许可的方式授权被许可人使用其作品，被许可人即有权以得到授权许可的方式使用该作品，但无权排除包括著作权人在内的其他人以同样的方式使用该作品。

当发生第三人侵犯著作权的情形时，被许可人无权就该侵权行为向法院提起诉讼。

（二）排他使用许可

著作权的排他使用许可，是指著作权人允许被许可人根据约定的地域范围和期限，以约定的方式独家使用其作品，著作权人不能就该作品在同一地域范围和期限内同时再许可他人使用，但著作权人本人保留自行使用作品的权利。

当发生第三人侵犯著作权的情形时，著作权排他使用许可的被许可人与著作权人可以共同提起诉讼，在著作权人不起诉的情况下，被许可人也可以自行向法院提起诉讼。

（三）独占使用许可

著作权的独占使用许可，是指著作权人允许被许可人在双方约定的地域和时间范围内，以特定的方式独占的使用其享有著作权的作品，其他任何人，包括著作权人在内都无权使用该作品。这意味着，在独占许可的模式下，著作权人本人不但无权在同样的地域和时间范围内、以同样的方式使用其作品，而且也不得再授权他人使用。尽管被许可人享有对作品独占性的使用权，但这并不意味着被许可人享有对著作权的控制权和处分权，其也无权擅自许可其他人以任何方式使用该作品，除非著作权人对被许可人进行特别授权。

当发生第三人侵犯著作权的情形时，被许可人有权单独向侵权人主张权利，提起诉讼。

在选择著作权使用许可模式时，双方当事人应充分预估作品的市场价值以及可能产生的经济效益，在此基础上，综合考虑许可使用费、许可使用的权利等因素，并依此对许可模式做出选择。在三种许可模式中，普通使用许可是最为常见的一种许可方式，著作权人可同时许可多家单位或个人使用其作品，以获取更多的许可使用费，这种许可方式不仅有利于作品的传播和著作权的应用，也有利于著作权人最大限度地获取经济利益。著作权独占使用许可是三种许可方式中最具排他性和垄断性的许可方式，被许可人一旦取得独占使用许可，则包括著作权人在内的其他任何单位和个人均不得再使用该作品；但相应地，被许可人所要支付的许可使用费也相应更高。

三、著作权许可使用合同

（一）著作权许可使用合同概述

著作权许可使用合同，是指著作权人与作品使用人之间，就著作权中的财产权，许可作品使用人使用，而著作权人取得相应报酬的协议。❶《著作权法》第24条规定："使用他人作品应当同著作权人订立许可使用合同，本法规定可以不经许可的除外。"此外，《著作权法》还规定图书出版者出版图书、录音录像制作者制作录音录像制品，应当和著作权人订立著作权许可合同。

（二）无需签订著作权使用许可合同的情形

原则上，著作权使用许可须订立合同，但著作权法规定了使用作品可不经著作权人许可并无需订立使用许可合同的例外情形。

1. 合理使用

我国《著作权》法规定了合理使用的12种情形，即在下列情况下使用作品，可以不经著作权人许可，不向其支付报酬，但应当指明作者姓名、作品名称。

（1）为个人学习、研究或者欣赏，使用他人已经发表的作品；

（2）为报道时事新闻，在报纸、期刊、广播电台、电视台等媒体中不可避免地再现或者引用已经发表的作品；

（3）报纸、期刊、广播电台、电视台等媒体刊登或者播放其他报纸、期刊、广播电台、电视台等媒体已经发表的关于政治、经济、宗教问题的时事性文章，但作者声明不许刊登、播放的除外；

（4）报纸、期刊、广播电台、电视台等媒体刊登或者播放在公众集会上发表的讲话，但作者声明不许刊登、播放的除外；

（5）为学校课堂教学或者科学研究，翻译或者少量复制已经发表的作品，供教学或者科研人员使用，但不得出版发行；

（6）国家机关为执行公务在合理范围内使用已经发表的作品；

（7）图书馆、档案馆、纪念馆、博物馆、美术馆等为陈列或者保存版本的需要，复制本馆收藏的作品；

（8）免费表演已经发表的作品，该表演未向公众收取费用，也未向表演者支付报酬；

（9）将中国公民、法人或者其他组织已经发表的以汉语言文字创作的作品翻译成少数民族语言文字作品在国内出版发行；

（10）为介绍、评论某一作品或者说明某一问题，在作品中适当引用他人已经发表的作品；

（11）对设置或者陈列在室外公共场所的艺术作品进行临摹、绘画、摄影、录像；

（12）将已经发表的作品改成盲文出版。

---

❶ 《上海市律师提供著作权法律服务业务操作指引》（于2010年1月9日上海市律协业务研究与职业培训委员会讨论通过）。

著作权的合理使用同样适用于对出版者、表演者、录音录像制作者、广播电台、电视台的权利的限制。

2. 法定许可

著作权的法定许可是指作品使用人根据法律的规定，可以不经著作权人同意而使用其已经发表的作品，但需要向其支付报酬。❶ 其包含以下情形：

（1）为实施九年制义务教育和国家教育规划而编写出版教科书，除作者事先声明不许使用的外，可以不经著作权人许可，在教科书中汇编已经发表的作品片段或者短小的文字作品、音乐作品或者单幅的美术作品、摄影作品，但应当按照规定支付报酬，指明作者姓名、作品名称，并且不得侵犯著作权人依照本法享有的其他权利。

（2）作品在报刊、期刊上刊登后，除著作权人声明不得转载、摘编的外，其他报刊可以转载或者作为文摘、资料刊登，但应当按照规定向著作权人支付报酬。

（3）录音制作者使用他人已经合法录制为录音制品的音乐作品制作录音制品，可以不经著作权人许可，但应当按照规定支付报酬；著作权人声明不许使用的不得使用。

（4）广播电台、电视台播放他人已发表的作品，可以不经著作权人许可，但应当支付报酬。

（5）广播电台、电视台播放已经出版的录音制品，可以不经著作权人许可，但应当支付报酬。当事人另有约定的除外。

在著作权的合理使用以及法定许可的情形下，作品使用者使用作品可以不经著作权人的授权，不签订许可使用合同。但《著作权法》对合理使用与法定许可明确规定了适用情形，只有法定行为主体以法定的行为方式使用特定的受著作权法保护的作品，才符合合理使用或法定许可的情形，然而如果超出了法律规定的范围限制，如不符合法定的行为主体、以法定的行为方式以外的方式使用作品等，就不属于合理使用或法定许可，意味着作品使用者仍应取得著作权人的许可，签订使用许可合同。

（三）一般著作权许可使用合同的主要内容

根据作品以及许可使用的不同种类，著作权许可使用合同可以分为不同的类型，如出版合同、改编合同、翻译合同等，每一类合同均有各自不同的所应当包含的条款，尽管如此，作为著作权许可使用合同，其应当包含不可或缺的共同条款，构成该合同的主要内容。著作权许可使用合同应包含以下主要内容。

1. 许可使用的标的

著作权许可使用合同应当明确约定许可使用的标的。其中不但应当包括许可使用的作品，而且应当包括许可使用的权利类别。著作权包括人身权和财产权。只有著作权中的财产权可以许可他人使用，而著作权中的人身权不能许可他人使用。著作权人许可他人使用的权能可以是一项，也可以是多项。

2. 许可使用的方式

著作权许可使用合同应当明确约定许可使用的方式。对于著作权许可使用的形式，上文已作阐述，此处恕不赘述。若许可使用合同中对许可的方式没有约定或者约定不明的，视为该许可合同为普通许可，被许可人无权排除他人以同样的方式使用作品。

---

❶ 刘稚主编：《著作权法实务与案例评析》，中国工商出版社2003年版，第149页。

3.许可使用的地域范围、期限

著作权许可使用合同应当明确约定许可使用的地域范围和许可使用的期限。许可使用的地域范围是指被许可人有权使用作品的地域界限,许可使用的期限是指被许可人有权使用作品的时间范围,使用期限届满合同双方当事人可以协商续订。

需要注意的是,在签订著作权许可使用合同时,当事人应当注意著作权的保护期。相关著作权超过法律规定的保护期,将直接导致合同无效。

4.使用费及其支付方法

著作权许可使用合同应当明确约定许可使用费的数额、支付时间和方式等。

5.违约责任

著作权使用许可合同中的一方当事人因不履行合同义务或履行合同义务不符合约定,即构成违约,应当承当相应的违约责任,通常包括赔偿损失、支付违约金、采取补救措施等。当事人也可以约定因一方违约,而另一方享有解除合同的权利。

6.双方认为需要约定的其他内容

双方当事人可以经协商,在合同中约定其他需要约定的内容。

(四)订立几类常见的著作权许可使用合同应注意的事项

著作权有不同的许可使用方式,相应地,著作权许可使用合同就有不同的类型。以下列举了几类常见的著作权许可使用合同,订立合同时,除需具备前述一般许可合同所应包含的内容外,还应当注意以下特别事项。

1.图书、报刊出版合同

出版合同是指著作权人将其作品的复制权与发行权许可出版社在一定范围和期限内以图书或报刊形式使用,由出版社承担印刷与发行费用,并向著作权人支付报酬的协议。订立出版合同,应注意以下事项。

(1)出版合同的有效期一般不超过10年,合同应对出版者享有出版权的期限作出明确约定。

(2)出版合同应约定作者或其他著作权人向出版者交付作品稿件的时间、出版者出版时间、出版物的出版数量和质量。根据著作权法相关规定,图书出版者重印、再版作品的,应当通知著作权人,并支付报酬。图书脱销后,图书出版者拒绝重印、再版的,著作权人有权终止合同。著作权人向报社、期刊社投稿的,自稿件发出之日起15日内未收到报社通知决定刊登的,或者自稿件发出之日起30日内未收到期刊社通知决定刊登的,可以将同一作品向其他报社、期刊社投稿,双方另有约定的除外。

(3)当事人订立的图书出版合同中约定出版者享有专有出版权的,但没有明确其具体内容,视为图书出版者享有在合同有效期限内和在合同约定的地域范围内以同种文字的原版、修订版出版图书的专有权利。

(4)关于付酬标准和办法,根据《使用文字作品支付报酬办法》相关规定,出版文字作品所支付的报酬由当事人在合同中约定;当事人没有约定或者约定不明的,依照法定的付酬标准。以出版文字作品支付报酬可以选择版税、基本稿酬加印数稿酬或者一次性付酬等方式。版税,是指使用者以图书定价×实际销售数或者印数×版税率的方式向著作权人支付的报酬。基本稿酬,是指使用者按作品的字数,以千字为单位向著作权人支付的报酬。印数稿酬,是指使用者根据图书的印数,以千册为单位按基本稿酬的一定比例向著作权人支付的报酬。一次性付酬，是指使用者根据作品的质量、篇幅、作者的知名度、影响力以及使用方式、使用范围和授权期限等因素，一次性向著作权人支付的报酬。

2. 作品改编权许可合同

随着网络小说改编影视作品浪潮的出现，作品改编权的许可尤其是影视改编授权许可得到广泛运用，作为常见的著作权许可合同形式之一，许可合同的订立应注意以下几点。

（1）关于改编权的授权内容和授权种类，作品的改编是指在原有作品的基础上，通过改变作品的表现形式或者用途，创作出具有独创性的新作品。最典型的形式就是将小说改编为影视剧本。在实务中，作品的著作权人可以授权他人将作品进行改编的形式有：电影、电视剧、话剧、漫画、有声作品等多种形式，因此著作权人在许可他人行使作品改编权时，应当明确被授权人可以对作品进行改编的形式。此外，须明确行使改编权与修改权的界限。作品修改权不同于改编权，属于著作人身权，即作者可以自行修改也可以授权他人修改自己的作品。修改后的作品仍然属于原作品，作品形式不变。以小说改编为影视剧本为例，许多影视公司购买文字作品改编权时，出于拍摄需要、通过剧本审查、备案等原因，必然会在原著作品改编成剧本的过程中对原著作品进行增减、修改，但这并非对原著作品的修改，而是行使改编权的一部分。因此，在著作权授权改编的过程中，改编权和保护作品完整权是授权合同双方相互博弈的问题。因此，实践中，作品改编权许可合同中一般会约定改编作品可以做适当的修改和编辑等权利，但不得侵害作者的保护作品完整权，损害和影响作品的完整性，不得歪曲篡改授权作品之立意。❶

（2）关于改编作品著作权的归属，我国著作权法就此问题作出明确规定：改编已有作品而产生的作品，其著作权由改编人享有，但行使著作权时不得侵犯原作品的著作权。若要对作品进行改编，则须取得该作品著作权人的许可，因此改编作品享有著作权的前提是改编行为获得原著作权人的许可，否则，改编者不仅不享有著作权，反而应当承担侵权责任。鉴于改编作品与原作品存在密切的联系，其权利归属容易被混淆，因此关于改编作品著作权的归属问题建议在合同中明确约定。

3. 作品表演权许可合同

作品表演权许可合同是指作品的著作权人授权他人以约定的表演方式表演权利人的作品并支付报酬而达成协议。关于订立表演权许可合同需注意以下事项。

（1）明确签订合同的主体。根据我国《著作权法》第37条的规定：使用他人作品演出，表演者（演员、演出单位）应当取得著作权人许可，并支付报酬。演出组织者组织演出，由该组织者取得著作权人许可，并支付报酬。由该条规定可知，在表演权许可合同中，作为被许可人的一方应为使用他人作品进行表演的自然人或单位；演出系由演出组织者组织进行演出的，则由该组织者与作品著作权人订立许可合同。

此外，使用改编、翻译、注释、整理已有作品而产生的作品进行演出，应当取得改编、翻译、注释、整理作品的著作权人和原作品的著作权人许可，并支付报酬。若表演的作品为演绎作品的，则表演者或演出组织者不仅要取得原作品著作权人的许可，还要取得演艺作品著作权人的许可，分别与他们订立著作权许可使用合同。

---

❶ 何亚林："影视改编权授权许可合同的法律问题探讨"，载 http://www.mjlsh.com/htm，2015年5月12日访问。

（2）许可合同中应约定表演形式，如话剧表演、曲艺表演、舞蹈表演、杂技表演等表演形式；合同还须约定表演的期限以及次数。

（3）出于保护作品著作权人的利益考虑，在许可合同中须约定表演者或演出经营者应在保证作品著作权人精神权利得到尊重的技术条件下，进行表演。表演者或演出经营者行使权利，不得损害著作权人的权利。

第二节　著作权的转让

一、著作权转让概述

（一）著作权转让的概念

著作权转让，是指著作权人通过转让合同将其著作财产权的一部分或全部让渡给对方当事人的法律行为。在此法律关系中，著作权人称为转让人，合同相对人称为受让人。[1] 著作权的转让可以通过买卖、互易、赠与等方式。转让的法律后果是著作权的主体发生变更，转让人丧失转让的著作权，而受让人取得相应的著作权，成为新的著作权人。

（二）作品原件的转让与著作权的转让

作品的著作权与作品原件的所有权是性质不同的两种权利，作品原件的所有权是一种有形财产权，而著作财产权是一种无形财产权，它可以和作品的原件相分离。作品的转让导致作品所有权的转移，但这并不影响作品的著作权。即便作品的原件发生毁损、灭失等情形，著作权依然存在。最为典型的例子就是美术作品，著作权法规定美术等作品原件所有权的转移，不视为作品著作权的转移，但美术作品原件的展览权由原件所有人享有。

二、著作权转让合同

（一）著作权转让合同概述

著作权转让合同，是指著作权人与相对人就著作财产权之全部或部分的转让而订立的合同。[2] 签订著作权转让合同，意味着合同双方就著作权人将著作财产权中某项或某几项权利转让给合同相对方的事项达成一致的意思表示，则该项著作财产权由受让人享有，原著作权人失去该项权利。著作权转让合同应当就转让的权利种类、地域范围、转让价金等事项予以明确。我国著作权法规定著作财产权的转让，应当订立书面合同。采取书面形式对于明确合同双方的权利义务、防止争议以及解决纠纷具有积极意义。

---

[1] 吴汉东主编：《知识产权法》，北京大学出版社2011年第3版，第95页。

[2] 同上书，第96页。

（二）著作权转让合同的主要内容

著作权转让合同主要包含以下内容：

1. 作品的名称

著作权保护的客体是作品，著作权人只有在拥有作品的前提下，才享有该作品的著作权。因此，著作权转让必须明确受著作权保护的作品的名称。

2. 转让的权利种类

在签订著作权转让合同时，双方当事人应明确约定转让的权利种类，同时有必要约定受让人行使受让的权利时，不得侵犯原作者或转让人的著作权中的其他未予转让的财产权和人身权。

3. 转让的地域范围

著作权转让可以是分地域的。转让权利的地域范围是指著作权人转让某一作品的某一种权利适用的地区等。在签订著作权转让合同时，双方当事人应明确权利转让的地域范围。

4. 转让价金

转让价金是受让人为取得著作权而应当向著作权人支付的对价，同时也是著作权的市场价值以及经济效益的具体体现。在确定转让价金时，合同双方应在平等协商的基础上充分评估作品的价值。

5. 转让价金的支付方式

转让价金的支付日期是受让人根据著作权转让合同的约定，向转让人支付对价的时间或期限。转让价金的支付方式是受让人支付价金的形式，如一次性支付或分期支付；支票、汇票支付或是货币支付等。

6. 违约责任

著作权转让合同中的一方当事人因不履行合同义务或履行合同义务不符合约定，即构成违约，应当承担相应的违约责任，通常包括赔偿损失、支付违约金、采取补救措施等。

（三）著作权转让需注意的问题

1. 转让期限与著作权的保护期

在签订著作权转让合同时，当事人应当注意转让期限应短于该著作权的保护期。如果该著作权超过法律规定的保护期限，将直接导致该转让合同无效。

2. 著作权的人身权不得转让

著作权包括人身权和财产权，只有著作权中的财产权能够作为转让的客体，而人身权因具有人身属性，不得转让。

3. 著作权中的财产权可以分割转让

著作权人可以将其享有的著作财产权的部分或全部转让给他人，即著作权人可以转让作品的复制权、发行权、出租权、展览权、表演权、放映权、广播权、信息网络传播权、摄制权、改编权、翻译权、汇编权中的一项或数项，也可以将这些权利全部转让。另外，即便转让著作财产权中一项单独的权利，著作权人也可以根据不同的使用方法分别转让给不同的人。例如，转让人可以将作品的翻译权按照不同的语种分别转让给不同的出版社。

4. 未明确转让的权利的行使

著作权人在转让合同中未明确转让的著作权中的财产权利，未经著作权人同意，受让人不得行使。

5. 受让人获得权利的行使

著作权人在转让著作权中任何一项财产权时，应当将使用、收益、处分等权能一并转让，受让人取得的是权能完整的财产权。受让人可以自己使用该作品，也可以许可他人使用该作品，甚至可以将其获得的财产权再转让给其他人。

第三节 著作权合同备案登记

我国《著作权法实施条例》第25条规定："与著作权人订立专有许可使用合同、转让合同的，可以向著作权行政管理部门备案。"《计算机软件保护条例》第21条规定："订立许可他人专有行使软件著作权的许可合同，或者订立转让软件著作权合同，可以向国务院著作权行政管理部门认定的软件登记机构登记。"可见，我国法律并未对著作权许可、转让备案登记作出强制性要求，是否进行登记，完全出于当事人的意愿。通过著作权合同的备案登记，可以更加明确合同双方约定的内容，预防著作权纠纷，减少作品使用的交易成本和降低交易风险，避免侵权纠纷的发生，并能帮助权利人有效追究侵权人的侵权责任。

一、著作权专有许可合同和转让合同登记

著作权专有许可合同和转让合同登记是指除计算机软件以外的作品的著作权登记。申请办理著作权合同登记应当向中国版权保护中心办理登记手续。

（一）登记具体流程

著作权专有许可合同和转让合同登记具体流程如图18-1所示。

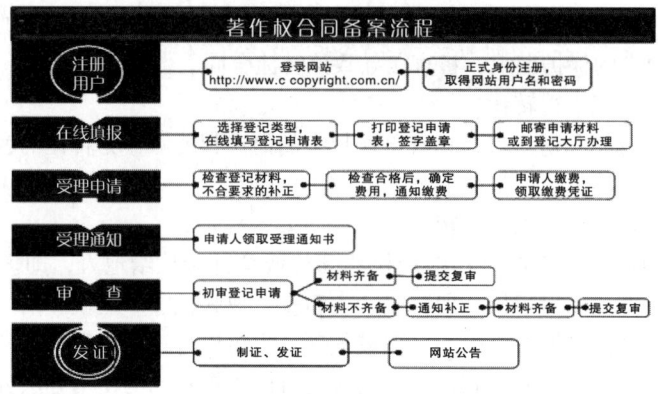

图18-1 著作权专有许可合同和转让合同登记具体流程*

*：来自上海市版权局官网：http：//cbj.sh.gov.cn/index.jsp。

（二）备案登记应提交的材料

（1）著作权合同备案申请表；
（2）申请人的身份证明；
（3）申请备案的著作权转让或许可使用合同或协议；
（4）合同中涉及的作品样本；
（5）委托他人代为申请时，代理人应提交申请人的授权书；
（6）代理人的身份证明；
（7）著作权与相关权利归属证明材料。

（三）备案登记

自登记机构受理登记申请后30个工作日办理完成备案登记。需要补正材料的，申请人自接到补正通知书后60日内完成补正，登记机构自收到符合要求的补正材料后30个工作日办理完成备案登记，并颁发著作权专有许可/转让合同备案证书。

二、软件著作权专有许可合同和转让合同登记

我国对计算机软件著作权实行特别的登记制度，即软件登记。因此，软件著作权专有许可合同和转让合同的登记适用于一般的著作权合同备案登记不同的操作流程和规则。

（一）登记机构

中国版权保护中心是国家版权局认定的唯一的软件登记机构，负责全国计算机软件著作权登记的具体工作。申请计算机软件著作权专有许可合同和转让合同登记，应向中国版权保护中心软件著作权登记部办理登记。

办理软件著作权专有许可合同和转让合同登记的著作权人可以自己办理计算机软件著作权专有许可合同或转让登记，也可以委托代理机构办理登记。

（二）应提交的材料

1. 合同登记申请表

申请人应当提交在线填写并打印的申请表，申请表中的事项应当按要求填写完整；申请人签章应当是原件，并且应当与申请人名称一致。

2. 专有许可或转让合同

专有许可合同中应当明确许可的软件名称及版本号、许可权利范围、许可地域范围、专有许可权利的期限等内容，合同应当符合著作权法及合同法的基本要求；转让合同中应当明确转让的软件名称及版本号、转让权利范围、转让地域范围、合同生效日期等内容，合同应当符合著作权法及合同法的基本要求。

3. 著作权人的身份证明文件

著作权人的身份证明文件，申请人及代理人的身份证明文件、权利归属证明文件等。

4. 原登记证书的复印件

若合同涉及已经办理过著作权登记或其他登记的，应当提交原软件著作权登记证书或证

明的复印件。

5. 查询结果

若合同涉及软件已进行著作权登记的,需先做著作权登记概况查询,查询结果是办理此类登记的申请文件之一。

（三）备案登记

依据《计算机软件著作权登记办法》的规定,登记申请审批流程分为受理、审查、登记三个阶段。自申请受理之日起10个工作日后,申请人或代理人可于中国版权保护中心网站,查阅软件著作权转让或专有合同登记公告,并于该登记公告发布3个工作日后持受理通知书原件领取登记证书。

第四节　著作权质押

一、著作权质押概述

著作权质押,是指债务人或者第三人将其享有的著作权出质,作为对债务的担保。以著作权出质,属于权利质权的范畴,适用我国物权法以及担保法的有关规定。只有著作权中的财产权才可以设定质权,其人身权不得质押。

二、著作权质押合同

著作权质押合同是享有著作权的债务人或者第三人与债权人就作者著作权质押的相关事宜经协商一致所达成的约定双方当事人权利义务的书面协议。在著作权质押法律关系中,将著作权出质的一方成为出质人,债权人称为质权人。

（一）著作权质押合同的主要内容

关于著作权质押合同的主要内容,我国著作权法未明确作出规定,但由国家版权局制定并颁布的《著作权质权登记办法》对此作出规定,著作权质押合同一般包括以下内容：

（1）出质人和质权人的基本信息；

（2）被担保债权的种类和数额；

（3）债务人履行债务的期限；

（4）著作权质的内容和保护期；

（5）质权担保的范围和期限；

（6）当事人约定的其他事项。

（二）著作权质押合同的生效及效力

1. 著作权质押合同

我国《物权法》第227条规定："以注册商标专用权、专利权、著作权等知识产权中的财产权出质的，当事人应当订立书面合同。"即以著作权中的财产权出质的，双方当事人之间应订立书面的著作权质押合同。

2. 著作权质押合同的生效

《物权法》第227条规定："以注册商标专用权、专利权、著作权等知识产权中的财产权出质的，质权自有关主管部门办理出质登记时设立。"因此，著作权质押合同自办理出质登记后生效。

3. 著作权质押合同的效力

质押合同是主债合同的从合同，不能脱离主债合同而独立存在，其效力从属于主债合同，当主债合同的效力归于消灭时，从合同的效力也归于消灭。著作权质押合同亦如此。

（三）设立著作权质押应注意的问题

1. 著作权质押不转移著作权的所有权

权利质权作为一种担保物权，即债权人或第三人将其享有的著作财产权中的部分或全部出质给债权人，为其债务提供担保，当债务人不能履行到期债务时，债权人有权就设定质权的著作权财产权拍卖、变卖或折价所得的价款优先受偿。《物权法》也规定，设立担保物权的，当事人不能约定就设立担保的客体归债权人所有。因此，设立著作权质押并不意味着相关著作财产权权利主体的转移。

2. 著作权人行使设定质权的著作财产权的限制

著作权中的财产权出质后，出质人不得将其转让或者许可他人使用，但经出质人与质权人协商同意的除外。出质人转让或者许可他人使用出质的著作权中的财产权所得的价款，应当向质权人提前清偿债务或者提存。法律之所以作出这样的规定，其目的在于保护债权人的利益，因为出质人对质押的著作权的行使或处分，均会直接影响出质的著作权的价值，也直接影响到债权人能否就设定质权的著作权优先受偿的实现。

（四）著作权质押登记

《著作权法》第26条规定："以著作权出质的，由出质人和质权人向国务院著作权行政管理部门办理出质登记。"只有办理过出质登记的，著作权质押才能成立。区别于著作权许可和转让合同备案登记，著作权质押并非出于当事人的自愿选择，而是出于法律法规强制的要求。

1. 登记机构

国家版权局负责著作权质权登记工作。当事人办理质权登记，应当向国家版权局提出申请，并办理具体手续。

2. 登记申请

出质人和质权人应当共同提出登记申请。出质人和质权人可以自行办理登记申请，也可以委托代理人办理出质登记申请。

3. 出质人和质权人申请著作权出质登记时应提交的材料

（1）著作权质权登记申请表；

（2）出质人和质权人的身份证明；

（3）主合同和著作权质权合同；

（4）委托代理人办理的，提交委托书和受托人的身份证明；

（5）以共有的著作权出质的，提交共有人同意出质的书面文件；

（6）出质前授权他人使用的，提交授权合同；

（7）出质的著作权经过价值评估的、质权人要求价值评估的或相关法律法规要求价值评估的，提交有效的价值评估报告；

（8）其他需要提供的材料。

4. 登记流程

（1）申请人提交登记申请材料。

（2）登记机构接收材料；若申请人提交的材料不符合要求的，登记机构应当自受理之日起10日内通知申请人补正；补正通知书应载明补正事项和合理的补正期限；申请人无正当理由逾期不补正的，视为撤回申请。

（3）登记机构受理申请、审查。

（4）制作发放《著作权质权登记证》；申请提交的材料经审查符合要求的，登记机构应当自受理之日起10日内予以登记，并向出质人和质权人发放《著作权质权登记证书》。《著作权质权登记证书》记载的内容包括：出质人和质权人的基本信息；出质著作权的基本信息；著作权质权登记号；登记日期。

（5）公告。

5. 质押生效

著作权质权自登记之日起设立。

第十九章 著作权纠纷与应对

【本章导图】

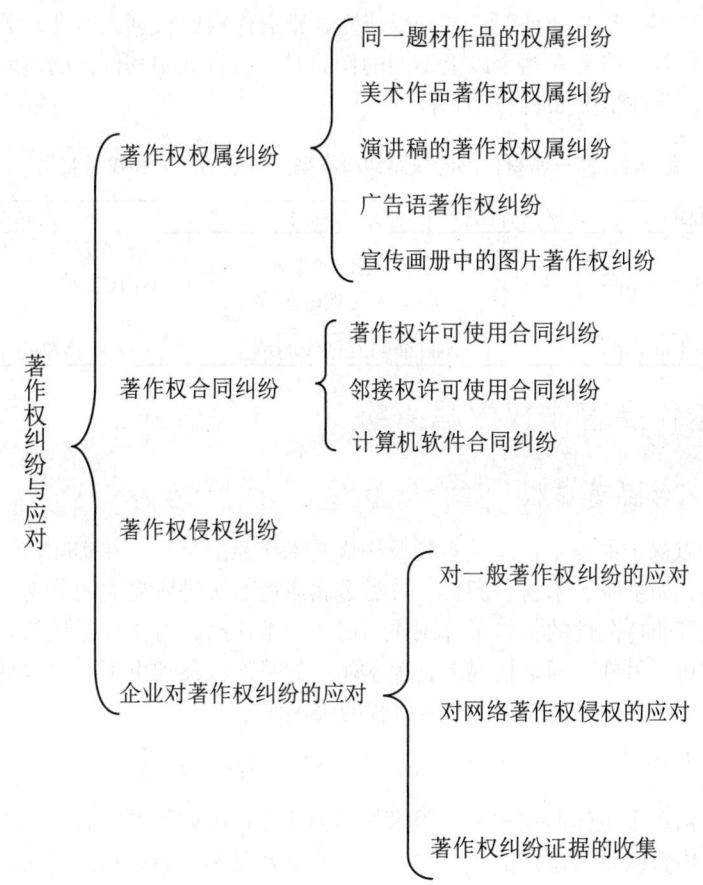

第一节 著作权权属纠纷

企业常见的著作权权属纠纷有以下几种。

一、同一题材作品的权属纠纷

对于基于同一题材分别创作完成的作品，根据我国最高人民法院2002年出台的相关司法解释[1]的规定，由不同作者就同一题材创作的作品，作品的表达系独立完成并且有创作性的，应当认定作者各自享有独立著作权。

当纠纷指向同一个作品时，主张权利的人应当举证证明其创作该作品的事实，或者举证证明他人侵权的事实，经举证证明，若侵权成立，则著作权归权利人所有；若侵权不成立，双方共同享有著作权。当存在两个以上不同的作品时，各自证明其创作的事实，双方各自享有独立的著作权，具体情况如表19-1所示。

表19-1 同一题材作品的权属纠纷类型、争议的解决和权属结果

同一题材作品的权属纠纷类型	争议的解决	权属结果
纠纷指向同一作品	各自证明其创作的事实，或证明他人侵权的事实	构成侵权：著作权归权利人；不构成侵权：双方共同享有著作权
纠纷指向不同作品	各自证明其创作的事实	双方各自享有独立的著作权

二、美术作品著作权权属纠纷

（一）美术作品著作权

著作权法予以保护的美术作品并不延及构成美术作品的材料。在实际生活中，既有使用较好保存的材料，如纸张、木材、颜料、各类金属或者石头等所完成的美术作品，也有使用诸如冰块、沙粒等非持久性的材料设计制作完成的美术作品，著作权保护的是美术作品，而非构成作品的材料。另外，通常情况下，美术作品的著作权保护也不受艺术观点的影响，除非其属于法律禁止出版、传播的不享有著作权的美术作品。

（二）各类创作过程中美术作品著作权权属纠纷

当美术作品由单个主体所完成时，美术作品的著作权由创作者享有。但在实际生活中，很多美术作品的构思以及创作是由多个主体共同参与并以不同的形式共同完成的，除当事人另有约定之外，其著作权由共同创作的人共同享有。

---

[1] 2002年10月12日《最高人民法院关于审理著作权民事纠纷案件适用法律若干问题的解释》。

（三）作品转让后的美术作品著作权权属纠纷

前文已提及美术作品原件所有权的转移，不视为作品著作权的转移，因此在进行美术作品原件交易买卖的过程中，还须特别签订书面协议，对该美术作品著作权的归属予以明确约定。只有当双方对该美术作品的著作权的转让予以明确的约定，才能在得到该美术作品原件时，得到该美术作品的著作权。但是必须指出的是，即使双方对该美术作品的著作权签订转让协议，也只能对该美术作品著作权中的财产权进行转让，如图19-1所示。

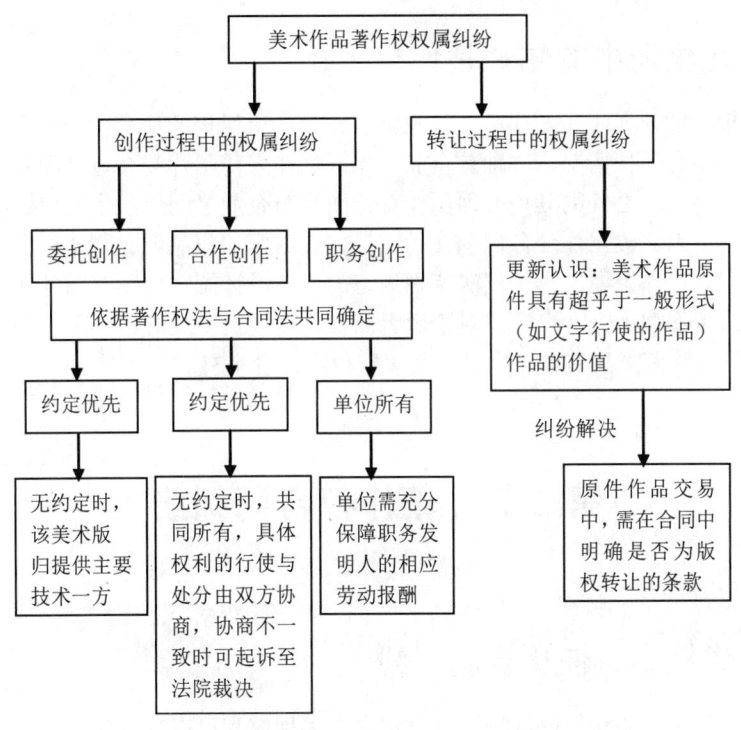

图19-1　美术作品权属纠纷

三、演讲稿的著作权权属纠纷

演讲稿是演说人在一定场合中进行演说活动的载体，其创作过程中既体现撰写人的创作劳动成果，也体现演说人的思想活动和内容。除去作为职务创作而撰写的，演讲稿一般是由演说人以支付报酬的方式委托撰写人完成，属于委托作品。根据《最高人民法院关于审理著作权民事纠纷案件适用法律若干问题的解释》第13条，除职务创作成果归单位之外，由他人执笔，本人审阅定稿并以本人名义发表的报告、讲话等作品，著作权归报告人或者讲话人享有。

四、广告语著作权纠纷

广告语是创作者以文字等形式表现出来的具有独创性的能够为某种外在形式所复制的智

力成果，属于著作权法保护的对象。广告语著作权纠纷大多是在广告语创作者与使用者之间因该广告语的使用而发生的，究其原因，主要是由该广告语的著作权归属不明所导致的。通常，广告语的创作有两种情况，一种是由企业委托创作者创作完成的，创作者根据企业的要求和委托，为企业创作完成；另一种是由创作者创作完成，向企业投稿，如果被企业选中，则由企业以某种形式购买该广告语。对于这两种情况而言，企业和创作者之间应当通过双方所签订的合同约定该广告语著作权的归属。如果双方没有约定，或者约定不明的，该广告语的著作权归创作者享有。

五、宣传画册中的图片著作权纠纷

宣传画册中的图片属于摄影作品，是我国著作权法所保护的作品。企业宣传画册中的图片著作权纠纷主要有两种情况，一种是企业员工因创作宣传图片与企业之间所发生的权属纠纷，另一种是企业员工之外的其他人因创作宣传图片与企业之间所发生的权属纠纷。对于前者而言，企业员工因完成工作任务而创作的图片，属于职务作品的，除非双方另有约定，其著作权由作者享有；如果属于著作权法特别规定的产品设计图、地图等职务作品的，作者享有署名权，其余著作权由企业享有。对于后者而言，企业员工之外的其他人创作的图片作品属于委托作品的，除双方另有约定之外，其著作权由作者享有。

第二节　著作权合同纠纷

一、著作权许可使用合同纠纷

著作权是一种具有集合性的权利，其所包含的多种权利可以分项行使，而且作品的著作权与作品载体的财产所有权在一定条件下可以分离，由不同的主体分别享有，这就使得著作权的许可使用合同比较复杂，难免会存在关于双方当事人的权利义务在合同中约定得不甚明确的情况，也就可能导致相应的合同纠纷（见表19-2）。

表19-2　企业常见的著作权许可使用合同

常见的著作权许可使用类型	合同双方
出版合同	作者与出版社
表演合同	编剧与表演者
影视制片合同	著作权人、影视制片人与表演者
改编合同	原作者与改编者
翻译合同	原作者、译者与出版社
直接授权的录音录像合同	作者与制作方
直接授权的广播、电视节目制作合同	作者与传播制作方

二、邻接权许可使用合同纠纷

邻接权是指作品传播者在传播作品过程中享有的各项权利，因其与著作权本身相邻接触、关系密切，故称之为邻接权。我国著作权法所规定的邻接权包括出版者权、表演者权、录音录像制作者权和广播电视组织者权等。

邻接权具有传播性或二次创作性，其权利是建立在原著作权基础之上的，其行使需取得著作权人的许可，另外录音录像制作者权和广播电视组织者权的行使还需取得表演者的许可。即由于邻接权作为一种传播权而具有的特殊属性决定，权利的行使一定要穷尽在前的其他著作权，一直追溯到作品创作者的著作权。有关邻接权的许可使用，当事人应当在许可使用合同中明确约定，否则将会因权利的使用而产生纠纷。

三、计算机软件合同纠纷

企业常见的计算机软件合同包括计算机软件开发合同、计算机软件许可使用合同、计算机软件转让合同等。

（一）计算机软件开发合同纠纷

计算机软件开发合同是指计算机软件开发者和本单位或者其他人签订的关于软件开发的合同。常见的计算机软件开发合同纠纷包括合作开发软件合同的纠纷、委托开发软件合同的纠纷以及完成国家计划项目任务开发软件合同的纠纷（见表19-3）。

表19-3　计算机软件开发合同纠纷及应对

软件开发合同纠纷的主要类型	主要纠纷点	应对方案的要点
合作开发软件合同纠纷	各方贡献值的确定	事先规范确定
委托开发软件合同纠纷	权属条款的欠缺	事先规范确定
完成国家任务开发软件合同纠纷	国家利益与企业利益的权衡	企业督促有关部门监管

1. 合作开发软件合同的纠纷及其应对

所谓合作开发是指两个以上的自然人、法人或其他组织提供人才、物质、技术条件进行的软件开发。根据著作权法的规定，合作开放软件著作权由合作者共同享有，双方另有约定的除外。但是企业在实际运营中，合作各方对软件开发所作的贡献往往是不平衡的，而且合作各方的实际贡献又往往是难以确定的，这也就给相关纠纷的发生埋下伏笔。所以企业应该通过事先约定合作开发软件著作权的归属，以规避纠纷的发生。

2. 委托开发软件合同的纠纷及其应对

委托开发软件是指一方接受另一方的委托而开发的软件，根据著作权法的规定，软件的著作权由软件的完成人享有，除非双方另有约定。而在实际工作中，委托人往往提供了软件开发的一切条件，并给予受托人足够的开发经费，但是如果该软件著作权由受托人，即事实上的创作者享有，确实存在着事实上的不公平。这时，根据合同法的相关规定，委托人在原有范围内享有对新开发计算机软件的免费使用权，一定程度上实现对委托人前期合理投资的补偿。

3. 完成国家计划项目任务开发软件合同的纠纷及其应对

完成国家计划项目任务开发的软件，其著作权的归属由项目合同约定或项目任务书规定；项目合同或者项目任务书未明确约定或规定的，软件著作权由接受任务的法人或者其他组织所有。对于这类开发软件，既要定好合同，还要认真履行合同，并且要加强对国家计划项目任务的监管，防止损害国家、企业和个人等各方利益的情况发生，从根源上避免软件开发合同的纠纷。

（二）计算机软件许可使用合同纠纷

计算机软件许可使用是计算机软件著作权最为主要的利用方式，计算机软件许可使用合同是指为计算机软件著作权进行许可使用而签订的合同。企业在签订著作权许可使用合同时，至少应当明确约定以下主要内容：

（1）明确约定许可使用的标的，即应当在合同中明确约定许可使用的作品，包括作品的名称、作品的版本等；

（2）明确选取许可使用的具体分项权利种类，即根据《著作权法》第10条关于著作权的12条财产权利的规定，明确选取许可的分项权利，明确限定合同范围；

（3）明确许可使用的专有性质，即在合同中明确约定所许可使用的是专有使用权或是非专有使用权。

（4）明确许可使用的范围，即在合同中明确约定著作权被许可使用的地域范围、时间期限和使用方式。在实际工作中，计算机软件著作权的专有许可极易与软件著作权的转让相混淆而产生纠纷。但是通过比较可知，二者存在着明显的差异。软件著作权的转让是权利的一次性全部让渡，所以在期限和地域范围上是没有限制的，永远属于受让人，而软件著作权的专有许可使用，虽也排除了著作权人和其他任何第三方，但是有期限和地域范围的限制，仍然是有限制的使用。因此，在软件著作权专有许可合同中应当明确约定许可使用的具体期限和地域范围，以避免可能发生的纠纷。

（5）明确约定许可使用费及其支付方式，即在合同中明确约定著作权使用费及其他相关费用，并且详细约定具体的支付方式。

（6）明确约定双方的违约责任。

（7）其他应当明确约定的内容。

（三）计算机软件著作权转让合同纠纷

软件著作权的转让是指软件著作权人将自己所拥有的软件著作权中的财产权权能部分或全部转让，而当事人之间的转让行为根据法律规定应当订立书面合同，对转让的权利种类、地域范围、报酬、违约责任等做出明确的规定。

第三节　著作权侵权纠纷

所谓著作权侵权纠纷，是指违反我国著作权法的规定，侵犯他人依法享有的著作权而产生的纠纷,包括对作者人身权的侵权纠纷和对作者财产权的侵权纠纷。

著作权侵权纠纷的应对,一般可依循以下路径,如图19-2所示。

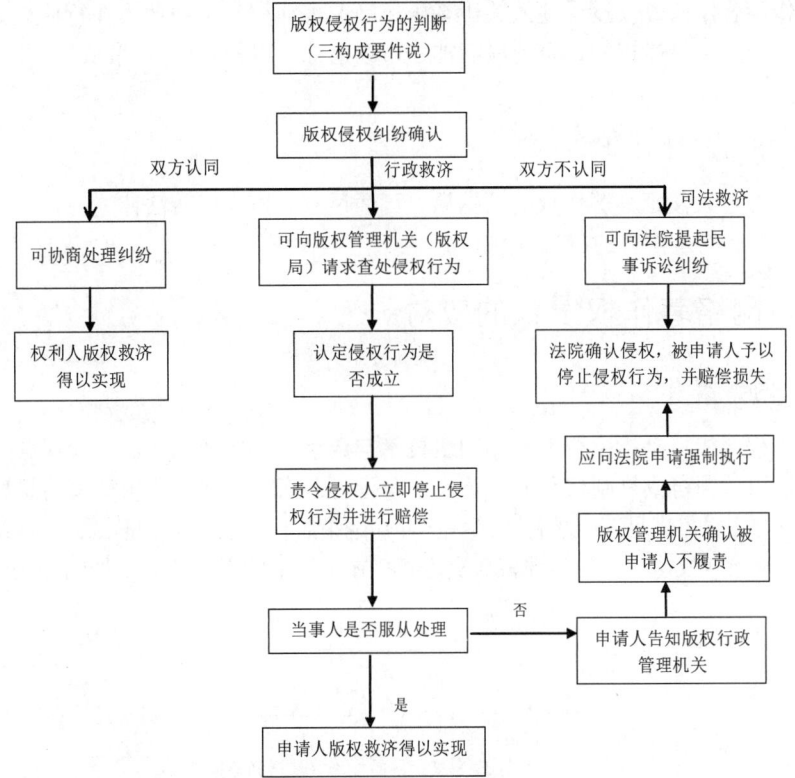

图19-2 著作权侵权纠纷的应对

第四节 企业对著作权纠纷的应对

一、对一般著作权纠纷的应对

对于一般的著作权纠纷,企业可采取以下应对措施。

(一)优化内部管理

企业在自身作品创作过程伊始就应树立法律保护意识,健全和优化内部管理,企业与作品创作者以及其他相关人之间应以合同的形式明确约定双方的权利义务、版权的归属、作品的使用以及利益分配等内容。

（二）加强市场跟踪

当作品流通市场后，需建立相应的市场跟踪机制，及时发现盗版行为，追踪盗版源头，比如当企业作为著作权方仅授予他人关于音乐作品的表演权时，而他人在行使表演权后还行使该音乐作品的网络传播权的，企业应当加强市场追踪，以便及时发现问题，及时采取相关措施。

（三）诉诸法律保护

当企业掌握他人侵犯其著作权的证据后，可通过双方协商以及法律途径，寻求救济，以确保依法应当享有的著作权的各项利益。

二、对网络著作权侵权的应对

（一）网络著作权侵权

网络著作权侵权，是指侵权人利用网络技术与数字网络的便利条件，违反著作权法的规定，因擅自使用、剽窃或复制权利人的著作权等行为，而对其产生严重损害后果的行为。网络著作权侵权的成立需满足三个条件：第一，存在网络版权违法行为；第二，有网络版权损害事实；第三，网络版权违法行为与损害事实之间存在法律上的因果关系，如图19-3所示。

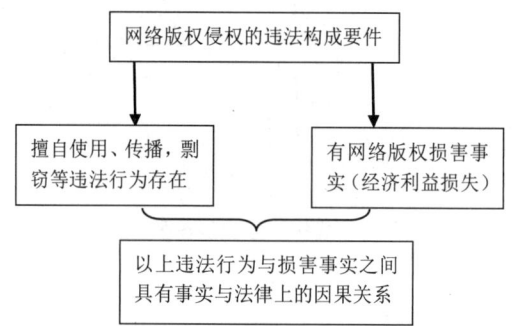

图19-3　网络版权侵权的违法构成要件

（二）企业对网络著作权侵权的应对措施

（1）依法提出警告。著作权人对他人侵犯其著作权的行为，可以通过警告信、律师函等形式向行为人提出警告；同时应当通知网络服务商及时中断链接、删除侵权内容以及其他停止侵权的行为。

（2）寻求行政处理。即就其网络版权受到侵害以及侵权人实施了侵权行为的事实向著作权行政机关举报。著作权行政机关经调查取证后认定侵权行为成立的，给予侵权行为人停止侵权行为、没收违法所得、处以罚款等行政处罚。

（3）提起民事诉讼。即当事人通过民事诉讼的方式，以法律所规定的排除妨碍、停止侵权、临时措施以及损害赔偿等方式，实现对自身权利的维护和救济。

（4）追究刑事责任。当侵权人的侵权行为造成严重后果，触犯刑律的，依法追究其刑事责任。

三、著作权纠纷证据的收集

（一）普通著作权纠纷的证据收集

1. 普通著作权纠纷的自我取证

我国民事诉讼法规定，民事纠纷遵循"谁主张谁举证"为原则，企业在主张其权利时，应当对其主张的权利负相应的举证责任。

（1）对他人侵权的证据收集。针对他人对自己所享有的著作权侵权的证据收集，首先得明晰侵权事实发现的来源，从发现侵权事实之处开始收集一切可以证明对方侵权的证据，比如对方贩卖的盗版作品、擅自为盈利而使用本单位的宣传画册中的图片等。但是，实际生活中很多侵权事件往往难以收集到对方侵权的证据，此时就应转换思维，从自己版权的证明以及提供上，证明对方的侵权事实以及本方所受的具体损失大小。由此从正反两个方面来收集他人侵权的证据，可实现较为完善的证据收集。

（2）版权权属争议材料的自我证明。权属争议主要体现在各方利益分配的不均，以及对利益期待的不同上产生纠纷，但双方对作品产生所提供的贡献大小是有所差异的，也就是说解决权属争议的关键，欲增加己方对作品版权的所有证明，就需提供自己在作品创作过程中的参与要素。比如提供自己在作品创作过程中所提供的物资、设备的发票，以及技术方案的手稿等，以证明自身对著作作品的权属大小，最终实现相对利益的获取。

（3）版权合同纠纷的相关材料保存与收集。版权合同纠纷的相关诉讼，关键是对合同的保存以及相对争议点资料的保存与提供。当然，实际生活中，往往产生对合同内容误解（尤其是受对方在合同文字性游戏误导之下）而签订合同。此时要充分提供签订合同时的在场环境资料以及双方对合同原意的共识达成的一系列资料。当一方合同损失，而另一方不予以提供合同时，可及时申请法院对证据进行保全以实现对证据的控制。

2. 普通著作权纠纷的公力取证

所谓普通著作权纠纷的公力取证，是指当当事人主体无法或者有相关权证困难时，可申请法院对有关证据的调取或者保全。当然，法院受理当事人的证据调查和保全申请有着严格的审查标准，以严格保护当事人的合法权益，防止滥用司法公权力。

（二）网络著作权纠纷的证据收集

1. 网络著作权纠纷与传统著作权纠纷取证的差异

网络电子证据是一种以可视化的文字、图片、音频以及视频等多媒体形式表现的电磁记录物，一方面，具有容易修改、删除等特性，客观上给侵权人提供了迅速、有效、低成本毁灭证据的机会，使网络环境下电子证据不宜捕捉和提取；另一方面，计算机储存的信息极易被快速复制，且复制的信息与原件信息几乎不存在差距，这也决定了网络电子证据的真伪难辨，与传统证据的取证相比较，困难更大。

2. 网络著作权纠纷的证据收集

网络著作权纠纷取证的主要流程，如图19-4所示。

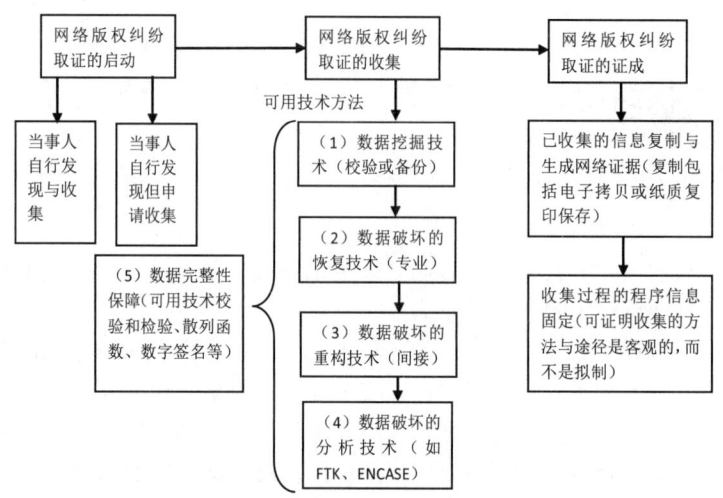

图19-4 网络版权纠纷取证的流程

（1）及时申请法院勘验。及时申请法院勘验网络电子证据，是针对当场发现网络电子证据，且电子证据无法以可固定方式实现可视化的情形。这种情况下，网络电子证据极易消失，而且即使有专业人士或法院公证也无法有效得以保存，那么针对这种环境，以法院勘验形成较为完整的勘验过程笔录证实网络电子证据的存在是较为理想的。

（2）及时申请法院公证保全网络电子证据。由电子证据形式与特征决定，欲实现在较长时间较为完整的证据收集，就需要及时公正保全网络电子证据。所谓公证网络电子证据，是指以公证的方式对网络电子证据进行收集、固定、储存、描述之后所形成的证据；❶虽然公证的目标证据——网络电子证据的表现形式为电子形式，但公证网络电子证据的证据形式并不限于电子证据，也包括转化之后的公证书书面证据形式、附带光盘证据形式等。这种取证方式具有技术性强、快速收集、证明力高的特点，这也有效弥补了自我取证在各方面所具有的缺陷。

（3）自取证据中要及时将电子证据固定。虽然及时申请法院勘验或者及时申请公证保全网络电子证据存在着诸多优点，但在实际生活中，仍然存在很多来不及申请勘验以及申请公证保全的情形。自我取证的最大优势在于快速，所以当发现网络版权纠纷的电子证据时，结合具体的情境，在可实现有力条件利用的情况下，最优选的方案无疑还是自身对电子证据的固定保存，即可通过储存式媒介（如U盘、硬盘、拍照等）将电子证据予以转化，而实现对证据的有效收集。虽然这类证据的证明力，以及证据收集的有效性没有申请法院勘验以及公证保全那么高，但其及时性也是其他两种方案无法比拟的。

综合以上分析，结合网络电子证据自身的特点以及三种取证方式各自应对的情境，需结合网络电子证据发现、收集和固定的具体情况采取有效措施，以确保相关的证据能够支持当事人主张的权利。

---

❶ 陈文煊："网络著作权纠纷中公证网络电子证据的司法认定"，载《电子知识产权》2008年第7期。

第五篇

其他

第二十章 商业秘密

【本章导图】

- 商业秘密
  - 商业秘密概述
    - 定义
    - 构成要件
    - 主要内容
    - 商业秘密权的特征
    - 商业秘密拥有者的权利
  - 商业秘密的权利归属问题
    - 职务性商业秘密权的归属
    - 非职务性商业秘密权的归属
    - 企业承包经营期间的商业秘密权的归属
    - 多个民事主体获得同一商业秘密权的归属
    - 委托开发或合作开发的技术成果的商业秘密权的归属
    - 以技术出资的商业秘密权的归属
    - 技术合同无效或被撤销后商业秘密权的归属
  - 企业商业秘密的流失及主要防范措施
    - 企业商业秘密流失的主要缘由
    - 企业可采取的防范措施

第一节　商业秘密概述

一、定义

随着市场经济的不断完善，尤其是在全球进入知识经济和科技创新时代，商业秘密所具有的巨大的商业价值和强大的竞争力，使其越来越受到极大的关注。我国对商业秘密的法律规制起步比较晚，直到1993年9月颁布的《反不正当竞争法》第10条才对商业秘密作出定义："商业秘密，是指不为公众所知悉、能为权利人带来经济利益、具有实用性并经权利人采取保密措施的技术信息和经营信息。"企业享有由此依法产生的有关商业秘密权。

二、构成要件

（一）技术信息和经营信息

商业秘密是一种特有的，具有明显的信息的基本属性，具体可以表现为技术信息和经营信息等两种形式。其中技术信息，又被称为"专有技术""Know-How""技术诀窍"等。

（二）不为公众所知悉

所谓商业秘密，顾名思义，具有秘密的特性，因此不为公众所知悉也就成为构成商业秘密所必须具有的最基本的要件，也是商业秘密区分其他知识产权的最显著的特征。作为商业秘密，除了其所有者，一般情况下，其他社会公众很难甚至是无法在公共领域通过公开的渠道方便获取。

（三）能为所有人带来经济利益

商业秘密应当具有经济价值，能够为企业带来经济利益和竞争优势，不仅包括现实的经济价值，也包括潜在的经济价值。商业秘密应当具有实用性，即具有可行性和可操作性。

（四）经所有人采取保密措施

商业秘密应当经所有人采取保密措施。企业的技术研发成果是不会成为一项商业秘密的，只有当企业对其所拥有的技术研发成果采取相应的保密措施，这项技术研发成果才有可能成为商业秘密，保密措施的采取是技术研发成果成为商业秘密的必备条件之一。正是由于企业作为技术研发成果的拥有人通过自己或是要求他人采取相应的保密措施，才使这项技术研发成果能够作为商业秘密而享受法律保护。企业可以采取的保密措施主要包括订立保密协议、建立保密制度以及其他合理的保密措施。

三、主要内容

（一）产品的技术诀窍

企业在长期的生产过程中，经过不断地探索和试验，逐步获得并积累起来的经验，从而掌握其他人一般并不掌握或者知晓的技术诀窍，可进一步用以指导生产实践。

（二）产品的特殊配方

主要是指尚不为公众所熟悉的新产品的配方，或是已为公众所接受的普通产品的特殊配方，例如某种药品、食品等化合物的配方。

（三）生产工艺流程

其中包括关于生产设备间与众不同的有效组合，或者关于现有工况条件的改善与优化，或者关于特定的生产时间、顺序的设计与应用，等等。

（四）经过改进的机器设备

通过技术革新和技术改造，所获得的提高或改进了性能或作用的机器设备，尤其是指专用的工夹具、特有的设备，等等。

（五）研究与开发的技术文档

企业在研究、开发、调研、实验、试制等活动中所获得的技术文件，比如，设计图纸、实验数据、检测结果等。

（六）企业的内部信息

主要是指企业自有的、不对外公开的、保密的经营信息，比如，客户情报、购销渠道、通信数据、财务报表、会计报表、企业规章制度、企业战略发展规划等。

（七）经营活动的数据信息

企业在经营活动中，为了达成预期目标，通过制作、创设等方式所获得的相关文件和数据信息，例如在某次招投标活动中，为了达成预期的招投标的目的而制作的标底、标书等文件以及其中相关的数据信息。

（八）其他构成商业秘密的技术信息和经营信息

主要是指除上述七项内容以外的为公众所知晓的具有经济价值的技术、商业、管理等信息，可以是在通信信件中涉及的某一实验数据，也可以是公司的诉讼情况等。

四、商业秘密权的特征

与专利权相比较，商业秘密权具有以下特征

（1）非唯一性。专利权具有绝对的、完全的专有性，而商业秘密并非如此。商业秘密并不具有完全的排他性，不同的企业可能同时都各自合法拥有相同内容的商业秘密。商业秘密的拥有者既不能排斥他人同时合法拥有相同的商业秘密，也不能对抗他人同时合法使用相同的商业秘密，更不能阻止他人将其合法拥有的相同的商业秘密予以公开。

（2）非公开性。商业秘密具有不为公众所知晓的特征，一旦商业秘密被公开，也就不再成为商业秘密，该商业秘密的拥有者也就随之而丧失原本所能够享有的相应的商业秘密权。

（3）非法律保护性。与其他知识产权不一样，商业秘密主要不由法律保护，而主要由商业秘密的拥有者通过保密措施、签订合同等方法和手段自我保护。

（4）保护期限的不确定性。相比较专利、商标、著作权等其他知识产权，商业秘密的保护期限不由相应的法律规定，而主要取决于拥有者的保密程度。如果拥有者对自己所拥有的商业秘密始终采取严格的保密措施，以至于其不被公之于众，那么对于商业秘密拥有者所采取的保护行为以及由此所产生的权利，法律将始终予以支持，直到商业秘密被公开，不再成为商业秘密为止。

五、商业秘密拥有者的权利

商业秘密的拥有者可以享有以下权利：

（1）身份确认权。商业秘密的原始开发者享有对其是该商业秘密开发者的身份进行确认的权利。身份确认权是一项人身权，不得转让和继承。

（2）署名权。商业秘密的开发者和拥有者享有相应的署名权，可以根据自己的意愿在记载该商业秘密的文件上、在利用该商业秘密所获得的产品上以及在其他有关的产品或文件上署名。

（3）保密权。商业秘密的拥有者享有对其商业秘密采取任何形式保密措施的权利，其中既包括自己采取技术性保密措施或非技术性保密措施、单项保密措施或复合保密措施等权利，也包括要求他人在使用其商业秘密时予以保密的权利。

（4）使用权。商业秘密的拥有者享有使用其商业秘密的权利，其中包括拥有者自己使用商业秘密的权利，也包括许可或转让他人使用其商业秘密的权利。

（5）收益权。商业秘密的拥有者享有通过自己或者他人的使用而获得相应收益的权利，其中包括可以将商业秘密直接用于生产制造或市场营销并从中收益，也包括可以对商业秘密进行资本化运作，例如质押融资、资产评估、信托管理等，从而间接收益。

（6）保护权。商业秘密的拥有者享有保护商业秘密的权利，其中包括享有排除他人干涉其拥有商业秘密的权利，享有排除他人妨碍其使用商业秘密的权利，享有制止、控诉等对抗他人侵犯其商业秘密行为的权利。

（7）放弃权。商业秘密的拥有者享有放弃其商业秘密的权利，其中包括许可他人无偿使用，从而放弃收益；也包括通过公开商业秘密的内容等形式放弃相应的权利。

第二节 商业秘密的权利归属问题

一、职务性商业秘密权的归属

职务性商业秘密，又称职务技术成果的商业秘密权，是指在执行本单位的任务或者主要利用本单位的物质技术条件的过程中，为了产品设计、工艺优化、材料选择、结构改进以及市场经营等目的而获得的商业秘密。

企业可以与其商业秘密的原始开发者就职务性商业秘密的归属予以约定。如果有约定的，按照约定优先原则，应当首先尊重双方当事人之间的约定；如果无约定的，可以参照专利法的有关规定，归企业所有。

如果商业秘密归企业所有的，当企业自己使用或者许可、转让他人使用该商业秘密，并获得收益的，应当参照专利法的规定，从收益中提取一定的比例，对完成该项商业秘密的开发者给予奖酬。

二、非职务性商业秘密权的归属

非职务性商业秘密权，是指不属于职务性商业秘密的其他商业秘密。非职务性商业秘密归商业秘密开发者所有。

三、企业承包经营期间的商业秘密权的归属

企业承包经营，是指政府指定的有关部门或企业的所有者在完全享有企业产权的前提下，将企业的生产经营管理权授予企业，与企业承包经营者代表企业与发包方订立承包经营合同，以一定的经济利益为目的，约定双方责任、权利、利益的一种企业经营管理方式。❶ 在承包经营的过程中，关于商业秘密权的归属应当由双方当事人以合同的形式约定。如果双方当事人之间有约定的，则依约定确定商业秘密的归属。如果双方当事人之间没有约定，或者约定不明确的，商业秘密归承包经营者所有。

四、多个民事主体获得同一商业秘密权的归属

当多个民事主体获得同一商业秘密时，其权利分别归属于各独立开发人。我国一些地方通过地方性的行政法规做出了明确的规定，例如，《宁波市企业技术秘密保护条例》第8条第1款规定，"不同企业独立研究开发出同一技术的，其技术秘密权分别归该企业所有，无论时间先后，均享有使用或转让该技术的权利"。《珠海市企业技术秘密保护条例》第6条规定，"不同企业独立开发出同一非专利技术的，无论时间先后，均可自由使用、转让或披露该技术"。《深圳经济特区企业技术秘密保护条例》第6条第1款规定，"独立开发出同一技术秘密的，无论开发时间先后，各独立开发人均可自由使用、转让或披露该技术秘密"。

五、委托开发或合作开发的技术成果的商业秘密权的归属

企业委托他人研究开发某项产品、技术或开展某项经营活动等，所获得的商业秘密的归属由双方当事人约定。如果双方有约定的，按照双方当事人的约定确定该商业秘密的归属，如果双方当事人之间没有约定或约定不明确的，由该商业秘密的开发人所有，委托人可以在原有范围内免费使用该商业秘密。

企业与他人合作研究开发某项产品、技术或开展某项经营活动等，所获得的商业秘密的归属由双方当事人约定。如果双方有约定的，按照双方当事人的约定确定该商业秘密的归

---

❶ 张耕、蒙洪勇主编：《知识产权法实务教程》，中国人民大学出版社2012年版，第53页。

属,如果双方当事人之间没有约定或约定不明确的,参与合作的各方当事人共同享有该该商业秘密。合作的任何一方欲转让或者许可他人使用该商业秘密时,必须征得其他共有人的一致同意,由此产生的收益,由各共有人分享。

六、以技术出资的商业秘密权的归属

以技术成果向企业出资但没有约定技术秘密的权属或者约定不明确的,由接受出资的企业享有该权利,但不能损害出资人的利益。

七、技术合同无效或被撤销后商业秘密权的归属

完成技术合同所规定的新技术成果或改进技术,但因其他法定原因技术合同被撤销或被认定为无效的,由于技术成果仍然存在,其权利归属仍可由当事人约定。如果有约定的,按照约定执行,如果没有约定或约定不明确的,由完成技术成果的一方享有技术秘密权。

第三节 企业商业秘密的流失及主要防范措施

一、企业商业秘密流失的主要缘由

在日常工作中,导致企业商业秘密流失的情况主要有以下几种:

(1)由于人才流动,导致企业商业秘密流失,这是最为常见的、最多发生的一种情况。往往表现在:企业专业人才的流动,导致商业秘密的流失;临时工、兼职员工等非固定员工在竞争企业之间游走,导致商业秘密的流失。

(2)由于保密意识不强,导致企业商业秘密的流失,这种情况往往发生在不经意的情况下,往往表现为:在接待外来参观者、来访者的过程中,并非故意地泄露技术内容,导致商业秘密的流失;企业技术研发人员在其发表学术论文中,或者在参加学术会议进行演讲时,披露技术内容,导致商业秘密的流失。

(3)由于防范意识和防范措施的缺失或失效,导致商业秘密的流失,这种情况往往起因于有他人不正当竞争的故意行为的作用。例如,竞争对手通过收买企业的核心技术人员,导致商业秘密的流失;他人使用欺骗、盗窃等不正当竞争的手段获取,导致商业秘密的流失;他人利用商业间谍、采用卧底等手段获取,导致商业秘密的流失。

(4)其他各种导致企业商业秘密流失的情况。

二、企业可采取的防范措施

(一)在合同中使用竞业禁止条款

企业可以在劳动聘用合同、知识产权权利归属协议或者技术保密协议中,与对本单位技术权益和经济利益有重要影响的有关行政管理人员、科技人员和其他相关人员协商,约定

保密条款和竞业限制条款，约定有关人员在离开单位后一定期限内不得在生产同类产品或经营同类业务且有竞争关系或者其他利害关系的其他单位内任职，或者自己生产、经营与原单位有竞争关系的同类产品或业务。凡有这种约定的，单位应向有关人员支付一定数额的补偿费。竞业限制的期限最长不得超过3年。

竞业限制条款一般应当包括竞业限制的具体范围、竞业限制的期限、补偿费的数额及支付方法、违约责任等内容。但与竞业限制内容相关的技术秘密已为公众所知悉，或者已不能为本单位带来经济利益或竞争优势，不具有实用性，或负有竞业限制义务的人员有足够证据证明该单位未执行国家有关科技人员的政策，受到显失公平待遇以及本单位违反竞业限制条款，不支付或者无正当理由拖欠补偿费的，竞业限制条款自行终止。单位与有关人员就竞业限制条款发生争议的，任何一方有权依法向有关仲裁机构申请仲裁或向人民法院起诉。

（二）制定严格的保密制度

企业应当高度重视商业秘密的保护，要制定合法合理、切实可行的保密制度。企业在日常工作中为了有效防止其商业秘密流失，应当根据商业秘密载体的特性、权利人和相关人员予以保密的意愿、保密措施的可识别程度、他人通过正当方式获得的难易程度等因素，采取与其商业价值等具体情况相适应的合理保护措施。企业的保密制度主要包括以下内容：涉及商业秘密的范围、商业秘密的管理部门和管理人员、商业秘密的使用管理、商业秘密的档案管理、商业秘密的保密期限、商业秘密保护的奖惩制度、明确的违约责任，等等。

（三）制定必须严格遵守的保密程序

企业在保护商业秘密时应当执行严格的工作程序，比如，借阅、使用企业涉及商业秘密的文件时，必须经过严格的审批；工作人员接触企业的商业秘密时，必须签署保密协议；工作人员离职，必须签署竞业限制协议；等等。

（四）设定严格的保密等级，在商业秘密文件上使用明确的警告标识

对商业秘密设定严格的保密等级，对不同层级的商业秘密文件进行分类。企业对商业秘密文件的分类一般可分为"绝密""机密""秘密"三个等级。必要时可对商业秘密进行物理隔离，指定专门的存放场所分隔存放，只允许不同的人知道不同的内容。如果是电子存档的文件，由专门人员设置密码，做好防盗措施。在保密文件上使用明确的警告，例如可以醒目地标注如下字样：本文件属机密信息，归本公司及子公司所有，受我国《刑法》《反不正当竞争法》等相关法律、法规保护。根据中国有关法律，如果你盗窃或者利用其他不正当手段获取、使用这些文件和信息，或者违反约定而披露、使用或者允许他人使用本商业秘密文件所载的商业秘密，你将会被判处7年以下的有期徒刑，并处以最高20万元的罚款。

（五）使用各种方式提示与警告来访者保守商业秘密

比如，针对一般来访者，在引导参观路线、提供资料等方面要注意做好保密工作，在存放涉及商业秘密的房间门口贴好禁止入内的提示语；针对实习生、临时工之类的在企业工作的人员，企业应当要求他们签署保密协议，确保他们承诺不会泄露商业秘密，并告知泄露商业秘密后应承担的法律责任。

（六）对员工学术论文、学术演讲等活动予以保密提示并监督

员工在发表学术论文、出版学术著作或者参加学术活动时，可能无意间泄露企业的商业秘密，有时可能只是一些微不足道的言语，但对于同行的精英们来说，他们就可能通过捕捉到的敏感字眼，或许就能从所谓的只字片语中获得宝贵的关键信息，因此企业应当对员工的类似活动在事先予以保密提示，事中予以监督。

（七）合理控制员工的网络行为

所谓网络行为主要包括收发电子邮件、企业加密设备的使用状况。尽量做到"上网信息不涉密，涉密信息不上网"。收发电子邮件时要求员工使用电子签名，使用提示性注释，如："本电子邮件可能含有商业秘密，仅仅发给邮件指定的收件人，请勿向任何第三方透露。"由于电子通信很容易留下可以复制的历史记录，而这些历史记录可以通过软件工具予以还原和窥视，或在计算机系统维护的时候被无意间地观看，因此企业要尽量地减少共用计算机的可能性；及时删除不必要的涉密电子文件，并且注意从回收站里彻底删除，同时还要特别注意防范外部病毒的入侵。使用电子、网络环境的企业还应注意要求离职前的员工将有关文件和信息，例如企业管理软件的账号、密码、工作电子邮箱账号、密码等及时如数归还企业。

（八）与第三人签订保密协议

注意避免第三人的泄密可能，及时与他们签订保密协议。这里所说的第三人主要包括供应商、制造商、客户、被许可人、销售代理商、建筑师、工程师、设计师、财务顾问、法律顾问、承包人、分包人等。因为他们和企业的日常活动关系密切，很有可能成为潜在的泄密源，因此有必要通过所签订的保密协议，对企业的商业秘密予以保护。

（九）避免涉及商业秘密的核心人员的流动

避免涉及商业秘密的核心人员的流动是有效的防范措施。要留住核心人员，首先要留住核心人员的心，事业留人，要给予核心人员事业上的上升空间，使核心人员与企业成为事业发展的共同体，使其不愿轻易辞职；其次要制度留人，可以通过签订劳动合同，稳住核心人员，使其不能轻易辞职；最后要待遇留人，给予核心人员较为丰厚的待遇，使其不想轻易辞职。

（十）开展保密教育

企业要经常开展各种形式的保密教育，提高企业员工的保密意识，培养企业员工保护商业秘密的自觉行为。

在实践中，企业还可以采取其他防范措施。

第二十一章 企业知识产权争议与纠纷的解决

【本章导图】

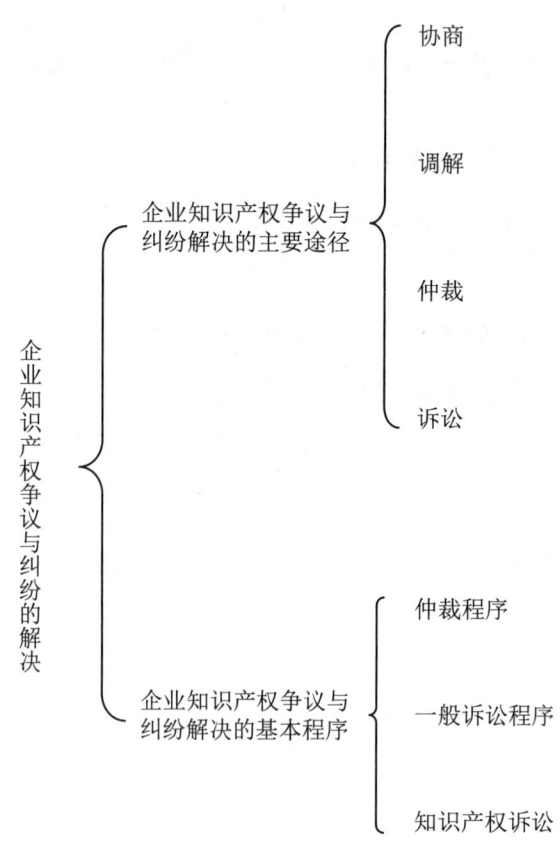

第一节　企业知识产权争议与纠纷解决的主要途径

一、协商

当企业遇到知识产权纠纷时，可在平等自愿的基础上，通过友好协商、互谅互让，与对方达成和解协议，进而解决纠纷。在协商过程中，企业应注意以下几点：

（1）坚持原则，遵守国家法律、法令、政策规定，不得损害知识产权权利人的合法权益，不得损害国家利益、集体利益和社会公共利益。

（2）建立在自愿平等的基础之上，这里所指的平等主要是指双方当事人在法律地位上的平等，而非利益平等。双方当事人一旦自愿选择通过协商的方式解决纠纷，就应当积极寻求各方利益之间的平衡点，争取共赢。

（3）协商之后制作相关的文书，将协商结果以书面形式固定，作为双方当事人共同遵照执行的依据。

二、调解

调解是指双方当事人在调解人的主持和协助下协商解决纠纷的一种方式。经过调解，双方达成一致的，应当制作调解文书，例如调解协议、调解书，等等，作为双方当事人履行调解结果的依据。

调解方式具有明显的优点：

（1）能够避免双方当事人对簿公堂，最大可能地缩小对企业的负面影响；

（2）有利于维护双方当事人之间的市场供求关系和业务往来关系，有利于维护市场交易秩序；

（3）可以快速地、经济地解决知识产权纠纷，最大可能地取得双赢的结果。

但是企业在调解时应当特别注意：双方当事人之间所达成的调解文书不具有强制执行力，由双方当事人自觉履行。如果发生一方当事人反悔，不履行调解协议的，另一方当事人可根据仲裁协议提请仲裁，或者直接向人民法院提起诉讼。

三、仲裁

仲裁（Arbitration），是指双方当事人根据纠纷发生前或发生后所达成的仲裁条款或者仲裁协议，自愿将纠纷提交所选择的仲裁机构，由该仲裁机构按照其仲裁规则和程序通过审理，并作出裁决，双方当事人有义务按照该裁决履行的一种纠纷解决方式。

相比较其他纠纷解决方式，仲裁具有专家审理、一裁终局、快捷便利、易于保密、无地域限制等优点，已成为当事人普遍选择的纠纷解决途径。

按照我国仲裁法规定，提请仲裁机构仲裁解决纠纷时，必须是建立在双方当事人提请仲裁合意的基础上，即必须依据双方当事人事先签订的仲裁协议或仲裁条款，且不属于法定不可仲裁范围，否则仲裁机构将不予受理。因此，企业可以根据不同类型的纠纷，决定是否选择仲裁以及正确选择仲裁。

（一）知识产权侵权纠纷

此类纠纷源于行为人未经权利人许可的侵权行为，故双方当事人之间通常几乎不会事先签订仲裁协议或仲裁条款，由于缺少双方当事人事前合意，一旦发生知识产权侵权纠纷，再由双方当事人签订仲裁协议往往比较困难，所以侵权纠纷一般不适用仲裁。

（二）知识产权归属纠纷

知识产权的归属或者由双方当事人约定，或者由国家行政部门依法确认。对于前者，只有当双方当事人签订有提请仲裁的协议，仲裁机构才可以根据双方关于知识产权权属的约定仲裁解决。对于后者，则不能提请仲裁解决。

（三）发明人或设计人的认定纠纷

我国专利法对"发明人或设计人"有明确的规定，企业和有关人员之间不可以对发明人或设计人的认定自行约定，因此企业不可以就发明人或设计人的认定纠纷提请仲裁。

（四）职务发明奖酬纠纷

我国《专利法实施细则》第76条对此作出规定："被授予专利权的单位可以与发明人、设计人约定或者在其依法制定的规章制度中规定专利法第十六条规定的奖励、报酬的方式和数额。如果被授予专利权的单位与发明人、设计人通过合同中约定了奖励、报酬的数额和支付方式，且该合同中有仲裁条款，一旦发生纠纷，双方当事人可以依据该仲裁条款提请仲裁；如果虽然双方当事人的合同中没有仲裁条款，一旦发生纠纷，双方当事人能够签订仲裁协议的，仍可以根据该仲裁协议提请仲裁。"

（五）知识产权有效性纠纷

我国《专利法》第3条规定："国务院专利行政部门负责管理全国的专利工作；统一受理和审查专利申请，依法授予专利权。"知识产权审查与授权属于行政确权行为，因此，知识产权有效性的争议，属于"依法应当由行政机关处理的行政争议"，企业不可以就此纠纷提请仲裁。

（六）知识产权实施纠纷

在知识产权转让、许可使用等过程中各方当事人发生争议，如在双方当事人合意的基础上可以提请仲裁。

四、诉讼

知识产权诉讼，是指法院依照法律在当事人和其他诉讼参与人的参与下，审理和解决与知识产权有关的权利纠纷的活动以及因这些活动所产生的诉讼关系的总和。

根据法律关系的性质不同，可以分为知识产权民事诉讼、行政诉讼与刑事诉讼。

（一）知识产权民事诉讼

根据诉讼的事由不同，民事诉讼可以分为以下几种诉讼：

1. 侵权诉讼

知识产权侵权诉讼是指权利人对行为人未经其许可，违法实施其知识产权行为提请法院查明侵权事实，并依法予以制止和惩治，从而维护其合法权益的活动。

2. 合同诉讼

知识产权合同诉讼是指提请法院依法审理因履行知识产权许可使用合同、知识产权转让合同以及其他知识产权合同发生纠纷的活动。

3. 权属诉讼

知识产权权属诉讼是指提请法院依法审理因知识产权申请权归属、知识产权所有权归属以及其他关于知识产权权利归属发生纠纷的活动。

4. 权利使用冲突诉讼

知识产权权利使用冲突诉讼是指提请法院依法审理因不同的知识产权在使用过程中相冲突发生纠纷的活动。企业所遇到的权利使用冲突的情况主要有：商标权与企业名称权的冲突，商标权与域名权之间的冲突，著作权与商标权的冲突，包装、装潢相关权利与外观设计专利权的冲突，著作权与外观设计专利权的冲突，等等。

5. 确认不侵权诉讼

确认不侵权诉讼是指提请法院确认其行为不构成侵权的活动。企业在提起确认不侵权诉讼时，应当证明以下几点：

（1）企业必须已经实施某种行为。如果没有实施任何行为，那就不可能侵犯他人的知识产权，他人也不可能对其提起侵权之诉，企业也无必要提出确认不侵权的请求。

（2）企业的行为被认为侵犯他人的知识产权，即企业受到了明确的侵权警告，例如专利权人向企业发出了警告信、律师函等文件。企业在举证时应当注意证明：侵权警告必须能确定或推定出是针对自己的；侵权警告有明确的警告内容。

（3）企业自认为其行为不侵犯他人知识产权。正是因为权利人认为企业侵犯其知识产权，而企业自认为不侵犯其知识产权，故而引发纠纷，原告才提起该不侵权之诉，而企业是否真的侵犯他人知识产权，不作考虑。

（4）企业和权利人之间曾为解决该纠纷进行过协商，并且协商不成，对企业造成影响或损失，才可提起不侵权之诉。

（5）企业在收到权利人侵权警告后，已经书面催告权利人行使诉权，但是权利人自收到书面催告之日起1个月内或者该书面催告发出之日起2个月内，权利人既不撤回警告也不提起诉讼。

（6）企业合法权益已经受到或可能受到影响或损害。

（二）知识产权行政诉讼

知识产权行政诉讼主要包括以下三种情况：

（1）当事人不服国家知识产权局做出的具体行政行为而提出的诉讼。

（2）当事人不服国家知识产权局专利复审委员会做出的维持驳回专利申请的复审决定或无效宣告审查决定而提起的诉讼。

（3）当事人不服地方专利管理机构做出的处罚决定而提起的诉讼。

（三）知识产权刑事诉讼

一般情况下，侵犯他人知识产权数额不大，以民事侵权界定，但数额较大，达到一定程度，就构成犯罪，是要受到刑法惩罚的，由国家检察院对其提起公诉。如在《中华人民共和国刑法》第217条规定："以营利为目的，有下列侵犯著作权情形之一，违法所得数额较大或者有其他严重情节的，处3年以下有期徒刑或者拘役，并处或者单处罚金；违法所得数额巨大或者有其他特别严重情节的，处3年以上7年以下有期徒刑，并处罚金：（1）未经著作权人许可，复制发行其文字作品、音乐、电影、电视、录像作品、计算机软件及其他作品的；（2）出版他人享有专有出版权的图书的；（3）未经录音录像制作者许可，复制发行其制作的录音录像的；（4）制作、出售假冒他人署名的美术作品的。"

《关于办理侵犯知识产权刑事案件适用法律若干问题的意见》也对知识产权刑事案件某些问题的认定作出了解释。

第二节 企业知识产权争议与纠纷解决的基本程序

一、仲裁程序

知识产权纠纷的仲裁程序主要包括：仲裁的申请、审理，如图21-1所示。

二、一般诉讼程序

（一）民事诉讼流程

在民事诉讼的程序中，大体上可以分为三个情况：（1）诉讼程序的启动、终结及审理对象的确定；（2）有关审理对象的诉讼资料和证据的收集；（3）程序的进行。民事诉讼的大致程序如图21-2所示。

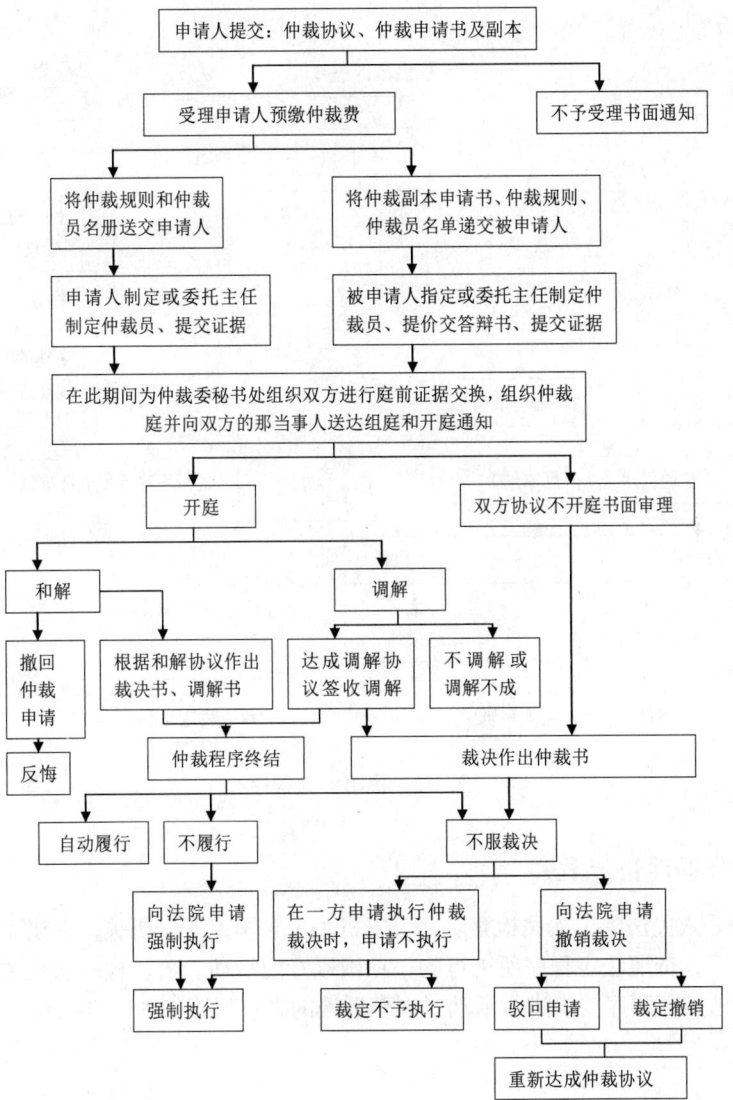

图21-1　仲裁程序

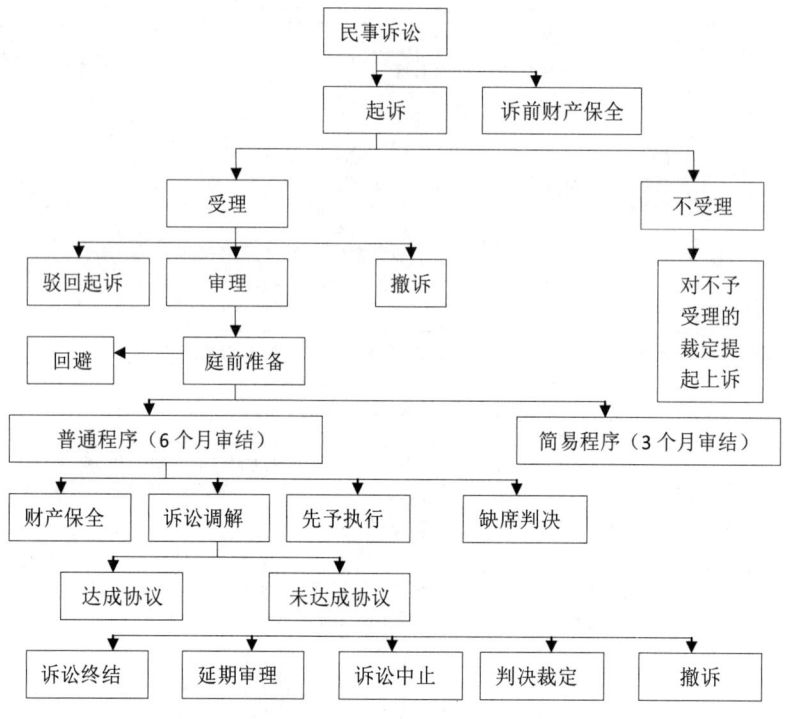

图21-2 民事诉讼程序

(二) 刑事诉讼流程

刑事诉讼是人民法院、人民检察院和公安机关(含国家安全机关)在当事人及其他诉讼参与人的参与下,依照法定程序所进行的一项国家专门活动。公、检、法机关和所有参加诉讼人都必须按法定的程序要求进行活动。刑事诉讼的大致程序如图21-3所示。

(三) 行政诉讼流程

行政诉讼的实质在于行政机关的行政行为须接受法院的司法审查,审查结果若是撤销违法的行政行为,对于公民、法人和其他组织的权利是一种保障的补救。行政诉讼的大致程序如图21-4所示。

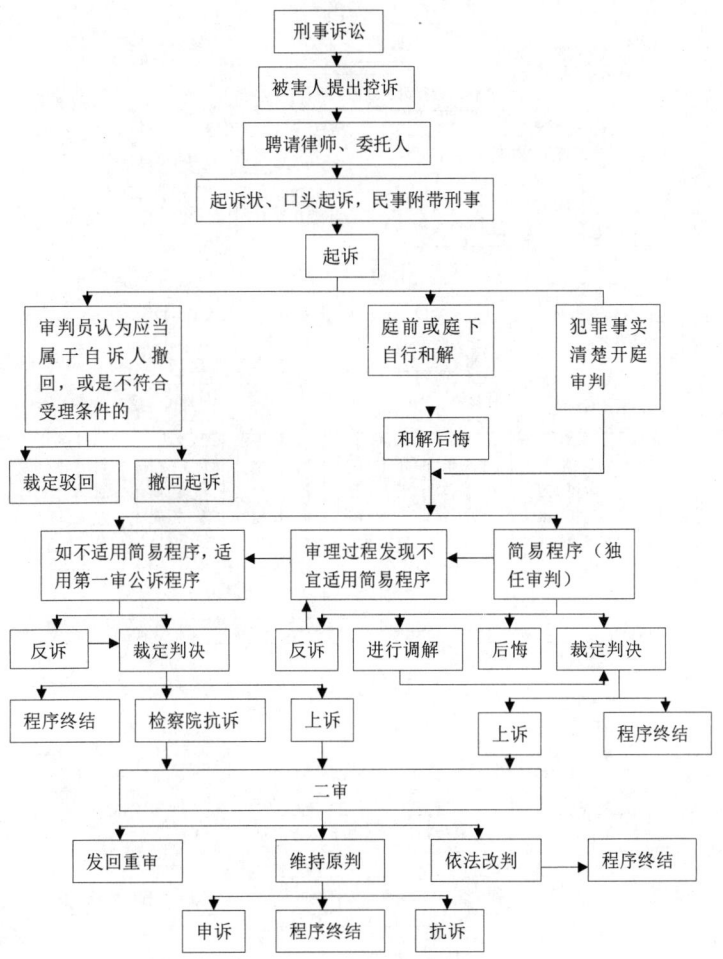

图21-3 刑事诉讼程序

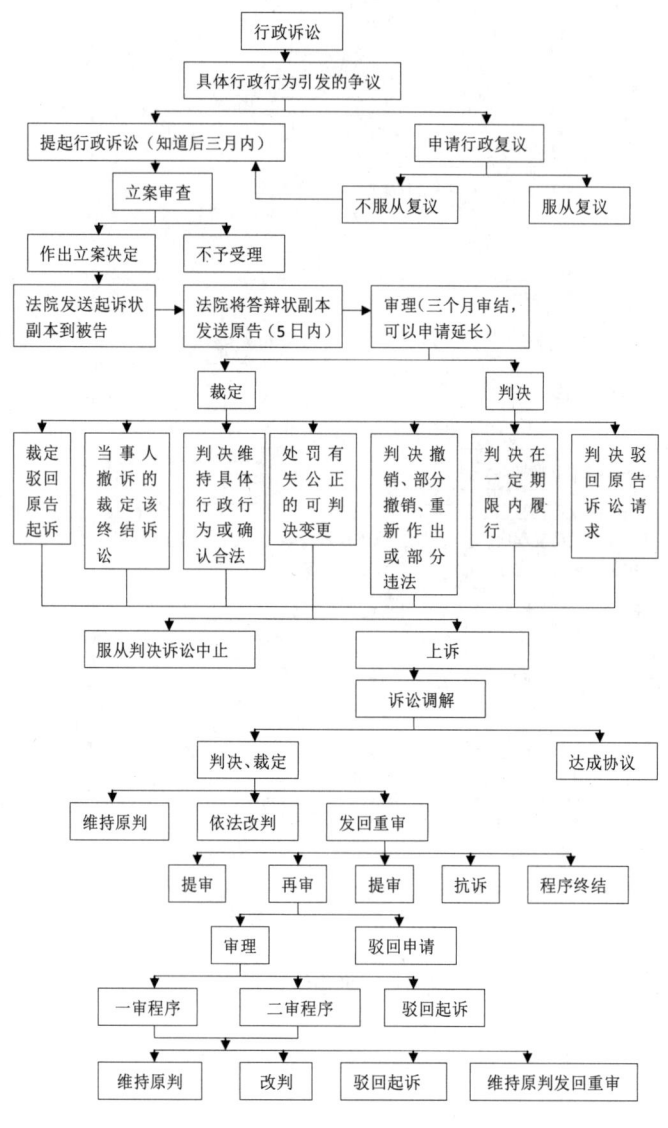

图21-4 行政诉讼程序

三、知识产权诉讼

(一)诉讼流程

知识产权诉讼大体上延用了民事诉讼的诉讼流程,但是由于知识产权诉讼中的专利诉讼存在着取证困难、专业性强等问题,使得知识产权诉讼中存在一些特殊的程序和规定。例如:在侵犯实用新型、外观设计的专利权纠纷案件中,专利人可以请求专利行政部门作出专利检索报告;在关于新产品的方法专利侵权中的举证责任倒置等。如图21-5所示。

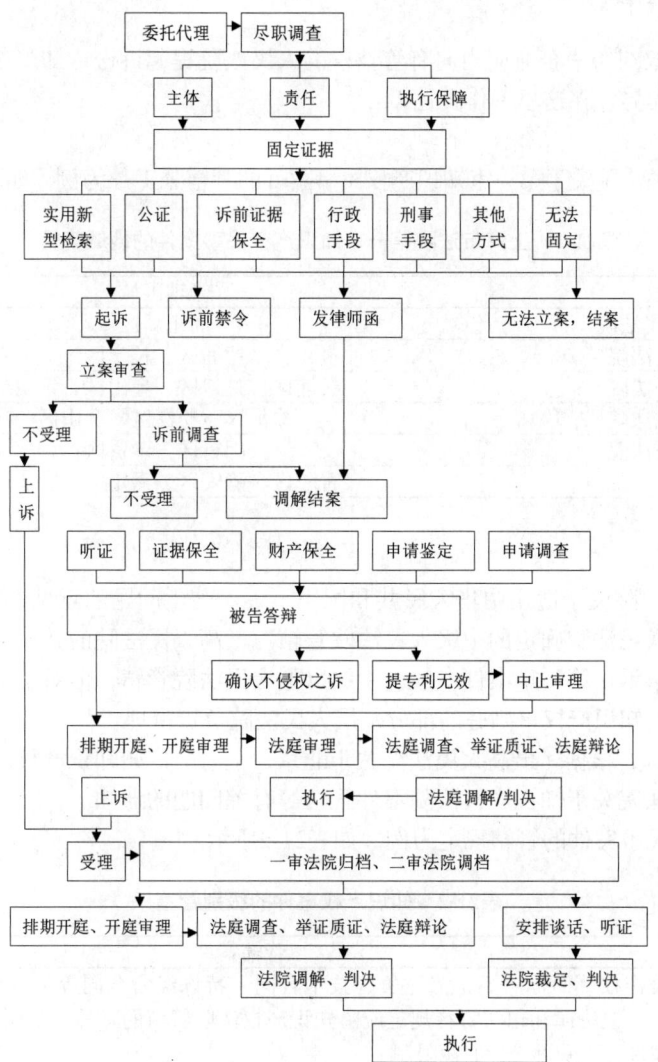

图21-5 知识产权诉讼程序

（二）诉讼管辖

发生知识产权纠纷，企业应当向有管辖权的人民法院提起诉讼。知识产权刑事诉讼与一般刑事诉讼管辖无异，在这里不作赘述。

1. 地域管辖

以上海市人民法院关于第一审知识产权民事案件的管辖分工❶为例，如表21-1所示。

表21-1 上海市法院第一审知识产权民事案件的地域管辖

管辖法院	管辖区域
浦东新区人民法院	浦东新区
黄浦区人民法院	黄浦区、长宁区
杨浦区人民法院	杨浦区、虹口区、宝山区、崇明县
徐汇区人民法院	徐汇区、松江区、金山区
闵行区人民法院	闵行区、奉贤区
普陀区人民法院	普陀区、静安区、嘉定区、青浦区

2. 级别管辖

《最高人民法院关于适用中华人民共和国民事诉讼若干问题的意见》第2条规定，专利纠纷案件由最高人民法院确定的中级人民法院管辖。最高人民法院的其他司法解释也确定了相关知识产权民事诉讼第一审案件一般由中级以上人民法院管辖，但对于不复杂的知识产权案件也可以由设立知识产权审判庭的部分基层人民法院负责审理。

以上海市为例，根据《最高人民法院关于北京、上海、广州知识产权法院案件管辖的规定》《最高人民法院关于知识产权法院案件管辖等有关问题的通知》，结合上海法院实际和上海市知识产权民事案件的管辖规定为例，如表21-2所示。

表21-2 知识产权案件的级别管辖

法院	管辖案件
基层人民法院	著作权、商标、不正当竞争、技术合同、特许经营合同等第一审知识产权民事案件，但法律和司法解释规定应由知识产权法院管辖的除外。基层人民法院管辖上述案件，不受诉讼标的额限制
中级人民法院	诉讼标的额在2亿元以上的，以及诉讼标的额在1亿元以上且当事人一方住所地不在本市或者涉外、涉港澳台的专利、植物新品种、集成电路布图设计、技术秘密、计算机软件、垄断等第一审民事案件
	对知识产权法院作出的第一审民事判决、裁定提起上诉的案件
	对知识产权法院已经发生法律效力的民事判决、裁定、调解书申请再审的案件

3. 专属管辖

根据《最高人民法院关于北京、上海、广州知识产权法院案件管辖的规定》，知识产权法院管辖范围如表21-3、表21-4所示。

---

❶ "上海市高级人民法院关于发布《上海市高级人民法院关于调整本市法院知识产权民事案件管辖的规定》的公告"，载上海法院网 http://shfy.chinacourt.org/article/detail/2016/02/id/1809069.shtm，访问日期2016年5月2日。

表21-3　知识产权案件的专属管辖

北京、上海、广州知识产权法院案件管辖	1. 专利、植物新品种、集成电路布图设计、技术秘密、计算机软件民事和行政案件
	2. 对国务院部门或者县级以上地方人民政府所作的涉及著作权、商标、不正当竞争等行政行为提起诉讼的行政案件
	3. 涉及驰名商标认定的民事案件
	4. 当事人对知识产权法院所在市的基层人民法院作出的第一审著作权、商标、技术合同、不正当竞争等知识产权民事和行政判决、裁定提起的上诉案件
	5. 当事人对知识产权法院作出的第一审判决、裁定提起的上诉案件和依法申请上一级法院复议的案件，由知识产权法院所在地的高级人民法院知识产权审判庭审理

表21-4　北上广知识产权案件的专属管辖

法院	专属管辖
北京知识产权法院	1. 不服国务院部门作出的有关专利、商标、植物新品种、集成电路布图设计等知识产权的授权确权裁定或者决定的
	2. 不服国务院部门作出的有关专利、植物新品种、集成电路布图设计的强制许可决定以及强制许可使用费或者报酬的裁决的
	3. 不服国务院部门作出的涉及知识产权授权确权的其他行政行为的
上海知识产权法院	1. 诉讼标的额在1亿元以下且当事人一方住所地不在本市或者涉外、涉港澳台的，以及诉讼标的额在2亿元以下且当事人住所地均在本市的专利、植物新品种、集成电路布图设计、技术秘密、计算机软件、垄断等第一审民事案件，以及涉及驰名商标认定的第一审民事案件
	2. 对基层人民法院作出的第一审知识产权民事判决、裁定提起上诉的案件
	3. 对基层人民法院已经发生法律效力的知识产权民事判决、裁定、调解书申请再审的案件
广州知识产权法院	1. 跨区域管辖（除深圳市外）专利、植物新品种、集成电路布图设计、技术秘密、计算机软件的一审知识产权民事和行政案件
	2. 跨区域管辖涉及驰名商标认定的一审民事案件
	3. 管辖对广州市、区政府所作的涉及著作权、商标、不正当竞争等行政行为提起诉讼的一审行政案件
	4. 管辖广州市各基层人民法院作出的一审著作权、商标等知识产权民事和行政裁判的上诉案件

（三）案件审理

1. 合议庭制

知识产权案件采用合议制审理。由3名以上审判人员组成审判集体，对案件进行审理并作出裁判。

2. 适用程序

知识产权案件的审理适用民事诉讼的普通程序。在审理过程中，通常由合议庭组织原被告双方交换证据并质证，进行事实调查，组织法庭辩论等。合议庭3名法官同时在场参与审理。

3. 审理时限

《民事诉讼法》第135条规定，人民法院适用普通程序审理的案件，应当在立案之日起6个月内审结。有特殊情况需要延长的，由本院院长批准，可以延长6个月；还需要延长的，报请上级人民法院批准。

（四）诉讼时效

1. 诉讼时效

企业应当自权利人得知或应当得知其知识产权被侵害之日起2年内提起知识产权诉讼，在该时效期间内，如果权利人不行使其提起诉讼的权利，将丧失请求人民法院保护其民事权益的权利。即时效期间届满以后，尽管权利人仍然可以依其起诉权提起诉讼，但是却已丧失了"胜诉权"，此时即使证据确凿，也不能获得法院的支持。

2. "应当得知"的认定

"应当得知"是法律上的一种推定，是指某一侵权行为一旦发生，在符合一定条件下，不论权利人或者利害关系人是否实际知道，都视为其应当知道侵权的事实已经发生，诉讼时效期间也由此开始计算。其中包括权利人主观上疏忽大意或者认识错误，致使应当得知的事情没有知道；客观情况表明，权利人应当知道自己的权利已被侵害。

3. 持续侵权

所谓持续侵权是指对权利人的同一知识产权实施连续侵权的行为。对于持续侵权的诉讼时效，我国最高人民法院的司法解释规定，权利人超过2年起诉的，如果侵权行为在起诉时仍在继续，在该知识产权的有效期限内，人民法院应当判决被告停止侵权行为，侵权损害赔偿应当自权利人向人民法院起诉之日起向前推算2年计算。如果侵权行为自终止之日起超过2年的，权利人再提起民事诉讼，请求保护其权利，则将丧失胜诉权。

（五）商业秘密诉讼

在商业秘密案件审理中，因涉及到当事人或者第三人的商业秘密，需要予以保密，一般不公开审理。

（六）诉前禁令

诉前禁令是一种临时性法律保护措施。根据我国法律规定，权利人或者利害关系人可以在起诉前向人民法院提出申请采取责令停止有关行为和财产保全的措施。如果申请人提供证据证明：被申请人正在实施或即将实施侵犯其知识产权的行为；如不及时制止侵权行为，将会给申请人的合法权益造成难以弥补的损害；责令被申请人停止有关行为不会损害公共利益，并且提供担保，则由人民法院裁定发出诉前禁令。诉前禁令制度一旦作出，立即开始执行，其效力一般应维持至生效的法律文书执行时止。

权利人或者利害关系人应当在人民法院采取临时禁令后的15日内起诉，逾期不起诉的，人民法院解除临时禁令。

（七）民事责任

知识产权侵权行为所应承担的民事责任：停止侵权行为、赔偿损失、赔礼道歉和消除影响。

附 录

附录一　企业知识产权管理制度参考文本

（一）上海市商业企业知识产权管理工作制度参考文本：http：//www.sheitc.gov.cn/p050106020801/652607.html

（二）企业知识产权管理规范：http：//www.sdips.gov.cn/index.php/cms/item-view-id-1153.shtml

附录二　常用标准文书（标准文书的申请表格下载）

（一）专利类申请文件（详见http：//www.sipo.gov.cn/bgxz/）
（1）通用类申请文件
（2）优先审查类申请文件
（3）向外国申请专利保密审查专用类申请文件
（4）服务类申请文件
（5）电子申请专用类申请文件
（6）复审及无效类申请文件
（7）PCT进入中国国家阶段类申请文件
（8）与专利许可合同相关类申请文件
（9）与专利权质押相关类申请文件
（二）商标类申请文件（详见http：//sbj.saic.gov.cn/sbsq/xshqshsh/）
（三）版权类（详见http：//www.ncac.gov.cn/chinacopyright/channels/571.html）

附录三　常用法律、法规、政策

（一）专利

关于专利的常用法律、法规、政策

法律、法规、政策	制定机关	发布日期	发布令
中华人民共和国专利法	全国人大常委会	2008.12.27	主席令第8号
中华人民共和国专利法实施细则	国务院	2010.01.09	国务院令第569号
专利代理条例	国务院	1991.03.04	国务院令第76号
专利代理管理办法	国家知识产权局	2015.04.30	国家知识产权局令第70号
用于专利程序的生物材料保藏办法	国家知识产权局	2015.01.16	国家知识产权局令第69号
国家知识产权局关于修改《专利审查指南》的决定	国家知识产权局	2014.03.12	国家知识产权局令第68号
国家知识产权局行政复议规程	国家知识产权局	2012.07.18	国家知识产权局令第66号
发明专利申请优先审查管理办法	国家知识产权局	2012.06.19	国家知识产权局令第65号
专利实施强制许可办法	国家知识产权局	2012.03.15	国家知识产权局令第64号

（续表）

法律、法规、政策	制定机关	发布日期	发布令
专利标识标注办法	国家知识产权局	2012.03.08	国家知识产权局令第63号
专利实施许可合同备案办法	国家知识产权局	2011.06.27	国家知识产权局令第62号
专利行政执法办法	国家知识产权局	2015.05.29	国家知识产权局令第71号
国家知识产权局关于修改《专利行政执法办法》的决定	国家知识产权局	2015.05.29	国家知识产权局令第71号
国家知识产权局关于修改和废止部分规章和规范性文件的决定	国家知识产权局	2010.11.26	国家知识产权局令第59号
关于台湾同胞专利申请的若干规定	国家知识产权局	2010.11.15	国家知识产权局令第58号
专利权质押登记办法	国家知识产权局	2010.08.26	国家知识产权局令第56号
专利审查指南（2010）	国家知识产权局	2010.01.21	国家知识产权局令第55号
国家知识产权局关于修改《专利审查指南》的决定（2014）	国家知识产权局	2014.03.12	国家知识产权局令第68号
施行修改后的专利法实施细则的过渡办法	国家知识产权局	2010.01.21	国家知识产权局令第54号
施行修改后的专利法的过渡办法	国家知识产权局	2009.09.29	国家知识产权局令第53号
审查指南修改公报（第1号）	国家知识产权局	2008.02.02	国家知识产权局令第46号
审查指南修改公报（第2号）	国家知识产权局	2008.11.27	国家知识产权局令第50号
审查指南修改公报（第3号）	国家知识产权局	2009.02.26	国家知识产权局令第51号
专利代理人资格考试违纪行为处理办法	国家知识产权局	2008.09.26	国家知识产权局令第49号
专利代理人资格考试考务规则	国家知识产权局	2008.08.25	国家知识产权局令第48号
专利代理人资格考试实施办法	国家知识产权局	2008.08.25	国家知识产权局令第47号
国家知识产权局关于规范专利申请行为的若干规定	国家知识产权局	2007.08.27	国家知识产权局令第45号
采用公历标示日期的规范（试行）	国家知识产权局	2006.11.20	国家知识产权局令第41号
专利费用基本信息代码规范（试行）	国家知识产权局	2006.11.20	国家知识产权局令第40号
专利费用减缓办法	国家知识产权局	2006.10.12	国家知识产权局局令第39号
国家知识产权局关于专利电子申请的规定	国家知识产权局	2010.08.26	国家知识产权局令第57号

（续表）

法律、法规、政策	制定机关	发布日期	发布令
专利申请号标准	国家知识产权局	2003.07.14	国家知识产权局令第32号
国家知识产权局公告第92号——使专利申请人、专利权人和社会公众正确理解和使用《专利申请号标准》制定的新专利申请号	国家知识产权局	2003.07.14	国家知识产权局公告第92号
国家知识产权局公告第125号——关于对《专利合作条约实施细则》有关条款不予适用的公告	国家知识产权局	2007.08.06	国家知识产权局公告第125号
国家知识产权局专利局代办处管理规定	国家知识产权局	2001.01.08	
国家知识产权局专利局代办处自动化系统管理办法	国家知识产权局	2007.06.18	
国家知识产权局专利局代办处专利费用收缴工作规程	国家知识产权局	2007.06.18	
国家知识产权局专利局代办处业务质量管理办法	国家知识产权局	2007.06.05	
国家知识产权局专利局代办处专利申请受理工作规程	国家知识产权局	2007.05.16	
国家知识产权局公告第124号——关于专利实施许可合同备案工作的公告	国家知识产权局	2007.04.30	国家知识产权局公告第124号
企业专利工作交流站试行办法	国家知识产权局	2007.04.29	
国家知识产权局制定新版专利证书及专利证书副本	国家知识产权局	2005.11.18	国家知识产权局公告第109号
国家发展改革委、财政部关于重新调整PCT专利申请收费标准及有关问题的通知	国家发展和改革委员会（含原国家发展计划委员会、原国家计划委员会）财政部	2009.02.04	发改价格〔2009〕364号
中华人民共和国技术进出口管理条例	国务院	2001.12.10	国务院令第331号
国家外汇管理局关于印发服务贸易外汇管理法规的通知	国家外汇管理局	汇发〔2013〕30号	2013.07.18

（二）商标

关于商标的常用法律、法规、政策

法律、法规、政策	制定机关	发布日期	发布令
中华人民共和国商标法（2013修正）	全国人大常委会	2013.08.30	主席令第6号
中华人民共和国商标法实施条例（2014修订）	国务院	2014.04.29	国务院令第651号
商标评审规则（2014修订）	国家工商行政管理总局	2014.05.28	国家工商行政管理总局令第65号
商标印制管理办法	国家工商行政管理总局	2004.08.19	国家工商行政管理总局令第15号
驰名商标认定和保护规定（2014修订）	国家工商行政管理总局	2014.07.03	国家工商行政管理总局令第66号

(续表)

法律、法规、政策	制定机关	发布日期	发布令
集体商标、证明商标注册和管理办法	国家工商行政管理总局	2003.04.17	国家工商行政管理总局令第6号
商标代理人资格考核办法	国家工商行政管理总局	2000.03.01	
商标使用许可合同备案办法	国家工商行政管理总局	1997.08.01	商标〔1997〕39号
最高人民法院关于审理商标民事纠纷案件适用法律若干问题的解释	最高人民法院	2002.10.12	法释〔2002〕32号
最高人民法院关于人民法院对注册商标权进行财产保全的解释	最高人民法院	2001.01.02	法释〔2001〕1号
最高人民法院关于审理商标案件有关管辖和法律适用范围问题的解释	最高人民法院	2002.01.09	法释〔2002〕1号
最高人民法院关于诉前停止侵犯注册商标专用权行为和保全证据适用法律问题的解释	最高人民法院	2002.01.09	法释〔2002〕2号

(三)著作权

关于著作权的常用法律、法规、政策

法律、法规、政策	制定机关	发布日期	发布令
中华人民共和国著作权法（2010修订）	全国人大常委会	2010.02.26	主席令第26号
中华人民共和国著作权法实施条例（2013修订）	国务院	2013.01.30	国务院令第633号
信息网络传播权保护条例（2013修订）	国务院	2013.01.30	国务院令第634号
计算机软件保护条例（2013修订）	国务院	2013.01.30	国务院令第632号
实施国际著作权条约的规定	国务院	1992.09.25	国务院令第105号
著作权集体管理条例（2013修订）	国务院	2013.12.07	国务院令第645号
最高人民法院关于审理著作权民事纠纷案件适用法律若干问题的解释	最高人民法院	2002.10.12	法释〔2002〕31号
最高人民法院关于诉前责令停止侵犯专利权、商标权、著作权行为案件编号和收取案件受理费问题的批复	最高人民法院，最高人民检察院	2005.10.13	法释〔2005〕12号
计算机软件著作权登记办法	国家版权局	2002.02.20	国家版权局令第1号
著作权行政处罚实施办法	国家版权局	2009.05.07	国家版权局令第6号
最高人民法院、最高人民检察院关于办理侵犯著作权刑事案件中涉及录音录像制品有关问题的批复	最高人民法院，最高人民检察院	2005.10.13	法释〔2005〕12号

(四)其他知识产权法律法规

其他常用知识产权法律、法规

法律、法规、政策	制定机关	发布日期	发布令
中华人民共和国反不正当竞争法	全国人大常委会	1993.09.02	主席令第10号

（续表）

法律、法规、政策	制定机关	发布日期	发布令
中华人民共和国植物新品种保护条例（2013修订）	国务院	2013.01.31	国务院令第635号
农业转基因生物安全管理条例（2011修订）	国务院	2011.01.08	国务院令第588号
世界博览会标志保护条例	国务院	2004.10.20	国务院令第422号
中华人民共和国知识产权海关保护条例（2010修订）	国务院	2010.03.24	国务院令第572号
奥林匹克标志保护条例	国务院	2002.02.04	国务院令第345号
集成电路布图设计保护条例	国务院	2001.04.02	国务院令第300号
特殊标志管理条例	国务院	1996.07.13	国务院令第202号
中华人民共和国植物新品种保护条例实施细则（2014修订）	农业部	2014.04.25	农业部令2014年第3号
农业植物新品种权侵权案件处理规定	农业部	2002.12.30	农业部令第24号
集成电路布图设计保护条例实施细则	国家知识产权局	2001.09.18	知识产权局局长令第11号
集成电路布图设计行政执法办法	国家知识产权局	2001.11.28	国家知识产权局局长令第17号
中华人民共和国海关关于《中华人民共和国知识产权海关保护条例》的实施办法（2009）	海关总署	2009.03.03	海关总署第183号令
高等学校知识产权保护管理规定	教育部	1999.04.08	教育部令第3号
农业部植物新品种复审委员会审理规定	农业部	2001.02.26	农业部令第45号
最高人民法院关于审理植物新品种纠纷案件若干问题的解释	最高人民法院	2001.02.05	法释〔2001〕5号
最高人民法院关于审理侵犯植物新品种权纠纷案件具体应用法律问题的若干规定	最高人民法院	2007.01.12	法释〔2007〕1号
最高人民法院、最高人民检察院关于办理侵犯知识产权刑事案件具体应用法律若干问题的解释	最高人民法院，最高人民检察院	2004.12.08	法释〔2004〕19号
最高人民法院、最高人民检察院关于办理侵犯知识产权刑事案件具体应用法律若干问题的解释（二）	最高人民法院，最高人民检察院	2007.04.05	法释〔2007〕6号
最高人民法院关于审理植物新品种纠纷案件若干问题的解释	最高人民法院	2001.02.05	法释〔2001〕5号

（五）国际条约

常用的知识产权相关国际条约

条约	签订日期
专利合作条约	1970.6.19

附 录

(续表)

条约	签订日期
专利合作条约实施细则的修改	1993.9.29
国际专利合作条约实施细则	1970.06.19
国际专利分类斯特拉斯堡协定	1971.03.24
关于授予欧洲专利的公约（欧洲专利公约）	1979.05.01
欧洲专利公约实施细则	1981.06.04
比荷卢经济联盟商标公约	1962.03.19
关于供商标注册用的商品和服务的国际分类的尼斯协定	1957.06.15
欧洲共同体商标条例	1993.12.20
商标法条约	1994.10.27
商标注册条约	1973.06.12
世界知识产权组织表演和录音制品条约	1996.12.20
避免对版权使用费双重征税的多边公约	1979.12.13
避免对版权使用费双重征税多边公约的附加议定书	1979.12.13
世界知识产权组织版权条约	1996.12.20

（六）地方性法律

常用的知识产权地方性法律、法规、政策

法律、法规、政策	制定机关	发布日期	发布令
山西省专利实施和保护条例（2014修订）	山西省人大（含常委会）	2014.11.28	山西省民代表大会常务委员会公告第15号
天津市专利促进与保护条例	天津市人大（含常委会）	2011.01.06	天津市人民代表大会常务委员会公告第26号
天津市专利促进与保护条例（2016修正）	天津市人大（含常委会）	2016.03.30	天津市人民代表大会常务委员会公告第43号
云南省专利促进与保护条例	云南省人大（含常委会）	2012.11.29	云南省第十一届人民代表大会常务委员会公告第69号
新疆维吾尔自治区专利促进与保护条例（2012修订）	新疆维吾尔自治区人大（含常委会）	2012.09.28	新疆维吾尔自治区十一届人大常委会公告第55号
陕西省专利条例（2012修订）	陕西省人大（含常委会）	2012.07.12	陕西省人民代表大会常务委员会公告［11届］第61号
成都市专利保护和促进条例（2013修正）	成都市人大（含常委会）	2013.11.28	—
成都市专利保护和促进条例	成都市人大（含常委会）	2006.12.11	成人发［2006］51号
苏州市专利促进条例（2010修订）	苏州市人大（含常委）	2010.11.19	—
洛阳市专利促进与保护条例	洛阳市人大（含常委会）	2012.11.29	
上海市著作权管理若干规定（2010修正）	上海市政府	2010.12.20	上海市人民政府令第52号
河南省人民政府关于印发《河南省著作权管理办法》的通知	河南省政府	1996.04.09	豫政［1996］26号

（续表）

法律、法规、政策	制定机关	发布日期	发布令
安徽省著作权管理办法	安徽省政府	2005.04.01	安徽省人民政府令第181号
山东省著作权保护条例（2004修订）	山东省人大（含常委会）	2004.05.27	山东省人民代表大会常务委员会公告第27号
广西壮族自治区著作权管理条例（2004修正）	广西壮族自治区人大（含常委会）	2004.07.31	广西壮族自治区十届人大常委会公告第58号
浙江省著名商标认定和保护条例	浙江省人大（含常委会）	1997.04.26	浙江省第八届人大委员会公告第61号
四川省著名商标认定和保护条例	四川省人大（含常委会）	2002.07.20	四川省人大常委会公告第86号
河北省著名商标认定和保护条例	河北省人大（含常委会）	1999.04.02	河北省九届人大常委会第19号
郑州市专利促进和保护条例（郑州市人大（含常委会）	河南省人大（含常委会）	2009.07.31	—
厦门经济特区专利促进与保护条例	厦门市人大（含常委会）	2011.10.26	—
成都市著名商标认定和保护规定（2011修订）	成都市人大（含常委会）	2011.09.29	—
河北省人民代表大会常务委员会关于废止《河北省商标监督处罚条例》的决定	河北省人大（含常委会）	2003.03.27	河北省第十届人大常委会公告第1号
吉林市知名商标认定和保护条例	吉林市人大（含常委会）	2004.10.09	吉林市第十三届人民代表大会常务委员会公告第131号
甘肃省著名商标认定和保护条例	甘肃省人大（含常委会）	2007.09.27	甘肃省人民代表大会常务委员会公告第55号
河北省著名商标认定和保护条例（2010修正）	河北省人大（含常委会）	2010.07.30	河北省第十一届人民代表大会常务委员会公告第27号

附录四　企业合同文本

（一）专利申请权转让合同参考文本：

http：//www.66law.cn/contractmodel/18326.aspx

（二）专利权转让合同示范文本：

http：//www.66law.cn/contractmodel/19282.aspx

（三）竞业禁止合同：

http：//www.66law.cn/topic2010/jyxzxyfb/34905.shtml

（四）专利质押融资：

http：//www.chinalawedu.com/web/192/wa20140122102428365 37823.shtml

（五）商标使用许可合同：

http：//china.findlaw.cn/data/sb_213/6/1288.html

（六）注册商标转让合同：

http：//www.chinalawedu.com/web/198/pa20140418201708786 94472.shtml

附录五 相关网址汇编

（1）世界知识产权组织
http：//www.wipo.int
（2）中华人民共和国国家知识产权局
http：//www.sipo.gov.cn/
（3）中华人民共和国国家版权局
http：//www.ncac.gov.cn/chinacopyright/channels/571.html
（4）中国商标网
http：//sbj.saic.gov.cn/sbsq/xshqshsh/
（5）国家知识产权局知识产权发展研究中心
http：//www.sipo-ipdrc.org.cn/
（6）中国发明协会
http：//www.cainet.org.cn/
（7）中国发明与专利
http：//www.fmyzl.com/
（8）中国知识产权网
http：//www.cnipr.com/
（9）知识产权出版社
http：//www.ipph.cn/
（10）中国技术交易所
http：//www.ctex.cn/
（11）中国知识产权报资讯网
http：//www.cipnews.com.cn/
（12）国家重点产业专利信息服务平台
http：//www.chinaip.com.cn/
（13）国际保护知识产权协会中国分会
http：//www.aippi-china.org/
（14）中国打击侵权假冒工作网
http：//www.ipraction.gov.cn/
（15）全国专利信息联合发布平台
http：//www.zlchina.cn/
（16）北京大学知识产权学院
http：//www.iplaw.pku.edu.cn：8082/
（17）商密卫士-中国商业秘密保护网
http：//www.ipr.gov.cn/
（18）中国知识产权杂志
http：//www.chinaipmagazine.com/
（19）中国知识产权研究会

http：//www.cnips.org/
（20）中国知识产权培训中心
http：//home.ciptc.org.cn/
（21）中国知识产权司法保护网
http：//www.chinaiprlaw.cn/
（22）中国最权威的新闻出版资讯网站
http：//www.chinaxwcb.com/
（23）中国专利网
http：//www.cnpat.com.cn/
（24）中国专利技术网
http：//www.ppac.org.cn/
（25）中华全国专利代理人协会
http：//www.acpaa.cn/
（26）人民网知识产权
http：//ip.people.com.cn/
（27）上海市知识产权信息平台
http：//www.shanghaiip.cn/wasWeb/index.jsp

附录六　海关的知识产权保护政策创新

截至2015年6月25日，上海已经累计推出31项创新制度。具体的制度可以参考下表❶所示：

上海海关在上海自贸区建设中的政策创新

序号	改革主题	改革前	改革后
1	一线进境货物"先进区、后报关"	在一线进境货物入区环节，企业先向海关申报进境备案清单，海关办理完通关手续后，企业再凭放行单据将货物运至区内	对于一线进境货物，海关依托信息化系统，允许企业凭进境货物的舱单信息先提货进区 上海海关所辖口岸监管场所经营人凭电子信息办理相关货物的提离手续 货物运至区内后，企业再在规定时限内向海关进行进境备案清单申报
2	区内企业货物流转自行运输	试验区范围内4个海关特殊监管区域之间货物的流转采取转关运输方式，并用海关监管车辆运输货物	试验区内企业，可以使用经海关备案的自有车辆或委托取得相关运输资质的境内运输企业车辆，在试验区内自行结转货物
3	融资租赁	仅在浦东机场综合保税区开展试点	允许承租企业分期缴纳租金，对融资租赁货物按照海关审查确定的租金分期征收关税和增值税

---

❶ 逐条解读上海自贸区海关23项监管服务新政：http：//news.163.com/14/0917/20/A6CD42U300014SEH.html。

附 录

序号	改革主题	改革前	改革后
4	统一备案清单	外高桥保税区、保税物流园区备案清单申报项为36项；洋山保税港区和浦东机场综合保税区备案清单申报项为42项	统一简化区内备案清单格式，申报要素统一规范为30项。实现规范简捷申报，减轻企业负担，提高一线进出境通关效率，促进海关特殊监管区域一体化运作
5	一次进出、集中申报	通关申报环节以逐票申报为主，集中申报为辅且均在二线实施	改变传统逐票申报方式，改"一票一报"为"多票一报"，允许企业货物分批次进出，在规定期限内集中办理海关报关手续
6	对符合条件的仓储企业实行联网监管	对区内保税仓库管理采取传统的定期盘库管理模式，仓储企业管理系统未与海关联网	将传统的阶段性盘库方式改为动态、实时的仓库核查模式。对符合条件的使用仓储管理系统（WMS）的企业，实施"系统联网+库位管理+实时核注"的仓储物流海关监管模式，对货物进、出、转、存情况做到实时掌控和动态核查
7	保税展示交易	仅允许企业在区内开展保税展示	允许区内企业在向海关提供足额税款担保（保证金或银行保函）后，在区外或区内指定场所进行保税货物的展示及交易
8	加工贸易工单式核销	仅在区内个别生产企业试点。一般生产企业实施单耗管理核销模式	对实行海关联网监管、并符合一定条件的企业，取消单耗管理核销模式，实行以每日工单数据为基础的核销模式
9	推进海关AEO互认	中国内地海关和新加坡、韩国、中国香港、中国台湾、欧盟已经签署AEO互认的合作协议	AEO即"经认证的经营者"。在上海自贸区内推进海关AEO互认。互认之后，每个国家按照双边协议，进出口贸易中，本国的高资信企业到了另一国，也可以享受最高等级的通关便利
10	企业信用信息公开	没有制定企业信用公开目录	定期编制并公布《中国（上海）自由贸易试验区海关企业信用信息公开目录》，采用主动公开和依申请公开两种途径对外公布经海关注册登记的试验区内企业相关信用信息
11	企业自律管理	海关稽查部门对企业强制性查处违规行为	同时给企业一条主动向执法机构报告相关行为的途径，通过这个途径，能使海关对企业的行政处罚及相关贸易便利措施得到不同程度的减轻或保留
12	企业协调员	海关总署在上海海关开始全面试点的一项工作，面向AA类高资信企业提供方特别优惠服务措施	通过构建"上海海关企业协调员服务平台"，指定专人担任企业协调员，协助企业提升管理水平。将在自贸区中拓展至B类以上且有实际需求的企业，除了少部分低资信企业之外（这数量只有十几家），绝大多数企业都能享受这项制度的好处
13	一次备案、多次使用	区内企业经一次账册备案后，需要向海关重复备案开展其他业务	"批次进出、集中申报""保税展示交易""境内外维修""期货保税交割""融资租赁"等需要海关核准开展的业务，仅需一次备案

（续表）

序号	改革主题	改革前	改革后
14	简化无纸通关随附单证	海关在通关申报环节需提交提单、合同、发票、装箱单等纸质随附单据	对一线进出境备案清单以及二线不涉税的进出口报关单取消随附单证的要求，但海关保留必要时要求企业提供随附单证的权力
15	集中汇总纳税	海关征税为传统的逐票审核、征税放行模式	将传统的海关主导型的税收征管模式转变为企业主动型的征管模式 深化税收征管环节的"前推"和"后移"，在有效担保前提下，企业在规定的纳税周期内，对已放行货物向海关自主集中缴付税款，推进征缴电子化，海关由实时性审核转为集约化后续审核和税收稽核
16	授权试验区内海关办理企业适用A类管理事项	海关的企业分类共分5类，A类是第二类。企业的评定适用A类管理事项事的权利属于上海海关	由上海海关放权至自贸区海关
17	智能化卡口验放	车辆、货物进出人工办理手续，效率较低	简化卡口操作环节，升级改造卡口设施，实现自动比对、自动判别、自动验放，缩短车辆过卡时间，提升通关效率
18	境内外维修	仅允许区内企业开展区内生产出口产品的返区维修，且维修业务规范不明确	支持自贸试验区内企业开展高技术、高附加值、无污染的境内外维修业务，海关参照保税加工的监管模式，依托信息化管理系统实施管理
19	期货保税交割	在上海洋山保税港区内开展铜、铝两项商品的保税期货交割试点	允许企业在试验区4个海关特殊监管区域内开展以保税监管状态的货物作为期货交割标的物，开展期货实物交割 业务品种扩大到上海期货交易所全部上市的商品品种
20	内销选择性征税	除外高桥保税区外，试验区其他海关特殊监管区域实行内销货物按照实际状态征税	对设在自贸试验区内的企业生产、加工并经"二线"销往国内市场的货物，企业可根据其对应进口料件或实际状态中选择缴纳进口关税
21	自动审放、重点复核	计算机电子审单、审单中心专业审单和业务现场接单审核三个环节分工协作	创新海关审单作业模式，以企业信用为前提，对低风险单证实施计算机自动验放
22	引入社会中介机构辅助开展海关保税监管和企业稽查	没有中介机构参与海关保税监管和企业稽查工作	将中介机构引入到海关保税监管和企业稽查工作中，拓宽中介机构参与海关监管的业务领域、作业环节和工作范围
23	自主报税、海关重点稽核	海关审核税务	运用"守法便利"理念，将海关审核把关为主转变为企业自主申报为主，将海关事前监管为主转变为事前、事中、事后监管联动

附　录

（续表）

序号	改革主题	改革前	改革后
24	海关执法清单式管理制度	没有出台相应的海关权力和责任清单	围绕简政放权专门推出海关执法清单式管理制度，通过编制公布自贸区海关行政权力和行政责任"两张清单"，进一步明晰权力与职责，实现海关行政执法的制度化、透明化和规范化
25	离岸服务外包全程保税监管制度	离岸服务外包业务没有形成制度化、标准化的产业链全程保税监管模式，作为产业链龙头的设计研发等企业不能作为生产型企业享受加工贸易保税政策，运作成本高，研发设计中心流失境外，影响国内产业链发展	建立离岸服务外包全程保税监管制度，简化审批，对设计研发、生产制造、封装测试等企业组成的产业链实施全程保税监管
		只有经相关部门认证的技术先进型服务企业才可享受海关保税政策。可享受保税政策的企业范围较小	只有经相关部门认证的技术先进型服务企业才可享受海关保税政策。可享受保税政策的企业范围较小
26	大宗商品现货市场保税交易制度	尚未建立制度化的大宗商品现货交易平台海关监管制度	支持自贸区大宗商品现货交易市场建设，建立与之适应的海关监管新模式，允许大宗商品现货以保税方式进行多次交易、实施交割，有效对接国内外两个市场
		区外保税交割仓库参与上海自贸区大宗商品现货交易存在监管风险	实现海关与交收仓库、第三方仓单公示机构的三方信息联网前提下，推进协同监管
27	"一站式"申报查验作业制度	企业需要进行两次数据录入	企业只需通过"单一窗口"进行一次录入，即可一次完成向海关、检验检疫的申报
		船运企业（或代理）需要分别向海关、检验检疫、海事、边检进行船舶申报	船运企业（或代理）通过"单一窗口"平台，一次性录入船舶抵、离港各项申报数据，实现海关、检验检疫、海事和边检的管理信息系统的"一次申报"
		海关与检验检疫分别选派查验人员，在不同场地上实施查验，关检均需查验的货物需要拉到不同场地、进行2次开箱查验	海关与检验检疫成立联合查验组，在同一块符合条件的场地上共同实施查验，关检均需查验的货物只需要进行1次开箱查验
		关检抽查比例机械叠加给企业带来额外负担	在确保完成各自查验要求的前提下，按照"就高原则"对无特殊要求的查验比例进行融合，减轻企业负担
28	"一区注册、四区经营"制度	区内四个海关特殊监管区域的海关注册企业，仅可在其注册区域内办理海关业务，跨区运作的企业需在不同区域设立独立企业法人，使用不同的海关注册企业编码	区内任意一个海关特殊监管区域的海关注册企业，都可使用同一个海关注册编码在其它三个区域开展海关业务，无需重新设立独立企业法人

(续表)

序号	改革主题	改革前	改革后
29	美术品便利通关制度	美术品一线进境环节海关需要验核市文广局签发的监管证件	在4个海关特殊区域与境外之间开展美术品保税仓储的，在进出境备案环节，市文广影视局不再核发批准文件，主管海关不再验核相关批准文件，转为二线实际进出口或区内外展览展示时验核
		美术品批准文件需一证一批	改为一证多批，文广局签发的美术品批准文件在有效期内可一证多批使用，但最多不超过6次
		分批出区参加同一展览会的多批展览品通关，企业每次都需要提供展会批文及相关审批材料，海关进行多次、重复审核	对分批出区参加同一展览会的展览品通关允许企业只提供一次展览会批文，海关一次审核即可，不再重复审核
30	归类行政裁定全国适用制度	《中华人民共和国海关行政裁定管理暂行办法》颁布以来，海关尚未针对进出口货物制发过归类行政裁定，主要是因为缺少归类行政裁定操作规程	在上海自贸区率先启动实施海关归类行政裁定制度，对归类疑难商品制发归类裁定，将具体商品归类判例化，实现"一次裁定，全国适用"，对全国关境内的企业和海关具有同等约束力，与"预裁定""同等适用"等国际海关通行规则相接轨，有助于解决归类争议、提高通关效率、防控贸易风险、促进执法统一
31	商品易归类服务制度	归类环节专业性、技术性强，企业缺少集中简明、通俗易懂的归类指南及服务渠道，企业归类难度大	通过搭建电子信息化平台，提供海关归类信息查询和专业服务渠道，帮助企业便捷、高效、准确归类申报，从而提高贸易可预知性，提高企业归类守法自律能力

上海海关在支持上海科创中心建设方面有以下8项政策，如下表所示：

上海海关在上海科创中心建设中的政策创新

序号	政策	具体
1	支持建立张江空运货物服务中心	实现空运进口货物在浦东机场、张江园区之间直接分拨和快速集拼
		为张江科技创新企业的进口试剂、样品、耗材、设备等提供通关便利
		服务推动张江综合性国家科学中心和若干重大创新功能型平台、张江国家自主创新示范区建设
2	实施科技创新企业个性化通关服务	建立科技创新重点项目海关管理人制度，提供点对点的咨询服务和业务指导
		设立科技创新企业办事专窗，建立科技创新企业海关业务全领域服务通道
		对有特殊时间要求的货物实施"7×24"全天候预约通关，确保实现"随时通"
		对受环境影响不宜在海关监管区内实施查验的货物，可向海关申请实施上门查验放行

附　录

（续表）

序号	政策	具体
3	优化科技创新企业海关监管模式	对经过相关政府部门认定的科技创新企业，参照高资信企业待遇给予各项通关便利，原则上查验率不高于0.5%
		探索建立减免税货物担保验放模式，由以进出口货物为导向的逐票担保机制转变为以企业为单元的"总额担保"机制和账册管理模式
		探索实施集成电路行业反复使用包装容器联网监管，采取"一次担保、一次审批、随机抽核、年度稽核"模式，简化审批手续，实现无纸通关
4	支持各类创新主体开展协同创新	加快海关与科技创新企业、科研单位信息联网，运用物联网技术对海关监管货物实行信息化管理，推动建立开放性的科研进口设备共享服务平台
		利用全程保税监管政策，将产业链上、中、下游企业纳入保税监管链，实现海关监管服务从单个产品延伸至产业链各环节
		在关企信息联网的基础上，允许研发设计等企业开设电子手册、自主进行外发加工，推进科技创新企业产、学、研联动发展
5	支持科技创新中心设立保税仓库	针对中小型科技创新企业的保税仓储、保税物流等综合服务需求，支持设立符合企业发展需求的公共型、自用型保税仓库，进一步提升通关便利化水平，助推科技创新中心研发外包等服务贸易发展
6	完善离岸服务外包保税监管措施	突破原有离岸服务外包保税监管政策中"技术先进型服务企业"的资质限定，降低企业准入门槛，鼓励中小型企业参与服务外包，促进科技创新企业聚集
7	加强科技创新企业知识产权保护	积极推动科技创新企业知识产权海关备案，设立科创企业知识产权预确认特别通道，加快合法授权进出口企业通关速度
		在重点企业设立知识产权海关保护联系点，建立健全知识产权侵权状况动态沟通机制，适时组织开展专项行动打击侵权行为，为科技创新企业"走出去"保驾护航
8	落实税收优惠政策支持重大科创项目建设	宣传国家减免税相关政策，指导帮助企业落实科技重大专项和科技开发用品等税收优惠政策
		进一步简化减免税办理手续，更有力地支持促进大飞机、新能源汽车、核电机组、城市轨道交通等"中国制造2025"企业，"集成电路制造装备""重大新药创制"等科技创新产业群，以及高校、科研机构、研发中心、国家中小企业公共技术服务示范平台等科技创新主体发展

参考文献

【专著】

[1] 蒋坡.知识产权管理［M］.北京：知识产权出版社，2007.
[2] ［美］理查德·瑞兹盖提斯.企业知识产权估价与定价［M］.北京：知识产权出版社，2008.
[3] 安森，李艳.知识产权价值评估基础［M］.北京：知识产权出版社，2009.
[4] 毛金生.企业知识产权战略指南［M］.北京：知识产权出版社，2010.
[5] 杨黎明，杨敏锋，张小炜.企业商标全程谋略：运用、管理和保护［M］.北京：法律出版社，2010.
[6] 何敏.企业知识产权战略指南［M］.北京：知识产权出版社，2010.
[7] 曹义怀.专利文件撰写实务与案例［M］.北京：知识产权出版社，2010.
[8] 洪小鹏.中小企业知识产权管理［M］.北京：知识产权出版社，2010.
[9] 刘伍堂.专利资产评估［M］.北京：知识产权出版社，2011.
[10] 袁建中.企业知识产权管理理论与实务［M］.北京：知识产权出版社，2011.
[11] 徐家力.高新技术企业知识产权战略［M］.上海：上海交通大学出版社，2012.
[12] 朱宇，支苏平，唐恒.《企业知识产权管理规范》培训教程［M］.北京：知识产权出版社，2012.
[13] ［美］波特，坎宁安.技术挖掘与专利分析［M］.北京：清华大学出版社，2012.
[14] 冯晓青.企业知识产权管理［M］.北京：中国政法大学出版社，2012.
[15] 许伟基.商标纠纷诉讼指引与实务解答［M］.北京：法律出版社，2013.
[16] 杨勇，黄文霞.GB/T 29490-2013《企业知识产权管理规范》理解及知识产权管理体系审核指南［M］.北京：化学工业出版社，2014.
[17] 于海东.企业知识产权实务操作［M］.北京：知识产权出版社，2014.
[18] 夏玮.中小企业创新与知识产权制度［M］.北京：法律出版社，2014.
[19] 于海东.企业知识产权实务操作［M］.北京：知识产权出版社，2014.
[20] 肖沪卫、瞿丽曼、路炜主编.专利战术情报方法与应用［M］.上海：上海科学技术文献出版社，2015.

【论文】

[1] 冯晓青.企业知识产权战略、市场竞争优势与自主创新能力培养研究［J］.中国政法大学学报，2012，02：32-46+159.
[2] 冯晓青.我国企业知识产权质押融资及其完善对策研究［J］.河北法学，2012，12：39-46.
[3] 冯晓青.我国企业知识产权资本运营策略探讨［J］.上海财经大学学报，2012，06：45-52.
[4] 冯晓青.国家知识产权战略视野下我国企业知识产权战略实施研究［J］.湖南大学学报（社会科学版），2010，01：116-123.
[5] 冯晓青.论企业知识产权管理体系及其保障［J］.广东社会科学，2010，01：181-186.
[6] 冯晓青.企业知识产权管理基本问题研究［J］.湖南社会科学，2010，04：54-58.
[7] 赵亚静.我国中小企业知识产权建设政策体系研究［D］.东北师范大学，2012.
[8] 黄国群.企业知识产权管理系统及其优化策略研究［J］.情报杂志，2011，12：108-113.
[9] 范芳妮.科技型企业知识产权质押融资模式研究［D］.天津财经大学，2011.
[10] 孙大为.我国职务发明专利权利归属研究［D］.中国政法大学，2010.

［11］唐随拴.论职务发明专利的认定及权利归属［D］.宁波大学，2011.
［12］刘强.申请专利的权利的归属若干问题探讨［J］.安徽理工大学学报（社会科学版），2005，04：23-27.
［13］管言娥.我国的职务发明制度研究［D］.华东政法大学，2013.
［14］任广科.无合作意图共同完成发明创造的专利权利归属［J］.电子知识产权，2010，07：52-56.
［15］孙华平，刘桂锋.科技型小微企业专利运营体系及融资模式研究［J］.科技进步与对策，2013，18：132-137.
［16］朱国军，杨晨.企业专利运营能力的演化轨迹研究［J］.科学学与科学技术管理，2008，07：180-183.
［17］常利民.我国专利运营对策研究［J］.电子知识产权，2014，08：70-73.
［18］朱国军，徐永其，张宏远.企业专利运营管理内涵及职能模块研究［J］.中国科技论坛，2010，08：81-85.
［19］陈婷.我国企业商标战略研究［D］.武汉理工大学，2008.
［20］贾瑞瑞.我国企业商标自主管理法律问题研究［D］.兰州商学院，2013.
［21］颜艳.商标纠纷调解制度研究［D］.湖南师范大学，2012.
［22］王迁.版权法保护技术措施的正当性［J］.法学研究，2011，04：86-103.
［23］梁志文.论版权法上使用者利益的保护［J］.法律科学（西北政法大学学报），2013，06：119-129.
［24］丛立先.网络版权侵权行为构成要件探论［J］.法学评论，2007，05：114-119.
［25］汤涛.知识产权海关保护制度研究［D］.华东政法大学，2009.
［26］孙书华.知识产权海关保护研究［D］.西南政法大学，2007.
［27］张铭芳.论我国知识产权海关保护制度的完善［D］.大连海事大学，2013.
［28］郭鸿雁.我国知识产权海关保护制度若干问题探讨［D］.中国政法大学，2007.
［29］郑永红.中美知识产权海关保护比较研究［D］.郑州大学，2005.
［30］司钰.论知识产权海关保护制度下的权利滥用问题及对策［J］.特区经济，2007，08：243-244.
［31］李娟.我国商标注册制度研究［D］.华中师范大学，2011.
［32］王宇婷.商标注册在商标保护中的地位与作用［D］.中国社会科学院研究生院，2014.
［33］颜艳.商标纠纷调解制度研究［D］.湖南师范大学，2012.

【网址】

［1］ 企业知识产权战略，
http：//baike.baidu.com/link?url=1fTPIPCzU_rdLcD9S18Q_6VY2NdZquyLjW10ozYMyK6A1lRZ94bBFSBEOX1F3ODDMVfYSnsecHe3M58FwEgPO03L8kZ57XvvM6XC8DZWAlK.
［2］ 知识产权托管，
http：//baike.baidu.com/link?url=JMSaCIyonm7Qfx7KSpyWWXo-cHn-rmdxVbmbhEihEw9wn1fnt6iq75UsYJ6RVTsSYcxpwegYA56L9LhOgT1I6a
［3］ 知识产权托管服务实施方案，
http：//wenku.baidu.com/link?url=shSfoPmmP5HsA0PSDeOkXZi3Xy5vf-yBPWRkDJ3KqHuZitk7hFMB1oz0YdfADVhsAUgft7NYECpwlzjQ1nKtUmtnHxzzfZi-UGBpThe9WtS
［4］ 专利分析法，
http：//baike.baidu.com/link?url=T6oL6fvx6eM7cmKJ0NGt7rVX2DqGnO9oOPnMzX6_QgWdkydU14yPjGeU7DrVklxSocIjUv6sa5Qo4YBQ5Fp8Ha
［5］ 略谈怎样才能作出有用的专利分析报告，
http：//blog.sina.com.cn/s/blog_608e169a0100t99s.html

[6] 专利分析内容是什么?

http://zhidao.baidu.com/link?url=jCOv6QQwlS-d_pOJJPWQN9TmGPZEUFhHx6C0lIq080wWTVP5kbxonLCiyABqTu44dw26UaDKPyictyzTeLAruq

[7] 专利布局,

http://baike.baidu.com/link?url=pYgMcEQxXmYNrmWh-ZZDEHLLGL7MF8JTEfcgsX3nlpZs3z2Eb8QEO4Qz6chWuWBsNoy0-V5uTGVfzD0gFADFIq

[8] 专利地图流程分析,

http://wenku.baidu.com/link?url=EswlNmfqk8tgwswOF35Q3AK6h9XoXp1qM7GKM-ifm_X47gj08Qu7q2__-IHChVyJVbYf2Q2DUPlRdVI96QbzjdHud5xbiGXZIwfiMT4LhDW

[9] 专利联盟与专利池有何区别与联系?

http://www.zhihu.com/question/20523054.

[10] 谈专利布局几种典型模式,

http://blog.zhihuiya.com/198

[11] 专利许可有哪几种方式,它们的区别是什么?

http://www.zhihu.com/question/19835323

[12] 专利许可中的五大法律风险与防范,

http://www.acla.org.cn/lvshiwushi/8528.jhtml

[13] 解密专利价值评估 还有多少你不知道?

http://www.forestry.gov.cn/portal/xpzbh/s/1793/content-617670.html

[14] 商业秘密及商业秘密的构成要件,

http://wenku.baidu.com/link?url=BSjNvH-d47BdOnRh3Uh0pbvC8p7azFeIpGZoQTkwnwrbS_Aow4VvhltLX9xd7xHS-6Dl-vByD56EPC6Hf3fIPc42H6vrGzJcpv-yJdyKCBa

[15] 怎么样申请知识产权保护,

http://zhidao.baidu.com/link?url=OpwBDq8L0hTVAeaurL7Eb5BNJVM3BAlJlsaKW9HTfpygvFfZ4T0pQVl-wkCurt0c5iL77owOjIl3Mo6CN9DhvxZOO6iuBfHUF9z1Iv6F7iu

后　记

　　上海东方知识产权研究院在成立之初，就策划为我国的各类企业提供一本实务性较强的工作指南类的书籍，也为各类企业的知识产权培训提供一本非常实用的教材。为此，上海东方知识产权研究院与上海政法学院知识产权研究中心通力合作，组织有关方面的专业人士编写了《企业知识产权工作指南》。经过大家的共同努力，本书得以问世。

　　按照本书章节的顺序，撰稿人分工如下：

　　狄聚圳　第一章；

　　钱　惠　第二章、第三章、第四章第一节、第三节、第十一章第二节；

　　杜坤旦　第四章第二节、第六章、第八章、第十一章第一节、第三节；

　　傅凯丽、徐燕　第五章；

　　袁亚军　第七章；

　　郑　悦　第九章；

　　王　娟　第十章；

　　柳一鹏　第十一章第四节；

　　周宝金　第十二章、附录；

　　林　燕　第十三章；

　　丁妍妍　第十四章、第十五章；

　　金碎平　第十六章；

　　李　晶　第十七章、第十八章；

　　俞思颖　第十九章；

　　万官典　第二十章；

　　郑　悦　第二十一章；

　　于世璇　第二十二章；

　　本书由蒋坡、钱惠、杜坤旦负责统稿。

　　本书的出版得到上海精诚申衡律师事务所的大力协助，得到知识产权出版社刘睿编审、邓莹编辑的悉心指导，在此一并表示感谢。

　　囿于作者的学识和经验，本书难免存在粗陋之处，敬请读者批评指正。